Gerhard Kern/Lee Traynor

Die esoterische Verführung

Gerhard Kern
Lee Traynor

Die esoterische Verführung

Angriffe auf Vernunft und Freiheit

IBDK Verlag
Aschaffenburg - Berlin

Alibri Verlag, Aschaffenburg

1995

Deutsche Bibliothek - CIP-Einheitsaufnahme

Die esoterische Verführung : Angriffe auf Vernunft und
Freiheit / Gerhard Kern ; Lee Traynor. - 1. Aufl. -
Aschaffenburg ; Berlin : IBDK Verl. ; Aschaffenburg :
Alibri Verl., 1995
  ISBN 3-922601-24-3 (IBDK-Verl.) kart.
  ISBN 3-9804386-0-0 (Alibri Verl.) kart.
NE: Kern, Gerhard; Traynor, Lee

IBDK Verlag + Vertrieb GmbH
Aschaffenburg - Berlin
Mitglied in der Assoziation Linker Verlage (*aLiVe*)

Alibri Verlag, Aschaffenburg

1. Auflage 1995

Copyright 1995 by IBDK Verlag, Postfach 167, 63703 Aschaffenburg
und Alibri Verlag, Würzburger Str. 18a, 63739 Aschaffenburg

Umschlaggestaltung: Günter Beschorner, Berlin
Druck und Verarbeitung: Moosdruck, Leverkusen

ISBN 3-9804386-0-0 (Alibri Verlag)

ISBN 3-922601-24-3 (IBDK Verlag)

Inhaltsverzeichnis

Vorwort

Am Ausgang des 20. Jahrhunderts wird eine neue Religiosität erkennbar. Allerdings nicht im Sinne einer Renaissance der beiden großen christlichen Kirchen (die weiterhin an Mitgliedern und Akzeptanz verlieren), vielmehr orientiert sich diese neue Religiosität an den scheinbar "natürlichen religiösen Bedürfnissen" der Menschen und an den Gesetzen der Warengesellschaft. Es ist ein Markt mit den verschiedensten Anbietern entstanden, die alte Bedürfnisse decken und neue wecken. Neben den als "Sekten" bezeichneten kleinen Religionsgemeinschaften, die an christliche und heidnische Traditionen oder an fernöstliche Vorstellungen anknüpfen, gibt es im New Age eine kaum überschaubare Vielzahl esoterischer Heilslehren und Parawissenschaften, die die Nachfrage nach Sinn und Orientierung bedienen. Je nach Ausrichtung versprechen sie neue Wege zur Erkenntnis oder zu beruflichem Erfolg, Hilfestellung zur Selbstverwirklichung oder Abhilfe bei Schlafstörungen. Kaum ein Problem, für das es kein Angebot gäbe.

Die AutorInnen dieses Bandes untersuchen Anspruch und Wirklichkeit esoterischer Theorie und Praxis. Parawissenschaftliche Verfahren wie Wünschelrutengängerei oder Subliminale Beeinflussung werden auf ihre Stichhaltigkeit hin überprüft. Weltanschauungen wie die Anthroposophie oder Glaubensrichtungen wie der spirituelle Ökofeminismus werden ideologiekritisch analysiert. Anhand der Beispiele Astrologie und UFO-Glaube werden Aussagen über die Zusammensetzung der KonsumentInnen getroffen. Durch die verschiedenen Perspektiven, die soziologische, psychologische und politische Fragestellungen aufgreifen, entsteht ein facettenreiches Bild des Phänomens Esoterik.

Der Tenor der Beiträge ist durchweg kritisch. Die Angebote von Esoterik und New Age, die so verführerisch Auswege aus dem unbefriedigenden Alltag versprechen, erweisen sich bei genauer Betrachtung als Mogelpackung. Es zeigt sich, daß sie weder für individuelle noch für gesellschaftliche Probleme Lösungsansätze bieten. Veränderungen, die mehr Demokratie und Selbstbestimmung brächten, stehen nicht auf der Tagesordnung. Im Gegenteil, viele politische Kernaussagen sind durchaus kompatibel mit reaktionärem, ja sogar rassistischem Gedankengut. Die Verantwortung des Individuums wird durch esoterische Erklärungsmuster auf Götter, Führer oder in den Kosmos verlagert und so Entscheidungskompetenz abgegeben. Indem irrationalen Verhaltensweisen Vorschub geleistet wird, werden vernunftgemäße Lösungen verhindert.

Die Verführungen der Esoterik stellen somit ohne Zweifel einen Angriff auf die Vernunft und auf die Freiheit des einzelnen Menschen dar. Statt mit einer Remythologisierung auf die Perspektivelosigkeit und Sinnkrise am Ende des Jahrtausends zu reagieren, wäre es notwendig, Antworten und Alternativen aus der Tradition von Aufklärung und Moderne zu finden. Denn sonst könnte der Weg der Suchenden geradewegs wieder in den Schoß der Großkirchen führen, von deren Dogmen sie sich durch ihre Hinwendung zur *neuen* Religiosität zu emanzipieren glaubten.

Thomas Geisen

Über Funktion und Gefahren von New Age, Esoterik und Anthroposophie

Versuch einer Standortbestimmung im aktuellen Kontext gesellschaftlicher Modernisierung

> "Praxis, auf unabsehbare Zeit vertagt, ist nicht mehr die Einspruchsinstanz gegen selbstzufriedene Spekulation, sondern meist der Vorwand, unter dem Exekutiven den kritischen Gedanken als eitel abzuwürgen, dessen verändernde Praxis bedürfte."
>
> *Theodor W. Adorno, Negative Dialektik*

Äußere Zeichen einer Wandlung

Der Buchhandel verzeichnet im Bereich Esoterik/New Age/Anthroposophie Umsätze in Milliardenhöhe, ca. 15 % des gesamten Buchhandelsumsatzes werden heute in diesem Bereich erzielt. Jede größere Stadt hat mittlerweile eine oder mehrere Spezialbuchhandlungen. Wichtiges Kennzeichen der angebotenen Literatur ist die Verpackung esoterischer Heilslehren und spirituellen Wissens in Form von Ratgeberliteratur. Das Versprechen wahrer Freiheit, tiefer Erkenntnis und eines sinnerfüllten Lebens wird über diese Angebotsform in einen kausalen Zusammenhang gebracht, in dem die Anwendung entsprechenden Rezeptwissens Erfolg verspricht. Subjektiv werden reale Bedürfnisse der Menschen aufgegrif-

fen, auf offene Fragen werden Antworten gegeben. Aber sind es nicht
falsche Antworten?

Die Entwicklungen im Buchhandel korrespondieren mit weiteren Ereignissen, die die esoterische Infrastruktur vervollständigen und ihr eine
breite Basis verschaffen. Hierzu gehören die Esoterik-Messen, ein viel-
fältiges Seminarangebot und zahlreiche Bildungs- und Tagungseinrich-
tungen. Auffällig ist die Höhe der Gebührensätze für Angebote in diesen
Bereichen, hier werden zum Teil hohe Summen für ein Wochenendseminar oder einen Abendkurs bezahlt. Auch die Ausbildung von Multi-
plikatorInnen erfolgt nicht zum Nulltarif, Interessierte müssen hier tief
in die Tasche greifen. Aufgrund dieser Fakten lassen sich Rückschlüsse
auf die gesellschaftliche Stellung der spirituellen Sucherinnen und Wan-
derer ziehen. Es handelt sich zum größten Teil nicht um Unterprivile-
gierte, sozial Schwache, Ausgegrenzte oder Deklassierte. Das Bedürfnis
nach Spiritualität ist an eine bestimmte gesellschaftliche Schicht gebunden: die Mittelschicht. Diese Entwicklung wirft die Frage nach ihren
Ursachen und Bedingungen auf, aber auch die Frage danach, ob die
Versprechungen eingehalten werden können. Es ist zu fragen, warum
sich das legitime Bedürfnis nach subjektivem Lebenssinn auf den spirituellen Weg begibt und ob es dort Befriedigung erreichen kann. Ich
hoffe, mit der folgenden Skizzierung des gesellschaftlichen Rahmens
den LeserInnen eine Orientierung anbieten zu können, eine Folie, die
die Ein- und Zuordnung der in diesem Band versammelten Aufsätze ermöglicht.

These 1: *Die gesellschaftliche Modernisierung im Postfordismus ist dadurch gekennzeichnet, daß die verbliebenen Restbestände tradierter gesellschaftlicher Strukturen aufbrechen und dem kapitalistischen Markt
einverleibt werden.*

An den Anfang meiner Überlegungen stelle ich die ökonomische
Entwicklung, denn sie ist ein entscheidender Faktor in der aktuellen
Analyse der Hintergründe des New Age, der Esoterik und der Anthroposophie. Die ökonomische Entwicklung in der Bundesrepublik beruht
nach dem Zweiten Weltkrieg auf der korporatistischen Eingliederung
der Gewerkschaften in den Sozialstaat. Damit standen sich Unternehmer
und ArbeiterInnen nicht mehr in eindeutiger Interessenkonfrontation gegenüber, sondern wurden geeint unter dem Banner der sozialen Marktwirtschaft, die den Interessenausgleich im Rahmen der "Sozialpartner-
schaft" propagiert. "Historischer Ausdruck des Ergebnisses der konfli-
gierenden Praxen der hegemonialen wie der subalternen Akteure ist der

Wohlfahrtsstaat. Wesentliche Kennzeichen des Wohlfahrtsstaates sind die Konfliktinstitutionalisierung durch Verrechtlichung der Tarifbeziehungen zum 'offiziellen Tripartismus', die Befriedigung kompensatorischer Interessen und die Kanalisierung von Bedürfnissen durch die Hebung des Lebensstandards und Massenkonsums, die Ausbildung von Volksparteien" (Schaarschuch 1990, S. 50). Diese Phase der ökonomischen Entwicklung in der Bundesrepublik, die auch als fordistische Phase bezeichnet wird und die ein ausbalanciertes Verhältnis zwischen Ökonomie und Staat entstehen ließ - einen "historischen Block" wie Gramsci schreibt, der mit diesem Begriff versucht, von der rein ökonomischen Ebene zu abstrahieren und die Verschränkung zwischen Ökonomie, Staat und Gesellschaft hervorzuheben - endete Mitte der 70er Jahre. Ab diesem Zeitpunkt wurden strukturelle Krisenerscheinungen deutlich. Kapitalkonzentrationen auf der einen und eine aufkommende Massenarbeitslosigkeit auf der anderen Seite gehören zu den Hauptmerkmalen dieser Entwicklung. Nach Schaarschuch entstehen "Krisen dann, wenn die Kompatibilität von Akkumulation und Regulation nicht mehr gewährleistet ist" (Schaarschuch 1990, S. 64). Zur Behebung der Krise werden natürlich zunächst einmal die im bestehenden Rahmen zur Verfügung stehenden Instrumentarien ausgeschöpft, z.B. Teamarbeit, Internationalisierung der Produktion. Doch die Grenzen der Interventionsstrategien wurden sehr schnell deutlich. Die anstehenden Modernisierungen machten eine qualitative Umstrukturierung der Sphäre der Produktion notwendig. Einhergehend mit diesen Anforderungen im produktiven Bereich ergaben sich auch neue Anforderungen im Reproduktionsbereich. Technologisierung und Rationalisierung erfordern zunehmend qualifizierte und flexible ArbeitnehmerInnen, der traditionelle Massenarbeiter in der Fabrik hat mittlerweile weitgehend ausgedient. "So deutet sich für den Postfordismus an, daß die 'Flexibilisierung' von Akkumulation, Regulation und Reproduktion im Zentrum dieser historisch neuen Gesellschaftsformation steht" (Schaarschuch 1990, S. 68).

Der Postfordismus kann daher zunächst einmal als Prozeß einer umfassenden Modernisierung und Umstrukturierung des gesamten Produktionsbereichs angesehen werden, der sich ab Mitte der 70er Jahre abzeichnet. Zur Durchführung dieses Wandlungsprozesses, der in vielen unterschiedlichen und teilweise divergierenden Teilprozessen abläuft, zeichnet sich als zentrale Aufgabe die Sanierung und der Abbau alter industrieller Komplexe ab. Deren Verlagerung bzw. Kompensation durch Produktion an anderen Standorten erfolgt entweder in der europäischen

Peripherie oder in den entwickelten Randzonen der kapitalistischen
Zentren. Hierzu gehören vor allem die sog. Schwellenländer in der
"Dritten Welt" und die Länder Osteuropas. Die Bereiche Bergbau und
Stahlindustrie gehören seit Beginn dieser Phase zu den sog. Krisenbran-
chen. Damit sind die bisher zentralen Säulen der industriellen Entwicklung in ihrem Bestand gefährdet, was die These des Übergangs in eine
neue Phase der Produktivkraftentwicklung untermauert. Stütze dieser
neuen Phase ist vor allem die schnelle Entwicklung im Bereich der
neuen Technologien. Hierzu zählen nicht nur moderne Informationsver-
arbeitungssysteme und die allgemeine "Computerisierung" der Gesellschaft, sondern vor allem auch die Implantation der neuen Technologien
in den Betrieben und der Aufbau eines weit verzweigten Dienst-
leistungsnetzes in diesen Bereichen. Nachdem zu Beginn der 80er Jahre
vor allem Großbetriebe in Rationalisierungsschüben den neuen Produk-
tionsmethoden zum Durchbruch verhalfen und damit eine Pilotfunktion
einnahmen, als Beispiel hierfür kann die computergesteuerte Fließband-
fertigung in der Automobilindustrie angeführt werden (erstmals Mitte
der 80er Jahre bei VW in Wolfsburg), hat die Entwicklung längst die
Mittel- und Kleinbetriebe erreicht.

Einhergehend mit diesen Entwicklungen im Produktionsbereich verliefen parallel Prozesse gesellschaftlicher Veränderungen, deren zentrales Kennzeichen das Aufbrechen und die Wandlung tradierter Verhältnisse gesellschaftlicher Reproduktion bildeten. Hierzu gehörte vor allem
die Umsetzung des zentralen Konzeptes der Kleinfamilie, deren Anfänge
sich bereits zu Beginn dieses Jahrhunderts abzeichneten und sich ab den
fünfziger Jahren in einer extremen Weise zum gesellschaftlich dominanten Konzept entwickelte. Die Ursachen hierfür sind vor allem in der
Dominanz des fordistischen Modells von Massenproduktion und Massenkonsum zu sehen. Die Komponente Massenkonsum ist nur unter Bedingungen individueller Orientierungen zu realisieren, traditionelle Re-
produktionsaufgaben in einem großen Familienverband stehen hierzu in
einem eklatanten Widerspruch. Eine weitere Ursache ist die Mobilitäts-
anforderung, die im Rahmen der Kleinfamilie als Reproduktionsinstanz
wesentlich leichter realisierbar ist. Doch auch hier erfolgte ab den 70er
Jahren eine Verschiebung der Koordinaten, deren Ergebnis die generelle
Infragestellung der Familie als Reproduktionsinstanz darstellt. Diese
Entwicklung im Spiegel veränderter Produktionsbedingungen und aktu-
eller Modernisierungsschübe muß in ihren Widersprüchlichkeiten gesehen werden, deren Auflösung im Sinne einer emanzipatorischen Neu-

formulierung und Neuorganisation der notwendigen Reproduktions-
bedingungen derzeit nicht absehbar ist.

"Bildung für alle!" - lautete Ende der 60er, Anfang der 70er Jahre
das Schlagwort in der Bildungsdiskussion. Als Ergebnis dieser Diskussion wurden die Weichen zu einer Verallgemeinerung der Bildung gestellt. Die Bildungsreform als zentrale ordnungspolitische Maßnahme
führte zu einer starken quantitativen Zunahme von Abschlüssen in den
oberen Bildungsbereichen. Sie stand somit im Einklang mit den Entwicklungen im ökonomischen Bereich und deren Forderung nach besserer Qualifikation ihrer künftigen ArbeitnehmerInnen, aber auch ihres
künftigen Personals auf den Leitungsebenen. Äußere Zeichen des ex-
pandierenden Bildungssektors war das Entstehen von sog. Massenuni-
versitäten und eine bis heute ständig wachsende Zahl Studierender an
den Hochschulen. Zugleich wurde aber durch das Aufbrechen des herrschenden Geschlechtsrollenverhältnisses, auf der Grundlage patriarchaler
Gesellschaftsstrukturen, das im Zuge der allgemeinen Forderungen nach
gesellschaftlicher Demokratisierung in den 60er Jahren virulent wurde,
eine ambivalente Entwicklung eingeleitet:

1. Traditionelle, patriarchal strukturierte Bereiche, wie z.B. die Familie,
sind einer zunehmenden Erosion ausgesetzt. Forderungen nach Emanzipation und Gleichberechtigung der Frau werden mehr und mehr im
langwierigen Prozeß gesellschaftlicher Veränderungen gegenüber den
immer noch dominanten patriarchalen Strukturen umgesetzt.

2. Im Zuge der Modernisierung und ihrer ideologischen Eckpfeiler von
Mobilität und Flexibilität - auch und vor allem für das Human-Capital -
wurden die Frauen, die bisher weitgehend in den Reproduktionsbereich
"verbannt" waren[1] dem produktiven Bereich als "innovatives Kapital"
eingegliedert.

Damit bewirkte die zunehmende Realisierung der Forderung von
Frauen nach Emanzipation und Gleichberechtigung gleichzeitig ihre
Verfügbarmachung und Eingliederung in den kapitalistischen Verwer-

---

[1] In diesem Zusammenhang ist die Betrachtung schicht- und klassenspezifischer Unterschiede eminent wichtig und wird oft nicht berücksichtigt. Denn es war und ist immer
ein Privileg der Mittel- und Oberschichten gewesen, sich auf den Reproduktionsbereich
zurückziehen bzw. beschränken zu können bzw. zu müssen. In den unteren Schichten
gehörte die Tätigkeit im produktiven Bereich immer mit zum Alltag der Frauen und
zwar unter Bedingungen der Schlechterstellung und Unterordnung gegenüber ihrer
männlichen Konkurrenz auf dem Arbeitsmarkt.

tungsprozeß. Eine ambivalente Entwicklung, der meines Erachtens bis heute nicht genügend Berücksichtigung geschenkt wurde.

Es haben sich aufgrund von Ungleichzeitigkeiten im kapitalistischen Entwicklungsprozeß bis heute noch Residuen erhalten, die nicht vollständig von der Logik des Kapitals durchdrungen sind, z.B. in der Aufzucht der Nachkommenschaft. Hier haben rudimentär soziale Beziehungen zwischen Menschen Bestand, die sich dem kapitalistischen Kriterium der Verwertung entziehen. Die Aufgabe dieser Residuen bedeutet gleichzeitig den Verlust historischer Möglichkeiten. Das Denken und die Vorstellung eines antizipierten Anderen wird vor dem Hintergrund der scheinbaren Totalität kapitalistischer Entwicklung bis in den letzten Winkel sozialer Beziehungen ausgerottet. Damit möchte ich jedoch nicht für ein idealistisches oder gar romantisch verklärtes Bewußtsein zur Rückkehr und Bewahrung der "Segnungen" der "Heiligen Familie" plädieren. Ganz im Gegenteil sehe ich die Möglichkeit der Auflösung der dargestellten Ambivalenzen nur in einem Fortschreiten der Entwicklung. Der Fortschritt muß aber sowohl versuchen, die kapitalistische Verwertungslogik zu durchbrechen, als auch die verbliebenen Residuen nicht vollständig durchdrungener gesellschaftlicher Bereiche für die Realisierung des Anderen nutzbar machen.

These 2: *Der Mensch ist ein soziales Wesen und allein als "kapitalistisches Wesen" nicht denkbar, daher wird die Lösung des Problems der Sinnproduktion in der postfordistischen Gesellschaft zu einer entscheidenden Aufgabe, deren Antworten in sehr direkter Weise auf die Gestaltung der gesellschaftlichen Beziehungen Einfluß nehmen. Die subjektiven Faktoren sind in dialektischer Weise mit den objektiven gesellschaftlichen Bedingungen von Produktion und Reproduktion verknüpft.*

Dort, wo die menschlichen Beziehungen zur Ware werden, stellen auch die Angebote zur Bedürfnisbefriedigung zunächst und zuerst eine Ware dar, es wird also eine Tauschbeziehung aufgebaut. Ein anschauliches Beispiel für den Warenwert menschlicher Beziehungen kann am Beispiel der Sprachverwendung deutlich gemacht werden, denn "die Aussagen eines Menschen mögen verlogen sein - im Stil seiner Sprache liegt sein Wesen hüllenlos offen." (Klemperer 1993, S. 16) So wird beispielsweise eine Beziehung zwischen Frau und Mann als "Partnerschaft" ausgegeben. Der Begriff "Partnerschaft" verweist aber eindeutig auf den ökonomischen Zusammenhang, beziehungsweise auf die ökonomische Verbindung zweier Menschen, denn "Partner" heißt in der Erweiterung

"Geschäftspartner". Es ging den "Partnern" also um eine nutzbringende und fruchtbare Verbindung, die in den jeweiligen Geschäftsbilanzen ihren zahlenmäßigen Niederschlag findet. Eine Übertragung dieses Begriffs auf eine soziale Beziehung, die primär nicht der ökonomischen Sphäre der Profitmaximierung und damit der Produktion zugeordnet ist, sondern der Reproduktion, die nicht unter dem Zeichen der Profitmaximierung stattfindet, sondern die Zielsetzung der Bedürfnisbefriedigung beinhaltet, hat fatale Folgen: Soziale Beziehungen werden an ihrer Möglichkeit individueller Nutzen- und Profitmaximierung gemessen, nicht an der Kategorie der Befriedigung sozialer Bedürfnisse. Dort aber, wo der Mensch als soziales Wesen nicht mehr denkbar ist und sich in der Tauschbeziehung des Warenverkehrs auflöst, verlieren auch tradierte Vorstellungen der Sinnproduktion ihre Grundlagen. Sinnproduktion kann in einer individualisierten Gesellschaft - individualisiert im Sinne des Waren-Charakters - als kollektive Sinnproduktion gesellschaftlicher Gruppen, Schichten oder Klassen auf der Basis tradierter Normen, Vorstellungen und Zusammenhänge nicht mehr stattfinden. In der kapitalistischen Warengesellschaft hat sich das individualisierte Subjekt daher immer wieder neu zu präsentieren und zu repräsentieren. Die Anpreisung der eigenen Person auf dem Markt in der Konkurrenz aller gegen alle, machen die Totalität der kapitalistischen Produktionsweise deutlich. In der postfordistischen Phase des Spätkapitalismus wiederholt sich die in Krisen- und Umbruchphasen elementar zu Tage tretende Konkurrenzsituation, die das Recht des Stärkeren gegenüber dem Schwächeren zur Geltung bringt. Der Schwache wird zum Besiegten, zum Unterlegenen, er scheidet aus der Logik des Marktes aus, weil er den Bedingungen und Anforderungen desselben nicht gewachsen ist. Die Ausscheidung erfolgt in freiem Fall oder sozial abgefedert, das Ergebnis bleibt sich im Grunde genommen gleich - nicht im materiellen Sinne, jedoch in der Nichtachtung der Würde des Menschen. Doch der Mensch als soziales Wesen hat selbst in seiner individualisierten Daseinsform das unstillbare Bedürfnis nach Zufriedenheit und Glück, nach Zutrauen, Wärme und Geborgenheit nicht verloren. Daher verbleibt selbst dem in scheinbar totaler Individualisierung verhafteten Subjekt ein untrügliches Gespür für seine soziale (Not)-Lage, für die auf ihn lauernden Gefahren - und seien es auch nur die des Marktes, auf dem er seine Arbeitskraft anpreisen muß - und seine Ängste, die in sehr feinfühliger Weise wahrgenommen und verarbeitet werden. Nicht umsonst zählt die Versicherungsbranche in den industriellen Zentren zu den wachstumsträchtigsten und krisenfesten Bereichen des Dienstleistungsbereichs. Vertrauen und Sicherheit sind in einer individualisierten Gesellschaft ebenfalls über den Markt vermittelt, das Risiko wird kalkuliert, berechnet und hat seinen Preis. Hierin unterscheidet es sich von der Gefahr, denn diese ist nicht berechenbar und kalkulierbar. Der geforderte Preis wird entrichtet, das damit verbundene Versprechen umfassender "Risikoabsicherung" - implizit also der "Risikofreiheit" - und damit des absoluten Glücksversprechens eines angstfreien Raumes kann jedoch nicht eingehalten werden. Denn die Konditionen werden vom Markt diktiert und es verbleibt vor allem ein sogenanntes "Restrisiko", das den Schein des totalen Glücksversprechens als Taschenspielertrick entlarvt. Wie aber werden subjektiv diese Risikolücken gefüllt? Und weiterhin bleibt die Frage, ob es sich hier um ein gesamtgesellschaftliches Phänomen handelt oder um ein Problem, das innerhalb bestimmter gesellschaftlicher Schichten verortet werden kann?

Das Bedürfnis nach Sicherheit tritt natürlich nicht immer als gesamtgesellschaftliches in Erscheinung. Gesamtgesellschaftliche Krisenerscheinungen, die ein ebensolches Sicherheitsbedürfnis aller gesellschaftlichen Schichten nach sich ziehen, können getrost als Ausnahme aufgefaßt werden. Als Beispiel für Europa und das 20.Jahrhundert können die beiden Weltkriege genannt werden. Das Bedürfnis nach Sicherheit ist jedoch in der Regel dort am Größten, wo es etwas zu verlieren gibt, wo die moralischen und monetären Bestände in Gefahr geraten. Dies ist gesellschaftlich betrachtet vor allem in der Mittelschicht der Fall. In prekärer Lage stets ihre Situation als Bedrohung erfahrend, bedroht gleichzeitig von denen, die weniger haben, und von denen, die mehr haben, des Abrutschens in niedere Schichten gewärtig, die Übermacht der oberen Schichten fürchtend, ihnen jedoch verbunden im Wunsch dazuzugehören, sind die mittleren Schichten der "feuchtwarme Humus für Ideologie." (Bloch 1985, S. 109) Von ökonomischen Krisen in besonderer Weise getroffen und in ihrer Existenz gefährdet, ist ihre Reaktion rückwärtsgewandt auf die "guten alten Zeiten". Im Roll-Back der Werte und Orientierungen findet dies seinen Ausdruck. Im Post-Fordismus wird diese Angst des Bürgers universal in doppeltem Sinne: Aufgrund der umfassenden Globalisierung erweitert sich die Mittelschicht in den Metropolen um diejenigen, die ursprünglich in unterer Klasse gebunden waren, vereinfacht gesagt um die, die bezahlte Arbeit haben. Ökonomische Krisen und Kriege in den unterschiedlichen Regionen der Welt werfen verstärkt ihre Schatten auf die Metropolen und zeitigen sowohl die geschäftliche, als auch die unmittelbar persönliche Bedrohung. Der anti-zipierte Verlust moralischer Bestände als Ergebnis tradierter Erfahrungen führt zu einer Orientierungslosigkeit im existenziellen Sinne: Die Vorstrukturierung der Gegenwart durch die Vergangenheit, wie sie über Traditionen erfolgte, hat in der postfordistischen Gesellschaft ihre Gültigkeit verloren. "Wir befinden uns in einer Phase offensichtlicher Übergänge. (...) Die Geschichte der Moderne besteht zum größten Teil aus der Rekonstruktion der Traditionen, die sie auslöst. (...) Tradition stabilisierte einige der zentralen Aspekte des sozialen Lebens - nicht zuletzt die Familie und die sexuelle Identität - die von der radikalisierten Aufklärung unberührt blieben" (Giddens 1993, S. 445). Die "post-traditionale Gesellschaft", wie Giddens diesen Zustand nennt, hinterläßt aber kein Vakuum, sondern füllt sich mit neuen Traditionen. Sie ist jedoch "eine Gesellschaft, in der die sozialen Bezüge im wahrsten Sinne des Wortes hergestellt werden müssen, man erbt sie nicht mehr. Sowohl auf der persönlichen, wie auf der kollektiven Ebene ist dies ein voraussetzungsvolles und schwieriges Unternehmen, aber auch ein vielversprechendes" (Giddens 1993, S. 485). Sich hieraus entwickelnde und auftretende Unsicherheiten - vor allem Ungewißheiten - sind daher sowohl subjektiv, als auch gesellschaftlich neu zu bearbeiten, um sie aufzulösen und neue Gewißheiten und damit Sicherheiten im moralischen und gesellschaftlichen Bereich auszuhandeln und zu bestimmen. Orientierungslosigkeit kann in diesem Sinne als Ungleichzeitigkeit interpretiert werden, als Zwischen-Stand im Bereich der Pole traditional und post-traditional, die sowohl das Subjekt, als auch das gesellschaftliche Kollektiv gleichermaßen gefährdet, bzw. deren Bestand und Integrität in Frage stellt. Nichtbearbeitung oder gar Regression aus Angst und Unsicherheit vor den aktuellen Anforderungen, das eigene Leben in seinen aufgebrochenen sozialen Bezügen und gesellschaftlichen Beziehungen neu zu ordnen und zu gestalten, bewirkt als Element der Ungleichzeitigkeit eine Rückkehr auf vormalige Entwicklungsstufen. Der Sprung geht in die falsche Richtung, indem die Moderne, der durch die Aufklärung zum Durchbruch verholfen wurde, hinter die Aufklärung zurückkehrt. Die Trennung der ursprünglichen Verbindung zwischen Moderne und Aufklärung ist zum Rückschritt verdammt. Lag in dem Moment der pädagogischen Wende der Aufklärung, die die Aufklärung aus dem politischen Diskurs in den Muff der Schulstuben verbannte, bereits das Moment der Gegenaufklärung sichtbar zu Tage, indem der Wert als Einspruchsinstanz verloren ging und auf künftige Generationen vertagt

wurde, so fordert die aktuelle gesellschaftliche Situation als ra-
dikalisierte Moderne nun ihren Tribut. Das Wegbrechen letzter Gewißheiten über tradierte Normen und Werte, deren Antiquiertheit sich im
täglichen Treiben des Marktes vermittelt, die Herauslösung aus den Fes-
seln der Tradition unter dem Stern der Freiheit, die aber notwendig und
auf falsche Weise nur als solche des Marktes Sinnbezüge schafft, produziert Sinnkrisen[2].

These 3: *Die Bewältigung von Sinnkrisen als Folge und Ergebnis gesell-*
schaftlicher und ökonomischer Prozesse verlangt Handeln von Subjek-
ten, im Sinne von Selbsttätigkeit und Autonomie, verbunden mit dem
Wunsch und der Möglichkeit praktisch zu werden. Denn nur dann kann
das menschliche Bedürfnis nach der Klärung seines Daseins im Diesseits
stattfinden und einen realen Sinnbezug aufbauen, der in der Sozialität
des Menschen seinen Ursprung findet.

Angst vor Verlust, Angst vor Veränderung, Angst vor der Preisgabe
bisheriger Gewißheiten und Orientierungen ist der Tendenz zur Flucht
förderlich, die in falschem Bewußtsein den Geist abspaltet. Das Ergebnis - der schöne Schein - ist als vergeistigte Welt das Gegenstück zur
verdinglichten, von ihr abgespalten ist es der totalen Regression auf das
Subjekt preisgegeben. Subjekt, in solcher Art geistig vom Objekt ge-
schieden, verliert die Fähigkeit zum Einspruch. Verändernde Praxis
wird durch das Denken, das sich dem Einspruch, dem Widersprechen in
Falsches versagt und mit Rationalität nichts zu tun haben will, vertagt
bis zum Tag des sich aus den Verhältnissen heraus schicksalhaft win-
denden Guten. Das Gute ist seinem Wesen nach Geist und als Geist in
der Totalität der Menschheit aufgehend vermag es nur durch die Summe
der Subjekte zur Geltung zu kommen, deren innere Bereitschaft der Spiritualität der menschlichen Ursprünglichkeit zum Durchbruch verhilft.
Das, was schon immer im Menschen vorhanden war und ist, das absolut
Gute, das sowohl in religiöser Mystik, als auch in New Age/Esoterik/
Anthroposophie an den Sündenfall mahnt, an das Schlechte und Böse im
Menschen, dessen Mühsal auf Erden im Licht der Gerechtigkeit, als
Mahnung und Strafe für Vergangenes aufscheint, kann nur über die
innere Wandlung subjektiv zum Durchbruch gelangen. Die "Vernünf-

---

[2] Krise ist die existentielle Infragestellung bisheriger tragfähiger Lösungen zur Bewältigung gesellschaftlicher oder auch ökonomischer Probleme. Krisenmanagement ist
demnach der Versuch mit vorhandenen Instrumentarien die Probleme wieder in den
Griff zu bekommen, sie handhabbar zu halten, aber nicht unbedingt eine Lösung zu
finden.

tigkeit des Wirklichen, mit der es nicht mehr recht stimmt," wird ersetzt "durch hüpfende Tische und die Strahlen von Erdhaufen," (Adorno 1989, S. 323) wie Adorno pointiert schreibt und damit unabhängig vom Beispiel das Modell entlarvt, nachdem die Wirklichkeit als solche negiert und mit dem Schleier des bloßen Scheins im Dienste einer Übernatürlichkeit versehen wird. Deren Repräsentanten wandeln hingegen in der Wirklichkeit und das Wandeln verliert schnell den hehren Glanz im Betrieb, in dem Bewegung nur durch den Klang der Münzen erzeugt wird. Die Beziehung des Warentauschs wird in dieser Sphäre nur ideologisch aufgelöst, indem der Geist abgespalten von der Wirklichkeit seine Existenz im Nirwana, im Nichts findet. In der verpönten und gescholtenen Wirklichkeit hingegen wird den Forderungen des Marktes Rechnung getragen und auch hier zeigt sich das Eingebundensein und die auf diese Weise nicht auflösbare Verwobenheit in den Markt. Solcherart gewandelten Subjekten ist jedoch Entscheidendes gemeinsam: Der Verlust der Fähigkeit als Einspruchsinstanz im Bestehenden. Immanent ist das Plädoyer für den Status Quo, für die Verlängerung des Unrechts, das sich im Verhältnis von Herrschern und Unterdrückten niederschlägt. Immanent ist auch die Gewöhnung an Autoritäten, den Heilsbringer, die Sakralen, die Propheten und Sterndeuter. Ohne Widerspruch können sie ihre gläubige Macht errichten. Der Rationalität spottend bleiben sie der argumentativen Kritik verschlossen, sperren sich und ihre Gefolgschaft ein in die Welt der Irrlichter. Als Gefangene ihrer selbst geben sie die Mündigkeit preis. Kalter Kalkulation in der verpönten Welt des Realen wird die Flucht in die Welt des Geistes zur Seite gestellt. Parallel und unverbunden, niemals zueinander findend wird hier die Grundlage der Manipulation gelegt, die an den Faschismus erinnert und erneut als dessen Wegbereiter gute Dienste erweisen könnte.

Die Suche der Menschen nach Sinn in einer positivistischen, durchrationalisierten Welt stellt den verzweifelten Versuch dar, jenseits der Geschäftigkeit des Betriebes sich der Sinnhaftigkeit des eigenen Lebens zu versichern. Das Objekt Mensch drängt mit Gewalt zum Subjekt, ohne zu beachten, daß das eine ohne das andere nicht zu haben ist. In der Wahrnehmung der dialektischen Verschränktheit von Subjekt und Objekt entsteht Subjekt überhaupt erst und auch Objekt gewinnt erst an Konturen, erhebt sich gleichsam mit dem Subjekt aus der Totalität des Allgemeinen, indem Differenzierung der Totalität gegenübertritt und deren Auflösung betreibt. Die falsche Auflösung dieser Spannung hin zu einer Seite der Gleichung trägt die Keime des Scheiterns bereits in sich.

Glück und Zufriedenheit, Lebensfreude und Lebensmut werden in solch falschem Bewußtsein nicht vermittels eigener Autonomie und Subjektivität erfahren, sondern sind gleichsam einem Höheren entliehen. Der hieraus resultierende Anspruch verleiht der Autorität Macht, die in Herrschaft gegenüber ihren Schuldnern umschlägt. Als Verratene und Verkaufte auf dem falschen Weg zum Glück werden sie von den Autoritäten in die Spirale des ewig Geistigen gelenkt. Die Gläubigen werden zu Gefangenen ihrer selbst befördert. Je weiter die Windungen sich im Rücken anhäufen, desto schwieriger der Weg zurück, der nur über abschüssige Pisten führt, als gleichsam schmaler Pfad am Rande des Abgrunds. Durch keine äußere Macht bedroht, da sich alles im Nichts, in der Unendlichkeit des Schicksals und der Totalität der ewigen Wiederkehr nur selbst bestätigt und auf alle Fragen Antworten zu geben weiß, gleitet das totale Subjekt im Fluß der Zeit auf den Wellen des Lebens, ohne Widerspruch und ohne Fragen.

Die reine Innerlichkeit des Subjektes übersieht dabei eine sehr entscheidende Erkenntnis: "Vom puren Innern ist kein einziges Wortbild gekommen, das uns über's innerste sprachlose Ansich hinaus sprechen läßt und eben äußert. Dagegen Worte wie: eng, tief, warm, dunkel, hell, dichtes Vergessen, offenes Aufdämmern, der innere Weg selber: all diese sind aus Äußerem gezogen und dann erst für's Innere durchscheinend. So merkt sich alles Innen erst über das Außen" (Bloch 1985a, S. 13). Kurz, daß die Sozialität des Menschen, dem sich "alles Innen erst über das Außen" gewahr werden muß, erst wird, um dann sein zu können: "Ich bin. Aber ich habe mich nicht. Darum werden wir erst. Das Bin ist innen. Alles Innen ist an sich dunkel. Um sich zu sehen und gar was um es ist, muß es aus sich heraus. Muß sich herausmachen, damit es überhaupt erst etwas sehen kann, sich unter seinesgleichen, wodurch ein Ich bin, als nicht mehr an sich, zu einem Wir wird" (Bloch 1985a, S. 13). Die Blochsche Erkenntnis widerspricht der Kurzsichtigkeit C.G. Jungscher Dogmatik, dem die Äußerlichkeit lediglich als Lackmus dient zur Hervorbringung und Sichtbarmachung des bereits ewig vorhandenen kollektiven Unbewußten. Alles Innen merkt sich erst über das Außen, sagt Bloch und versteht dies in existentiellem Sinne. Der Mensch ist ein Gewordenes, Mensch als reines Subjekt ist nicht denkbar und allein dieser Tatsache Rechnung zu tragen heißt, die zentralen Prämissen von New Age, Esoterik und Anthroposophie zu negieren. Die berechtigte Suche und das richtige Bedürfnis nach der subjektiven Beantwortung der zentralen Lebensfragen nach dem Warum und Wozu, nach dem Wohin des menschlichen Lebens wird in der Umkehrung der Suche, deren Ausgangspunkt das "Verwundern und Staunen" bildet, der Versuch "den Ritz und Riß im üblichen, gewohnten Bemerken" (Bloch 1985a, S. 16) zu entdecken, an ein Objektives verraten. In der Totalität des Subjektes ist in doppelter Negation das Objekt als Totalität faßbar. Die in doppelter Negation bestimmten gesellschaftlichen Verhältnisse verschließen den Raum für eine Veränderung des Bestehenden, da die Trennung zwischen Subjekt und Objekt hier zur reinen Ideologie wird. In der Befriedigung ihrer Bedürfnisse werden die Subjekte auf sich selbst zurückgeworfen, ohne Anklang und Verbindung mit den objektiven Bedingungen wird vermittelt über Innerlichkeit die "neue" Totalität, die "neue" Herrschaft inthronisiert. Auch das nicht bloßer Reflex, sondern Reaktion und Verarbeitung der gesellschaftlichen Bedingungen, die als unveränderlich, als Totalität, wahrgenommen werden. Der Widerspruch zwischen realem Sein, zwischen dem Leben in einer gesellschaftlichen Wirklichkeit, die der instrumentellen Vernunft hörig ist, und einem Zustand falschen Bewußtseins, das den Tempel der Innerlichkeit im Kopf errichtet und ihn vollkommen der Sphäre der Objekte entäußert, damit er - der Äußerlichkeit entrückt - auf stärkere Fundamente als ehedem die Weltlichkeit der Gotteshäuser bauen kann, wird zwar über die innere Autorität zum Schweigen gebracht, aber es ist das tiefe, unbehagliche Schweigen von Verratenen. Der Glaube versetzt Berge, heißt es in der Bibel, und in diesem Satz ist die wichtige, universelle Wahrheit enthalten, daß die Stärke des Subjektes mit keiner anderen Kraft vergleichbar ist. Um diese Stärke aber zu erlangen, muß Subjekt erst werden. In der Aufgabe der eigenen Subjektivität auf der Suche nach derselben, liegt der Preis, der zu entrichten ist, die Eintrittskarte in die Welt der Scheinbefriedigung, die subjektiv Halt verspricht, aber objektiv, im Dienst der Macht stehend, wahre Befriedigung versagt. Verrat, auf's Äußerste kaschiert durch subjektive Wendung, hält sich beharrlich und bedroht in ständiger Verlockung verbliebene Residuen der Freiheit. Hedonismus leistet ihm Vorschub, denn das alltägliche Versprechen der Werbung für den leichten Genuß zu niedrigem Preis bleibt nicht ohne Wirkung. Anstrengung, beständiges Bemühen und die immerwährende Übung werden disqualifiziert, sowohl auf dem Markt, als auch in den entrückten Sphären subjektiver Totalität. Die Sterntaler fallen vom Himmel, der Traum vom Schlaraffenland - beides Bilder, die variantenreich im Neuen Denken ihre Wiedergeburt aus der durch die mit kalter Rationalität gegeißelten Welt erfahren.

These 4: *In der Negation des Bestehenden gründet die Möglichkeit des Anderen. Die Chancen zu dessen Realisierung sind vorhanden - mögen sie auch noch so beschränkt sein - denn ansonsten wäre Stillstand in der Welt und keine Veränderung sichtbar. Daß der erreichte Fortschritt immer nur in seiner Negation, im noch nicht Erreichten, gesehen wird und die Maßverhältnisse immer von einem Unerreichten und in unendlicher Ferne gleichsam schwebenden Ideal bestimmt werden, trägt zur Zerstörung der vorhandenen Veränderungspotentiale bei.*

Geschichte ist kein zwangsläufig ablaufender Mechanismus, der einem Uhrwerk gleich den vorgegebenen Verlauf nachzeichnet. Dies gilt sowohl für künftige Ereignisse, als auch für die Vergangenheit im Allgemeinen, die nur in ihren Brüchen und Diskontinuitäten begreifbar ist. Denn aller bisheriger Determinismus und Dogmatismus hat gezeigt, daß sich im Widerspruch nicht die Ausnahme von der Regel manifestiert, sondern die Möglichkeit eines Anderen, ein qualitativer Sprung im Gleichklang der Zeit deutlich wird. In dogmatischer Hinwendung zu einem dominanten Determinismus, wie er gerade in New Age/Esoterik/ Anthroposophie deutlich wird, wird den Subjekten jegliche Möglichkeit gesellschaftlichen Handelns als Einspruchsinstanz gegen das Bestehende abgesprochen, bzw. in eigener Beschränkung sich selbst auferlegt. Dieser Determinismus ist gleichzusetzen mit der Selbstaufgabe, ja geradezu Selbstverleugnung der Beteiligung an politischen Prozessen. Der Rückzug in eine "andere Welt", die nicht der Welt des Privaten entspricht, denn in ihr ist der "Rohstoff des Politischen" (vgl. Negt/Kluge 1992) immer noch vorhanden, ist als totale Preisgabe dieses Rohstoffs aufzufassen. Die Folgen dieser Preisgabe gefährden das Subjekt aufs Äußerste, denn in der totalen Subjektivierung wird die Sozialität negiert. Schizophrenes Verhalten auf Dauer, der Widerspruch zwischen dem in der Welt sein und der entrückten Existenz einer "anderen Welt", kann nicht produktiv gewendet werden, sondern ist pathogenem Verhalten gleich, der Destruktivität wesensnah. Die falschen Versprechungen im Schein des "wahren Ich", dem die "falsche" Daseinsform gegenübergestellt wird, ohne der Erkenntnis gewahr zu werden, daß das Ich als Gewordenes dieser Daseinsform entsprungen ist und ihr daher in elementarer Verschränkung unlösbar verbunden ist, sind der Rationalität nicht zugänglich. Das Beharren auf der Rationalität der Diskurse und der Verweigerung jeglicher Irrationalität ermöglicht eine Kritik der herrschenden Verhältnisse, die nur in der Kritik ihrer Widersprüchlichkeit, in den Ritzen und Rissen, in den Brüchen und Diskontinuitäten wirksame Ansatzpunkte finden kann. Die äußere Bedrohung von Herrschaft - im Falle von New Age/Esoterik/Anthroposophie ist es gar die entäußerte Bedrohung durch die Ewigkeit - war noch niemals das geeignete Instrumentarium zu deren Beseitigung und wird es vermutlich auch niemals sein können, denn Herrschaft zerschellt nur an ihrer eigenen Widersprüchlichkeit[3]. Die Vertagung von Veränderung auf spätere Dekaden unzähliger Generationen legitimiert die bestehenden Verhältnisse in ihrem Sosein. Dort, wo sich gesellschaftliches Handeln als Einspruchsinstanz in Bestehendes verweigert und in Bereiche außerhalb des Politischen abgedrängt, zur Bearbeitung der Religion, dem New Age, der Esoterik oder der Anthroposophie, aber auch der Psychologie oder der Pädagogik[4] übergeben und damit der Innerlichkeit zugetragen wird, die allein im Werden des Subjektes Veränderung und Wandel ausmacht, ist dem Ressentiment und der Reaktion Tür und Tor geöffnet. In der Regression auf frühere Stufen der Entwicklung wird die Moderne verdammt und in romantischer Verzückung werden überkommene Traditionen aus längst vergangener Zeit gegen die Aufklärung wiederbelebt. Kelten und Germanen, Indianer und edle Wilde - der Stoff aus dem die Mythen geschöpft werden ist beliebig. Gemeinsam ist ihnen jedoch, daß ihre Wurzeln in historischer Betrachtung vor der Aufklärung liegen und den Gleichklang mit der Natur zum Mythos erheben. Das Ineinssetzen des Menschen in die Natur, die romantische Verzücktheit ideeller Natur- und Wesensgemeinschaft ist der gesellschaftlichen Moderne diametral entgegengesetzt. Die besondere Leistung der Aufklärung liegt in der Befreiung des Menschen aus Strukturen naturhafter Vergesellschaftung. Von nun an wird die Individualität eines jeden Menschen gegen den Zwang des naturhaften Eingebundenseins in Gesellschaft zum zentralen Motiv der Moderne. In der reduzierten Dogmatik des freien Marktes schlägt die Befreiung des Menschen jedoch sehr schnell wieder um und

---

[3] Die Schlußfolgerung hieraus, daß in der Verschärfung der Widersprüche die emanzipatorische Kraft zur gesellschaftlichen Veränderung entsteht, knüpft jedoch an eine lineare Kausalität an, die so nicht gegeben ist, sie ist falsch und gefährlich. Emanzipatorische Kräfte werden nicht kausal aus der Verschärfung der Widersprüche geboren, sondern entstehen einzig und allein in der Dialektik von Widerspruch gegen Macht und Herrschaft und in den Versuchen und Vorstellungen eines Anderen, das sich in der konkreten Auseinandersetzung mit der Negation der Verhältnisse entwickelt.

[4] Psychologie und Pädagogik sollen nicht in ihrer Gesamtheit in diese Kritik einbezogen werden, denn auch hier gibt es kritische Richtungen, die im Gegensatz zur Innerlichkeit die Fähigkeit zur Einspruchsinstanz befördern. Leider gilt dies jedoch nicht für den pädagogischen und psychologischen Mainstream, sondern eher für Randbereiche der beiden Disziplinen.

wird der Marktgängigkeit dienstbar gemacht. Dies hatte jedoch zur Voraussetzung, daß die Kraft der Aufklärung, die allein in der gesellschaftlichen Auseinandersetzung und im politischen Handeln zur Geltung kam, nachdem die Ansprüche des Marktes und der Produktion nach einem Aufbrechen der überkommenen Strukturen erfüllt waren, auf andere Gleise umgelenkt wurde. Das Umlenken wurde Programm in der "Pädagogisierung der Aufklärung", wie Mergner[5] dies einmal nannte. Durch diesen "Kunstgriff" gelang es, die Segnungen der Individualität für den Markt zu erschließen, sie jedoch gleichsam ihrem emanzipatorischen Kern zu entäußern und in der Hoffnung auf die Wandlung in den Köpfen - qua Erziehung - zu kanalisieren. Die Enttäuschung dieser falschen Hoffnung führt auch heute noch oftmals direkt in Richtung New Age/Esoterik/Anthroposophie oder - was auch denkbar ist, da hier strukturelle Wesensverwandtschaft besteht - in den Bereich des Reaktionären, des Konservatismus oder zur Neuen Rechten. Es ist daher kein Wunder, wenn sich in beiden Bereichen diejenigen tummeln, die dem emanzipatorischen Mythos der 68er entwachsen, sich gleichsam gewandelt dem Neuen Denken verschrieben haben. Die "vaterlose" Generation, in radikaler Opposition sich artikulierend und den Stoff der Schuld ihrer Väter und ihre privaten Vorwürfe und moralischen Verurteilungen emotional ausagierend, sie zeitweilig gar nach Vietnam kolportierend, versank mehrheitlich in der Normalität, die nach solch emotionalisierter Phase nur in Innerer Wendung erträglich war. Neue Innerlichkeit wurde daher oft das Balsam für die an der Wirklichkeit Gescheiterten, die an ihrer Romantisierung gesellschaftlicher Verhältnisse und insbesondere des Widerstandes, der mit der proklamierten Revolutionierung der Verhältnisse so wenig zu tun hatte, zugrunde gingen und sich in ihrer Hilflosikgeit zu "rettenden Ufern" aufmachten. Auf dem Weg dorthin merkten sie kaum, daß sie sich ganz in den Fußstapfen ihrer Väter fortbewegten, deren ausgetretenen Pfade als Verdrängtes, Unaufgearbeitetes immer wieder ihren Tribut verlangen.

Abschließend noch einige Bemerkungen über den Fortschritt, den es angesichts soviel Rückschritts wieder neu zu buchstabieren gilt, denn nur dann wird ausgehend von einer Kritik der Verhältnisse eine Veränderung möglich werden. Kritik der Gesellschaft erhält nur dann einen Sinn, wenn Fortschritt antizipiert werden kann, d.h. wenn die Möglich-

---

[5] Gottfried Mergner, Erziehungswissenschaftler an der Universität Oldenburg, beschäftigt sich in seinen Forschungen eingehend mit Untersuchungen zur Widerstandsgeschichte im Rahmen historischer Sozialforschung.

keit des Anderen im Gegebenen vorstellbar wird. "Wenn wir glücklich sein können, ist jeder Augenblick durch das Leiden unzähliger anderer erkauft, von Tieren und von Menschen. Die heutige Kultur ist das Resultat einer entsetzlichen Vergangenheit. (...) Wir müssen uns darüber klar sein, daß es eine der wichtigsten Theorien der Philosophie ist, die sich Kritische Theorie nennt, daß der 'Fortschritt' mit schrecklich negativen Dingen bezahlt wird" (Horkheimer 1981, S.167-169). Die Erkenntnis Horkheimers ist in diesem Zusammenhang grundlegend. Eine seiner Folgerungen hieraus lautet: "Wir alle müssen mit unserer Freude und mit unserem Glück die Trauer verbinden; das Wissen, daß wir an einer Schuld teilhaben" (Horkheimer 1981, S. 168). Die Möglichkeit eines Fortschritts, der eingedenk der Teilhabe an der historischen Schuld, der Teilhabe an dem bisherigen Leid, mit dem der Fortschritt erkämpft wurde, und angesichts des Unfaßbaren, daß der Tod in diesem Jahrhundert von einem biologischen Faktum in eine gesellschaftlich produzierte Tatsache verwandelt wurde, dessen Menschheit negierender Kristallisationspunkt auf Auschwitz focusiert ist, ergibt sich notwendig aus der Negation der Negation, aus dem Adornoschen Diktum: "Die Forderung, daß Auschwitz nicht noch einmal sei, ist die allererste" (Adorno 1971, S. 88). Ein in diesem Sinne verstandener kritischer Fortschrittsbegriff ist sowohl Bedingung, als auch Ausgangspunkt für emanzipatorische gesellschaftliche Veränderungsprozesse, deren Anfang in der Negation des Gegebenen liegt und in einem weiteren produktiven Schritt die Einsicht in praktische Veränderungsmöglichkeiten eröffnet. Der Erkenntnis, daß es keinen Fortschritt geben könne, oder daß aus Fortschritt nur Unmenschlichkeit folgt, liegt ein konservatives Geschichts- und Gesellschaftsbild zugrunde, das in der Verteidigung des Bestehenden, im Verharren, im Status Quo seine manifesten Grundlagen hat und das leicht Gefahr läuft, in reaktionäre Grundhaltungen umzuschlagen.

Äußere Zeichen einer Wandlung II

Die Klammer schließt sich, und die "Äußeren Zeichen einer Wandlung" finden auch ihren Widerpart, dürfen nicht als unabänderliche Totalität oder Dogma hingenommen werden. "Unabhängiges Denken entfesseln" (Horkheimer) ist daher die erste Forderung, die zu erheben ist, denn nur eigenes kritisches Denken fördert Autonomie und führt zu Emanzipation. Kritisches Denken als Einspruchsinstanz in Bestehendes hat einen aufklärerischen Charakter. In ihm allein liegt die Chance und die Möglichkeit, der Manipulation des Subjektes entgegenzuwirken, egal in welcher Form - ob als New Age, Esoterik, Anthroposophie, Religion, Wissenschaft, Ökonomie. Es gilt, Widerstände gegen die autoritäre und entmündigende Vereinnahmung im Subjekt aufzubauen, damit gesellschaftlich wirksam werden kann, was subjektives Denken ausbrütet. Dessen Umschlagen in die Totalität des Subjektes, wie es in New Age/ Esoterik/Anthroposophie geschieht, gilt es jedoch ebenso zu verhindern wie die Totalität des Objektes, die sich im Markt wiederfindet und ihren theoretischen Ausdruck in strukturellem Determinismus hat. Dabei führt kein Weg an der Erkenntnis Brückners vorbei, daß die Anpassung der Autonomie zwangsläufig vorausgehe (Brückner 1983, S. 28). Anpassung an die gesellschaftliche Moderne, nicht ihre Leugnung, Verdrängung oder die Auflösung des Selbst darin eröffnet die Handlungsmöglichkeiten zu ihrer Veränderung. "Insofern das autonom werdende Individuum danach strebt, gesellschaftliche Bedingungen zu schaffen, die der 'Befreiung jedes einzelnen Individuums' günstig sind und es zulassen, daß einer seine Vorurteile aufgibt, gehört zum Ich-Gehorsam politische Aktivität. Die Abhängigkeit von Befehlszentren in einer auf dem Ich-Gehorsam gestützten liberalen und rationalen Gesellschaft erschiene wie das Einräumen eines Herrschaftsanspruchs auf Widerruf und wäre doch nicht weniger ordnungsgewährend" (Brückner 1983, S. 32).

Literatur

Adorno, Theodor W.: Minima Moralia, Frankfurt 1989
Adorno, Theodro W.: Erziehung zur Mündigkeit, Frankfurt 1971
Adorno, Theodor W.: Negative Dialektik, Frankfurt 1992
Bloch, Ernst: Erbschaft dieser Zeit, Frankfurt 1985
Bloch, Ernst: Tübinger Einleitung in die Philosophie, Frankfurt 1985a
Brückner, Peter: Zerstörung des Gehorsams, Berlin 1983
Giddens, Anthony: Tradition in der post-traditionalen Gesellschaft, in: Soziale Welt 1995, Heft 4
Horkheimer, Max: Gesellschaft im Übergang, Frankfurt 1981
Klemperer, Victor: LTI, Leipzig 1975
Negt, Alexander und Oskar Kluge: Maßverhältnisse des Politischen, Frankfurt 1992
Schaarschuch, Andreas: Zwischen Regulation und Reproduktion, Bielefeld 1990

Egon Günther

Mythos und Politik

Wie die furchteinflößende Zusammenstellung der Begriffe Mythos und
Politik schon in der Überschrift andeutet, kreisen die wenigen nachfolgend dargelegten Gedanken um die katastrophischen großen Entwürfe
und Erzählungen, die als Interpretation und Sinnsetzung bisherige
menschliche Geschichte begleitend, vielfach prägend in sie eingegriffen
haben. Wo der Mythos das Absurde, Bedrohliche, Existenzgefährdende
der conditio humana zu fassen sucht, insofern er es der Vorstellung zu-
gänglicher macht, als gleichsam erste Rationalisierung der bloßen Wirklichkeit, liefert die Politik im von der Natur abgegrenzten Bereich des
Gesellschaftlichen, in der Polis, bereits das Instrumentarium, das
zweckdienlich genug, sich dareinschickt, die letzten Fragen ihrer weiteren Klärung zu überlassen. Da jedoch, wo die sinnvolle Trennung von
Mythos und Politik als Ergebnis aus dem Zerfall des Einheitsmythos der
mittelalterlichen Ordnung hervorgegangen, wieder im Gegenentwurf
einer Remythisierung der bürgerlichen Gesellschaft aufgehoben werden
soll, halten wir am imaginierten Endpunkt einer Geschichte inne, die
scheinbar, anders als noch die Romantik, die am Mythos die Poesie entdecken wollte, mit ihm dem Schrecken wieder zu einem Einstand verhelfen will. Am Ursprung, so wir ihn im Rückblick überhaupt ausmachen
können, in illo tempore, wie Eliade dazu sagen würde, hatte der Mythos
gerade die entgegengesetzte Aufgabe zu bewältigen.

Im Beschwören des Unfaßbaren den von ihm ausgehenden Schrecken
abzumindern, die Willkür der Natur und ihrer Götter einzugrenzen, das
an den herrschenden Gewalten Unvorhersehbare mit dem Jähzorn der
Götter und ihrer Leichtfertigkeit abzugleichen und in ein menschliches
Verhältnis zu setzen, mit dem umgegangen werden konnte, das stand
dem Mythos zu. Was mit den Regeln der Vernunft nicht zu greifen war,

konnte so immerhin in die Verlaufsform einer Erzählung gebracht werden, die selbst die Handlungen der Götter einer narrativen Logik unter-
warf. "Jede Geschichte macht der blanken Macht eine Achillesferse",
schreibt Hans Blumenberg in seiner *Arbeit am Mythos*. Der Mythos lie-
ferte eine hinreichende Erklärung der Welt und brachte die menschliche
Erfahrung in ein synchrones System. Wenn heute Kritiker eines anderen
Systems, das ebenfalls Erklärungen auswirft und Wissenschaft heißt, auf
Ähnlichkeiten mit dem Mythos verweisen, haben sie damit sicher recht.
In Frage steht aber, ob Ähnlichkeit auch jeweils Gleichwertigkeit bedeuten muß; fraglos scheint solche Behauptung vielen neuzeitlichen
Mythomanen eine bereits ausgemachte Sache zu sein. Daß Wissenschaft
dort, wo sie neue Erkenntnisse einführen will, auf die bewährten
Mythen zurückgreift, indem sie sich aus dem Fundus der altertümlichen
Geschichten bedient, um das Neue oft mit den klassischen Namen zu
belegen (bedeuten und nennen war immer schon Aufgabe und Leistung
des Mythos), zeugt jedenfalls von der Konsistenz und der verführeri-
schen Brauchbarkeit der mythischen Struktur. Als ihm eingeschriebene
Kreisbewegung, als Rückkehr zu den Ursprüngen ist der Mythos als
Wiederkehr der immer gleichen im Ritus vollzogenen Handlung, die vor
dem Einbruch des obgleich überwundenen, doch immerzu am Kreisrand
lauernden Chaos schützen soll, jeder abenteuernden, unbestimmten,
freien Geschichte, die sich von ihm loszumachen droht, feind. Tatsächlich bewahrt der Mythos allem Neuen gegenüber seine Trägheit für eine
lange Zeit. Es sei denn, er kann dieses Ausscheren aus dem Kreis als
Erweiterung seiner eigenen Geschichte wieder einholen und erneut in
seinen Sinnzusammenhang stellen.

Er tut dies gezwungenermaßen, auch um den Preis der eigenen
Schwächung, wenn die synchronen lebensweltlichen Strukturen aufbre-
chen und ihre im Raum aufgefächerten Gesellschaftsordnungen mit der
Zeit in Bewegung geraten. Die synchrone Gleichförmigkeit der mythi-
schen Systeme gerät aus den Fugen, sobald sich Klassenunterscheidun-
gen bemerkbar machen und sich mit ihnen menschliche Handlungen der
Wiederkehr des Gleichen entgegenstemmen. Als Halbgötter vom Zu-
schnitt eines Herakles verleibt sich der Mythos den Menschen und seine
Taten in seine Erzählung ein, die dadurch zum Epos wird. Die langsame
Entmächtigung des Mythos hält so Schritt mit dem Wachstum der
menschlichen Hybris. In der ausgreifenden Gestalt des Odysseus ist der
Mythos bereits so mit der Vernunft verschränkt, daß er sich unter ihrem
listigen Einfluß aufzulösen beginnt. Demnach wäre der Mythos, als

Feststellung und Beschreibung ursprünglichster, roher Machtverhält-
nisse, Ablösungsgrund und erstes zu überwindendes Hindernis aller Individuation. Zeit und Raum des Mythos sind jede Zeit und aller Raum;
Indifferenz und Allgegenwart. Seine Lokalisierung aber richtet sich nach
den Kategorien von Blut und Boden. Er findet seinen Platz in jenem in-
tegrierten Weltbild sogenannter organischer Gesellschaften, denen aufgrund ihrer klassenlosen Struktur jeder Begriff von "Freiheit" und
"Gleichheit" fremd ist. Erst der Organisation des Selbst wächst im Aufstieg der sozialen Hierarchisierung eine andere Zeit zu, die historische
Zeit, an deren Ende wir uns, einem postmodernen Verständnis zufolge,
heute wieder wähnen sollen. Daß die in der Erfahrung von Zeit und
Raum gewonnenen universalistischen Prinzipien im so anvisierten
diachronischen Umkehrprozeß der Geschichte, das heißt in der Folge ihrer Renaturalisierung und erneuten Synchronisierung, geopfert werden
müssen, um blindgierigen Interessen nicht wieder im Wege zu sein, war
schon den Vordenkern des Faschismus klar, die Recht stets als das des
Stärkeren erkannt haben und denen die Archaik von Heimat und Vater-
land vertraut erschien. Doch allein den Mythos abfertigen als Gegner
des Logos, der sich aus ihm herauswindet, zugestanden ein Wegbereiter
und Katalysator kapitalistischer Rationalität, nur weil dunkle Kräfte
beim Fall in die Barbarei den Kult des Opfers und der Entsagung in-
standsetzen wollen, selbstverständlich unter Beibehaltung der Rationalität von Ausbeutung und Beherrschung der Natur und des Habitats des
Menschen, hieße seine Ambivalenz verkennen. Er war notwendig, damit
der Mensch sich die im Schauder empfundenen Naturgesetze angleicht,
um sich dadurch zu ermöglichen, ihnen im Verlauf seiner Selbstverge-
wisserung die Rationalität abzulauschen. Der Weg back to the roots
führt eher nicht zu den ersehnten kooperativen, spirituellen hopi-Ge-
meinschaften, vielmehr in die von clan-Eliten beherrschte Welt sich be-
kriegender Duodezfürstentümer. Der Machtvirus ist schließlich nicht aus
der Welt.

Solche Emanzipation von der physischen Natur war aber nur möglich
als gemeinsame kulturelle Anstrengung, als zuerst die Ohnmacht kom-
pensierende Leistung der Anpassung an die Natur. Genauer als Konsti-
tution einer naturbeherrschenden Gesellschaft, die an die Stelle der früheren Naturgewalten getreten ist, aber deren Schrecken in ihrem Inneren
weiter transportiert. Solange der Mensch Macht und Herrschaft interna-
lisiert und mit der Herrschaft über die Natur zugleich diejenige über sich
angetreten hat, solange also noch Versöhnung aussteht, bleibt jede Ra-

tionalisierung der blanken Wirklichkeit als feindselige, noch dem mythischen Denken verhaftet. Anders gesagt, heute, nach der Erfahrung der Geschichte, oder besser, nach den sich in all den Geschichten häufenden, überschaubaren Erfahrungen, steht es uns vielleicht frei, dem Mythos eine Richtung zu geben. Um einem Mißverständnis oder möglichen Vergleich mit dem unseligen "Mythus des XX. Jahrhunderts" gleich zu begegnen, kann hier natürlich nicht von einem rückwärtsgewandten Mythos die Rede sein, der ahistorisch Ewiges beschwört, um in Gegenwart und Zukunft legitimierte Massaker zu veranstalten. Uns dient auch nicht mehr der sympathischere Mythos der romantischen Gegenaufklärung, welche die Substanz einer verschütteten Tradition oder Uridee aufspüren wollte, etwa den Schlüssel zu Liebe, Gleichheit und Harmonie. Auch der Surrealismus, den die deutsche Romantik beerbt hat, fühlte sich bekanntlich dazu berufen, einen Mythos zu schaffen, indem er sogar bereit war, an bestimmte hermetische Traditionen anzuknüpfen. Dies nur als Anmerkung zur Genealogie neuzeitlicher Mythen, die nicht per se "rechts" anzusiedeln sind, wie hierzulande viele Neuaufklärer meinen, auch wenn diesenoch so sehr zwischen Weltanschauung und Projektion oszillieren mögen. Es ist gerade eine Konsequenz aus der Geschichtslosigkeit oder aus dem so apostrophierten Ende der Geschichte, daß die wieder indifferent gewordene vorweltliche Raumzeit erneut mit mythischen Denkformen aufgeladen wird, der Wunsch sozusagen zum Vater des Gedankens werden kann. Nachdem unter rationalen Vorzeichen Ausbeutung und Unterdrückung endlos legitimiert erscheinen und sich im angenommenen endlos der Geschichte kein zwangsläufiger Antagonist herausbildet, muß daran erinnert werden, daß es durchaus einer Willensanstrengung bedarf, das Richtige zu tun. Solange der Unterdrücker die Welt macht und dabei bestrebt ist, sich ewig zu setzen, real und im Mythos, kann ihm im Namen der Unterdrückten und im Interesse der Welt nur, real wie im Mythos, begegnet werden, indem die Verwirklichung oder Säkularisierung der auch im Mythos angelegten Bilder angeregt wird: Freiheit, Gleichheit, Brüderlichkeit. Politische Emanzipation verlangt so eine emanzipatorische Politik, die sich den Luxus der Utopie leistet, denn, wie Barthes sagen würde: die Positivität des Morgen ist voll und ganz durch die Negativität des Heute verborgen. Schließlich wird sich erst noch erweisen müssen, was der Mensch sein kann. Bis jetzt haben wir nur gesehen, wozu er in der Lage ist.

Literatur:

Barthes, Roland: Mythos des Alltags, Frankfurt/Main 1964.
Blumenberg, Hans: Arbeit am Mythos, Frankfurt/Main 1979.
Horkheimer, Max/Theodor W. Adorno: Dialektik der Aufklärung, Frankfurt/Main 1969.
Levi-Strauss, Claude: Das wilde Denken, Frankfurt/Main 1968.

Rainer Wolf

"Erkenne dich selbst!"

Von Wonnen und Wehen der Wahrnehmungstäuschung

Wenn Glauben und Denken im Innern sich streiten,
vergiß nicht das eine:
Es ist das Denken, das vom Tier uns erhebt.
Nutz' es im Leben
und setz' ihm nicht Schranken, noch Maß!

Wie erkennen wir die Welt?

Sinnestäuschungen sind "hausgemachte" Illusionen, Wahrnehmungs-Artefakte, die unser Gehirn ohne unser Wissen produziert. Wir müssen uns klar machen, daß wir die Welt nicht mit den Sinnesorganen wahrnehmen, sondern mit dem Gehirn. Zum Sehen beispielsweise genügt es nicht, die Außenwelt auf einer Art Bildschirm im Gehirn zu projizieren. Sehen bedeutet ein aktives Hinschauen und Durchmustern der Umgebung. Die alte Vorstellung vom "stechenden Blick", mit dem das Auge die Umgebung ausleuchte, ist zwar falsch, aber sie kennzeichnet das Sehen richtig als einen aktiven Vorgang. Unser Gehirn zerlegt das Bild, das von den Augen gemeldet wird, mittels zahlreicher parallel verlaufender Prozesse der Bildverarbeitung ("bottom up") in viele isolierte Informationen. Hierzu werden ständig Unmengen von Berechnungen durchgeführt, und es werden unbewußt *logische Schlüsse* gezogen ("top down" Verrechnung; Gardner 1989, Wolf 1985). Letztlich entsteht so in unserem Kopf ein völlig *abstraktes Modell der Außenwelt.* Unsere

Wahrnehmungen sind also selbst konstruiert, es sind *Hypothesen über die reale Welt* (Gregory 1973), Hypothesen freilich, die uns im Bewußtsein ohne jeden Zweifel als Tatsachen präsentiert werden. *Wahrnehmungstäuschungen* - falsche Hypothesen unseres Gehirns - sind eine wichtige Erkenntnisquelle, denn gerade dann, wenn uns die Verrechnungsweisen des Gehirns in die Irre führen, zeigen sich die formalen Prinzipien, nach denen es, normalerweise erfolgreich, arbeitet.

Daß Wahrnehmen keineswegs ein passives Aufzeichnen von Sinnesreizen ist, hat schon der große griechische Philosoph Plato gewußt und in seinem Höhlengleichnis ausgedrückt. Erich v. Holst sagte es in moderner Sprache: Wir befinden uns gewissermaßen in einer Dunkelkammer und sehen uns darin eine Show an, die aus den Verrechnungsprodukten unserer Sinne besteht. Wir können aus diesem Gefängnis nicht heraus, können nicht durch die Nerven nach außen dringen, um in die wahre Wirklichkeit zu gelangen. Wir müssen uns klarmachen, daß Empfindungen wie Farbe, Klang, Geschmack, Geruch, aber auch scheinbar realistische Konzepte wie Materie, Raum und Zeit, so wie wir sie im Alltag erleben, etwas Künstliches sind, etwas, das erst in unserem Geist entsteht. Aber die ganze Show läßt uns diese selbstgeschaffene Innenwelt so überwältigend hell und differenziert erscheinen, daß es uns unwirklich, ja gespenstisch vorkäme, sie nicht für den realen Außenraum zu halten. Wir alle sind von Natur aus "naive Realisten", bevor wir beginnen, unsere Wahrnehmungen zu hinterfragen (Wolf und Wolf 1990).

Warum unsere Wahrnehmung konservativ ist

Daß wir nicht nur mit den Augen sehen, sondern vor allem mit dem Gehirn, zeigt Abb.1. Betrachtet man die skizzierten Porträts der Reihe nach, so erkennt man plötzlich eine ganz andere Gestalt. Kehrt man die Reihenfolge um, so erscheint das ursprüngliche Porträt später als zuvor. Wir schließen hieraus, daß unsere Wahrnehmung mit konservativen Maßstäben arbeitet, und sie muß das tun, denn Sehen schließt immer das Wieder-Erkennen von etwas Bekanntem ein. Das hat schon Goethe formuliert, und dasselbe sagen moderne Philosophen wie etwa Wittgenstein und Popper (1984): Unsere Wahrnehmungen sind "Theorie-beladen". Ständig überprüft unser Gehirn, wie die einlaufenden Sinnessignale zu deuten sind. Die hierzu "notwendigen Ideen" entstammen nach Plato der Prä-Existenz der Seele und sind nicht von der Erfahrung abzuleiten.

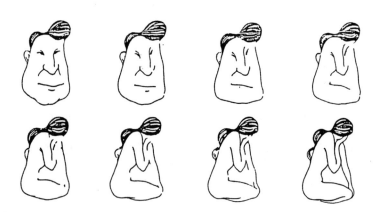

Abbildung 1: Vom Gesicht zum Akt, und zurück. Wann wechselt die
Wahrnehmungshypothese?

Charles Darwin korrigierte diese Aussage durch die Bemerkung "Lies
Affen für Prä-Existenz!" (Fischer 1985). Er legte damit einen Grund-
stein für die Evolutionäre Erkenntnistheorie, die in den Schriften von
Darwin, Mach und Boltzmann wurzelt und vor allem von Lorenz
(1973), Vollmer (1985, 1986) und Riedl (1980) weiterentwickelt wurde:
Unsere Denkordnung stimmt mit der Naturordnung deshalb überein,
weil unser Gehirn in jahrmillionenlanger Auseinandersetzung mit unserer Umwelt entstanden ist und daher die zum Überleben wichtigen
Eigenschaften dieser Welt hinreichend gut abbildet. Wer nämlich aufgrund unpassender Erkenntniskategorien eine völlig falsche Theorie über
die reale Welt aufstellte, der ging auf die Dauer durch natürliche Selektion an dieser Welt zugrunde. So erklärt sich zwanglos das "Wunder der
Isomorphie", die Übereinstimmung der Denkordnung mit der Naturordnung.

Die ungeahnte Kreativität unserer Sinne

Bei Wahrnehmungsleistungen ist unser Gehirn ungeheuer kreativ, und es
kommt zu zahlreichen Täuschungen, die wir gar nicht merken. So füllt
unser Gehirn den ganzen Sehraum mit Farbe aus, obwohl wir Grün beispielsweise nur in dem mittleren Sechstel der überschaubaren Fläche erkennen. Der ganze Randbereich der Netzhaut ist farbenblind! Da aber

die gesamte Umwelt farbig ist, extrapoliert unser Gehirn die Farbe Grün bis zum Rand des Sehfeldes, wo das Auge eigentlich nur grau meldet. Das Gehirn zieht dabei - uns völlig unbewußt - auch in Betracht, was es aufgrund früherer Erfahrungen über die Sehobjekte weiß, und paßt die Wahrnehmung daran an. Es konstruiert die Wahrnehmung, indem es die aktuell vorliegenden Sinnesdaten mit seinem Erfahrungswissen kombiniert. Ein bekannter Gegenstand, den man in einer ungewohnten Farbe im farbenblinden Augenwinkel präsentiert, wird in derjenigen Farbe gesehen, in der man ihn ursprünglich kennt.

Selbst schwere Sehstörungen werden kreativ kaschiert und daher meist übersehen. Mangelnde Durchblutung der Sehrinde kann große Teile des Sehfeldes für einige Minuten völlig ausfallen lassen. In diesen Bildteilen sieht man dann mit *beiden* Augen nichts. Die fehlende Bildfläche ist aber keineswegs schwarz, denn das Gehirn füllt die Lücke sofort mit Bildinformation aus dem gesehenen Umfeld aus, und zwar so vollkommen, daß man ein solches "Flimmer-Skotom" meist gar nicht bemerkt. Es fällt nur durch eine flimmernde, gezackte Linie im Randbereich der blinden Fläche auf. Flimmerskotome treten oft bei Migräne auf, und ihr Erscheinungsbild ähnelt interessanterweise den Zeichnungen, die religiöse Mystiker von ihren Visionen gemacht haben.

Was unser Sehsystem ohne unser Wissen leistet, offenbart sich am ehesten dann, wenn wir ungewohnte Dinge betrachten (Wolf 1987). Der Stuhl des Herrn Beuchet läßt jeden schrumpfen, der sich darauf setzt. Abb. 2 ist keine Fotomontage! Sobald wir das Bild räumlich sehen, löst sich das Rätsel: Der Stuhl besteht aus zwei unterschiedlich großen Teilen, die weit voneinander entfernt stehen. Das hat unser Gehirn vorher nicht gewußt. Es ging fälschlicherweise von einem einheitlichen Stuhl aus und hat deshalb die Größe der Personen falsch errechnet[1].

---

[1] Um das Doppel-Stereogramm räumlich zu sehen, wendet man dieselbe Sehtechnik an wie bei "Magic Eye"-Bildern. Bei heller Beleuchtung richte man zwei benachbarte Bilder genau senkrecht aus und verschmelze sie dann miteinander, entweder durch "Schielen" oder durch "Starren": Man blicke entspannt in die Ferne und berühre mit der Nase den Steg zwischen den beiden rechten Bildern. Vor sich erkennt man - unscharf - ein einziges, großes Bild. Wenn man sich auf dieses Bild konzentriert und dann die Seite langsam von der Nase wegbewegt, wird es immer schärfer und gewinnt räumliche Tiefe. Das linke Bildpaar verschmilzt zum normalen Raumbild, das rechte zum tiefenverkehrten. Wem es nicht gelingt, das räumliche Bild in der Wahrnehmung festzuhalten, kann sich vorher eine normale Lesebrille aufsetzen. Dann können die Augen ständig entspannt in die Ferne blicken, und das Porträt wird in Leseentfernung trotzdem scharf. Bei der "Schielmethode" halte man als Schielhilfe den Zeigefinger senkrecht in die Mitte zwischen Nase und Bilder und betrachte die Fingerspitze. Im

Abbildung 2: Der Autor auf dem Beuchet-Stuhl (vgl. Anmerkung 1)

Hintergrund sieht man dann - zunächst unscharf - vier Bilder. Die beiden mittleren sind räumlich: Links ist das tiefenverkehrte, und rechts daneben das normale. Indem man sich auf die räumlichen Bilder konzentriert und sie entspannt betrachtet, kann man sie mit etwas Übung schließlich scharf sehen. Normalsichtigen gelingt dies leichter, wenn sie eine Brille gegen Kurzsichtigkeit (-2 bis -4 dptr) aufsetzen.

In einem Zufallsmuster ("Rauschen") Phantasiedinge wahrzunehmen, ist eine Folge des Gestaltungsdrucks, wie die Psychologen sagen. Ein Modell hierzu liefert das Fernsehbild eines Kanals, auf dem gerade nicht gesendet wird. Man kann auch ein unbespieltes Videoband ablaufen lassen. Verschiebt man langsam den Zeigefinger - oder besser noch eine Drahtschlinge - auf dem Bildschirm, so sieht man deutlich, daß die feinkörnigen Strukturen dieser Bewegung zu folgen scheinen. Sie schieben sich hin und her, können sogar kreisen und scheinen sich selbst dann noch geordnet weiterzubewegen, wenn man die Schlinge entfernt: Eine Täuschung, denn es handelt sich um nichts als "Zufalls-Schnee"!

Unser Gehirn erwartet nicht nur Formen oder Bewegungen, die es zu erkennen gilt, sondern auch gesetzmäßige Strukturen. So neigt es fast zwanghaft dazu, in aufeinander folgenden Ereignissen Kausalität zu sehen, auch wenn sie gar nicht da ist. Es handelt sich hier um einen selektionsbewährten Algorithmus, d.h. um eine biologisch sinnvolle Annahme. Die phylogenetische und ontogenetische Erfahrung, daß sich Vorgänge in unserer Welt vorhersagbar wiederholen, daß etwa ein Stein im Schwerefeld der Erde heute ebenso herunterfällt, wie er das morgen tun wird, ist die Grundlage unseres Überlebens auf der Erde. Liegen aber gar keine kausalen Beziehungen vor, so arbeiten dieselben Denkstrukturen im Leerlauf: Sie deuten die Dinge nach ihrer "ratiomorphen" Scheinlogik, die dann zu Wahrnehmungstäuschungen führt. Hier ist beispielsweise unsere Neigung zu nennen, Dingen, die um uns herum geschehen, fälschlicherweise einen tiefen Sinn zuzuschreiben und als Wink des Schicksals auf uns selbst zu beziehen - eine Veranlagung, die wir, wenn sie krankhaft überhandnimmt, Schizophrenie nennen (v. Ditfurth 1976).

Optische Täuschungen werden zu "Seh-Wahrheiten"

Eine der bekanntesten geometrischen Täuschungen ist die Müller-Lyer-Täuschung (Abb. 3). Bei der Ponzo-Täuschung hält man die waagerechten Balken für unterschiedlich lang. Bei der T-Täuschung wirkt die senkrechte Linie wesentlich länger als der gleich lange, waagerechte Balken, und bei der Poggendorff-Täuschung erscheinen die schrägen Linien in der Höhe versetzt. All dies ist auf der Netzhaut richtig abgebildet, erscheint aber in der Wahrnehmung verzerrt. Aber sind das wirklich Täuschungen? In einer flachen, perspektivischen Zeichnung (Abb. 4), werden die geometrischen Täuschungen zu Seh-Wahrheiten: Das hintere

Mädchen ist natürlich größer als das vordere. Der Teppich ist deutlich länger als breit. Und die Deckenleiste rechts verläuft höher als die Fußleiste links, obwohl beide in der Zeichnung fluchten. Schließlich ist die Vorderkante des Teppichs schmaler als die Breite des Raumes. Was in den einfachen Strichzeichnungen als Täuschung erscheint, dient also der richtigen Wahrnehmung in einer 3-D-Welt (Gillam 1986).

Abbildung 3: Vier der bekanntesten geometrisch-optischen Täuschungen (von links: T-Täuschung, Ponzo, Poggendorff, Müller-Lyer)

Abbildung 4: Im "Room of Illusions" (Wolf und Wolf 1990) sind die vier geometrischen Täuschungen aus Abb. 3 als "Seh-Wahrheiten" versteckt.

Außersinnliche Wahrnehmung, die es wirklich gibt

Halluzinationen, bei denen das Erlebte in keinerlei Beziehung zu den von außen einlaufenden Sinnessignalen steht, können als "Leerlaufreaktion" ganz spontan auftreten. Stammesgeschichtlich haben sie einen durchaus realistischen - und damit biologisch sinnvollen - Hintergrund. Es war überlebenswichtig, im nächtlichen Wald auf der Hut zu sein, auch wenn uns die herabgesetzte Reizschwelle unserer Sinne gelegentlich einen Feind erscheinen ließ, wo sich nur Äste im Wind bewegten. "Das Gespenst ist die Projektion des nächtlich jagenden Raubtieres", sagte Konrad Lorenz in einem Vortrag.

Halluzinierte Wahrnehmungen werden oft fälschlich mit der Realität verwechselt, weil sie außerordentlich realistisch sind. Dufthalluzinationen können drei Viertel der Zuhörer in geeigneten Vorlesungen erleben (v.Campenhausen 1981; Wolf 1987). Seh-Halluzinationen sind besonders eindrucksvoll. Als ich einmal spät nachts kurz davor war, einzuschlafen, hatte ich mich auf die Seite gelegt und sah im indirekten Mondlicht meine Frau schlafend neben mir liegen. Plötzlich wurde mir bewußt, daß meine Augen die ganze Zeit über geschlossen waren. Wie konnte ich dann ihr Gesicht sehen, und auch meine eigene Hand, die neben mir auf dem Kissen lag? Ich überlegte: Wenn das, was ich da mit geschlossenen Augen sehe, wirklich meine Hand ist, würde ich dann auch sehen können, wie sie sich bewegt? Ich krümmte willentlich meinen Zeigefinger, und so unglaublich das ist: Ich nahm deutlich wahr, wie er sich bewegte. Dann erst öffnete ich meine Augen, und ich sah das Gesicht meiner Frau neben mir, ganz wie zuvor. Aber ich bemerkte auch, daß meine eigene Hand von der Bettdecke verdeckt war, so daß ich sie gar nicht hätte sehen können - selbst wenn ich, ohne es zu merken, die Augen offen gehabt hätte! Dieser kleine Kontrollversuch war entscheidend wichtig, um zwischen Seh-Halluzination und echtem Sehen zu unterscheiden.

Unter Hypnose: das unbewußte Ich

Überraschend irreale Erlebnisse, die leicht esoterisch fehlgedeutet werden können, haben wir unter Hypnose. Ursache dafür ist, daß wir dann unter der Kontrolle unserer rechten, unbewußten Gehirnhälfte stehen und so von dem Hypnotiseur auf unerwartete Weise beeinflußt werden können (Fischer 1985). Einer hypnotisierten Versuchsperson wurde beispielsweise von einem geschulten Psychologen gesagt, sie sei für eine

Weile taub. In der Tat reagierte sie daraufhin nicht mehr auf laute Geräusche. Danach flüsterte der Hypnotiseur ihr leise zu: "Es gibt mentale Prozesse, die uns nicht bewußt sind. Wenn es einen Teil von Ihnen gibt, der meine Stimme hört, obwohl Sie hypnotisch taub sind, heben Sie bitte als Zeichen dafür den Zeigefinger Ihrer rechten Hand!" Zur Verblüffung des Hypnotiseurs hob sich der Finger. Nachdem der hypnotische Zustand beendet worden war, erzählte die Versuchsperson: "Ich erinnere mich, daß Sie sagten, ich würde taub sein. Dann war alles ruhig. Weil das langweilig war, beschäftigte ich mich mit einem statistischen Problem, an dem ich gerade arbeite. Da merkte ich plötzlich, wie sich mein Finger hob - und jetzt hätte ich gerne erklärt bekommen, warum!" (Goleman 1993).

Die Faszination des "Magic Eye"

Eine fast hypnotische Wirkung kann von den "Magic Eye"-Bildern ausgehen. Aber haben sie wirklich etwas mit Magie zu tun? Eine der Spitzenleistungen unseres Gehirns ist unser räumliches Sehen. Die räumliche Verteilung der Dinge im Sehraum, die in den zweidimensionalen Netzhautbildern zwangsweise verlorenging, wird nachträglich wieder rekonstruiert, hauptsächlich aufgrund der Unterschiede zwischen den Bildern beider Augen (Wolf 1985).

Sogar ein einziges, flaches Bild kann einen echten 3-D-Eindruck hervorbringen. Hierzu muß aber das zweite (Halb-) Bild in irgendeiner Form in dem ersten enthalten sein, und man muß dafür sorgen, daß jedem Auge das zugehörige Bild geliefert wird. In den computergenerierten Autostereogrammen (SIRDs = single image random dot stereograms) aus Tom Bacceis Bestseller "Das magische Auge" geschieht das, indem sich in der Waagerechten ähnliche Bildelemente - gezielt verzerrt - wiederholen. Damit liegen zwei ineinander kodierte Bilder vor, die zwei verschiedene Blickwinkel enthalten (Wolf und Wolf 1995). Starrt man durch diese SIRDs hindurch in die Ferne, so daß die Achsen beider Augen auf benachbarte, homologe Bildelemente gerichtet sind, werden die beiden Netzhautbilder einander anders zugeordnet als beim normalen Sehen, und von diesem "magischen" Moment an ist die Raumtiefe da: mit dem bloßen Auge, ohne jede Sehhilfe!

Magic-Eye-Bilder wirken vor allem deshalb magisch, weil fast jeder sie anders sieht. Warum das so ist, hat mehrere Gründe: Erstens haben etwa 10 % der Bevölkerung, meist wegen zu spät behandelter Sehfehler, das Stereosehen nie gelernt und können daher die Wahrnehmungen der Stereotüchtigen ebensowenig nachvollziehen wie ein Farbenblinder die Wahrnehmung von Farbe. Zweitens kann man SIRDs auf ganz verschiedene Weise zum Raumbild "fusionieren", nämlich durch Starren oder durch Schielen. Das Hauptproblem dabei ist: In beiden Fällen muß die normale Koppelung von Akkomodation (Scharfstellen des Bildes durch Krümmung der Augenlinse) und Konvergenz (Überkreuzen der Augenachsen) gelöst werden. Wird ein Bildpunkt mit den Augen fixiert, so treffen sich die Augenachsen in diesem Punkt, und die Augenlinse wird normalerweise automatisch auf dieselbe Entfernung eingestellt. Anders bei den SIRDs: Bei der empfohlenen Betrachtungsmethode muß man einerseits das Bild fokussieren. Andererseits starrt man durch das Bild hindurch, stellt also die Augenachsen mehr parallel ein, so daß sie sich hinter dem Bild überschneiden würden. Umgekehrtes gilt für die "Schieltechnik": Hier überkreuzen sich die Augenachsen vor dem Bild, und die Augenlinse muß auf eine größere Entfernung scharf eingestellt werden als üblich. Gleichzeitig resultiert ein tiefenverkehrter Raumeindruck: Was man beim Starren fern sieht, erscheint beim Schielen nah, und umgekehrt (siehe auch Abb. 6). Drittens kommt ein ebenso unerwarteter wie ungewohnter Zeitfaktor hinzu. Man sieht die versteckte 3-D-Struktur keineswegs sofort! Um sie zu rekonstruieren, benötigt unser Gehirn beträchtliche Zeit (Wolf und Wolf 1995). Schließlich ist es viertens möglich, die Augen nicht auf benachbarte, sondern weiter voneinander entfernte homologe Bildelemente zu richten. Auch das kann - je nach Stereogramm - den Tiefeneindruck völlig ändern.

Wie sieht ein UFO aus? Unsere Erwartung beeinflußt die Wahrnehmung

Eine bewußte oder unbewußte Hypothese kann von oben her ("top down") auf die Eichung und Deutung der Sinnesdaten einwirken. Abb. 5 zeigt auf einheitlich weißem Grund sechs waagerechte Linien, von denen die unterste etwas länger erscheint als die darüberliegende, was auf der Ponzo-Täuschung beruht (Abb. 3). Wenn man sich aber das Ganze zusammenfassend als ein Schnapsglas vorstellt, sieht dieselbe Zeichnung plötzlich ganz anders aus: Die beiden unteren Linien sind nun gleich lang, als seitliche Begrenzung des "Glases" erscheint eine helle Kontur, und man sieht die eingeschlossene Fläche zwischen den Linien etwas dunkler. All dies erleichtert das Erkennen der neuen Gestalt.

Abbildung 5: Sechs schwarze Linien - sonst nicht?

Selbsttäuschungen erleben wir auch dann, wenn wir ihre Ursache rational verstehen. Das ist besonders relevant für unser Thema: Unbewußte
Erwartungen können unsere Wahrnehmung verfälschen, und keine rationale Erklärung kann uns davor schützen! Das höchste, was wir erreichen
können, ist zu erkennen, ob wir uns täuschen oder nicht. Es gibt Tau-
sende glaubwürdiger Zeugen, die berichteten, UFOs beobachtet zu haben. Elf davon haben ihre Wahrnehmungen in präzisen Zeichnungen
festgehalten - linsenförmige Objekte mit Reihen heller Fenster und allem
drum und dran. Alle diese gezeichneten Flugobjekte waren nachweislich
ganz normale Reklameflugzeuge (Hines 1988)! Daß hier das "Wissen",
wie eine fliegende Untertasse auszusehen hat, unbewußt in die Wahrnehmung einging, ist evident.

Die Wahrnehmung wird ohne unser Wissen "zensiert"

Indem wir unser Gehirn durch paradoxe Informationen herausfordern,
haben wir die Chance, introspektiv, d.h. durch Selbstbeobachtung, dem
eigenen Bildverarbeitungssystem "über die Schulter zu schauen". Wenn
wir linkes und rechtes Auge samt Sehnerv miteinander vertauschen oder
- einfacher - eine tiefenverkehrende Brille aufsetzen (Wolf 1985, 1987),
so meldet unser Sehsystem die Welt tiefenverkehrt: Fernes wird nah,
und Nahes wird fern. Das funktioniert aber keineswegs bei allen Gegenständen, die wir anschauen. Wenn wir ein menschliches Stereoporträt
tiefenverkehrt betrachten, gelingt es in aller Regel nicht, die hohle Form

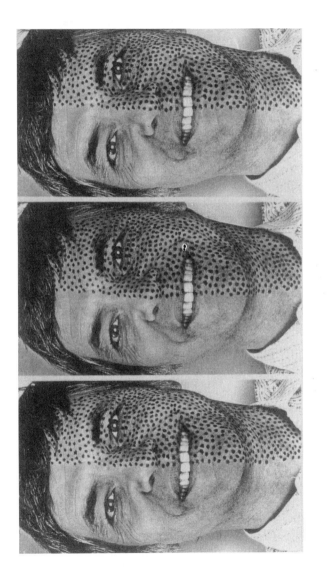

Abbildung 6: Bin ich ein "Hohlkopf"?

Verschmelzen wir die beiden linken Köpfe durch "Starren" miteinander, so erkennen wir ein räumlich normales Porträt. Die beiden rechten Köpfe ergeben ein tiefenverkehrtes Bild. Man erkennt zumindest die eine Gesichtshälfte, die durch Punkte verfremdet ist, als Hohlform. Die andere Hälfte "sehen" unsere Augen ebenfalls hohl. Uns erscheint sie aber normal, weil das Gehirn sozusagen den Augen nicht glaubt und die Hohlform des Gesichts unterdrückt.

zu sehen, obwohl die Augen sie ganz eindeutig so melden. van den Enden und Spekreijse (1989) haben behauptet, daß nicht die Bekanntheit
des normalen, konvexen Gesichts das Erkennen von Hohlgesichtern ver-
biete, sondern daß hierfür Konflikte durch die falsche Perspektive der
natürlichen Hauttextur verantwortlich seien. Ihr Argument läßt sich
durch einen einfachen Gegenversuch widerlegen (Wolf und Wolf 1995):
Für ein Stereoporträt wurde das Gesicht durch kräftige Filzschreiber-
flecken zur Hälfte gesprenkelt (Abb. 6), so daß es bei Tiefenumkehr zu
einer deutlich falschen Texturperspektive kommt. Dennoch kann man
die gesprenkelte Gesichtshälfte unschwer tiefenverkehrt sehen. Die un-
gefleckte, natürliche Hälfte aber widersetzt sich nach wie vor der
Tiefenumkehr, so daß man das Gesicht nur zur Hälfte hohl sieht! Das
schauerliche Erlebnis des ganzen menschlichen Hohlkopfes kann man
erst erleben, wenn man dieses tiefenverkehrte Stereoporträt auf den Kopf
stellt. Hierdurch wird es nämlich verfremdet, wie schon zuvor durch die
Flecken in der gesprenkelten Gesichtshälfte. Um die Tiefenumkehr zu
erleichtern, schaue man zunächst starr, ohne den Blick zu wechseln, auf
die Nasenwurzel. Mit Schrecken erkennt man - oft erst nach einiger
Zeit! - eine völlig fremde Landschaft: die tief nach innen führende
Hohlnase und die grotesk auf zwei Höckern vorstehenden Augen. Sieht
man einen Teil des Gesichts hohl und wechselt dann die Blickrichtung,
so erscheint es plötzlich wieder konvex. Es braucht aber immer kürzere
Zeit, es danach erneut hohl zu sehen. Wer das gespenstische Erlebnis
haben will, das eigene Gesicht hohl zu sehen, kann das mit Hilfe von
drei ebenen Spiegeln leicht durchführen (Wolf und Wolf 1994).

Warum haben wir das Gesicht nicht hohl gesehen, als es aufrecht
stand, und warum sehen es viele (durchschnittlich 50%) selbst dann
noch nicht, wenn es auf dem Kopf steht? Es muß eine Art "Wahrnehmungszensur" stattgefunden haben, weil ein Hohlgesicht unserer tau-
sendfachen Erfahrung widerspricht - eine "Zensur", die mit jedem
Blickwechsel erneut "zuschlägt"! Um einen Gegenstand wahrnehmen zu
können, dessen Existenz für den Beobachter unwahrscheinlich ist, reichen die einlaufenden Sinnessignale also nicht aus. Man kann das mit
der Schwierigkeit vergleichen, eine neue wissenschaftliche Hypothese
gegenüber einer vorherrschenden, falschen Lehrmeinung durchzusetzen.
Mit anderen Worten: Was lebenslanger praktischer Erfahrung widerspricht, was einfach "nicht sein darf", wird unterdrückt. Die Information "Hohlgesicht" gelangt nicht in unser Bewußtsein, ohne daß wir von
dieser "Zensur", dem "Vorurteil unseres Gehirns", auch nur das gering-

ste spüren! Neue, unvorbelastete Objekte dagegen, wie die fremde Landschaft des umgekehrten Hohlgesichts, kann unser Wahrnehmungsapparat meist angemessen bewältigen. Wie fremd uns auf dem Kopf stehende Gesichter sind, zeigt die Tatsache, daß wir nicht fähig sind, den Gesichtsausdruck darin zu erkennen.

Unser Ich verfügt also gefährlicherweise über alle Mittel eines totalitären Staates: Es agiert als Zensor, der den Informationsfluß auswählen, unterbrechen und sogar tilgen kann (Goleman 1993). Dieses Phänomen der "Wahrnehmungszensur" ist medizinisch bedeutsam. Emrich (1992) hat am Max-Planck-Institut für Psychiatrie in München in Zusammenarbeit mit uns herausgefunden, daß aufrechte Hohlgesichter von zwei Gruppen von Menschen als hohl erkannt werden: von Menschen unter Drogen und von Schizophrenen. Bei beiden ist offensichtlich die "Zensurfunktion" defekt, so daß Halluzinationen, die jedes Gehirn regelmäßig produziert, unkontrolliert ins Bewußtsein gelangen. Ob man ein Hohlgesicht erkennen kann oder nicht, wird als Diagnosemethode für akute Schizophrenie eingesetzt, und man konnte damit die Medikation ohne Nachteil auf ein Zehntel der sonst üblichen Dosis reduzieren.

Wissen versus Glauben

Nicht jeder erträgt die Kühle von rational gewonnener, objektiver Erkenntnis und ist bereit, seiner realen Situation nüchtern ins Auge zu sehen, sie psychisch zu bewältigen (Fischer 1992). Wäre es da, praktisch gesehen, nicht besser, am magischen Denken festzuhalten und nach alter Glaubenstradition in einer Welt zu leben, in der alles, was geschieht, jetzt und in der Zukunft eine tiefe Bedeutung für uns hat? Wir könnten uns so in einer (Schein-) Sicherheit wiegen, die uns die Lebensprobleme leichter bewältigen ließe. Wenn man wissenschaftliche Erkenntnisse ignoriert, kann man ja einfach glauben, was einem guttut.

In Laienkreisen hört man oft, daß wissenschaftliche Erkenntnis ohnehin unzuverlässig sei, denn die Wahrheit in der Wissenschaft von heute sei ja doch nur der Irrtum von morgen. Das ist falsch! Wissenschaftliche Erkenntnis ist nicht unfehlbar, aber wissenschaftlich begründete Aussagen sind die sichersten, die wir überhaupt kennen (Popper 1984). Sie haben sich nämlich all unseren Versuchen, sie zu widerlegen, mit Erfolg widersetzt. Eine heute gut bewährte wissenschaftliche "Wahrheit" wird, selbst bei einer wissenschaftlichen Revolution, einem

"Paradigmen-Wechsel", schlimmstenfalls zum Spezialfall von morgen: nämlich dann, wenn die wissenschaftliche Theorie nicht genau genug war und daher präzisiert werden muß. Und das wirklich Erstaunliche dabei ist: Alle wissenschaftliche Erkenntnis scheint sich zu einem widerspruchsfreien Ganzen zusammenzufügen. Das ist eine ganz tiefe Erkenntnis der Wissenschaft - die innere Widerspruchsfreiheit unserer materiellen Welt.

Andererseits müssen wir daran denken, daß wir Heutigen nur die "Steinzeitmenschen" zukünftiger Generationen sind, deren Wissen unvorstellbar zunehmen wird. Wir haben daher allen Grund, unser wissenschaftliches Weltbild mit der angemessenen Bescheidenheit zu beurteilen. Trotzdem dürfen wir davon ausgehen, daß es keinem noch so unvorstellbaren wissenschaftlichen Fortschritt gelingen wird, Erkenntnisse gegenstandslos werden zu lassen, die sich in Beobachtung und Experiment bis heute bewährt haben (v. Ditfurth 1976, 1981).

Das heißt aber nicht, daß wir uns den Aufbau der Welt auch anschaulich vorstellen können (Wolf 1993). Man kann Sachverhalte in völliger, mathematischer Klarheit verstanden haben und weiß dennoch, daß man in der Alltagssprache nur mit Hilfe von inadäquaten Bildern und Gleichnissen von ihnen reden kann. Unser Gehirn ist einfach überfordert, wenn es die eigentliche, uns abstrakt erscheinende Struktur der Welt anschaulich begreifen will. Bereiche der Wirklichkeit, die unsere Vorfahren nie anschauen konnten, können wir uns daher auch nicht so anschaulich vorstellen, daß unser Bild der Wirklichkeit adäquat wäre (Fischer 1985): Atome sind zu klein, Licht ist zu schnell, das Universum zu groß, die Evolution zu langsam, und Leben ist ein zu komplexes Kausalnetzwerk. Wir sollten also das Produkt unseres Denkapparates, unser Weltbild, mit der angemessenen Vorsicht und Bescheidenheit beurteilen, denn wir alle betrachten die Welt durch "Brillen" hindurch, die keiner absetzen kann (Abb. 7).

Wir erleben Selbsttäuschungen in ungeahntem Ausmaß

Da unser Wahrnehmungsapparat die Wirklichkeit nicht objektiv abbildet, sondern so, wie es für unsere Vorfahren zum Überleben dienlich war, müssen wir damit rechnen, daß er sich gewaltig täuschen kann (Müller 1980). Hinzu kommt die psychologische Bereitschaft zur (Selbst-) Täuschung, der Drang, an mühsam gewonnenen Lebenseinstellungen und Denkmodellen unbeirrbar festzuhalten und Erfahrungen,

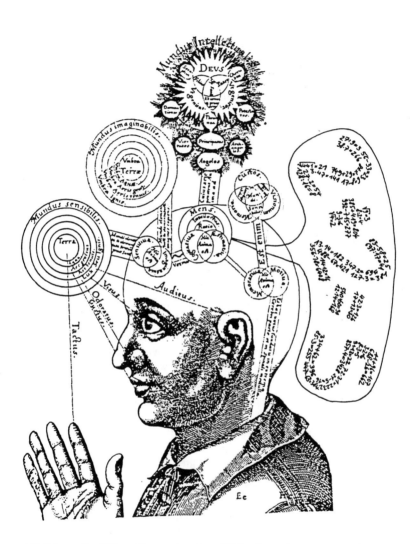

Abbildung 7: Wie adäquat ist das Bild, das wir uns von der Welt machen? Auch wenn unsere Denkprozesse streng naturwissenschaftlich ablaufen, kann das Resultat ("5") falsch sein (nach einem Stich von Robert Fludd, 17. Jhd., verändert nach Hofstadter, 1985).

die mit ihnen kollidieren, tunlichst zu ignorieren (Wolf 1985, Goleman 1993). Wir sollten daher nie vergessen, daß der Grad unserer intuitiven Gewißheit kein Maß für die Richtigkeit eines objektiven Sachverhaltes darstellt.

Wir sind also von Natur aus unfähig, die Welt vorurteilsfrei zu betrachten. Machen wir aber die unbewußt ablaufenden Funktionen unseres Gehirns, unseren ratiomorphen (Weltbild-) Apparat selbst, auch zum Gegenstand unserer Forschung, so werden die wissenschaftlichen Aussagen letztlich außerordentlich sicher, obwohl wir dabei mit einem unvollkommenen Mittel, unserem Gehirn, ebendasselbe untersuchen. Bei diesem rekursiven Vorgehen mahnt uns das Gödelsche Theorem zur Vorsicht (Abb. 7): Die Widerspruchsfreiheit eines Systems kann nicht mit den Mitteln des Systems selbst bewiesen werden. Hieraus darf man aber nicht - wie es oft geschieht - folgern, daß ein solches rekursives Vorgehen zu Widersprüchen führen *muß*. Indem wir die unbewußt ablaufenden Funktionen unseres Gehirns, den ratiomorphen (Weltbild-) Apparat (Lorenz 1973), mit zum Gegenstand der Forschung machen, werden die wissenschaftlichen Aussagen letztlich außerordentlich sicher, und es besteht keinerlei Anlaß, sie grundsätzlich anzuzweifeln.

Damit aber geraten wissenschaftliche Erkenntnisse in Kollision mit altehrwürdigen Überlieferungen, in denen sich der Mensch in einzigartiger Stellung, als Krone und Ziel der Schöpfung sieht: sich seiner selbst bewußt, logisch und schöpferisch denkend, von Moral und Gewissen geleitet, fest im Glauben an sein tradiertes Weltbild. Die vergleichende Verhaltensforschung lehrt uns aber, daß alle diese Eigenschaften, auf die der Mensch so stolz ist, gar nicht ganz so einzigartig sind. So zeugt es von Ich-Bewußtsein, wenn beispielsweise ein Schimpanse sein eigenes Gesicht in einem Spiegel erkennt und mit seinem Namen bezeichnet (Lawick-Goodall 1971). Auch das bewußte Vortäuschen falscher Tatsachen ist höheren Tieren durchaus geläufig.

Viele Zeitgenossen neigen dazu, Tieren, und erst recht von Menschen gemachten Maschinen, schöpferische Leistungen abzusprechen. Wenn wir Menschen nämlich kreativ sind, erleben wir das Produkt wie eine plötzliche, erleuchtende Offenbarung, auf die wir dann recht stolz sind. Neurobiologen haben erkannt, daß dieses Gefühl der spontanen "Erleuchtung" auch auf einer Täuschung beruht, und sie kennen auch seine Ursache: (Mindestens) zwei Seelen wohnen, ach, nicht in unserer Brust, wohl aber in unserem Gehirn. Seine "stumme" rechte Hälfte scheint es zu sein, die - ohne daß uns etwas davon bewußt wird - gelernte Daten und Lösungswege neu miteinander kombiniert, logisch durcharbeitet und dabei gelegentlich kreativ etwas Neues konstruiert, das neue ("emergente") Systemeigenschaften besitzen kann. Erscheint das Ergebnis internen, unbewußten Kontrollinstanzen sinnvoll, so wird es in die linke Gehirnhälfte gemeldet und taucht damit als unverhoffte Inspiration ganz plötzlich, wie ein Blitz, im Bewußtsein auf: aus dem "Irrationalen" heraus, wie man dann gerne sagt. Wir können unsere eigenen kreativen Leistungen also deswegen nicht rational begründen, weil unser Bewußtsein nur den deduktiv-analytischen Prozeß verfolgen kann. Selbst einfache Computer können durchaus mehr, als ihre Programmierer ihnen beibringen. Mittels rekursiver Verfahren kann man nach dem Prinzip "zufällige Mutation" (mittels zufallsgesteuerter Strategien) und "Selektion" (Bewertung von Strategien aufgrund des Ergebnisses) *Programme sich selbst verbessern* lassen. Bei Spielprogrammen können Computer sogar kreativ betrügen, wenn man nicht restriktive Kontrollen einbaut (Wolf 1987)!

Die biologischen Wurzeln des Aberglaubens

Der Aberglaube, als rückständiger, auf überholten religiösen Entwicklungsstufen beruhender Glaube definiert, erscheint uns als eine typisch menschliche (Fehl-) Leistung. Zweifel an dieser Ansicht weckt das Verhalten der Wildgans Martina, das Konrad Lorenz in einem Vortrag so anschaulich schilderte: An den Aufenthalt im Freien gewöhnt, folgte die Gans ängstlich ihrer menschlichen "Ziehmutter" beim ersten Besuch in das ihr fremde Wohnhaus. Erst als sie ein Stück geradeaus den Hausflur entlang gelaufen war, sah sie, daß Lorenz gleich hinter der Türe die Treppe hinaufstieg; sie kehrte um und folgte ihm treppauf in das Gänsezimmer im oberen Stockwerk. Diese Spitzkehre im Flur - mit der Zeit ein wenig abgeschliffen - behielt die Gans künftig bei jedem ihrer Besuche im Haus bei. Eines Tages vergaß sie in offensichtlicher Eile ihren rituell eingeschliffenen Umweg und stürzte direkt die Treppe hoch. Oben angekommen, legte sie plötzlich die Flügel eng an, stieß mit ausgestrecktem Hals einen Warnruf aus und rannte die Stufen wieder hinunter, um unter allen äußeren Anzeichen von Angst die Spitzkehre nachzuholen. Wieder oben angekommen, war ihr Verhalten deutlich entspannt - die "Welt war wieder in Ordnung". Im menschlichen Bereich würden wir bei einem solchen Verhalten nicht zögern, von Aberglauben zu sprechen, und in der Tat darf man unseren menschlichen Aberglauben als ein stammesgeschichtliches Relikt solcher fehlerhaft eingesetzten

Denkstrukturen ansehen, die schon bei Tieren vorhanden sind. Uns aber blieb es vorbehalten, den Aberglauben immer wieder zu wahren Blüten zu entwickeln: "Den baren Unsinn zu glauben, ist ein Privileg des Menschen", sagt Riedl (1980).

"Wenn uns auch der Aberglaube gelegentlich den Blick verstellen mag, so unterscheidet uns doch grundsätzlich vom Tier die Freiheit, willkürlich über unser Denken und Handeln entscheiden zu können!", wird mancher einwenden. Ist das so sicher? Zur Vorsicht mahnen hier Befunde von Neurologen wie Penfield, die bestimmte Gehirnteile bei Menschen elektrisch reizten (Fischer 1985). Eine Reizung im visuellen, auditiven, sensorischen oder motorischen Cortex wurde, wie erwartet, wie ein zwangsweiser Eingriff in die Wahrnehmung bzw. Körperbewegung erlebt. Reizte man dagegen andere Gehirnregionen, so empfanden viele Patienten diesen künstlich gesetzten Eingriff von außen als freien, ganz spontan erlebten Bewußtseinsinhalt: sie fühlten Freude, erinnerten sich wie zufällig an Vergangenes, ja fühlten sich selbst an den Ort des Geschehens zurückversetzt - und all dies gespenstischerweise per Knopfdruck ausgelöst! So mancher Science-Fiction-Autor, der eine "Welt am Draht" erfand, in der sich ferngesteuerte Untertanen vergeblich gegen einen von außen aufgezwungenen, fremden Willen wehren, irrt hier: Selbst wenn unser gesamtes Denken und Handeln durch die Gesetze der Physik determiniert wäre, wir würden es nicht spüren!

In unserem Erleben wie auch in unserer Alltagssprache ist die Vorstellung tief verwurzelt, daß unser bewußter Wille die immaterielle, psychische Ursache ist für z.B. eine willkürlich ausgeführte Körperbewegung. Träfe diese Grundthese der "Interaktionisten" zu, so wäre der Geist in der Lage, die Moleküle des Gehirns in Bewegung zu setzen; die Naturgesetze gälten dann im gesamten Kosmos und nur unter unserer Schädeldecke nicht (v. Ditfurth 1978; Fischer 1985). Harte Indizien sprechen gegen diese Annahme: Knapp eine Sekunde *bevor* einer Versuchsperson der spontane Entschluß bewußt wird, z.B. ihren Finger willkürlich zu bewegen, läßt sich nämlich im Gehirn ein Bereitschaftspotential messen, das die Handlung vorbereitet. *Als die Entscheidung bewußt getroffen wurde, stand sie also schon längst fest* (Dennett und Kinsbourne 1992)! Obwohl die These des "Interaktionismus" in diesem Fall experimentell widerlegt ist, hat der "Dualist" einen wesentlichen Aspekt des Gehirn-Bewußtsein-Problems richtig erkannt (Bunge 1984): daß es nämlich etwas Grundverschiedenes ist, einen Gehirnprozeß von innen, als subjektive "inside-story", zu erleben, oder aber ihn von außen, als objektive "outside-story", zu beobachten. Man kann eine funktionelle Analyse der Bewußtseinsinhalte vornehmen, ohne sich dabei auf die ablaufenden Gehirnprozesse zu beziehen, gerade so wie ein Computerprogramm beschrieben werden kann, ohne daß man auf die spezielle hardware Bezug nimmt, die es realisiert. Nach McKay (1980) liegt hier eine nicht reduzierbare Dualität vor, die aber ohne den dualistischen Interaktionismus auskommt: Physisches wirkt nur auf Physisches, und Seelisches nur auf Seelisches; der Anschein einer Wechselwirkung entsteht dadurch, daß wir bald auf die eine, bald auf die andere Seite dieser doppelten Kausalreihe achten und beide in unserer Umgangssprache miteinander verwechseln. Wenn wir mit unserem Bewußtsein auf das Verhalten einwirken, etwa einen Entschluß fassen und in die Tat umsetzen, so wirkt nicht ein immaterieller Entschluß auf das physische Gehirn ein, sondern der Entschluß entspricht selbst einem Gehirnprozeß, der physikalischen Gesetzen folgt (Gierer 1985; Kuhlenbeck 1986). Besteht also ein arbeitender Computer (oder ein Mensch) aus "nichts als" einer Menge geordneter elektronischer (oder neuronaler) Bauteile, die den Gesetzen der Physik gehorchen? Diese physikalische Beschreibung ist zwar vollständig, aber dennoch fehlt ihr das Wesentliche: das Problem, das der Computer (oder der Mensch) gerade löst! Unser Bewußtsein könnte in unserem Gehirn ebenso verkörpert sein wie ein mathematisches Problem, das ein Computer gerade löst, in dessen Arbeitsspeicher repräsentiert ist.

Die im Bewußtsein als frei erlebten Entscheidungsprozesse könnten also sehr wohl in Netzen aus kausal determinierten Elementen repräsentiert sein. Willensfreiheit besteht ja darin, Verhalten systematisch auf selbstbestimmte, d.h. system-immanente Ziele auszurichten. Dies erfordert geradezu, daß die beteiligten Gehirnprozesse verläßlich, d.h. im physikalischen Sinn determiniert ablaufen (Gierer 1985), wie es für die bisher untersuchten Prozesse der Informationsverarbeitung im Nervensystem auch tatsächlich zutrifft - ohne daß ihr Ergebnis notwendigerweise richtig sein muß (Abb. 7). Für das sich entscheidende Individuum dagegen ist sein Handeln - subjektiv - unbestimmt und offen, es muß seine Entscheidung treffen und moralisch dafür einstehen (Planck 1949, Schulz 1978, Wolf 1987).

Wissen und Glauben im Widerstreit

Kann man sich dann aber, mit dem heutigen naturwissenschaftlichen Wissen, zu tradierten Glaubensinhalten bekennen? Hier hat beispielsweise der protestantische Pastor Paul Schulz (1978) einen intellektuell redlichen Ausweg gezeigt: eine Religion ohne falschverstandenen Mystizismus und ohne naiv-mythisches Gedankengut wie etwa der Glaube an Wunder und persönliche Unsterblichkeit, eine Religion, die sich von der ursprünglichen, anthropozentrischen Grundhaltung befreit hat. Schulz zeigt, daß die Autoren der Bibel einen anderen Wahrheitsbegriff hatten als wir, und man deshalb bei der Interpretation unwahrscheinlicher Berichte entsprechend kritisch sein darf. Namhafte Theologen stimmten ihm offen zu; dagegen wagt heute so mancher Pastor derart liberale Äußerungen nur hinter vorgehaltener Hand, im privaten Freundeskreis. Schulz sagte bitter: "Die christlichen Amtskirchen verlangen noch immer, daß der Kirchenbesucher seinen Verstand vor der Kirchentüre abgibt". Zu ergänzen ist, daß er von seiner Amtskirche Predigtverbot erhielt, obwohl etwa 50 seiner Amtskollegen aus der Umgebung von Hamburg in einem offenen Brief bekannten, ähnlich zu denken wie er, und sich für ihn einsetzten (v. Kuenheim 1979). Ein Mitglied der kirchlichen Schiedskommission gab Schulz im persönlichen Gespräch zu verstehen, daß er mit seinen Ansichten natürlich recht habe, und jeder Theologiestudent dies ja in seinen Vorlesungen auf der Universität höre; aber man dürfe so etwas doch nicht laut von der Kanzel verkündigen! Ein katholischer Priester sagte dazu: "Es war doch schon immer so. Es gibt eben *eine* Wahrheit für das einfache Volk und eine *andere* für die Gebildeten!" Es ist schlimm, daß die etablierten Kirchen die Wahrheit so mit zweierlei Maß messen, wie auch die ähnlich gelagerten Fälle beispielsweise von Hans Küng, Dorothee Sölle und Uta Ranke-Heinemann zeigen. Wann wird man endlich lernen, daß glauben nicht bedeutet, etwas naturwissenschaftlich Unglaubwürdiges quasi wider besseres Wissen für wahr zu halten, sondern daß es vielmehr heißt zu vertrauen darauf, daß ethische Werte - die Kernwahrheiten der Religion - eine Lebenshilfe sind, die dazu dienen können, die Welt für uns und für andere humaner werden zu lassen? "Jede anthropomorphe Sicht der Welt ist vermessen angesichts der Größe der Schöpfung", sagte Manfred Eigen 1987 in einem Vortrag in Würzburg.

Noch heute wird ein Gebet, beispielsweise um einen Erfolg, von den meisten Menschen magisch fehlverstanden als ein Versuch, das Schicksal zu beeinflussen. Sein eigentliches Ziel - eine innerseelische Veränderung - wird übersehen. Aufklärerischer Rationalismus mißversteht Magie und Gebet als illusionistisch in seinem wissenschaftlichen Stolz, festgestellt zu haben, daß das Schicksal unbeeinflußbar sei. Ihre echte, objektive Wirkung aber liegt in der psychischen (und damit auch physischen) Veränderung des Subjekts, das danach der Zukunft vertrauensvoller ins Auge schaut (Müller 1980).

"Was soll man dann dem Volk als Ersatz für den Glauben an ein Fortleben nach dem Tod geben?" fragte Hans Tügel (1970) in einer Sendung des Deutschlandfunks, und er gab zur Antwort: "Es gibt keinen Ersatz für Illusionen und fromme Lügen. Der Wahrheit zuliebe muß an die Stelle der schönen Legende, der falschen Hoffnung auf Belohnung für gute Taten in einem metaphysischen Jenseits die reale Forderung an jeden Einzelnen treten, das Leben, in das er gestellt ist, mit seinen Aufgaben und Problemen zu bewältigen, soweit seine Kräfte dafür ausreichen". Schopenhauer sagte: "Nach deinem Tod wirst du das sein, was du vor deiner Geburt warst" (Kuhlenbeck 1986). Besteht denn ein Grund, sich vor diesem Zustand zu fürchten? Um Kernwahrheiten der christlichen Botschaft braucht jedenfalls keiner zu fürchten, der versucht, Aberglaube und Magie aus seinem Leben zu tilgen. Theologen wie Paul Schulz haben einen mutigen Blick nach vorne gewagt in eine Religion der Zukunft, in der Wahrheit Voraussetzung für ihre Verwirklichung ist.

Das kritisch-rationale Denken, für das hier plädiert wird, schränkt das kostbare Reich unserer subjektiven Phantasie, das wir z.B. in der Kunst, in der Meditation oder auch im Traum erleben können, in keiner Weise ein. Es bleibt uns überlassen, subjektiv zu denken und zu fühlen, was wir wollen. Ein naturwissenschaftlich denkender Mensch muß also nicht ein kühler Verstandes-Fanatiker sein, ein "Ratiomane", der alle Emotionen aus seinem Leben zu streichen sucht. Wie jeder andere ist auch er primär ein erlebendes Individuum, und er kann von einem zwischenmenschlichen Erlebnis oder einem Kunstwerk tief bewegt werden, ohne daß seine Gefühle dabei mit seinem Weltbild zu kollidieren. Wenn er aber versucht, objektive Aussagen über die reale Welt und über sich selbst zu machen, dann muß er sich der kritischen Ratio stellen.

Warum Esoterik uns so leicht verführt

Viele Menschen glauben, daß sich die Menschheit derzeit an der
Schwelle zu einem neuen Zeitalter der geistigen Erleuchtung befindet, in
dem sich psychische Kräfte als physikalisch real erweisen (Dahlke
1993). Die Suche nach PSI-Phänomenen hat ein fast religiöses Ausmaß
angenommen, in dem Bestreben, die "materialistische Wissenschaft" zu
entthronen und dafür die Vorherrschaft des Spirituellen zu setzen. So
sind wir heute die Zeitzeugen der Entstehung neuer Mythen. Vielleicht
erleben wir sogar die Gründung einer neuen Religion, hat doch die
Esoterik eine große Gemeinde von Gläubigen. Leider sind die meisten
von ihnen fast ohne jede wissenschaftliche Bildung. Sie akzeptieren PSI-
Phänomene nicht, weil sie praktisch nachgewiesen sind, sondern weil sie
in das Bild passen, wie sie sich die Welt vorstellen: Eine Welt, in der
das Spirituelle über Wissenschaft und Vernunft steht, eine Welt, in der
das, was man zutiefst als wahr fühlt, automatisch wahr ist, ob man es
nun wissenschaftlich nachweisen kann oder nicht; eine Welt, in der fast
alles, was passiert, anthropozentrisch gedeutet wird als ein bedeutungs-
schweres Omen für zukünftige Ereignisse. Dieses magische Denken ist
eine unerschöpfliche Quelle des Aberglaubens. Zudem ist es viel einfacher als Wissenschaft: Man braucht keinerlei Ausbildung, man muß
ganz einfach nur glauben. "Die Wissenschaft wird schon noch dahinter
kommen, daß etwas dran ist!", so denken viele. Was die Ergebnisse objektiver, wissenschaftlicher Experimente auf dem Gebiet der Esoterik
wirklich aussagen, ist leider viel zu wenig bekannt.

Besonders hinderlich für eine objektive Einsicht ist der unerschütter-
liche Glaube. Er ist die gefährlichste aller Irrtumsquellen, denn es liegt
ja im Wesen jeder Täuschung, daß sie in aller Regel nicht als Täuschung
erkannt wird. Zudem hängt für die Esoterik-Gläubigen persönlich viel
zu viel von der Richtigkeit ihrer spirituellen Lehre ab, als daß sie sich
eine Täuschung eingestehen könnten. Sie können sich einen Zusammenbruch ihres bisherigen Weltbildes psychisch einfach nicht leisten. Wir
sehen in dieser sicherheitsbewahrenden Haltung der Menschen, nach der
"nicht sein kann, was nicht sein darf", eine der Hauptursachen dafür,
daß sie immer wieder Selbsttäuschungen unterliegen. Ihre Psyche
schützt sich vor Angst durch verminderte Bewußtheit, durch "selektive
Unaufmerksamkeit", die durch unbewußte "Zensoren" ausgelöst wird.
Dieser Mechanismus schafft einen "blinden Fleck", eine Zone blockier-
ter Aufmerksamkeit und der Selbsttäuschung. Solche blinden Flecke fin-

den sich auf allen wichtigen Ebenen des Verhaltens (Goleman 1993). Das Hauptproblem ist: Die Leute glauben fest an das, was sie sagen, aber weigern sich strikt, ihre Aussagen, und damit sich selbst, zu testen.

Von der angeborenen Neigung zum Aberglauben können wir uns nicht befreien, wohl aber kann es gelingen, zu erkennen, wie er unsere Wahrnehmung und unser Denken lenkt. Was wir mit eigenen Augen gesehen haben, nicht bedenkenlos zu glauben, und Zusammenhänge, von denen wir felsenfest überzeugt sind, zu hinterfragen, ist ein erster, wenn auch keineswegs einfacher Schritt in die richtige Richtung. Denn jeder von uns hat das unbewußte Ziel, vorgefaßte Ideen zu bestätigen. Ausgehend von einer reinen Phantasievorstellung kommt es so zu einer vagen Annahme, und bald entsteht daraus ein ebenso unhaltbares wie unerschütterliches Glaubenssystem. Innere Widersprüche, ja selbst harte Gegenbeweise werden ignoriert, nichtssagende Daten dagegen, die in das Weltbild passen, werden begierig aufgenommen. So hat beispielsweise, ungeachtet aller gegenteiligen Beteuerungen, der Vollmond keinerlei Einfluß auf die Rate von Geburten, Selbstmorden, Verkehrsunfällen und kriminellen Delikten (Lieber 1978). Diesen Tatbestand als richtig zu akzeptieren, wird durch einen Akt selektiver Unaufmerksamkeit verhindert. "Wir bemerken nicht, was wir nicht bemerken wollen, und bemerken nicht, daß wir es nicht bemerken" (Goleman 1993). Ungeachtet aller Gegenbeweise halten Menschen daher an allen möglichen Überzeugungen fest. Sie werden zu "Lebenslügen" - so der Titel eines Buchs von Goleman, der uns darüber aufklärt, warum wir uns immer wieder selbst täuschen. Goleman zitiert aber auch Ibsen: "Nimm dem Durchschnittsmenschen seine Lebenslüge und du hast ihn auch seines Glückes beraubt"! Die Frage, die jeder von uns für sich selbst beantworten muß, ist: Sollen wir als denkende Wesen esoterische und parapsychologische Theorien, die noch nie bewiesen, aber in vielen Fällen widerlegt worden sind, als "Lebenslügen' tolerieren, um den Gläubigen ihr Glück zu lassen?

Esoterik ist nicht (nur) Glaubenssache

Es geht hier nicht darum, irgendwelche Phänomene zu ignorieren, die - wären sie real - von der heutigen Wissenschaft nicht erklärt werden könnten. Jeder intellektuell redliche Wissenschaftler ist offen für neue, unverstandene Phänomene, sofern deren Existenz wirklich nachgewiesen ist. Denn die Bereitschaft, aus den Ergebnissen von Schlüsselexperimenten zu lernen, ist ein Merkmal echter Wissenschaft. Es ist das Fehlen dieser Bereitschaft, das Pseudowissenschaften jeglicher Art auszeichnet: Sie zeigen sich immun gegenüber jeder Art von Widerlegung.

Vollmer (1994) hat aussichtsreiche Kandidaten für Pseudowissenschaften gesammelt, deren Grundkonzepte nach dem heutigen Stand des Wissens nicht wissenschaftlich belegt sind. Dazu gehören beispielsweise: Astrologie, Biorhythmenlehre nach Fließ, Erdstrahlenkunde, Graphologie, Handlesen; Paramedizin wie z.B. die klassische Akupunktur, Auraphotographie, Eigenblutbehandlung, Geistheilung, Homöopathie nach Hahnemann, Irisdiagnostik, Kinesiologie, Orgontherapie nach Reich, Phrenologie, Pyramiden-Kraftfeldwirkung; Paraphysik wie z.B. Levitation, New-Age-Physik nach Capra, N-Strahlen, Perpetuum mobile-Forschung; Parapsychologie wie z.B. Hellsehen, Präkognition, Psychokinese, Spuk; Psychoanalyse nach Freud und UFOlogie.

Ob diese Gebiete reine Phantasieprodukte sind oder nicht, ist nicht nur von akademischem Interesse, sondern hat durchaus praktische Relevanz. Ist es sinnvoll, nach einem Lawinenunglück Wünschelrutengänger statt Lawinenhunde nach Verschütteten suchen zu lassen? Ist es sinnvoll, jemandem nach einem graphologischen oder astrologischen Gutachten eine Stelle zu geben oder zu verweigern (Vollmer 1994)? Hierzu muß man wissen, daß nach Levy (1979) noch 85 % der europäischen Firmen Graphologie-Gutachten für ihre Personalentscheidungen heranziehen. Graphologisch kann man zwar das Geschlecht mit 70 %iger Wahrscheinlichkeit bestimmen, nicht aber die persönlichen Eignungswerte. Zwischen Studenten und geistig kranken Klinikpatienten konnte nicht unterschieden werden. Der soziale Status schlägt sich etwas nieder, und es lassen sich Kriminelle mit gewisser, aber geringer Wahrscheinlichkeit auslesen.

Der Skeptiker steht vor dem grundsätzlichen Problem, daß er eine Negativaussage ("es gibt keine UFOs") nicht beweisen kann. Wer weiß mit letzter Sicherheit, ob nicht übermorgen eines, für alle sichtbar, bei uns landet? Umgekehrt muß man sich klarmachen: Auch unwiderlegbare Hypothesen ("es gibt UFOs") ließen sich leicht beweisen - wenn echte Beweise dafür vorlägen! Der Wissenschaftler kann sehr genau sagen, welche Art von Beweis ihn von der Echtheit von PSI-Phänomenen überzeugen würde. Der Wahrheitsgehalt von Astrologie, Radiästhesie, Akupunktur, Irisdiagnostik, Geistheilung, Tischrücken, Telekinese, Aura-

Photographie, extrakorporaler Erfahrungen und déjà-vu-Phantasien ist schon an anderem Ort analysiert worden (Gardner 1957, 1988, 1992; Hines 1988; Hund 1991; Prokop und Wimmer 1987; Marks 1988; Couttie 1988; Binder 1992; Eberlein 1991; Wolf 1993) und wird in den anderen Kapiteln dieses Bandes eingehend diskutiert. Im folgenden seien einige weitere Daten aufgeführt mit dem Ziel, dem Leser Maßstäbe zu vermitteln, die ihn, ganz im Sinne der Kantschen Aufklärung, zu einem eigenen, fundierten Urteil befähigen.

Abwege der Baubiologie

Baubiologen stürzen sich leider nicht selten auf fachfremde, esoterische Gebiete und weisen beispielsweise in Schlafzimmern mit der Wünschelrute angeblich "gesundheitsgefährdende Erdstrahlen" oder "Verseuchung durch Elektrosmog" nach. Doppelblindversuche beweisen jedoch: Eine Wünschelrute schlägt - wie schon der Name ahnen läßt - immer dann aus, wenn der Rutengänger es wünscht, genauer: wenn er unbewußt (!) annimmt, daß ein Störfeld vorliegt. Der ängstliche Laie glaubt rasch an Gefahren, hört er doch von Fällen, bei denen chronische Gesundheitsprobleme nach Beseitigung der angeblichen Störquelle verschwunden sind. Man kann es aber nicht oft genug sagen: Solche Fallbeispiele haben keinerlei wissenschaftliche Aussagekraft! Diese gewinnt man nur von echten Doppelblindstudien, bei denen weder die Betroffenen, noch ihre Untersucher wissen, ob die Geräte, um deren mögliche Schadwirkung es geht, eingeschaltet waren oder nicht. Die größte Gefahr scheint die Angst zu sein, die man davor hat, denn bereits sie allein kann nachweislich Gesundheitsschäden auslösen! Welches Gefahrenpotential die Angst hat, zeigt sich im "Nocebo-Effekt", dem Gegenspieler des segensreichen "Placebo-Effekts". Er äußert sich beispielsweise in der Tatsache, daß eine erhöhte Leukämierate in der Nähe von Kernkraftwerken auftrat - auch bei Werken, die erst in Planung waren (Windeler 1993)! Natürlich ist Vorsicht geboten, solange man mögliche Gefahren nicht ausschließen kann. Wer aber generell die Angst etwa vor Elektrosmog schürt, ohne sich auf objektive Untersuchungen zu berufen, der gefährdet tatsächlich die Gesundheit der Bevölkerung.

Sind Esoteriker Scharlatane?

Auch wenn Esoteriker irren: Die meisten von ihnen betrügen nicht bewußt, sind also keine echten Scharlatane. Es sind sogenannte "shut eyes": Sie wissen es nicht besser. Und so täuschen sie nicht nur ihre zahlungswilligen Kunden, sondern auch sich selbst. Aber sie könnten es besser wissen, wenn sie sich über die vorliegenden Fakten objektiv informierten.

Bei zweifelhaften Behandlungsmethoden, deren Wirkungsmechanismus man nicht kennt, ist das Doppelblind-Experiment das einzige Verfahren, die Wirksamkeit objektiv zu prüfen[2]. "Klinische Tests" reichen nicht aus, denn sie sind nicht doppelblind: Die Resultate werden ungewollt durch die Erwartungen der Versuchsleiter und der Patienten verfälscht. Gesammelte Fälle von erfolgreichen Heilungen sind daher für die Beurteilung einer Behandlung grundsätzlich wertlos. Ich halte es für unethisch, eine Behandlung durchzuführen oder zu befürworten, bei der man nicht vorher geprüft hat, ob sie wirklich hilft, und zwar durch gut kontrollierte Doppelblindversuche und Kontrollen mit Placebos. Hierbei muß insbesondere die Rolle des Arztes selbst berücksichtigt werden, der durch die Art seiner Konsultation die Stärke des Placebo-Effekts bestimmt, unabhängig davon, ob ein Placebo-Medikament verschrieben wird oder nicht (Thomas 1994). Ein aussagekräftiger Großversuch könnte also grundsätzlich nur hinter dem Rücken der Hauptbeteiligten gemacht werden. Ein praxisnahes Experiment wäre beispielsweise, wenn ein Großhändler für homöopathische Mittel, die für extreme Verdün-

---

[2] Gegen Doppelblindversuche gibt es allerdings von paramedizinischer Seite her Einwände. W. Becker, der Sprecher der Gesellschaft der Ärzte für Erfahrungsheilkunde, sagte in einem Interview mit der Süddeutschen Zeitung (1994, Nr.158, S.39): "Schulmedizin, Wissenschaft und Politik erkennen eben nur Ergebnisse an, die nach ihren Methoden zustande gekommen sind. Das ist bei Naturheilverfahren aber nicht möglich, weil wir z.B. keine Doppelblindversuche machen, sondern uns nach Erfahrungswerten und Fallbeispielen richten". Und weiter: "Versuche nach klassischem Muster ... sind eigentlich nicht möglich, denn der Gedankenansatz ist falsch. Wir sprechen da zwei verschiedene Sprachen." Auch die Krebshilfe sei ein gutes Beispiel. Zitat: "Untersuchungsergebnisse der Universität Heidelberg aus dem letzten Jahr belegen, daß mit oder ohne Behandlung die gleichen Ergebnisse herauskommen. Das ist doch eine Bankrotterklärung. Und da sind Beträge in mehrstelliger Millionenhöhe hineingeflossen." Der Laie, der dies liest, schließt daraus: Es spielt keine Rolle, ob ich mich bei Krebs schulmedizinisch oder paramedizinisch, also z.B. homöopathisch, behandeln lasse. Kann das wahr sein?
Ich kenne die von Becker erwähnte Untersuchung der Universität Heidelberg nicht, und meine Anfrage darüber, die ich über die Süddeutsche an ihn gerichtet habe, blieb unbeantwortet. Solange aber keine Ergebnisse vorliegen, die die bisherigen Aussagen der Schulmedizin über Krebstherapie widerlegen, halte ich eine öffentliche Aussage, wie die von Herr Becker für unverantwortlich. Sterben Krebskranke, die sich zuvor aufgrund seines Rates der schulmedizinischen Therapie verweigert hatten und denen der Placebo-Effekt der paramedizinischen Behandlung nicht genügend half, so geht das auf das Konto der Paramedizin.

nungen vorgesehen sind (deren Wirksamkeit daher aus wissenschaftlichen Gründen ohnehin anzuzweifeln ist), diese bei der Auslieferung ohne Wissen der behandelnden Homöopathen und der Patienten mit gleich aussehenden, aber anerkannt unwirksamen Substanzen vertauschen würde. Ob dieses Vorgehen ethisch zu verantworten wäre, ist eine andere Frage, die hier nicht zur Debatte steht. Wäre die Behandlung damit unvermindert erfolgreich, so wäre damit das Grundkonzept der Homöopathie als reines Phantasieprodukt entlarvt, dessen praktische Wirksamkeit einzig und allein auf dem Placebo-Effekt beruht. Alle bisherigen objektiven Untersuchungen homöopathischer Mittel fielen nach Oepen (1993) negativ aus.

Wie leicht sich die Gesundheit beim Menschen psychisch beeinflussen läßt, zeigen Massenhysterien: kollektive Illusionen, die zum plötzlichen Ausbruch von "mysteriösen Krankheiten" führen mit unspezifischen Symptomen wie Erbrechen, Kopfschmerzen, Atemnot und Ohnmacht (Colligan et al. 1982) - Auswirkungen eines typischen Nocebo-Effekts. Umgekehrt können auch schwere Erkrankungen spontan ausheilen; so haben Everson und Cole (1966) 170 Fälle von Spontanheilungen bei Krebs dokumentiert. Bei Migräne-Patienten, denen schulmedizinisch nicht zu helfen war, gab es Heilerfolge, wenn klassische Akupunkturorte gereizt wurden. Die Erfolgsrate lag aber ebenso hoch, wenn man stattdessen "unwirksame" Placebopunkte reizte (Taylor 1992). Dasselbe fand man bei Tinnitus, Muskel- und Rückenschmerzen.

Die meisten Krankheiten, beispielsweise Arthritis und Multiple Sklerose, haben einen sehr variablen Symptomverlauf. Unorthodoxe, paramedizinische Behandlung sucht man aber besonders in schlechten Phasen. Daher sind die Chancen gut, daß sich der Patient in den Tagen danach besser fühlen wird, auch wenn das mit der Behandlung gar nichts zu tun hat. Generell geht es bei nicht-chronischen Erkrankungen 75% der Patienten nach kurzer Zeit ganz von selbst besser. In solchen Fällen können Geistheiler und andere Paramediziner - aber natürlich auch Ärzte - leicht "Erfolge" vorweisen.

Das Geheimnis der "Aura-Photographie"

Die "Aura" eines Menschen birgt, nüchtern betrachtet, nichts Geheimnisvolles. Aufgenommen wird sie mit speziellen photographischen Kameras und einem einfachen Trick, nämlich einer Doppelbelichtung. Nach der normalen Aufnahme der Person - aus photographischen Gründen vor schwarzem Hintergrund - wird das Bild der angeblichen "Aura" durch das Licht farbiger Leuchtdioden produziert, die seitlich dicht vor dem Kameraobjektiv angebracht sind, und deren Helligkeit beispielsweise durch elektrische Spannungen gesteuert werden, die man mit Elektroden von den Fingern der Versuchsperson abgreift. Eine Art abgewandelter Lügendetektor, sonst nichts! Was man daraus über mögliche Krankheiten und psychische Zustände ablesen kann, bleibt der Phantasie des selbsternannten "Aura-Spezialisten" überlassen.

Extrakorporale Erfahrungen und Jenseits-Halluzination

Fehlfunktionen des Gehirns, wie sie bei vorübergehender Todesnähe auftreten, können die wohlbekannten "Lichterfahrungen" und "Schwebezustände" auslösen, von denen viele Betroffene berichten. Wären solche extrakorporalen Erfahrungen mehr als eine Halluzination, so ließe sich dies leicht nachweisen. Es genügte, wenn der dem Körper entschlüpfte Geist in der Lage wäre, eine in einem Nebenraum angeschriebene Zahl zu lesen - unter Bedingungen, die jede Möglichkeit von Betrug ausschließen. Das hat bisher noch niemand fertiggebracht. Der vermeintliche Schwebezustand bei extrakorporalen Erfahrungen kann zwanglos mit der Art unserer bildlichen Vorstellung erklärt werden. Wenn man sich irgendein Geschehnis vorstellt, an dem man selbst beteiligt ist, beispielsweise eine gemeinsame Familienmahlzeit, so geschieht dies meist in der Vogelperspektive: Man sieht sich selbst mit am Tisch sitzen (Hines 1988).

Wegen der systematischen wechselseitigen Abhängigkeit psychischer und neurobiologischer Zustände müssen wir in der Tat damit rechnen, daß mit unserem Gehirn, unserer "wetware", auch unser persönliches Ich definitiv zugrunde geht. Zwar ist es prinzipiell denkbar, daß die komplette Information über einen Menschen auf eine ganz anders geartete hardware übertragen werden könnte, mit der sein Ich weiterlebt (MacKay 1980). Ob man diese Möglichkeit realistischerweise erwarten darf, ist eine ganz andere Frage. Der Zauberkünstler Houdini war ein Skeptiker, der selbst gerne an die Echtheit paranormaler Phänomene geglaubt hätte. Aber alle Fälle, die er unersuchte, erwiesen sich als Fälschungen oder Täuschungen. Sein Forscherdrang machte selbst vor dem eigenen Tod nicht halt: Mit seiner Frau machte er einen geheimen Code aus, den er versuchen wollte, aus dem Jenseits zu schicken. Viele Medien standen angeblich in Kontakt mit Houdini, aber niemand hat jemals diesen Code nennen können (Hines 1988).

Wie "Geistheilung" funktioniert

Der berühmte amerikanische Geistheiler, Reverend Peter Popoff, der sein hellseherisches Wissen als direkte Eingebung der Stimme Gottes präsentiert, trug bei seinen Veranstaltungen immer ein Hörgerät. Dem ist der Berufszauberer James Randi (1993) nachgegangen und hat mit einem Frequenzscanner festgestellt, daß Gott auf der Frequenz 39,17 Mhz spricht, daß er eine Frau ist, und daß seine Stimme der von Popoffs Frau gleicht. Seine Informationen erhielt Popoff von verkleideten Mitarbeitern, die vor der Veranstaltung die wartenden Klienten aushorchten. Besuchern mit Gehbeschwerden, die zu Fuß gekommen waren, wurden zuvorkommend in bereitstehende Rollstühle gesetzt. Als sie dann während der Show daraus aufstanden, entstand im Publikum der Eindruck, sie könnten jetzt zum ersten Mal wieder gehen. Seit Randi den Betrug Popoffs öffentlich im Fernsehen aufgedeckt hat, verdient dieser nicht mehr vier Millionen Dollar im Monat (als Reverend steuerfrei). Nach einem vorübergehenden Bankrott war er aber 1993 schon wieder im Geschäft. Er rächte sich bei Randi, indem er ihn verklagte, weil dieser ohne Einwilligung die Stimme seiner Frau im Fernsehen verbreitet hatte.

Daß Geistheiler ihren Klienten mittels des Placeboeffekts helfen, offenbart sich in Fällen, in denen "Fernheiler" den mit ihrem Patienten abgesprochenen Termin, an dem "Heilkräfte" übertragen werden sollten, vergessen. Sie sind dennoch erfolgreich! Solche eher harmlosen Beispiele dürfen uns nicht darüber hinwegtäuschen, daß Geistheiler außerordentlich gefährlich sein können, denn sie setzen das Leben ihrer Patienten aufs Spiel, wenn sie ihnen von der herkömmlichen medizinischen Behandlung abraten. Nolen (1974) hat zahlreiche Fälle dokumentiert, bei denen angeblich geheilte Patienten das Versagen ihrer Heiler erst gemerkt haben, als es für eine rettende schulmedizinische Behandlung zu spät war.

Täuschung und Enttäuschung in der Parapsychologie

Der Laie neigt dazu, zu glauben, daß PSI-Phänomene weit verbreitet sind. Parapsychologen sehen das, aus über 120jähriger, schmerzlicher Erfahrung, ganz anders. Denn noch immer können sie ihren Kritikern kein einziges überzeugendes, reproduzierbar positives Resultat vorweisen (Randi 1993, Schäfer 1994, McCrone 1994). Es ist heute kein anderer Wissenschaftszweig bekannt, für den Vergleichbares gilt, und so ist Skepsis angebracht. Besonders ins Zwielicht geriet die Zuverlässigkeit parapsychologischer Forschungsergebnisse durch das "Projekt Alpha" (Randi 1993, Gardner 1988). Randi schickte zwei junge Zauberkünstler als Versuchspersonen mit angeblicher PSI-Begabung in das renommierte McDonnel-Laboratory for Psychic Research der Washington University in St. Louis/Missouri, das mit $ 500.000 gesponsert worden war. Zuvor hatte er fairerweise mit ihnen ausgemacht, daß sie ihre Tricks offenbaren sollten, bevor diese als echte parapsychologische Phänomene publiziert würden, und daß sie auf die Frage: "Hast du Tricks eingesetzt?" sofort antworten sollten: "Ja, und James Randi hat uns hergeschickt!" Randi schilderte dem Leiter, Physik-Professor an der Universität, schriftlich, welche Kontrollversuche vor Taschenspielertricks schützen, und schlug vor, bei der Vorbereitung betrugssicherer Experimente zu helfen, was die Wissenschaftler dankend ablehnten. Im Verlauf der zweieinhalbjährigen Forschungsarbeit wurden die jungen Zauberkünstler *nie* gefragt, ob sie betrügen, obwohl Randi in dieser Zeit mindestens acht Briefe an das Labor schickte, in denen er vor genau denjenigen Tricks warnte, mit denen die Zauberer ihren Überwachern diverse PSI-Effekte vorgaukelten. Der Versuchsleiter las ihnen sogar einen der Briefe mit den darin geschilderten Vorsichtsmaßnahmen vor und lächelte über die Ratschläge des Absenders. Das Ergebnis der Untersuchungen: Die Versuchspersonen konnten Gedanken lesen, Schlüssel biegen und dergleichen mehr. Einmal sollten sie den Gang einer kleinen Digitaluhr auf irgendeine Weise psychisch beeinflussen. Hinter dem Rücken der Versuchsleiter schmuggelten sie die Uhr vorübergehend aus dem Labor heraus und steckten sie aus Spaß in einen Mikrowellenherd. Die Parapsychologen waren begeistert über die unerklärlichen, fremdartigen Symbole, die die Uhr danach zeigte. Die "Wunderuhr" wurde für $ 10.000 analysiert, ohne daß man eine Erklärung dafür fand! Um kein Mißverständnis aufkommen zu lassen: Randi machte dieses Experiment nicht zum Scherz, oder um die Parapsychologen bloßzustellen. Vielmehr sah er darin die einzige Möglichkeit, ihnen zu beweisen, wie leicht sie sich täuschen lassen.

Warum Esoterik schädlich ist, obwohl sie vielen "hilft"

Viele Esoterikanhänger sagen: "Die Realität ist relativ. Wenn ich mich entscheide, beispielsweise an Astrologie zu glauben, dann wird sie für mich wahr und funktioniert". Das Problem ist aber, daß sich die Wahrheit nicht nach dem Glauben richtet, und sei es der Glaube von noch so vielen. Die meisten Menschen stimmen wohl zu, daß man sein Leben nicht auf Selbst-Täuschungen aufbauen sollte, sondern besser auf der wahren Einsicht, wie die Welt um uns herum wirklich funktioniert. Nicht zuletzt geht es auch um wirtschaftliche Aspekte. Wenn ich in ein Geschäft gehe und eine Schachtel mit Müsli kaufe, fühle ich mich betrogen, wenn sie nur halbvoll ist. Der Jahresumsatz der Esoterikbranche geht allein in Deutschland in die Milliarden, und es besteht der dringende Verdacht, daß die "Schachteln mit esoterischer Ware" ganz leer sind, wenn man einmal von dem Placebo-Effekt absieht. Wer die - dank des Placebo-Effekts - vorhandenen Erfolge paramedizinischer Behandlungen preist, der vergißt die schwerwiegende Kehrseite dieses segensreichen Effekts, den "Nocebo-Effekt". Er bewirkt, daß anerkannte, objektiv erprobte Medikamente weniger gut wirken, wenn der Patient Angst hat vor der "schädlichen Chemie", die darin enthalten ist (welch unsinniger Ausdruck - wir alle bestehen schließlich aus "Chemie"!). Nicht jeder, der heilt, hat also recht.

Erlösung vom magischen Denken - eine Utopie?

Magisches Denken ist ganz generell allgemeingefährlich. Mit ihm geht es ebenso wie mit Drogen: es macht, daß man mit der Zeit an immer dümmere Dinge glaubt (Randi 1993). Man denke etwa an die wieder zunehmende Zahl von "Teufelsaustreibungen". Besteht aber bei der angeborenen "Credomanie" des Menschen eine reale Chance, einen liebgewonnenen Aberglauben zu überwinden? Haben Aufklärungsversuche überhaupt einen Sinn? Die Praxis zeigt, daß sich leider nur eine Minderheit der Esoterik-Gläubigen durch nüchterne Gegenbeweise von ihren magischen Vorstellungen abbringen läßt. Zweifel kommen auch, wenn man die Berichte von Walter Gubisch (1961) liest. Dieser hielt vor allem in den Fünfziger Jahren fast 5.000 Vorträge im deutschsprachigen Raum. Zu Beginn zählte er immer die Zuschauer, die an die Echtheit von Hellsehen und Telepathie glaubten. Dann präsentierte er diese Effekte meisterhaft, erklärte danach aber genau, mit welchen Tricks er die Phänomene hervorgebracht hatte - um dann bei der Schlußabstimmung oft ernüchtert festzustellen, daß nun noch mehr Zuschauer an seine paranormalen Fähigkeiten glaubten als zuvor.

So manchem kritischen Esoteriker, der über genügend Selbstbewußtsein und etwas schauspielerisches Talent verfügt, hat aber schon ein einfacher Test die Augen geöffnet. Wenn er als Irisdiagnostiker bewußt den "Iris-Schlüssel" verfälscht, indem er ihn bei der Analyse beispielsweise um 90° verdreht, wenn er als Astrologe falsche Geburtsdaten verwendet oder als Hand- oder Tarotkarten-Leser das Gegenteil von dem sagt, was in den esoterischen "Lehrbüchern" steht, oder wenn er als Radiästhet Rute oder Pendel bewußt an einem "falschen" Ort ausschlagen läßt: Die Erfolgsrate bleibt erstaunlicherweise immer gleich! Nähme sich jeder die Schlußfolgerungen hieraus zu Herzen, gäbe es wohl bald keine Esoteriker mehr.

Homo, quo vadis?

Esoteriker neigen oft dazu, Schulwissenschaften und moderne Technik abzulehnen, weil sie für die akuten Menschheitsprobleme verantwortlich seien. Sie verkennen dabei meist die ungeheure Verbesserung an Lebensqualität, die sie selbst dem wissenschaftlich-technischen Fortschritt verdanken (v. Ditfurth 1981). Wenn aber der Mensch die Umweltkrise, in die ihn unreflektierte technische Anwendung wissenschaftlicher Erkenntnisse gebracht hat, überleben will, muß er seine Einsicht in die Systembedingungen unseres Lebensraumes nutzen für eine realistische, rationale Kalkulation jener Umstände, unter denen er überleben kann. Von alten, irrationalen Normen und wissenschaftsfeindlichen Grundhaltungen ist keine Hilfe zu erwarten für Probleme, die erst in unserer überbevölkerten und technisierten Welt entstanden sind. Hier hilft uns nur die "Flucht nach vorne", nicht einfach zu mehr Einzelwissen, sondern vor allem zu einem besseren Verständnis der komplexen, vernetzten Kausalsysteme, die uns umgeben. Sie zu durchschauen, fällt uns Menschen, die wir vorzugsweise in Kausalketten, also "linear" denken (weil wir linear, in Wort- und Satzketten, sprechen!), unglücklicherweise sehr schwer. Die Biologie als die "Wissenschaft von der Komplexität", wie Manfred Eigen in einem Vortrag 1987 sagte, kann hier hilfreiche Einsichten vermitteln. Und so darf man trotz der Beschränktheit menschlicher Erkenntnis auf die Worte vertrauen, die der Nobelpreisträger David Hilbert auf seinem Grabstein dem "*ignorabimus*" des großen Naturforschers Dubois-Reymond entgegensetzt: "Wir müssen wissen, und wir werden wissen!"

Literatur

Binder, H. (Hrsg.): Macht und Ohnmacht des Aberglaubens, Hohe Warte/Bebenburg: Pähl 1992

Bunge, M.: Das Leib-Seele-Problem, Tübingen: Mohr 1984

Campenhausen, Ch.v.: Die Sinne des Menschen, Stuttgart: Thieme 1981

Colligan, M., J. Pennebaker, und L. Murphy, (Hrsg.): Mass Psychogenic Illness: A Social Psychological Analysis, Hillsdale, New York: Lawrence Erlbaum Associates 1982

Couttie, B.: Forbidden Knowledge, Cambridge: Lutterworth Press 1988

Dahlke, M. und R. Dahlke: Okkultismus, München: Heyne 1993

Dennett, D.C., und M. Kinsbourne: Time and the observer, The where and when of consciousness in the brain, in: Behavioral and Brain Sci. 15:183-247 (1992)

Ditfurth, H.v.: Wir sind nicht nur von dieser Welt, Hamburg: Hoffmann & Campe 1981

Ditfurth, H.v.: Der Geist fiel nicht vom Himmel, Hamburg: Hoffmann & Campe 1976

Eberlein, G. L. (Hrsg.): Schulwissenschaft, Parawissenschaft, Pseudowissenschaft, Stuttgart: Hirzel 1991

Emrich, H.M.: Systems theory of psychosis: "filtering", comparison, error correction, and its defects, in: Integrative Biological Psychiatry, hrsg. von H.M. Emrich und M. Wiegand, Berlin: Springer 1992, S. 81-92

Enden, A. van den und H. Spekreijse: Binocular depth reversals despite familiarity cues, in: Science 244:959-961 (1989)

Everson, T. und W. Cole, W.: Spontaneous Regression of Cancer, Philadelphia: Saunders 1966

Fischer, E.P.: Die Welt im Kopf, Konstanz: Faude 1985

Fischer, E.P. (Hrsg.): Ist die Wahrheit dem Menschen zumutbar? Zürich: Piper 1992

Gardner, H.: Dem Denken auf der Spur, Stuttgart: Klett-Cotta 1989

Gardner, M.: Fads & Fallacies in the Name of Science, New York: Dover Publ. 1957

Gardner, M.: The New Age, New York: Prometheus Books 1988

Gardner, M.: On the Wild Side, New York: Prometheus Books 1992

Gierer, A.: Die Physik, das Leben und die Seele, München: Piper 1985

Gillam, B.: Geometrisch-optische Täuschungen, in: Wahrnehmung und visuelles System, Heidelberg: Spektrum der Wissenschaft 1986

Goleman, D.: Lebenslügen, München: Heyne 1993

Gregory, R.L.: Auge und Gehirn, München: Kindler 1973

Gubisch, W.: Hellseher, Scharlatane, Demagogen, München/Basel: Reinhard 1961

Hines, T.: Pseudoscience and the Paranormal, New York: Prometheus Books 1988

Hofstadter, D. R.: Gödel, Escher, Bach, Stuttgart: Klett-Cotta 1985

Hund, W.: Okkulte Phänomene - erfahren und hinterfragen, Mülheim: Verlag an der Ruhr 1991

Kuenheim, H.v. (Hrsg.): Der Fall Paul Schulz, Köln: Verlag Wissenschaft und Politik 1979

Kuhlenbeck, H.: Gehirn, Bewußtsein und Wirklichkeit, Darmstadt: Steinkopff 1979

Lawick-Goodall, J. van: Wilde Schimpansen, Hamburg: Rowohlt 1971

Levy, L.: Handwriting and Hiring, in: Dun`s Review 113:72-79 (1979)

Lieber, A.: The Lunar Effect, Garden City/ New York: Doubleday 1978

Lorenz, K.: Die Rückseite des Spiegels, München: Piper 1973

MacKay, D.M.: Brains, Machines and Persons, Grand Rapids/Michigan: Eerdmans Publ.Co. 1980

Marks, D.F.: Investigating the paranormal, in: Experientia 44:281-337 (1988)

McCrone, J.: Psychic powers: what are the odds? in: New Scientist 34-38, Nov. 26 (1994)

Müller, L.: Para, Psi und Pseudo, Parapsychologie und die Wissenschaft von der Täuschung, Berlin: Ullstein 1980

Nolen, W.: Healing: A Doctor in Search of a Miracle, New York: Random House 1974

Oepen, I. (Hrsg.): Unkonventionelle medizinische Verfahren, Stuttgart: Fischer 1993

Planck, M.: Kausalgesetz und Willensfreiheit, in: Vorträge und Erinnerungen, Stuttgart: Hirzel 1949

Popper, K.: Objektive Erkenntnis, Ein evolutiver Entwurf, Hamburg: Hoffmann & Campe 1984

Prokop, O. und W. Wimmer: Der moderne Okkultismus, Stuttgart: Fischer 1987

Randi J.: Science and the Chimera, Festvortrag anläßlich der Preisverleihung durch die Betty and David Koetser Stiftung für Hirnforschung an der neurologischen Klinik des Universitätsspitals Zürich 1993

Riedl, R.: Biologie der Erkenntnis, Berlin: Parey 1980

Schäfer, H.: Poltergeister und Professoren, Bremen: Fachschriftenverlag Dr. Schäfer 1994

Schulz, P.: Weltliche Predigten, Hamburg: Rowohlt 1978

Thomas, K.B.: The placebo in general practice, in: The Lancet 344:1066-1067 (1994)

Vollmer, G.: Was können wir wissen? 2 Bde., Stuttgart: Hirzel 1985-1986

Vollmer, G.: Wozu Parawissenschaften gut sind, in: Skeptiker 4/94, S. 94-101

Windeler, J.: Leserbrief, in: Skeptiker 3/93, S 80-81

Wolf, D., und R. Wolf: 3D-Sehen mit nur einem Stereohalbbild, in: 3D-Magazin (1995)

Wolf, R. und D. Wolf: Binocular depth reversal is controlled by a censorship process based on familiarity cues, in: Fechner Day 90: Proc. of the 6th Ann. Meeting of the Int. Soc. for Psychophysics Würzburg (F. Müller, Edit.), 267-272 (1990)

Wolf, R.: Seeing with two eyes, spatial computation, and perception, Experimentalvorlesung als Videofilm, Binokulares Sehen, Raumverrechnung und Raumwahrnehmung, BIUZ 15:161-178   (1985) [Video erhältlich beim Autor]

Wolf, R.: Der biologische Sinn der Sinnestäuschung. Experimentalvorlesung als Videofilm, BIUZ 17:33-49 (1987) [Video erhältlich beim Autor]

Wolf, R. und D. Wolf: Vom Sehen zum Wahrnehmen, in: Vom Reiz der Sinne, Hrsg. von A. Maelicke, Begleitpublikation zur gleichnamigen ZDF-Fernsehserie, Weinheim: VCH 1990

Wolf, R.: Sinnestäuschung und "New-Age"-Esoterik: Aktuelle Parawissenschaften kritisch betrachtet, in: Skeptiker 4/93, S. 88-100

Wolf, R. und D. Wolf: Sehen anschaulich gemacht: Verblüffende Einsichten in unsere Wahrnehung, BIUZ 24:336-338 (1994 und 1995)

Wolf, R.: The delights and dangers of sensory illusions, Proc. 7th Europ. Skeptics Conf., Roßdorf 1995

Paul Kurtz

Neuer Skeptizismus

Skeptizismus ist wie alles andere gut, wenn er mit Maß angewandt wird. Er ist notwendig für den gesunden Geist; wenn er aber bis zum Übermaß betrieben wird, kann er zu überwältigenden Zweifeln führen. Skeptizismus, wenn richtig verstanden, ist nicht das metaphysische Bild der Unerkennbarkeit "letztendlicher Wirklichkeit"; er führt nicht in eine unausweichliche, erkenntnistheoretische Sackgasse: er muß nicht in j Hoffnungslosigkeit oder Nihilismus gipfeln. Vielmehr soll er als eine unentbehrliche methodologische Regel betrachtet werden, die uns dahin führt, alle Ansprüche auf Wissen und alle Bekräftigungen von Werten kritisch zu untersuchen. Ohne ihn werden wir wahrscheinlich in gefälligen Selbstbetrug und Dogmatismus hineinrutschen; mit ihm, wenn er umsichtig genutzt wird, können wir an den Grenzen von Forschung und Wissen wirkungsvoll vorrücken und wir können ihn auch im praktischen Leben, in der Ethik und in der Politik anwenden.

Kurz, der Skeptiker ist einer, der bereit ist, jeden Anspruch auf die Wahrheit zu hinterfragen, indem er nach klaren Definitionen, Widerspruchsfreiheit, und ausreichenden Beweisen verlangt. Die Verwendung von Skeptizismus ist daher ein unentbehrlicher Teil der objektiven wissenschaftlichen Forschung und der Suche nach zuverlässigem Wissen.

Skeptizismus besitzt tiefe Wurzeln in der philosophischen Tradition. Der Begriff entstammt dem altgriechischen Wort skeptikos, das "zu überlegen, untersuchen" heißt. Es ist mit dem altgriechischen Skepsis verwandt, das "Forschung" und "Zweifel" bedeutet.

Skeptizismus liefert gewaltige, kritische Instrumente in Wissenschaft, Philosophie, Religion, Moral, Politik und Gesellschaft. Es wird als äußerst schwierig betrachtet, ihn auf das tägliche Leben anzuwenden oder in Übereinstimmung mit seinen Prinzipien zu leben. Denn die

Menschen suchen nach Gewißheiten, nach denen sie sich richten und die
skeptische Art und Weise wird oft von denjenigen mit Schrecken angesehen, die nach Glauben und Überzeugung hungern. Skeptizismus ist
der unerbittliche Feind anmaßender Glaubenssysteme. Wenn Menschen
definitive Antworten auf ihre Fragen verlangen, scheint ihnen der Skeptizismus immer weitere Fragen zum Überlegen zu geben. Doch in einem
tieferen Sinne ist Skeptizismus ein erforderlicher Bestandteil allen reflexiven Verhaltens und ein bleibendes Charakteristikum des gebildeten
Geistes. Dennoch werden Skeptiker als gefährlich betrachtet, weil sie
die regierenden Orthodoxien, die Schlagwörter und Lobgesänge aller
Zeitalter in Frage stellen. Obwohl die skeptische Haltung ein unaus-
löschlicher Teil der reflexiven Forschung ist, kann ein Mensch die
skeptische Orientierung überwinden, um positive Richtungen und Ver-
pflichtungen im Glauben und Verhalten zu entwickeln und wird es
Skeptizismus uns erlauben, auch so zu handeln?

Skeptiker fordern immer diejenigen, die von der absoluten Wahrheit
oder von der speziellen Reinheit überwältigt sind, auf innezuhalten. Sie
fragen, "Was meinen Sie?" - und suchen Klärung und Deutlichkeit - und
"Warum glauben Sie, was Sie glauben?" und verlangen Gründe, Belege,
Rechtfertigungen oder Beweise. Wie die Einwohner von Missouri sagen
sie, "Zeig her!" Allzuoft entdeckten die herumstochernden Skeptiker,
daß die nicht in Frage gestellten Überzeugungen und viele beliebte All-
tagswerte auf quichotischem Treibsand ruhten, und daß die Skeptiker,
indem sie an den schwankenden Fundamenten gruben, ihren Fall be-
schleunigten. Skeptiker können Widersprüche innerhalb von Glaubens-
systemen aufspüren; sie entdecken Heucheleien, doppelte Moral, Unterschiede zwischen dem, wozu sich Menschen bekennen, und dem, was
sie eigentlich tun; sie weisen hin auf die Armut an Beweisen für die
meisten der von der Menschheit verehrten Glaubenssysteme.

Skeptiker werden als Dissidenten, Ketzer und subversive Schurken
oder schlimmeres betrachtet, und sie werden bitter von dem erstarrten
Establishment bestraft. Revolutionäre Reformer neigen auch dazu, ihre
Wut auf zweifelnde Skeptiker zu lenken, die ihr leidenschaftliches Engagement für schlecht konzipierte Programme des gesellschaftlichen
Umbaus in Frage stellen. Skeptiker wollen alle Seiten einer Frage unter
die Lupe nehmen; und für jeden Grund, der eine These unterstützt, finden sie gewöhnlicherweise ein oder mehrere Gegenargumente. Extremer
Skeptizismus kann unseren praktischen Interessen nicht immer dienen,
denn er wird, wenn er Zweifel sät, Handlung verhindern. Alle an einer

Auseinandersetzung beteiligten Parteien mögen die Skeptiker schmähen,
weil sie sich gewöhnlich dagegen sträuben, von dem vorherrschenden,
aktuellen Eifer ergriffen zu werden.

Nichtsdestoweniger ist der Skeptizismus notwendig für die Suche
nach Wissen, denn der Ursprung für eine echte Forschung liegt im Rät-
selhaften. Ohne Skeptizismus bleiben wir in nicht untersuchten Glau-
benssystemen stecken, die als unantastbar gelten, die jedoch keine
tatsächliche Begründung in der Wirklichkeit besitzen. Mit ihm erlauben
wir etwas Spielraum für die Erzeugung neuer Ideen und das Wachstum
von Wissen. Obwohl die skeptische Anschauung nicht ausreichend für
eine Philosophie des praktischen Lebens sein kann, liefert sie eine notwendige Bedingung für die reflexive Annäherung ans Leben. Muß uns
Skeptizismus in einem Sumpf der Unentscheidbarkeit herumzappeln lassen? Oder erlaubt er uns, weiter zu kommen und einige Wahrscheinlichkeiten zu entdecken, mit denen wir leben können? Wird er uns erlauben,
zuverlässiges Wissen zu erreichen? Oder müssen nacheinander alle neue
Entdeckungen den herumbohrenden Kritiken des Skeptikers preisgeben?
Die Antwort auf diese Fragen hängt zum Teil davon ab, was man unter
Skeptizismus versteht, denn es gibt verschiedene Arten, die sich unterscheiden.

Nihilismus

Die erste Form von Skeptizismus, die als solcher identifiziert werden
kann, ist der Nihilismus. Seine extremste Form ist der total negative
Skeptizismus. Ich beziehe mich hier auf den Skeptizismus als vollständige Ablehnung aller Ansprüche auf Wahrheit oder Wert. Diese Art von
Skeptizismus ist in grenzenlosem Zweifel gefangen. Wissen ist nicht
möglich, bekräftigen totale Skeptiker. Es gibt keine Gewißheit, keine
zuverlässige Basis für Überzeugungen, überhaupt keine Wahrheit. Alles,
was uns begegnet, sind Erscheinungen, Eindrücke, Wahrnehmungen;
und wir haben keine Garantie dafür, daß sie mit irgend etwas in der
Wirklichkeit übereinstimmen. Ja, wir haben auch keine Versicherung
dafür, daß wir Gegenstände der externen Welt "in sich selber" richtig
beschreiben. Unsere Sinne, die im Herzen unserer Erfahrungswelt stehen, können uns betrügen. Unsere Sinnesorgane verhalten sich als Vi-
siere, die unsere Wahrnehmungen beschirmen und beschränken und von
Individuum zu Individuum und von Spezies zu Spezies unterschiedlich

sein können. Totale Skeptiker behaupten, ähnliche Fallgruben erwarten diejenigen, die in den kognitiven Intuitionen oder ableitbaren Folgerungen der Mathematik oder der Logik Grundwissen suchen. Bedeutungen sind unveränderbar subjektiv und nicht übersetzbar in intersubjektive oder objektive Verweise. Rein formelle Begriffssysteme sagen uns mehr über die Sprache, die wir benutzen, als über die Natur der letztendlichen Wirklichkeit selbst. Auf jeden Fall unterliegen die Menschen dem Irrtum. Für jeden Beweis zugunsten einer These, mag man einen Gegenbeweis stellen. Wie ein Spinnennetz kann die ganze Struktur auseinanderfallen, wenn wir den Klebstoff auflösen, der die Fäden zusammenhält.

Totale Skeptiker führen weiterhin aus, daß nicht nur erkenntnistheoretische Gewißheit unmöglich ist, selbst die Kriterien sind fragwürdig, mit Hilfe derer wir urteilen, ob etwas wahr oder falsch ist. Wissen geht auf die Methoden zurück, mit denen wir Ansprüche auf Wahrheit prüfen - ob empirisch oder rational. Aber diese Methoden sind lediglich übernommen, betonen sie, und sie können nicht dazu benutzt werden, sich selber zu bestätigen, ohne einen Zirkelschluß zu vollziehen. Daher können wir nie über das erste Stadium der Forschung hinauskommen. Totale Skeptiker verlaufen sich in endgültiger Subjektivität, sie werden zu Solipsisten, die in ihren eigenen Welten gefangen sind, die Natur des Wissens verkennend. So nähert sich der totale Skeptiker der Wissenschaft, Philosophie und Religion.

Nihilistischer Skeptizismus wurde auch in der Ethik mit verheerenden Ergebnissen angewandt. Hier ist der Skeptiker ein vollständiger Relativist, Subjektivist und Emotivist. Was "gut" oder "schlecht", "richtig" oder "falsch" ist, ist unter Individuen und Gesellschaften unterschiedlich. Es gibt keine erkennbaren Normen außer Geschmack und Gefühl und es gibt keine Grundlage für ein objektives moralisches Urteil. Wir können keine Moralprinzipien erkennen, die universal oder zwingend wären. Eine völlige kulturelle Relativität ist die einzige Wahl für diese Art Skeptizismus. Prinzipien der Gerechtigkeit hängen einfach von Macht oder von dem gesellschaftlichen Vertrag ab; es gibt keine Normen, die alle gesellschaftlichen Systemen gemeinsam hätten. Angesichts einer moralischen Auseinandersetzung werden totale Skeptiker extreme Zweifler; alle Normen sind gleich unhaltbar. Sie können daher konservative Traditionalisten werden. Wenn es keinen zuverlässigen Anhaltspunkt für ein moralisches Verhalten gibt, bliebt als einzige Zuflucht, der Gewohnheit zu folgen. Ours is not to reason why, ours is but to do and die, aber es gibt keinen Grund. Oder totale Skeptiker können zynische Amoralisten werden, für die "alles erlaubt" ist. Wer kann denn sagen, daß etwas besser oder schlechter als etwas anderes ist? fragen sie, denn, wenn keine Normen der Gerechtigkeit in der Natur der Sachen entdeckt werden können, ist politische Moral in der endgültigen Analyse eine Frage der Gewalt, der Gewohnheit oder der Leidenschaft, nicht jedoch der Vernunft oder der Beweise.

Diese Art des totalen Skeptizismus ist in sich selber widersprüchlich; denn, indem sie bejahen, daß kein Wissen möglich ist, haben diese Skeptiker schon eine Behauptung gemacht. Indem sie verneinen, daß wir die Wirklichkeit kennen können, setzen sie oft eine phänomenalistische oder subjektivistische Metaphysik voraus, in der Sinneseindrücke oder Ideen die grundlegenden Blöcke sind, aus denen unser Wissen um diese Welt, wenn auch noch so fragmentiert, gebaut wird. Indem sie behaupten, es gäbe keine Normen in der Ethik oder in der Politik, raten uns totale Skeptiker manchmal, entweder individuelle Eigenarten zu tolerieren und kulturelle Relativität zu respektieren, oder mutig zu sein und einen eigenen Weg zu suchen, um Ambition oder Begierde zu befriedigen. Aber dieses verdeckt unmerklich die eigentlichen Werturteile, die Skeptiker lieben. Diese Art Skeptizismus kann als "Dogmatismus" bezeichnet werden; denn, indem die Möglichkeit des Wissens oder der Werte schlechthin mit Bestimmtheit abgelehnt wird, führen solche Skeptiker selbst ihre eigenen fragwürdigen Behauptungen an.

Neutraler Skeptizismus

Eine Gestalt des nihilistischen Skeptizismus, die Dogmatismus zu vermeiden versucht, tut dies, indem sie eine völlig neutrale Haltung einnimmt. Hier werden Skeptiker nichts bejahen oder verneinen. Sie sind abgeneigt, irgendwelche Verkündungen darüber abzugeben, daß Sinneswahrnehmung oder formelle Schlußfolgerungen unzuverlässig sind. Sie lehnen jede Art Skeptizismus ab, in der eine Theorie des Wissens oder der Wirklichkeit in Erkenntnistheorie, Metaphysik, Ethik oder Politik steckt. Neutralisten behaupten, keine solche Theorie zu besitzen. Sie machen einfach persönliche Aussagen und fragen niemanden, ihre Argumente zu akzeptieren oder abzulehnen oder von ihnen überzeugt oder überredet zu werden. Es sind lediglich ihre eigenen, privaten Ausdrücke, die sie äußern und sie können nicht verallgemeinert werden. Für jedes Argument einer These entdecken sie ein Gegenargument. Die einzige Lösung für neutrale Skeptiker bleibt daher, Urteile gänzlich in der Schwebe zu lassen. Hier führt Agnostizismus das Wort. Ihnen ist es nicht möglich, in der Erkenntnistheorie Kriterien für das Wissen zu entdecken; in der Metaphysik eine Theorie der Wirklichkeit; in der Religion einen Grund für den Glauben oder Unglauben an Gott; in der Ethik und in der Politik irgendwelche Normen für Tugend, Werte oder gesellschaftliche Gerechtigkeit.

Der altehrwürdige vorsokratische griechische Philosoph Kratylos (4 - 5 Jahrhundert v.u.Z.) war überwältigt von der Tatsache, daß sich alles ändert, auch unsere eigenen phänomenologischen Erfahrungswelten, und schloß daraus, daß es unmöglich ist, Wissen zu übertragen oder irgendjemanden vollständig zu verstehen. Nach der Legende lehnte Kratylos es ab, mit jemandem etwas zu diskutieren und, da es zwecklos war zu antworten, wackelte er lediglich mit dem Finger, wenn ihm eine Frage gestellt wurde. Der neutrale Zustand des Glaubens in der Schwebe, nun bekannt als Pyrrhonismus, wurde von Pyrrhon von Elis verteidigt und hatte einen großen Einfluß auf die folgende Entwicklung des Skeptizismus. Er bezog sich in erster Linie auf philosophische und metaphysische Fragen, dort, wo man unsicher darüber ist, welche Aussagen über die Wirklichkeit letztendlich wahr sind, aber er legte Fragen des gewöhnlichen Lebens zur Seite, wo Einvernehmen und Brauchtum überwiegen. Diese Art Skeptizismus verkommt auch zu Nihilismus, denn indem sie jede Form des Wissens abstreitet, kann sie zu Hoffnungslosigkeit führen.

Gemäßigter Skeptizismus

Es gibt eine grundlegende Schwierigkeit mit den oben skizzierten Gestalten des Skeptizismus, denn sie stehen im Gegensatz zu den Anforderungen des Lebens. Wir müssen in der Welt funktionieren - wie auch immer ihre letztendliche Wirklichkeit aussieht - und wir müssen einige Überzeugungen entwickeln, nach denen wir leben und handeln können. Vielleicht basieren unsere Überzeugungen letztlich auf Wahrscheinlichkeiten; dennoch müssen wir Wissen als eine pragmatische Bedingung für das Leben und Handeln in der Welt entwickeln. Eine veränderte Form des Skeptizismus wurde von dem großen schottischen Philosophen des 18. Jahrhunderts David Hume "gemäßigter Skeptizismus" genannt. Es war eine Einstellung, die auch von dem griechischen Philosophen des zweiten Jahrhunderts v.u.Z. Karneades verteidigt wurde. Gemäßigte Skeptiker stehen dem schwarzen Loch des Nichts gegenüber und sind skeptisch über die endgültige Zuverlässigkeit von Wissensansprüchen. Sie sind überzeugt, daß die Fundamente des Wissens und der Werte flüchtig sind, und daß es unmöglich ist, endgültige Wahrheiten über die Wirklichkeit mit Sicherheit zu ergründen. Trotzdem sind wir von den Erfordernissen des praktischen Lebens gezwungen, für das Überleben notwendige Verallgemeinerungen zu entwickeln und eine Wahl zu treffen, auch wenn wir keine endgültige Rechtfertigung für diese abgeben können. Man kann keine sichere Grundlage für kausale Folgerungen über die Natur finden, außer der Tatsache, daß uns Regelmäßigkeiten innerhalb von Erfahrungen begegnen, auf deren Grundlage wir Vorhersagen treffen, daß die Zukunft der Vergangenheit ähneln wird. Aber wir besitzen letztendlich keine Grundlage für dieses Postulat der Induktion. Auf ähnliche Weise kann man nicht von dem, was ist, auf das, was sein soll, schließen. Moral ist abhängig von den Gefühlen von Männern und Frauen, die zustimmen, sich an das gesellschaftliche Einvernehmen zu halten, um ihre vielschichtigen Wünsche, so gut sie können, zu erfüllen.

Gemäßigter Skeptizismus ist nicht vollständig, sondern nur partiell und begrenzt, und wird uns von den Notwendigkeiten des Lebens uns aufgezwungen. Er wäre vollständig, wenn wir der Philosophie bis zum Ende folgen würden, bis hin zu unabänderlicher Unentschiedenheit und Zweifel. Glücklicherweise nehmen wir im Leben Umwege und wir leben daher, als ob wir Wissen hätten. Unsere Verallgemeinerungen basieren auf Erfahrung und Praxis und die Schlußfolgerungen, die wir auf der Basis von Gewohnheit und Brauchtum ziehen, dienen als Leitfaden.

Unglauben

Die Bezeichnung Skeptizismus wurde hin und wieder als gleichbedeutend mit Unglauben und Zweifel in einem Bereich der Wissenschaft benutzt. Das bezieht sich eigentlich auf zweierlei - erstens auf die reflexive Überzeugung, daß bestimmte Behauptungen unbegründet oder unwahr sind und daher nicht glaubwürdig, und dies scheint eine vernünftige Meinung zu sein; zweitens auf die negative, prinzipielle Ablehnung einer Überzeugung ohne sorgfältige Untersuchung der Gründe für jene Überzeugung. Kritiker nennen jene Form des Skeptizismus "Dogmatismus". Es wird gewöhnlich angenommen, daß sich beide Formen von Unglauben auf Religion, Theologie, das Paranormale und das Okkulte beziehen.

In der Religion ist der Ungläubige gewöhnlich Atheist - nicht einfach neutraler Agnostiker - denn diese Art von Skeptikern verwirft die Behauptungen der Theisten. Der Atheist verneint die grundlegenden Annahmen des Theismus: daß Gott existiert, daß das Universum einem höheren Zweck dient, daß Männer und Frauen unsterbliche Seelen besitzen, und daß sie durch göttliche Gnade errettet werden können.

Reflexive Ungläubige finden die Sprache der Transzendenz grundsätzlich unverständlich, auch bedeutungslos, und darum nennen sie sich Skeptiker. Oder, zugespitzt ausgedrückt, wenn sie die Argumente untersucht haben, die historisch erbracht worden sind, um die Existenz Gottes zu beweisen, finden sie diese ungültig und daher nicht überzeugend. Sie finden sogenannte Berufungen auf Erfahrungen ungerechtfertigt: weder Mystizismus noch die Berufung auf Wunder oder Offenbarung belegt die Existenz transzendentaler Wirklichkeiten. Zusätzlich führen sie an, daß Moral ohne Glaube an Gott möglich ist. Ungläubige sind Kritiker übernatürlicher Behauptungen, die sie für Aberglauben halten. Sie halten die "Gott-Hypothese" tatsächlich für unbegründet, eine phantasievolle Schöpfung des menschlichen Vorstellungsvermögens, die eine sorgfältige Untersuchung durch emanzipierte Männer und Frauen nicht verdient. Viele klassische Atheisten (Baron d'Holbach, Diderot, Marx, Engels) passen in diese Kategorie, denn sie waren in erster Linie Materialisten und ihr religiöser Skeptizismus war eine Folge ihrer materialistischen Metaphysik. Solche Skeptiker sind nur dann dogmatisch, wenn ihr Unglaube eine Art doktrinären Glaubens und nicht rational begründet ist.

Im Bereich des Paranormalen verneinen Ungläubige in ähnlicher Weise die Wirklichkeit von Psi-Phänomenen. Sie behaupten, daß Außersinnliche Wahrnehmung, Hellsehen, Vorahnung, Psychokinese und die Existenz nichtkörperlicher Seelen ohne ausreichende Beweise sind, und daß sie im Widerspruch zu unserem Wissen darüber stehen, wie das materielle Universum funktioniert. Einige Skeptiker lehnen paranormale Phänomene grundsätzlich ab, d.h. sie sind abzulehnen, weil sie mit den gut begründeten physikalischen Gesetzen unvereinbar sind. Sie können nur dann als dogmatisch betrachtet werden, wenn sie sich weigern, die Beweise der Fürsprecher des Paranormalen zu untersuchen, oder wenn sie das Niveau der Wissenschaft, das eines Tages erreicht wird, als die

letztendliche Formulierung betrachten. Wenn dieser Unglaube eine geschlossene Geisteshaltung zudeckt, ist er eine unzulässige Form des
Skeptizismus. Sollten diejenigen, die sich Skeptiker nennen, lediglich
meinen, daß sie die Existenz eines paranormalen Bereichs verneinen,
sind sie Aparanormalisten. Die Frage, die ihnen immer gestellt werden
soll, ist: Warum? Denn genauso wie Gläubige, die trotz mangelnder
Beweise oder wegen des Glaubens zu bestimmten Überzeugungen gekommen sind, lehnen die dogmatischen Ungläubigen auch solche neuen
Behauptungen ab, die ihren eigenen Vorurteilen über das Universum
zuwiderlaufen. Jene Art Skeptizismus besitzt viele Fehler und ist meiner
Meinung nach unzulässig. Diese Skeptiker sind nicht mehr Forscher mit
einer offenen Geisteshaltung, sondern Entlarver. Sie sind überzeugt davon, daß sie die Nicht-Wahrheit besitzen, was sie entschlossen bejahen,
und indem sie das tun, könnten sie die Tür zu weiteren Entdeckungen
zuschlagen.

Skeptische Forschung

Es gibt noch eine Art Skeptizismus, die sich von den oben beschriebenen Arten unterscheidet. Tatsächlich kritisiert diese Form des Skeptizismus den totalen und den neutralen Nihilismus, den gemäßigten Skeptizismus und den dogmatischen Unglauben stark - auch wenn er etwas
von allen gelernt hat. Ich bezeichne diese Art von Skeptizismus als
"Skeptische Forschung", da eher das Forschen als das Zweifeln ihr Be-
weggrund ist. Ich nenne ihn auch neuen Skeptizismus, obwohl er in der
modernen Welt als ein Auswuchs des Pragmatismus in Erscheinung getreten ist. Ein Hauptunterschied zwischen diesem und den früheren
Formen des Skeptizismus ist der, daß er positiv und konstruktiv ist. Er
beinhaltet die Verwandlung der negativen kritischen Analyse der Ansprüche auf Wissen in einen positiven Beitrag zum Wachstum und zur
Entwicklung einer skeptischen Forschung. Er ist grundsätzlich eine Art
methodologischer Skeptizismus, denn hier ist Skeptizismus eine notwendige Phase des Forschungsprozesses; aber er führt nicht (und muß nicht
zwangsläufig führen) zu Unglauben oder Hoffnungslosigkeit. Wir können ihn daher bezeichnen als selektiven oder vom Zusammenhang abhängigen Skeptizismus, denn man muß nicht alles auf einmal anzwei-
feln, sondern nur bestimmte Fragen in dem begrenzten Zusammenhang
einer Untersuchung. Er ist nicht neutral, weil er glaubt, daß wir doch

Wissen um die Welt entwickeln. Somit ist nicht nur menschliches Wissen möglich, es kann auch als zuverlässig gelten und wir können im normativen Bereich auf der Grundlage der besten Beweise und Gründe handeln. Wissen ist nicht einfach auf die beschreibenden oder formellen Wissenschaften beschränkt, sondern kann auch auf den normativen Gebieten der Ethik und Politik entdeckt werden. Obwohl er eine modifizierte Form des Skeptizismus darstellt, geht er viel weiter als der gemäßigter Skeptizismus von Hume, denn er steht dem Abgrund der endgültigen Unsicherheit nicht gegenüber, sondern ist von der Fähigkeit des menschlichen Geistes, Natur zu verstehen und zu bezwingen, beeindruckt.

Der neue Skeptizismus ist nicht dogmatisch, denn er fordert, daß wir nie durch eine grundsätzliche Ablehnung die Tür zu jedwede Art verantwortungsvolle Forschung schließen sollen. Er steht daher dogmatischem oder engstirnigem Atheismus und Aparanormalismus skeptisch gegenüber. Dennoch ist er bereit, reflexiven Unglauben über einige Behauptungen walten zu lassen, denen, wie er findet, ausreichende Rechtfertigung fehlt. Er ist bereit auszusagen, daß einige Behauptungen unbewiesen, unwahrscheinlich oder falsch sind.

Als eine Methode des Zweifels, die Beweise und Begründungen für Hypothesen verlangt, ist Skeptizismus notwendig für den Prozeß der wissenschaftlichen Forschung, des philosophischen Dialogs und der kritischen Intelligenz. Er ist auch im gewöhnlichen Leben notwendig, wo die Forderungen des gesunden Menschenverstandes immer eine Herausforderung für uns sind, die zuverlässigsten vorhandenen Hypothesen und Überzeugungen zu entwickeln und danach zu handeln. Er ist der Feind absoluter Sicherheit und dogmatischer Endgültigkeit. Er weiß die Fallen und Irrtümer aller Arten menschlichen Wissens und die Wichtigkeit der Prinzipien der Fehlbarkeit und Wahrscheinlichkeit bezogen auf die Grade der Sicherheit unseres Wissens zu würdigen. Das unterschiedet sich scharf von den alten Skeptizismen, und es kann zum Fortschritt des menschlichen Wissens und dem moralischen Fortschritt der Menschheit wesentlich beitragen. Er besitzt wichtige Implikationen für unser Wissen über das Universum und unser moralisches und gesellschaftliches Leben. Skeptizismus in diesem Sinne liefert eine positive und konstruktive Eupraxophie, die uns helfen kann, den Kosmos, in dem wir leben, zu interpretieren und etwas Weisheit in unserem Handeln zu erreichen.

Der neue Skeptizismus ist enger auf die Forderungen des alltäglichen Wissens abgestimmt als auf die spekulative Philosophie. Traditioneller

Skeptizismus hat viel zu wenig zu sagen gehabt über die offensichtlichen Errungenschaften konstruktiver skeptischer Forschung. Verletzende skeptische hinter den Kulissen des Lebens gemachte Bemerkungen werden nicht immer gutgeheißen, besonders wenn sie verhindern, daß das Leben ohne Unterbrechung weiter fließen soll.

Skeptische Forschung ist notwendig für jede Suche nach Wissen oder überlegendem Werturteil. Aber sie ist begrenzt und konzentriert, wählerisch und positiv und sie ist der wesentliche Teil einer echten Forschung. Diese Art des Skeptizismus wird im Hinblick auf folgende Überlegungen formuliert:

Es hat schon einen immensen theoretischen und auch technologischen Fortschritt in den Wissenschaften gegeben. Dies bezieht sich auf die Natur-, Bio-, Gesellschafts- und Verhaltenswissenschaften. Den klassischen Formen des Skeptizismus der Alten Welt, die in der frühen Moderne wieder aufgetaucht sind, war das gewaltige Potential der wissenschaftlichen Forschung unbekannt. Pyrrhonistischer Skeptizismus besitzt heute keine Gültigkeit mehr, weil jetzt ein beachtlicher Korpus an zuverlässigem Wissen existiert. Dementsprechend ist es sinnlos, alle Ansprüche auf Wahrheit in einen Zustand des endlosen Zweifels zu versetzen. Dasselbe gilt für den postmodernen Subjektivismus und den pragmatistischen Skeptizismus Richard Rortys, von denen ich glaube, daß auch sie fehlerhaft sind.

Im Gegensatz zu traditionellen skeptischen Zweifeln gibt es methodologische Kriterien, mit denen wir Ansprüche auf Wissen überprüfen können: (a) empirische Überprüfungen, die auf Beobachtungen basieren, (b) logische Regeln der Kohärenz und Widerspruchsfreiheit, und (c) Überprüfungen durch Versuche, in denen Ideen durch ihre Folgen beurteilt werden. All dieses ist mit dem Vorschlag verknüpft, daß es möglich ist, objektive Methoden der Forschung zu entwickeln und zu benutzen, um zuverlässiges Wissen zu erreichen.

Wir können skeptische Forschung auf vielen Gebieten anwenden. Erschöpfende Untersuchungen von paranormalen Behauptungen können nur mit sorgfältigen wissenschaftlichen Methoden durchgeführt werden. Bibelkritik, die Wissenschaften der Archäologie, Linguistik und Geschichte haben uns eine Grundlage geliefert für die skeptische Kritik an religiösen Behauptungen wie der Offenbarung und speziell der Schöpfungstheorie.

Wir haben längst den kulturellen Relativismus an Werten und Normen überwunden und sehen jetzt schon die Anfänge einer globalen Gesellschaft. Daher ist extreme kulturelle Subjektivität nicht mehr haltbar, denn es gibt eine Grundlage für transkulturelle Werte. Es gibt auch einen Korpus an überprüften, prima facie ethischen Prinzipien und Regeln, die auf alle menschlichen Gesellschaften verallgemeinert werden können.

Deshalb können die Methoden der skeptischen Forschung in politischen und ökonomischen Bereichen angewandt werden, in denen wir praktische Urteile bilden. Es ist tatsächlich möglich, eine Eupraxophie, die auf dem zuverlässigsten Wissensstand basiert, zu entwickeln, um eine verallgemeinerte Interpretation des Kosmos und einige Vorstellungen über ein gutes Leben zu liefern.

Der Zweifel spielt eine lebensnotwendige Rolle im Zusammenhang mit der weiterführenden Forschung. Er soll jedoch selektiv sein und nicht unbegrenzt und im Zusammenhang stehen und nicht universal sein. Das Prinzip der Fehlbarkeit ist relevant. Wir sollen keine absoluten Behauptungen machen, sondern bereit sein zuzugeben, daß wir uns vertan haben könnten. Die Grundlage unseres Wissens sind Wahrscheinlichkeiten, die zuverlässig sind und nicht endgültige Sicherheiten oder Letztendlichkeiten.

Zum Schluß sollen Skeptiker neuen Möglichkeiten und unerwarteten gedanklichen Wendungen offen gegenüberstehen. Sie sollen immer bereit sein, auch die etabliertesten Prinzipien im Licht der weitergehenden Forschung zu hinterfragen oder zu stürzen. Das Hauptprinzip der skeptischen Forschung ist es, wenn möglich, nach logischen, ausreichenden Beweisen und vernünftigen Gründen für jede Behauptung und in jedem Zusammenhang zu suchen.

Edgar Wunder

Astrologie -
alter Aberglaube oder postmoderne Religion?

Ein Irrtum zum Einstieg

"Wer von der Astrologie erzählt, spricht von einer Wissenschaft und einem Glauben, die der Vergangenheit angehören ... Nicht viele wissen heute noch etwas Näheres von ihr." So beschrieb 1918 der Historiker Franz Boll [6] die damalige Situation. Für ihn war Astrologie ein nur noch historisch interessantes, längst verflossenes Phänomen der menschlichen Geistesgeschichte, mit dem "die Aufklärung ... wirklich aufgeräumt zu haben" schien. "Es ist nicht schwer zu sagen", meinte Boll, "was den modernen Menschen an der Astrologie seltsam und vielleicht auch töricht berühren mag. Es ist jenes allzu naive Vertrauen auf den Namen (von Gestirnen, E.W.) und auf die in ihm sich verbergende religiöse Tradition; es ist die unzulässige Vermengung des phantasievollen Spieles der Sternsage und Sterndichtung mit dem Versuch einer streng erweisbaren Welterkenntnis; und es ist weiter die Grundlage einer Astronomie und Kosmophysik, die seit drei Jahrhunderten überwunden sind" (S. 101). Konsequent ist es, wenn Boll seinen Lesern versichert, es sei "schwerlich mehr daran zu zweifeln, daß man nicht selber prophezeien zu können braucht, um eine Wiederkehr der Astrologie für unmöglich zu halten" (S. 52).

Doch die moderne Renaissance der Astrologie hatte schon begonnen. Der bekannte Astronom Wilhelm Foerster [15] registrierte bereits 1901, wie "in den letzten Jahrzehnten in merkwürdiger Weise gerade in den obersten Schichten der Kulturländer, besonders der angelsächsischen, der astrologische Schicksalsglaube eine erneute Belebung (erfährt), was durch die Verbreitung von hunderttausenden astrologischer Schicksals-bücher sowie durch die kuriosesten Anfragen erwiesen wird, die an manche astronomische Stellen gelangen." Aber erst mit der Erfindung der Zeitungshoroskope in den 20er und 30er Jahren in den USA und ihrer Einführung in Deutschland nach dem zweiten Weltkrieg setzte der entscheidende astrologische Boom des 20.Jahrhunderts ein, sprengte astrologisches Gedankengut den Dunstkreis theosophischer Zirkel und wurde von den Massen als Interpretationsfolie für irdisches Geschehen rezipiert. Die zweite neuzeitliche Revolution der Astrologie ist in den 80er Jahren durch den ubiquitären Einsatz von Computern markiert, was auch die Massenproduktion und -vermarktung sogenannter individueller Horoskope ermöglichte.

Heute, im Jahr 1995, hat Astrologie wieder einen Verbreitungsgrad erlangt, wie er noch im 19.Jahrhundert undenkbar war. In Deutschland gibt es über 6.000 als Astrologen tätige Personen, und ihre Zahl nimmt ständig zu. Zwischen 300 und 500 Millionen DM dürften jährlich im Umfeld der Sterndeuterei umgesetzt werden - ein Betrag, der weit über den Gesamtetat aller Planetarien in Deutschland hinausgeht. 342 Bücher waren im August 1994 zum Stichwort "Astrologie" über den deutschen Buchhandel beziehbar, 331 davon (97%) unkritisch-astrologische: von Einführungskursen, Tabellen und Geburtsdatensammlungen, Abhand-lungen über die horoskopische Bedeutung einzelner Kleinplaneten, den "Einfluß des Pluto auf das Liebesleben", Astrologiebüchern für Kinder bis hin zur "Anwendung individueller Parfüms nach astrologischen Ein-flüssen" war alles darunter. Die verbleibenden elf Bücher gliederten sich auf in fünf rein historische Abhandlungen zur Astrologie des Mittelalters und der Antike, eine ethnographische Studie zur Bedeutung der Astrolo-gie im indischen Kastenwesen und fünf mehr oder weniger apologetische Werke aus christlicher Sicht. Ein kritisches Buch aus wissenschaftlicher Perspektive war nicht auf dem Markt.

Astrologen haben sich in zahlreichen, untereinander rivalisierenden "Berufsverbänden" organisiert, und auch unter der Vielzahl der astrolo-gischen Zeitschriften wie "Astrowoche" oder "Astro-Venus" ist die Konkurrenz knüppelhart. Ein Lübecker Pressebüro ist inzwischen zum Marktführer bei der Produktion von Zeitungshoroskopen aufgestiegen: mit den von Journalisten und nicht etwa von Astrologen verfaßten Er-zeugnissen werden - nach eigenen Angaben - schon die Hälfte aller deut-schen Tageszeitungen beliefert.

16 Prozent aller Westdeutschen sind regelmäßige Leser ihres Zeitungshoroskops [13], sieben Prozent haben Erfahrungen mit ihrem "individuellen" Horoskop [23]. Der Prozentsatz der Astrologiegläubigen (Zustimmung zur Aussage "Das Sternzeichen bzw. das Geburtshoroskop eines Menschen hat einen Einfluß auf den Verlauf seines Lebens") liegt heute in Westdeutschland bei 28, in Ostdeutschland bei 20 Prozent [24]. Auf der Dimension des astrologischen Wissens ist der Durchbruch am deutlichsten. Kannten 1952 "nur" 69 % der (jeweils westdeutschen) Befragten ihr Tierkreiszeichen [45], liegt dieser Wert heute schon bei 98 % [66], und es gehört beinahe schon zum guten Ton, auch über seinen Aszendenten Auskunft geben zu können. Die Anwendungsbereiche der Astrologie haben sich erheblich diversifiziert und ausgeweitet, damit aber auch ihre sozialen Konsequenzen: im Rahmen der "Astromedizin" werden aus Horoskopen Diagnosen zu Krankheitsverläufen abgeleitet und Ratschläge erteilt, welches Medikament zu nehmen sei. Die "pädagogische Astrologie" beansprucht, besondere Begabungen von Kindern im Horoskop erkennen zu können und gibt deshalb Hinweise für die Kindererziehung. So werden dann beispielsweise laut Horoskop musisch veranlagte Kinder zwangsweise in Musikstunden geschickt, obwohl ihre tatsächlichen Begabungen möglicherweise in ganz anderen Bereichen liegen. Die Wirtschafts-Astrologie gibt vor, Dollar- und Börsenkurse prognostizieren zu können und berät Firmenchefs und Manager bei ihren Investionsentscheidungen. Auch Personalfragen werden davon abhängig gemacht, ob das Horoskop eines Bewerbers mit dem Firmenhoroskop (für das Gründungsdatum der Firma erstellt) harmonisiert. Da kann es dann passieren, daß nicht die Qualifikation, sondern das Tierkreiszeichen über die Einstellung entscheidet.

Wenn selbst hochrangige Entscheidungsträger in der Politik ihr Handeln von Horoskopen abhängig machen - wie beispielsweise für Ronald Reagan belegt [33], was aber sogar schon vor seiner Präsidentschaft bekannt war [59] -, kann man erahnen, welche Auswirkungen Astrologie heute auch auf Menschen haben kann, die selbst gar nicht an Astrologie orientiert sind.

Wer heute Astrologie immer noch in erster Linie als ein vormodernes, historisches Phänomen betrachtet, der leidet an grobem Realitätsverlust. Franz Boll hat sich gründlich geirrt. Horoskopgläubigkeit im 20.Jahrhundert ist nicht ein Relikt längst vergangener Zeiten, sondern sie entsteht neu unter den Vergesellschaftungsbedingungen westlicher Industriegesellschaften.

Doch wie ist das möglich? Ist das Ende der Aufklärung gekommen? Ist sie gescheitert? Sind wir auf dem Weg in die Postmoderne? Diese Fragen kann man sich auch angesichts des Booms von verschiedenen anderen paranormalen Überzeugungssystemen stellen.

In diesem Beitrag will ich diskutieren, wie Astrologie als soziales Phänomen moderner Gesellschaften überhaupt verständlich ist. Ich werde fünf verschiedene paradigmatische Erklärungsansätze herausarbeiten, denen sich wiederum zahlreiche einzelne konkrete Theoreme oder auch Hypothesen zuordnen lassen. Anhand von theoretischen Überlegungen und empirischen Überprüfungen soll zwischen fruchtbaren, zweifelhaften und unbrauchbaren Antwortalternativen unterschieden werden.

Damit wir aber nicht wie Blinde von der Farbe reden, will ich zunächst jedoch eine Systematik möglicher Fragestellungen zur Astrologie entwickeln und dem jeweiligen Forschungsstand entsprechende Kurzantworten dazu geben. Meine Fragestellungen sind sicherlich auf viele andere paranormale Überzeugungssysteme gewinnbringend übertragbar, man hüte sich aber davor, auch meine Antworten wie selbstverständlich übertragen zu wollen.

Systematik möglicher Fragestellungen zur Astrologie

Die folgenden zwölf Fragenkomplexe zur Astrologie sind meines Erachtens weitgehend unabhängig voneinander. Das heißt aus der Antwort auf eine Frage folgt nicht zwangsläufig schon die Antwort auf eine andere Frage. Natürlich schließt das nicht aus, daß zur Beantwortung einer bestimmten Fragestellung auch die Berücksichtigung der Ergebnisdiskussion zu einer anderen Frage zweckdienlich sein kann. Ich betone das deshalb, weil in der öffentlichen Diskussion über Astrologie in der Regel alle diese verschiedenen Fragenkomplexe wild durcheinandergeworfen werden, mit der Konsequenz, daß die Beteiligten schlicht aneinander vorbei reden und man keinen Schritt weiter kommt Im Sinne einer sachorientierten Debatte wäre schon sehr viel geholfen, wenn die einzelnen Fragestellungen strikt getrennt behandelt würden und man Abweichungen der Disputanten von der gerade aktuellen Frage strikt kontrollieren würde.

Alle meine Fragen sind so formuliert, daß sie sowohl für Anhänger als auch Kritiker der Astrologie im Prinzip akzeptabel sind und wohl auch interessant sein dürften. Auf meine beigefügten Antworten trifft das sicher nicht zu. Sie sind - das gestehe ich gerne ein - für diejenigen, die noch Hoffnung in die Astrologie setzen, mehr als ernüchternd, um nicht zu sagen: ein Ärgernis. Ohnehin sind mir aber die Fragen wichtiger als die Antworten.

1. Was ist Astrologie und wie werden ihre Behauptungen "technisch" umgesetzt? (Definitionsfrage und Frage der technischen Umsetzung)

Astrologie behauptet einen Zusammenhang zwischen "Oben und Unten", zwischen Stellungen von Gestirnen und irdischen Geschehnissen. Alles, was über diese grobe Definition hinausgeht, ist unter Astrologen selbst umstritten. Hinsichtlich des "Oben" besteht keine Einigkeit darüber, welche Gestirne relevant sein sollen, welche Bedeutung sie haben, teilweise geht der Streit sogar darum, ob es sich überhaupt um Gestirne handelt (wie z.B. im Fall der "Transneptunier" der "Hamburger Schule"). Noch größer sind die Differenzen zur Frage des Gegenstandsbereichs im "Unten": Nicht nur Charakter und Schicksal von Menschen sollen im Horoskop erkennbar sein, sondern quasi jedes x-beliebige Ereignis der Welt. Wo die "Aussagegrenze" liegt, ist genauso unklar wie die Art des behaupteten Zusammenhangs - kausal, analogistisch oder karmisch. Streng genommen gibt es "die" Astrologie im Singular gar nicht; und damit auch kein Kriterium, wer eigentlich "Astrologe" ist. Unzählige untereinander zerstrittene astrologische Schulen versuchen, den Astrologiebegriff für sich zu monopolisieren, und grenzen die jeweiligen Konkurrenten als "unseriös" aus.

Das "Horoskop" (einschließlich diverser Synonyme wie z.B. "Kosmogramm") ist eine symbolische Darstellung des angeblichen Stands der Gestirne zu einem bestimmten Zeitpunkt. Je nach astrologischer Schule ist die technische Umsetzung unterschiedlich. Genauso auch die Interpretationsergebnisse. Zum rein technischen Aufbau eines Horoskops verweise ich beispielsweise für die heute dominierende Schule der sogenannten "revidierten klassischen Astrologie" auf v. Klöckler [28], für eine kritische Würdigung auf Mädlow [37] und Wiechoczek [64].

Abgesehen vom Schulenstreit muß noch zwischen Vulgärastrologie (die die gesamte Menschheit nur in zwölf Tierkreiszeichen unterteilt) und komplexen Formen von Astrologie (mit individuellen Horoskopen) unterschieden werden, genauso zwischen prognostisch und psychologisch orientierter Astrologie, ferner natürlich zwischen den verschiedenen Gegenstandsbereichen (Partnerschafts-, Wirtschafts-, Mundan-, Ortswechselastrologie u.v.a.m.) und der jeweiligen Nähe zu esoterischen Ideologien (z.B. Reinkarnation, Theosophie, Spagyrik usw.). Die Antworten auf die folgenden Fragen könnten je nach astrologischer Schule und Spielart durchaus unterschiedlich sein.

2. Wie und vor dem Hintergrund welchen Weltbildes hat sich die Astrologie historisch entwickelt? (Histogenetische Frage)

Zu dieser vor allem Historiker betreffenden Frage empfehle ich die Lektüre von Hamel [19] und Knappich [30]. Zusammenfassend läßt sich sagen, daß der astrologische Gedanke vor dem Hintergrund eines magisch-mystischen, vorwissenschaftlichen Weltbilds entstand. Die "klassische Astrologie" ist kaum älter als das Christentum und wurde 140 u.Z. durch Claudius Ptolemäus fixiert. Das älteste bekannte Horoskop datiert auf den 29. April 410 v.u.Z., primitive astralmystische Vorformen reichen bis zur babylonischen Hammurabi-Dynastie (1700 v.u.Z.) zurück. Astrologische Deutungsregeln beruhen keineswegs auf systematischen Beobachtungen (jedenfalls ist dies durch nichts belegt), sondern gründen offensichtlich großteils in naiven Analogieschlüssen aufgrund des Namens der jeweiligen Gestirne [21], insofern ist die oft erhobene Behauptung unhaltbar, Astrologie sei eine "Erfahrungswissenschaft". Auch die horoskopischen Bedeutungen der erst 1781, 1846 und 1930 entdeckten Planeten Uranus, Neptun und Pluto ermittelten Astrologen nicht etwa durch systematische Statistiken, sondern in erster Linie durch mythologische Ausdeutung der Namen, die die Planeten willkürlich und ohne astrologischen Hintergedanken von den Astronomen erhalten hatten. Daß solcher Namensfetischismus zu den Grundkonstanten astrologischen Denkens gehört, zeigt das aktuelle Beispiel einiger seit 1992 entdeckter Kleinplaneten jenseits der Neptunbahn, die von Astronomen zunächst vorläufige Bezeichnungen wie z.B. "1992 QB1" erhielten. Dazu schrieb jüngst der Astrologe Robert von Heeren [20]: "Für eine Deutung ist es noch zu früh. Hierzu warten wir Astrologen noch gespannt darauf welchen 'richtigen' Namen die neuen Planeten erhalten werden".

3. Kann Astrologie stimmen? (Plausibilitätsfrage)

Damit ist gemeint: Ist Astrologie vereinbar mit sonstigen Annahmen, die wir über die Welt machen? Beispielsweise aus der Perspektive des "gesunden Menschenverstands" oder vor dem Hintergrund des Postulats der menschlichen "Willensfreiheit". Seit dem bekannten Astrologie-Kritiker Karneades im zweiten vorchristlichen Jahrhundert haben diese beiden Fragerichtungen die historische Diskussion stark bestimmt. Neben dem Aspekt, ob angesichts ihrer mystisch-magischen Grundlagen die Astrologie nicht ohnehin abzulehnen sei, kam in der Neuzeit vor allem die Frage nach der Vereinbarkeit astrologischer Behauptungen mit modernen naturwissenschaftlichen Erkenntnissen über das Weltall auf. Es ist kein Geheimnis, daß heutige Astronomen aus guten Gründen diese Vereinbarkeit absolut nicht gegeben sehen [9, 10, 64] und sie deshalb schon aus theoretischen Überlegungen heraus jegliche Form von Astrologie einstimmig ablehnen.

4. Stimmt Astrologie? (Validitätsfrage)

Trotz der negativen Antwort auf die Plausibilitätsfrage ist die Validitätsfrage nach wie vor legitim. Wir könnten uns bei unseren Plausibilitätsüberlegungen ja geirrt haben. Nach der Devise "Außergewöhnliche Behauptungen erfordern außergewöhnliche Belege" sollten wir nun aber bei der Prüfung der Validitätsfrage ganz besonders kritisch sein und die astrologische Hypothese wirklich nur dann anerkennen, wenn alle Fehlermöglichkeiten und Alternativhypothesen ausgeschlossen werden können. Doch auch die Ergebnisse zahlreicher statistischer Untersuchungen (z.B. [8, 16, 32]) sind eindeutig negativ, egal welche astrologische Behauptung wir untersuchen. Keine einzige Form der Astrologie kann irgendetwas vorweisen, was über die zu erwartenden Zufallsverteilungen hinaus ginge. Selbst die neo-astrologischen Behauptungen des häufig zitierten Franzosen Michel Gauquelin konnten schließlich im Herbst 1994 widerlegt werden [34].

Dies scheint im Widerspruch zu stehen mit subjektiven Erfahrungen, die Astrologieorientierte immer wieder zugunsten von Horoskopen anführen. Deshalb stellt sich die Frage:

5. Warum scheint Astrologie subjektiv zu funktionieren bzw. wie
   entstehen astrologische Evidenzerlebnisse? (Evidenzfrage)

Prinzipiell gibt es zwei Möglichkeiten: Entweder stecken hinter solchen
Evidenzerlebnissen tatsächliche astrologische Einflüsse bzw. Zusammenhänge. Oder unbewußt ablaufende psychologische Mechanismen
(selektive Wahrnehmung und Erinnerung, selbsterfüllende Prognose,
Barnum-Effekt, Attribuierungsfehler u.v.a.m.) sind dafür verantwortlich. Diese beiden Alternativen lassen sich durch die Kontrolle möglicher psychologischer Mechanismen testen. In einem anderen Aufsatz
[67] habe ich einen Überblick zu den in Frage kommenden psychologischen Mechanismen gegeben und diesbezügliche Testergebnisse refe-
riert. Es ergab sich, daß solche Evidenzerlebnisse ohne Zweifel vollständig im Rahmen von psychologischen Mechanismen erklärt werden
können und nicht der geringste Anlaß besteht, subjektive Evidenzen als
Beleg für die Validität der Astrologie werten zu wollen.

6. Inwiefern ist Astrologie (k)eine Wissenschaft?
   (Wissenschaftstheoretische Frage)

Zunächst muß geklärt werden, was überhaupt unter dem Begriff
"Wissenschaft" verstanden werden soll. Sinnvolle Kriterien könnten beispielsweise Falsifizierbarkeit, ontologische Sparsamkeit, externe und
interne Widerspruchsfreiheit, Zirkelfreiheit und Testerfolg sein. Hervor-
ragende Beiträge zum Abgrenzungsproblem zwischen Wissenschaft und
Pseudowissenschaft hat Vollmer [61, 62] verfaßt.

    Kanitscheider [25] hat in seinem Aufsatz "Astrologie aus wissen-
schaftstheoretischer Perspektive" herausgearbeitet, daß Astrologie geradezu als das Musterbeispiel einer "Pseudowissenschaft" bezeichnet werden kann.

7. Inwiefern ist Astrologie hinsichtlich der Glaubensinhalte mit anderen
   (insbesondere traditionell-religiösen) Überzeugungssystemen
   kompatibel? (Kompatibilitätsfrage)

Diese Frage wird insbesondere aus christlicher Perspektive oft gestellt
und hat das Christentum während seiner gesamten Geschichte begleitet.
Die Antworten waren und sind durchaus uneinheitlich. Sie reichen heute
auf katholischer Seite vom neuen Weltkatechismus, in dem der Glaube
an Astrologie als Sünde bezeichnet wird, bis hin zum Niederaltaicher
Benediktinerpater Gerhard Voss, der offen für Horoskope wirbt. Auf

evangelischer Seite sind einerseits die sehr astrologiekritischen Schriften des 1991 verstorbenen Münchner Sektenbeauftragten Friedrich-Wilhelm Haack zu finden [18], andererseits beispielsweise der Freiburger Professor für evangelische Theologie und Religionspädagogik Dietrich von Heymann, der selbst Astrologe ist und der "Hamburger Schule" angehört. Auf theologische Erörterungen will ich mich an dieser Stelle nicht einlassen.

8. Kann Astrologie dem Individuum mehr schaden als nützen?
(Frage nach der Nutzen-Risiko-Relation)

Die Antwort folgt keineswegs zwingend aus der Beantwortung der Validitätsfrage. Trotz fehlender Validität könnte Astrologie - man denke an den Placebo-Effekt in der Medizin - möglicherweise eine gewisse psychotherapeutische Funktion erfüllen. Als Interpretationsfolie könnte ein Horoskop, in seiner Komplexität vergleichbar einem Rorschach-Tintenklecks, zur reflexiven Auseinandersetzung mit sich selbst führen. Obwohl dies ernsthaft erwogen werden sollte, kann trotzdem nur davor gewarnt werden, diese Denkmöglichkeit mit der faktischen Realität zu verwechseln. Die üblichen drei für einen Therapieerfolg förderlichen Faktoren (geeignete Therapieform, Persönlichkeit des Therapeuten, Erwartungshaltung des Klienten) sehen im Fall der Astrologie jedenfalls düster aus. Erstens eignet sich die Astrologie nicht, um irgendwelche zuverlässigen Aussagen über Menschen zu treffen (siehe Validitätsfrage). Zweitens glauben Astrologen großteils selbst an die von ihnen behaupteten astrologischen Zusammenhänge und sind deshalb nicht in der Lage, die Grenzen solcher suggestiven Techniken zu erkennen, was mit schwerwiegenden Schädigungen für den Klienten verbunden sein kann. Von mangelnden psychotherapeutischen Kenntnissen und dem hohen Prozentsatz von ausgesprochenen Scharlatanen unter Astrologen will ich gar nicht erst reden. Drittens ist die Erwartungshaltung der meisten Klienten dergestalt, daß sie annehmen, im Horoskop werde ihnen "offenbart" was sie zu tun hätten, was "ihre wahre Natur" sei, an die sie sich nur noch anzupassen hätten. Das ist eine denkbar schlechte Voraussetzung für einen Therapieerfolg. Natürlich muß hier sehr genau zwischen einzelnen Spielarten und Schulen der Astrologie, einzelnen Astrologen und Klienten differenziert werden, insgesamt besteht nach meinen Beobachtungen jedoch wenig Zweifel daran, daß die Nutzen-Risiko-Relation der heutigen Astrologie deutlich negativ ist, auch und gerade im Fall sogenannter "seriöser" Astrologen. Die Gefahr, daß am

Ende der psychologischen Astrologie die astrologische Psychose steht, sollte nicht unterschätzt werden (siehe auch [67]).

9. Ist Astrologie (dys)funktional für Stabilität und Entwicklung moderner Gesellschaften? (Frage der makrosoziologischen Funktionalität)

Vertreter der Dysfunktionalität verweisen in der Regel darauf, daß die moderne Gesellschaft auf Wissenschaft und Rationalität gegründet ist und dies auf gefährliche Art und Weise durch einen Einbruch des "Irrationalismus" - wie ihn die Astrologie darstelle - untergraben werde. Konkret wird davor gewarnt, daß auch politische Entscheidungsträger Horoskope und andere irrationale Kriterien für ihr Handeln heranziehen könnten und damit den objektiv vorhandenen Problemdruck nur noch verschlimmern würden.

Dem widersprechend hat Seelmann-Holzmann [47] argumentiert, der Astrologieglauben stelle in der Perzeption seiner Anhänger vielmehr ein Subsinnsystem des Rationalismus dar. Indem dieses Subsinnsystem zentrale Defizite des in die Krise gekommenen Rationalismus ausfülle und damit kompensiere, sichere es damit letztlich indirekt den Bestand des dominanten Sinnsystems.

Vermutlich kann man hier viel lernen aus der Debatte um die Funktionsbestimmungen der traditionellen Religion, um nur die Stichworte Integration (Durkheim) und Kompensation (Marx) zu nennen.

10. Ist es sinnvoll, als handelndes Subjekt in den gesellschaftlichen Diskussionszusammenhang um die Astrologie einzugreifen? Wenn ja, wie? Mit welchen Zielen und Erfolgsaussichten? (Frage des sozialen Handelns)

Das ist eine der schwierigsten Fragen. Natürlich bin ich der Ansicht, daß es Sinn macht, sich an der öffentlichen Diskussion um die Astrologie zu beteiligen - sonst könnte ich wohl kaum Veröffentlichungen dazu schreiben, ich glaube sogar, daß gewisse "Erfolgsaussichten" bestehen, allerdings nicht in der Weise, daß sich die Regeln des wissenschaftlichen Diskurses naiv auf öffentliche Debatten zur Astrologie übertragen ließen. Durch die explizite Popularisierung dessen, was wissenschaftliche Methodik von pseudowissenschaftlichem Vorgehen unterscheidet, leistet man vielleicht sogar den wertvollsten Beitrag zur Förderung der Wissenschaften überhaupt. In einem anderen Aufsatz habe ich eine Typologie der üblichen Reaktionsmuster von Wissenschaftlern auf Pseudowissenschaften sowie eine Typologie ihrer Rezipienten entwickelt und die Problemstellung weiter vertieft [69].

11. Welche standardisierten Argumentationsmuster prägen die Debatte um die Astrologie? (Meta-Ebene)

Hier wird diskutiert, wie über Astrologie diskutiert wird. Beispielsweise was ihre Behandlung in den Medien betrifft oder welche Standardargumente immer wieder für oder gegen sie angeführt werden. Die etwa ein Dutzend Pro-Argumente (darunter z.B. Verweise auf das hohe Alter der Astrologie, auf Autoritäten, auf tatsächlich vorhandene astronomische Einflüsse wie etwa die Gezeiten, auf eigene subjektive Erfahrungen oder auf das Hamlet-Zitat "Es gibt mehr zwischen Himmel und Erde, als unsere Schulweisheit sich träumen läßt") sind derart ausgetreten und standardisiert, daß mir schon seit Jahren kein neues mehr begegnet ist. Zudem sind fast alle leicht entkräftbar, da sie zum überwiegenden Teil auf logischen Fehlschlüssen beruhen [65].

Für die Frage des sozialen Handelns sind hier wesentliche Einsichten über mögliche Argumentationstechniken zu gewinnen, wobei insbesondere auch die Analyse der Funktionsmechanismen des modernen Mediensystems von Bedeutung ist.

Ohne ein Verständnis dafür, mit was wir es aber beim sozialen Phänomen Astrologie heute überhaupt zu tun haben, wäre es freilich vermessen, sich Gedanken über eventuelle Handlungsalternativen zu machen. Deshalb lautet der letzte Fragenkomplex, der uns im zweiten Teil des Artikels beschäftigen soll:

12. Wie ist Astrologie als soziales Phänomen moderner Gesellschaften zu verstehen? (Soziologische Frage)

Typologie der Erklärungsmuster zum sozialen Phänomen Astrologie

Zu den genannten Fragestellungen sind jeweils unterschiedliche Fachwissenschaftler kompetent: zum Beispiel Historiker, Naturwissenschaftler, Psychologen oder Wissenschaftstheoretiker. Fast alle machen es sich in ihren Aufsätzen zum Thema Astrologie zur Pflichtübung, im letzten Absatz noch kurz darüber zu spekulieren, wie denn nun Astrologie als

gesellschaftliches Phänomen des 20.Jahrhunderts zu erklären sei, ihre
Ausführungen dazu sind ebenso vielfältig wie widersprüchlich, in aller
Regel leider kaum durchdacht und wenig systematisiert. Den meisten
Autoren kommt der Gedanke offenbar überhaupt nicht, daß man solche
Thesen auch empirisch überprüfen könnte. Wo eigentlich Sozialwissen-
schaftler zuständig wären, scheint Narrenfreiheit zu herrschen.

Besonders manche Naturwissenschaftler neigen dazu, aus sozialwis-
senschaftlicher Sicht wirklich einfältige monokausale Erklärungsansätze
zu verfolgen. Da wird nicht nur pauschal von "dem Aberglauben" gesprochen, unter dem die unterschiedlichsten paranormalen Überzeugungssysteme und sozialen Phänomene subsumiert werden. Nein, "der
Aberglaube" soll auch noch auf eine einzige, für alles zuständige Ursache zurückgeführt werden, zum Beispiel auf "Furcht" [43].

Dabei sind paranormale Überzeugungssysteme so vielfältig und unterschiedlich, daß erhebliche Zweifel aufkommen müssen, ob sie überhaupt auf ein einheitliches Konstrukt zurückgeführt werden können, ich
würde sogar sagen, die Annahme eines einheitlichen Konstrukts namens
"Aberglauben" muß als empirisch widerlegt gelten. Beispielsweise haben Grimmer und White [17] anhand einer Umfrage unter 836 australi-
schen Psychologiestudenten gezeigt, daß sich mittels des statistischen
Verfahrens der Faktorenanalyse 46 verschiedene paranormale Behauptungen klar in sieben deutlich unterscheidbare Gruppen aufgliedern lassen, an die jeweils unterschiedliche Personen glauben. Die größte "geistige Verwandtschaft" scheint die Astrologie dabei zum Beispiel mit
Numerologie, Handlesen oder dem Reinkarnationsglauben zu haben.

Einige sehr grobe Grundlinien, nach denen paranormale Überzeugungssysteme differenziert werden können und müssen, will ich nennen.
Auf den amerikanischen Soziologen Marcello Truzzi geht die Unterscheidung von Existenz- und Korrelationsbehauptungen zurück. Exi-
stenzbehauptungen (z.B. UFOs, der Yeti, das Monster von Loch Ness,
Atlantis) sind in der Regel der unmittelbaren Erfahrung kaum zugänglich. Nur ein Bruchteil der UFO-Gläubigen hat je selbst UFOs beobachtet, kein Atlantis-Anhänger hat den angeblich versunkenen Kontinent
je betreten. Sie beziehen ihre Informationen fast ausschließlich aus Büchern und vertrauen auf der Seriosität der Autoren als Autoritäten.
Theodor W. Adorno [1] hat den Begriff "sekundärer Aberglaube" für
ein paranormales Überzeugungssystem geprägt, dem persönliche subjektive Erfahrungen weitgehend abgehen.

Anders ist dies bei den meisten Korrelationsbehauptungen (z.B. Astrologie, Telepathie, Homöopathie, Radiästhesie): hier hat ein Großteil der Anhänger eigene Erfahrungen, zum Beispiel mit ihrem "individuellen Horoskop" oder der Tierkreiszeichentypologie. Zwar ignorieren sie dabei Alternativerklärungen und mögliche Wahrnehmungstäuschungen, aber subjektiv werden diese Erfahrungen als sehr real und überzeugend erlebt. Evidenzerlebnisse aktualisieren das jeweilige paranormale Überzeugungssystem, das deshalb als "primär" gekennzeichnet werden kann.

Der Grad der Einbindung in die jeweilige paranormale Subkultur - vom einfachen Leser eines Zeitungshoroskops über Klienten von Astrologen bis hin zum Berufssterndeuter - differiert erheblich, und es kann keinesfalls davon ausgegangen werden, daß die zugrundeliegenden Motive und Probleme der einzelnen Personen immer die selben sind. Das soziale Profil der Anhänger kann sich von Parawissenschaft zu Parawissenschaft erheblich unterscheiden, ich erinnere zum Beispiel nur daran, daß in Astrologie-Gruppen der Frauenanteil in aller Regel zwei Drittel und darüber erreicht [63], in radiästhetischen Gruppen Frauen aber gewöhnlich nur ein Zehntel der Mitglieder stellen [31, S. 112].

Es ist eben nicht so, daß es typischerweise schlechthin "abergläubische" Menschen geben würde, die einfach an alles und jedes glauben. Ablehner der einen Parawissenschaft können unkritische Anhänger einer anderen sein - und umgekehrt. Pauschal vom "Aberglauben" zu reden, ist deshalb verfehlt, verschleiert mehr, als es erklärt. Darüberhinaus ist der Begriff analytisch unbrauchbar; historisch belastet durch apologetische Kirchendogmatik, inflationär verwendet und inhaltlich unklar. Er suggeriert, uns stünde an seiner Stelle ein rechter, unzweifelhafter Glaube oder ein absolut sicheres Wissen zur Verfügung. Der kritische Rationalismus kann allerdings solcherlei Gewißheiten nicht mehr bieten. Den Begriff des "Aberglaubens" sollten wir deshalb tunlichst vermeiden und lieber - neutraler - von paranormalen Überzeugungssystemen sprechen. Vermutlich gibt es nicht einmal "den" Astrologieglauben, sondern wiederum eine ganze Reihe verschiedener Spielarten, die durchaus kein einheitliches Konstrukt oder ideologisches System bilden müssen.

Monokausale, pauschalierende und nicht an mögliche empirische Überprüfungen denkende Erklärungsansätze sollten wir also ablehnen. Mit "empirisch" kann selbstverständlich nicht das Berufen auf sogenannte "Alltagserfahrungen" oder subjektive Plausibilitäten gemeint sein, sondern nur die strenge Überprüfung anhand der in den Sozialwissenschaften entwickelten Methodologien. Die Frage nach den sozialen Ursachen verschiedener paranormaler Überzeugungssysteme ist eine durch und durch normalwissenschaftliche, bei deren Bearbeitung man sich genauso an die gängigen Wissenschaftskriterien zu halten hat, wie bei jeder anderen wissenschaftlichen Fragestellung auch. Das stelle ich deshalb so heraus, weil nicht wenige Autoren bei dieser Fragestellung die Vermeidung von Zirkelschlüssen und externen wie internen Widersprüchen, die Beachtung von Erklärungswert und Testerfolg völlig vergessen zu haben scheinen und somit ihre "Erklärungen" zu Pseudowissenschaften nicht selten selbst pseudowissenschaftlichen Charakter haben. Ein abschreckendes Beispiel ist etwa der Aufsatz von Spaniol [49], in dem durch ad hoc konstruierte mathematische Modelle, bei denen letztlich immer das als "Ergebnis" herauskommt, was man vorher willkürlich als Grundannahme hineingesteckt hat, "bewiesen" werden soll, daß "Scharlatanerie und Aberglauben" pauschal und monokausal auf "Angst" zurückzuführen seien, wobei sämtliche empirische Ergebnisse der modernen Gruppensoziologie überhaupt nicht zur Kenntnis genommen werden.

Im Laufe der Zeit habe ich über 80 Hypothesen gesammelt, die paranormale Überzeugungssysteme als soziale Phänomene des 20.Jahrhunderts erklären wollen. Sie lassen sich in fünf Gruppen einteilen, die ich im folgenden "Ansätze" nennen möchte, ihre Struktur und Erklärungskraft soll nun (primär) am Beispiel der Astrologie diskutiert werden.

1. Parawissenschaftliche Ansätze

Diese Erklärungsmuster werden von (vielen, aber nicht allen) Astrologen selbst vertreten. Sie argumentieren zum Beispiel:

▸ Der Glaube an Astrologie breite sich deshalb aus, weil tatsächlich astrologische Zusammenhänge bestünden und dies einfach von immer mehr Menschen erkannt werde.

▸ Wirklich wissenschaftliche "Beweise" für die Richtigkeit der Astrologie seien erst in den letzten Jahrzehnten erfolgt, und deshalb würde erst jetzt die Astrologie allgemeine Anerkennung finden.

▸ Ursache sei das beginnende Wassermann-Zeitalter, wobei zwei Formen dieses "kosmologischen Erklärungsmodells" auftreten: mehrheitlich wird davon ausgegangen, daß sich die Menschen (bzw. ihre Erkenntnisfähigkeit) im neuen Zeitalter ändern würden, eine kleine Minderheit postuliert dagegen, daß es de facto die astrologischen Zusammenhänge selbst wären, die sich im neuen Zeitalter erst ausbilden würden (z.B. finden sich solche Gedankengänge in den Schriften Rudolf Steiners).

▶ Verschwörungstheorien sollen erklären, warum die jeweilige Parawissenschaft noch nicht allgemein anerkannt ist und sie immer noch von manchen Menschen abgelehnt wird. Die Regierung hält eben alles geheim oder desinformiert die Bevölkerung. Im Fall der Astrologie sind Verschwörungstheorien eher selten anzutreffen, wohl aber in anderen Parawissenschaften, z.B. der UFOlogie.

▶ Häufig vertreten werden von Horoskoporientierten dagegen theorieimmanente Erklärungen nach der Art: "Die Astrologie breitet sich im 20.Jahrhundert deshalb aus, weil am 1.1.1900 die Venus im Wassermann stand."

Die parawissenschaftlichen Ansätze habe ich nur der Vollständigkeit halber angeführt. Es lohnt nicht, weiter auf sie einzugehen. Wie bereits ausgeführt, sind sowohl die angeblichen "Beweise" für die Astrologie als auch das "Wassermann-Zeitalter" reine Fiktionen. Der Erklärungswert solcher Ansätze ist gleich Null. Bemerkenswert ist nur die Naivität solcher Argumente und die Geschlossenheit - oder ich sollte besser sagen: der dogmatische Charakter - des zugrunde liegenden Weltbilds.

2. Anthropologische Ansätze

Die simpelste Variante, die man häufig auf der Straße hört, lautet schlicht: "Das Wesen des Menschen ist eben abergläubisch zu sein", er sei nun einmal "wundersüchtig" oder "glaubenssüchtig". Eigentlich ist damit aber nichts erklärt. Solche Statements sind tautologisch und laufen auf den Satz "Es ist so, weil es so ist" hinaus. Einen wie auch immer gearteten Erklärungswert haben sie nicht, auch wenn das häufig suggeriert wird.

Wem diese Art der Argumentation zu einfach ist, der unterstellt - Variante 2 - nicht selten grundlegende menschliche "Bedürfnisse" als anthropologische Konstanten: ein Bedürfnis, etwas über die Zukunft zu erfahren, ein anderes, Furcht oder Angst zu kompensieren, ein weiteres nach "Selbsterkenntnis" oder noch eines, in andere Menschen "hineinzusehen", eine einfache Interpretationsfolie für deren Verhalten zu haben. Oder ein Bedürfnis nach einem geschlossenen Weltbild, in dem es keinen blinden Zufall gibt, sondern alles seine "Ordnung" hat, in dem alles von "höheren Mächten" irgendwie determiniert ist, in dem man sich "geborgen" fühlt. Das ginge unmittelbar über in ein "Bedürfnis nach Harmonie" - und tatsächlich dürfte die Astrologie durch den Begriff "Harmonie-Ideologie" sehr zutreffend beschrieben sein.

Paranormale Überzeugungssysteme würden diese "Bedürfnisse" befriedigen, von denen sich sicher noch zahlreiche weitere konstruieren lassen könnten, was hier aber unterbleiben soll. Nach meiner Beobachtung argumentieren insbesondere Naturwissenschaftler und sozialwissenschaftliche Laien häufig auf dieser "Bedürfnis"-Schiene.

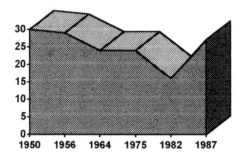

Abbildung 1: Zeitliche Entwicklung des Prozentsatzes der Astrologiegläubigen in Westdeutschland von 1950 bis 1987 nach Umfragen des Instituts für Demoskopie Allensbach [40, 41]

Was ist damit erklärt ? Ist damit erklärt, warum manche Menschen an Astrologie glauben, andere an Radiästhesie und wieder andere an keines von beidem ? Wird dadurch verständlich, warum Astrologie im Mittelalter und der frühen Neuzeit weit verbreitet und im 19.Jahrhundert so gut wie ausgestorben war? Und warum sie im 20.Jahrhundert wieder einen solchen Aufschwung erlebt hat? Warum der Glaube an Einflüsse der Sterne auf das menschliche Schicksal in westdeutschen Meinungsumfragen zwischen 1950 und 1980 immer weiter abgenommen hat, um dann in den 80er Jahren wieder rapide anzusteigen (Abb. 1)? Warum bestimmte geographische Verteilungen des Astrologieglaubens (und auch der Astrologen) zu beobachten sind? Beispielsweise warum in modernen Gesellschaften der Astrologieglaube nicht etwa ein ländliches Phänomen ist, sondern vielmehr ein städtisches (siehe z.B. Abb. 2)?

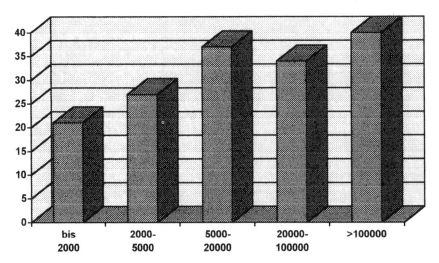

Abbildung 2: Prozentsatz der Astrologiegläubigen in Frankreich 1963 nach Defrance et al. [11], aufgeschlüsselt nach der Einwohnerzahl des Wohnortes

   Von all dem ist rein gar nichts durch das pure Postulat von anthropologischen "Bedürfnissen" erklärt: weder Kalenderzeitentwicklungen noch geographische Disparitäten. Dazu wären nicht-anthropologische Zusatzannahmen - etwa soziologische - notwendig, denen dann die eigentliche Erklärungskraft zukäme. Wer raumzeitliche Differenzierungen ignoriert und nicht über das naive Pauschalurteil hinauskommt, "Aberglaube" habe es schon immer gegeben, der übersieht nicht nur wesentliche Charakteristiken des Phänomens (besser: der Phänomene) und verspielt damit die Chance zu einem angemessenen Verständnis. Er paßt damit letztlich ohne empirische Überprüfung - und auch ohne die Chance einer empirischen Überprüfung angesichts der mangelnden analytischen Schärfe des Begriffs "Aberglaube" und daraus folgender Operationalisierungsprobleme - die Fakten an die rein anthropologische Theorie an und nicht umgekehrt. Auch der Begriff "Bedürfnis" muß kritisch hinterfragt werden, in manchen öffentlichen Diskussionen scheint er mir ähnlich tautologischer Natur zu sein, wie der in letzter Zeit etwas aus der Mode gekommene Begriff des "Triebs".
   Anspruchsvoller und wesentlich differenzierter ist die dritte Version der anthropologischen Ansätze, die von Psychologen bevorzugt wird.

Sie verweisen auf grundlegende kognitive Informationsverarbeitungs-
prozesse des menschlichen Gehirns, die unter bestimmten Randbedin-
gungen zum Beispiel Korrelationen vortäuschen können, die objektiv gar
nicht vorhanden sind. Die Liste der möglichen psychologischen Mechanismen, die im Fall der Astrologie zu Fehlurteilen führen können, ist
lang: selbsterfüllende Prognose, selektive Wahrnehmung und Erinnerung, Attribuierungsfehler und Selbstattribuierungseffekte, kognitive
Dissonanz, Barnum-Effekt, Pseudoindividualisierung, Fehleinschätzun-
gen der Zufallserwartung oder die äquivalente Struktur eines komplexen
Horoskops zu einem Rorschach-Tintenklecks sind nur einige wenige
Beispiele (siehe [67]). Sie können sehr überzeugend erklären, warum
jemand, der sich auf eine bestimmte Art und Weise - die dem
"Alltagsdenken" durchaus nicht unähnlich ist - mit Astrologie beschäftigt, fast zwangsläufig zur fehlerhaften Schlußfolgerung gelangen muß,
da sei "etwas Wahres dran". Nicht erklären können solche Ansätze aber,
warum sich jemand überhaupt erst mit Astrologie zu beschäftigen beginnt. Sicher, es gibt einen "Effekt des Ausgesetztseins" in der modernen Gesellschaft, die astrologische Interpretationsfolien eben anbietet.
Doch warum sie dies tut - und zwar in höherem Ausmaß als andere Gesellschaften - bleibt ungeklärt. Zum Verständnis raumzeitlicher Unterschiede im Astrologieglauben sind solche Ansätze ungeeignet. Solange
Astrologiegläubigkeit als Eigenschaft einzelner Individuen verstanden
wird, sind Verweise auf Organisation und Funktionsweise des menschlichen Nervensystems sicher angemessen. Sobald wir jedoch den Sprung
auf eine andere Integrationsebene machen und Astrologiegläubigkeit als
soziales Phänomen, als Eigenschaft ganzer Gesellschaften und nicht
mehr von Individuen verstehen, bleiben Hinweise auf psychologische
Mechanismen unfruchtbar. Meine These ist, daß dieser Sprung unab-
dingbar ist. Und genauso war ja auch meine Frageformulierung gemeint:
"Wie ist Astrologie als soziales Phänomen moderner Gesellschaften zu
verstehen?"

Die vierte Variante anthropologischer Ansätze ist eine Erweiterung
der dritten. Hier werden die kognitiven Informationsverarbeitungspro-
zesse des Alltagsdenkens (und paranormale Überzeugungssysteme als
deren Produkt) als Ergebnis der menschlichen Evolutionsgeschichte dargestellt und abgeleitet, ich brauche darauf nicht weiter eingehen, da sich
hier die selben Einwände anführen lassen wie bei Variante 3.

Zusammenfassend kann gesagt werden, daß anthropologische Ansätze auf sich allein gestellt fruchtlos bleiben müssen und den Boom

paranormaler Überzeugungssysteme in modernen Industriegesellschaften
nicht erklären können. Es geht auch weniger um die von Alcock [2] gestellte Frage, warum Astrologie bis heute "überlebt" habe. Sie hat nicht
überlebt, sondern sie ist wieder auferstanden. Es gibt den Glauben an
Astrologie nicht immer noch, sondern wieder.

3. Wissensdefizit-Ansätze

Hier gibt es zwei Spielarten. Einerseits wird argumentiert, der Astrologieglaube sei auf mangelndes Faktenwissen zurückzuführen, beispielsweise auf mangelnde Schulbildung oder auf fehlende naturwissenschaft-
lich-astronomische Kenntnisse. Oder auch darauf, daß über die aus heutiger Sicht dubiose Entstehungsgeschichte der astrologischen Behauptungen zu wenig bekannt sei, daß also die Betroffenen gar nicht wüßten,
woran sie da eigentlich glauben. Die ständige Verwechslung der Begriffe "Astronomie" und "Astrologie" sei ebenfalls als Ursache zu bedenken, da Astrologie somit immer wieder als Teilbereich der seriösen
Wissenschaft Astronomie aufgefaßt werde. Auch mangelndes Wissen
über psychologische Mechanismen, über die Täusch- und vor allem
Selbsttäuschbarkeit des Menschen, wird angeführt.

Wenn es wirklich nur um fehlendes Faktenwissen ginge, wäre die
Reduktion von Astrologiegläubigkeit relativ einfach. Vielleicht bräuchte
man nicht einmal Astrologie selbst zu thematisieren, sondern es würde
ausreichen, zum Beispiel einfach mehr Volkssternwarten zu bauen, um
astronomische Kenntnisse zu popularisieren. Solche trügerischen Hoff-
nungen scheinen in der Tat nicht wenige Astronomen zu pflegen. Skeptisch machen muß allerdings schon der Sachverhalt, daß höhere Schulbildung und naturwissenschaftlich-astronomisches Wissen (sowie auch
die anderen oben aufgeführten Wissensbestände) heute wohl so verbreitet sind wie in keiner anderen Gesellschaft vorher. Und trotzdem hat die
Astrologie mehr Erfolg als je zuvor seit der Aufklärung. Die persönliche
Erfahrung, daß im konkreten Fall fast alle Astrologie-Anhänger trotz
astronomischer Wissensvermittlung nicht von ihrer Überzeugung lassen
wollen, hat eine Reihe von in der Volksbildung tätigen Astronomen zu
dem Verdacht geführt, es hier ganz einfach mit "Dummheit" im Sinne
von mangelnder Intelligenz bzw. unterentwickelter kognitiver Fähigkeiten zu tun zu haben, im Extremfall wird dann Astrologieorientierung
sogar pathologisch verstanden: die Horoskopgläubigen wären einfach
"verrückt", würden "spinnen".

Andererseits wird argumentiert, nicht ein wie auch immer geartetes Faktenwissen sei ausschlaggebend, sondern Methodenwissen. Also zum Beispiel die Methodik der wissenschaftlichen Hypothesenprüfung oder die Fähigkeit, Wissenschaft von nicht-wissenschaftlichen Unternehmungen (z.B. Religion, bloße Behauptungen, Pseudowissenschaften) zu unterscheiden. Folglich gelte es, wissenschaftstheoretische Kriterien so zu popularisieren, daß Otto Normalverbraucher, wenn er mit einer x-beliebigen paranormalen Behauptung konfrontiert werde, selbst in der Lage sei, sie angemessen zu beurteilen oder zumindest nicht leichtgläubig darauf hereinfalle.

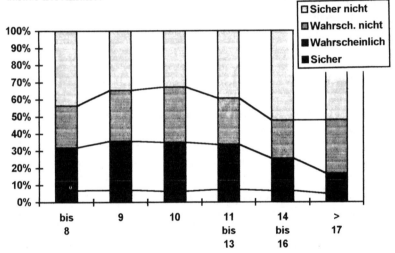

Abb. 3: Prozentsatz der Antworten zum Item "Das Sternzeichen bzw. das Geburtshoroskop eines Menschen hat Einfluß auf den Verlauf des Lebens", gestaffelt nach der Schulbildung der Befragten in Jahren. Datenbasis: ISSP/ALLBUS 1991.

Alle diese Fragen sind nur empirisch entscheidbar, in Abb. 3 sehen wir, welchen Zusammenhang es zwischen Astrologiegläubigkeit und Schulbildung gibt. Die Daten basieren auf einer repräsentativen Befragung von 1162 Westdeutschen im Rahmen der 1991 durchgeführten sogenannten Baseline-Studie des ISSP-ALLBUS-Projekts (= International Social Survey Project/Allgemeine Bevölkerungsumfrage der Sozialwissenschaften), einer von der DFG finanzierten Sondererhebung, die in Zusammenarbeit von ZUMA (Zentrum für Umfragen, Methoden und

Analysen e.V., Mannheim) und dem Zentralarchiv für empirische Sozialforschung (Köln) realisiert wurde. Der Datensatz ist beim Zentralarchiv in Köln erhältlich. Für die hier präsentierten Ergebnisse meiner Sekundäranalyse tragen weder die vorgenannten Institutionen noch die DFG-Antragsteller (P.P. Mohler, M. Braun, E.K. Scheuch, M. Häder) Verantwortung.

Zum Item "Das Sternzeichen bzw. das Geburtshoroskop eines Menschen hat einen Einfluß auf den Verlauf seines Lebens" hatten die Befragten vier gültige Antwortmöglichkeiten: "Stimmt sicher", "Stimmt wahrscheinlich", "Stimmt wahrscheinlich nicht" und "Stimmt sicher nicht". Es zeigt sich, daß der Anteil derjenigen, die die astrologische Aussage für zutreffend oder wahrscheinlich zutreffend hielten, erst mit der Aufnahme eines Hochschulstudiums (14 Schulbildungsjahre und mehr) deutlich zurückgeht. (Der leicht erniedrigte Anteil bei den Befragten bis zu acht Schulbildungsjahren ist ein Konfundierungseffekt durch die Altersvariable und dürfte mit Schulbildung nichts zu tun haben: es handelt sich um ältere Personen, die die Schule vor Heraufsetzung der Schulpflicht auf neun Jahre besuchten). Dieses Ergebnis wird in allen Einzelheiten bestätigt durch eine andere von mir selbst 1993/94 durchgeführte Befragung unter 591 Besuchern der Nürnberger Volkssternwarte [68].

Wie läßt es sich nun verstehen, daß nur die Aufnahme eines Hochschulstudiums relevant ist und es offenbar keine Rolle spielt, ob die Befragten Haupt-, Realschule oder ein Gymnasium besucht haben?

Die Annahme, daß das entscheidende Faktenwissen erst auf der Hochschule vermittelt werde, erscheint mir wenig plausibel. Welches konkrete Faktenwissen könnte das angesichts der hochspezialisierten und sehr unterschiedlichen Studiengänge schon sein? Die Tatsache, daß wissenschaftliches Arbeiten nur an den Hochschulen gelehrt wird, die regulären Schulen aber im wesentlichen nur auf die Vermittlung von Faktenwissen konzentriert sind, unterstützt die Hypothese, nicht Fakten-, sondern Methodenwissen sei relevant.

Die Befragung an Nürnberger Volkssternwarte [68] erbrachte unter anderem noch folgende Erkenntnisse: Anhand einer Faktorenanalyse konnte gezeigt werden, daß die Unterscheidungsfähigkeit zwischen den Begriffen "Astronomie" und "Astrologie" hoch auf dem Faktor "Astronomisches Wissen" , aber nur schwach auf dem Faktor "Astrologischer Glaube" lädt. Die Unterscheidungsfähigkeit zwischen Astronomie und

Astrologie ist also ein integraler Bestandteil des astronomischen Wissens, nicht aber des astrologischen Glaubens. Keine signifikanten Beziehungen ergaben sich zwischen der Besuchshäufigkeit der Sternwarte und der Stärke des Astrologieglaubens. Die Korrelation zwischen astronomischem Wissen und astrologischem Glauben war signifikant negativ, aber hinsichtlich der Effektstärke eher schwach. Möglicherweise ist aber die leichte Absenkung der astrologischen Glaubensstärke bei astronomisch gebildeten Personen gar nicht auf deren astronomisches Wissen selbst zurückzuführen. Es wäre nämlich denkbar, daß astronomisches Faktenwissen seinerseits mit anderen Variablen korreliert, auf die es bei der Absenkung des Astrologieglaubens dann tatsächlich ankäme: zum Beispiel methodisches oder wissenschaftstheoretisches Wissen, die Ausprägung eines naturwissenschaftlich-astronomischen "Weltbilds" (das ggf. teilweise die gleichen Funktionen übernehmen könnte wie ein astrologisches "Weltbild") oder die Einbindung in die "scientific community" oder amateurastronomische Vereinigungen, in denen es ganz einfach soziale Norm ist, die Astrologie abzulehnen.

Solange diese Alternativhypothesen nicht getestet sind, muß die Frage offen bleiben, ob sich astronomisches Wissen tatsächlich leicht absenkend auf den astrologischen Glauben auswirkt, ich bin hier allerdings sehr skeptisch, zumal ich zeigen konnte, daß die Stärke der negativen Korrelationen zwischen beiden Variablen ständig abnimmt, wenn zunächst Mitglieder astronomischer Vereine, dann häufige und unregelmäßige Sternwartenbesucher und schließlich erstmalige Sternwartenbesucher untersucht werden. Möglicherweise wäre der Korrelationskoeffizient in der Allgemeinbevölkerung schon nicht mehr signifikant, in jedem Fall sind die beobachteten Korrelationen aber weit schwächer, als von vielen Astronomen gemeinhin angenommen.

Um nicht mißverstanden zu werden: ich bestreite keinesfalls den hohen Bildungswert astronomischen Wissens und halte die verstärkte Popularisierung der Astronomie wie auch anderer Naturwissenschaften für sinnvoll und notwendig. Seit Jahren bin ich selbst an einer Volkssternwarte in der astronomischen Öffentlichkeitsarbeit tätig. Nur sollten wir nicht glauben, astronomisches Wissen wäre ein Allheilmittel gegen Astrologie. Vermutlich ist es dies nicht einmal prophylaktisch, ich befürchte, daß solche Erklärungsversuche die soziale Realität der Astrologie grob verfehlen.

Mehr Vertrauen habe ich in die Bedeutung des Methodenwissens. Vielleicht ist es - neben der direkten Thematisierung parawissenschaftlicher Behauptungen - wirklich die erfolgversprechendste Strategie, vor allem die Methoden der Wissenschaft zu popularisieren und erst in zweiter Linie ihre Ergebnisse. Leider liegen dazu keine brauchbaren empirischen Untersuchungen vor.

4. Kommunikationstheoretische Ansätze

Diese Ansätze versuchen nachzuweisen, daß es bei der Kommunikation über Parawissenschaften zu systematischen selektiven Verzerrungen der Realität kommt, weshalb die Rezipienten ein völlig falsches Bild gewinnen und regelrecht zum Glauben an Parawissenschaften verleitet werden. Bedenkt man beispielsweise die Schaden-Nutzen-Relation von paranormalen Praktiken, so ist festzustellen, daß sich offensichtlich Geschädigte trotzdem fast nie an die Öffentlichkeit wenden, da sie dort zusätzlich noch deren Spott zu ertragen hätten ("Wer sich auf so etwas einläßt, ist ja selbst schuld"). So entsteht der öffentliche Eindruck, es würde kaum Geschädigte geben und man könne sich deshalb ruhig auf bestimmte paranormale "Dienstleistungen" einlassen, "weil es ja zumindest nicht schaden kann".

Mit "Kommunikation" meine ich heute vor allem das moderne Mediensystem. Traditionelle, mündlich weitergegebene Folklore käme zwar auch als Träger bei der Verbreitung von paranormalen Überzeugungssystemen in Frage, sie ist aber kein Spezifikum des 20.Jahrhunderts und könnte deshalb das "esoterische Feuerwerk", das wir heute erleben, wohl nur schwer verständlich machen.

Bei der Innovation und Diffusion von sekundären paranormalen Überzeugungssystemen ist die Rolle der modernen Medien (d.h. nicht nur Fernsehen und Hörfunk, sondern auch alle Printmedien, einschließlich des Buchmarkts) evident: die Behauptungen über Kornkreise, die Phantasien über das "Bermuda-Dreieck" oder das Glaubenssystem der Prä-Astronautik ("Die Götter waren Astronauten") würden wohl kaum jemandem bekannt sein, hätten nicht die Medien massiv für ihre Verbreitung gesorgt. Auch können solche sekundären Überzeugungssysteme schließlich in primäre umschlagen, wie zum Beispiel bei UFO-Sichtungswellen, die oft nachweislich erst durch die Presse stimuliert werden.

Im Fall der Astrologie liegt dieser Verdacht natürlich ebenfalls nahe, findet doch kaum eine andere parawissenschaftliche Disziplin in den Medien so viel Beachtung wie sie. Die Vermutung von Mädlow [38], durch die in den Printmedien allseits anzutreffenden Zeitungshoroskope würde die Bevölkerung erst an astrologische Begriffe und Vorstellungen gewöhnt, was die Bereitschaft fördere, sich späterhin auch komplexeren Formen der Astrologie anzuvertrauen, klingt nicht unplausibel. Von einer "Einstiegsdroge" hat Wiechoczek [64] in diesem Zusammenhang gesprochen. Auch andere Teilbereiche des sozialen Phänomens Astrologie, zum Beispiel die sogenannten Tournee-Astrologen [66], sind augenscheinlich unmittelbar von der Unterstützung durch die Medien abhängig.

Die Korrumpierungs- und Betrugshypothese postuliert eine bewußte Manipulation aus ökonomischen Interessen. Viele Medien verbreiten unkritisch paranormale Behauptungen - teilweise selbst erfundene - , weil sie sich dadurch höhere Auflagen bzw. Einschaltquoten versprechen. Was zählt ist der Unterhaltungs-, nicht der Wahrheitswert. Skeptische Informationen seien bei den Rezipienten eben nicht gefragt. So richten sich mittlerweile auch fast alle Großverlage nach der (angeblichen) Mehrheitsmeinung, führen zahlreiche unkritische Esoterikbücher im Sortiment und verzichten bewußt auf kritische Literatur, um sich dadurch nicht selbst das Geschäft kaputtzumachen. Magie ist zum Versandartikel geworden. Sowohl die Astrologen als Anbieter wie auch die Medien als Vermittler profitieren davon.

Mit skeptischen Informationen läßt sich dagegen kein Geld verdienen. Vielleicht ist das auch einer der Gründe, warum es so wenige organisierte Skeptiker gibt. Die zwei meist belohnten und akzeptierten Motive in unserer Gesellschaft kommen für sie nicht in Frage: für sie zählt weder Gewinnstreben noch Zeugnis zu geben von eigenen Glaubensgewißheiten. Wie alle Wissenschaftler treibt sie die manchmal trostlose Frage umher, was "Wahrheit" ist und was nicht (so problematisch der Begriff auch sein mag), häufig auch die Solidarität mit ihren Mitmenschen, die durch esoterische Verlockungen nicht selten geschädigt werden, sei es an Geist oder Geldbeutel.

Das Henne-Ei-Problem, ob die Medien nur bereits vorhandene "Bedürfnisse" befriedigen, oder ob sie solche "Bedürfnisse" erst selbst schaffen, ist nicht einfach lösbar. Belegt ist jedenfalls, daß die Darstellung in den Medien den Glauben an das Paranormale erheblich beeinflussen und fördern kann [50]. Sogar falls die Medienhenne tatsächlich aus einem Ei entschlüpft sein sollte, wird sie ihre Verantwortung nicht los, warum sie ständig neue Eier legt.

Die "Opium-fürs-Volk"-Hypothese behauptet, daß aus politischen Gründen eine systematische Medienpropaganda zugunsten der Parawissenschaften betrieben werde. Denn skeptische, "aufgeklärte" Bürger würden vielleicht nicht nur die Parawissenschaften, sondern auch die Legitimität des politischen Systems sowie die Entscheidungen seiner Funktionsträger kritisch hinterfragen. Daran können letztere natürlich kein Interesse haben. Das Problem bei dieser Argumentation ist, daß die heutige Gesellschaft kein klar identifizierbares Steuerzentrum mehr hat. Die Politik, über die wir in Wahlen entscheiden können (oder auch nicht), ist das schon lange nicht mehr. Vielmehr ist die Gesellschaft in zahlreiche autopoietische, selbstreferentielle Teilsysteme zerfallen, die jeweils einer eigenen Logik gehorchen bzw. über eigene "Codes" verfügen. Beim besten Willen ich kann keine zentrale Instanz mehr ausmachen, die bewußt paranormale Überzeugungssysteme als "Opium fürs Volk" verbreiten würde oder könnte. Läßt man die Behauptung von bewußt handelnden Akteuren beiseite, mag die Hypothese rein funktional gesehen vielleicht an Bedeutung gewinnen. Es würde sich aber nur noch um "Opium des Volks" (Marx) und nicht mehr um "Opium für das Volk" (Lenin) handeln. Wie Zeitungshoroskope funktional darauf hinwirken, die herrschenden Zustände zu legitimieren und gleichzeitig zu zementieren, hat Adorno [1] tiefschürfend analysiert.

Für mich wesentlich überzeugender ist die "Medienbias-Hypothese". Sie geht davon aus, daß die ohne Zweifel vorhandenen Realitätsverzerrungen im Mediensystem nicht bewußt von Akteuren gesteuert werden (aus welchen Gründen auch immer), sondern daß sie aufgrund einer gewissen systemeigenen Funktionalität der Medien zustande kommen. Journalistische Regeln sind andere als wissenschaftliche Regeln. Da ist beispielsweise das Bestreben, eine Nachricht immer an einem aktuellen Ereignis festzumachen. Aufklärungen von UFO-Sichtungen, die nach längeren Recherchen erst mit erheblicher Verzögerung zum Ereignis erfolgen, werden deshalb schon nicht mehr gebracht: sie sind nicht mehr "aktuell". Den Leser erreicht die Botschaft einfach nicht mehr.

Betrachtet man die Orientierung an Unterhaltungs- und Auffälligkeitswert, an einprägsamen Anekdoten und subjektiven Erfahrungsberichten und bedenkt den sehr eingeschränkten Realitätsbereich, der zum Beispiel gerade im Medium Fernsehen überhaupt kommunizierbar ist (Bilder, statt Erörterungen sind gefragt!), dann verwundert es nicht mehr, wenn skeptische Informationen von vorneherein im Nachteil sind. Zur Widerlegung paranormaler Behauptungen bedarf es nämlich nicht

selten einer detaillierten Diskussion von Sachargumenten und einer wissenschaftlichen Debatte, die auf journalistische Spielregeln nicht immer
Rücksicht nehmen kann.

Mein Fazit aus zahlreichen Fernsehsendungen, an denen ich teilgenommen habe, ist ernüchternd: sogar eine skeptische Grundeinstellung
eines Moderators kann wenig ausrichten gegen die Eigendynamik eines
vorgegebenen Sendekonzepts und die Funktionalität des Mediums selbst.
Bewußte Manipulationen durch Akteure aus dem Medienbereich sind sicher die Ausnahme.

Oft erfüllen die Medien aber nur agenda-setting-Funktion: sie setzen
ein Thema auf die Tagesordnung. Ganz deutlich wird das beim alljährli-
chen Rummel um die Astrologie zum Jahreswechsel. Hier zählt nicht
mehr der Inhalt der Berichterstattung, sondern nur noch, daß überhaupt
berichtet wird. Wenn Skeptiker die Funktionsmechanismen der Medien
analysieren und ihre Botschaften dem entsprechend "verpacken", haben
auch ihre Informationen eine Chance. Die jährlichen Nachprüfungen der
Gesellschaft zur wissenschaftlichen Untersuchung von Parawissenschaften (GWUP) zu fehlgeschlagenen astrologischen Prognosen des Vorjahrs
finden inzwischen in der Medienwelt weit größeren Anklang als die PR-
Aktionen der Astrologen selbst.

Daß Medien die Formation von paranormalen Überzeugungssystemen beeinflussen, kann als gesichert gelten [12, 50]. Welche Funktionen
sie dabei im Einzelnen übernehmen, ist noch unklar und sollte Gegenstand weiterer empirischer Forschungen sein. Sowohl erklärte Anhänger
als auch Ablehner von Parawissenschaften dürften wahrscheinlich Informationen nur sehr selektiv aufnehmen, um ihr "Weltbild" stabil zu
halten. Diese beiden Gruppen durch Medieninformationen zu Meinungs-
änderungen bewegen zu wollen, dürfte von vorneherein illusorisch sein.

5. Soziologische Ansätze

Soziologische Ansätze führen paranormale Überzeugungssysteme auf
real existierende, durch sozialen Wandel produzierte und ggf. ungleich
verteilte Problemlagen zurück. Sie können dies auf mikro- oder makro-
soziologischer Ebene tun. Manchmal bleiben sie auch ganz der Analyse
des "Überbaus" verhaftet, dessen soziale Funktion sie untersuchen. Der
Übergang zu rein ideengeschichtlichen - und im engeren Sinn nicht mehr
soziologischen - Argumentationen ist fließend. Unteren letzteren könnte
beispielsweise die (nachweislich falsche) Behauptung verstanden wer-

den, Astrologie heute sei nur ein ideengeschichtliches Relikt eines längst überholten, anachronistischen Weltbilds. Oder die (nichts erklärende) Annahme, bestimmte "mystische Weltbilder" würden zyklisch wieder- kehren, das heutige "New Age" sei nur eine Neuauflage der Romantik. Solche Ansätze will ich im folgenden außen vor lassen. Sehr weit ver- breitet und auch belegt ist dagegen die folgende Betrachtungsweise:

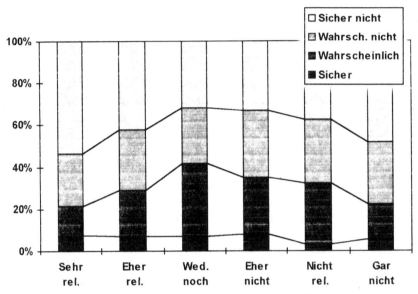

Abbildung 4: Prozentsatz der Antworten zum Item "Das Sternzeichen bzw. das Geburtshoroskop eines Menschen hat Einfluß auf den Verlauf des Lebens", gestaffelt nach dem Grad der Einschätzung der eigenen Religiosität von "Sehr religiös" bis "Gar nicht religiös". Datenbasis: ISSP/ALLBUS 1991.

Astrologie als funktionales Äquivalent für
andere (erodierte) Sinnsysteme

Bainbridge und Stark [3, 4, 51] verglichen verschiedene geographische Regionen in den USA hinsichtlich der relativen Anteile der Kirchgän- ger, der Astrologen und der Bezieher von esoterischen Zeitschriften. Es wurde festgestellt, daß die Gebiete mit hohen Kirchgangsraten diejeni- gen mit der geringsten Astrologenzahl und den wenigsten Lesern von Esoterik-Literatur waren. Für Deutschland fand ich ähnliche Resultate, sowohl beim Vergleich einzelner Regionen wie auch bei Statistiken mit Individualdaten. Die Ergebnisse der ISSP/ALLBUS-Erhebung von 1991 für Westdeutschland [24] zeigen klar, daß sich unter den häufigen Kirchgängern die meisten Astrologie-Ablehner finden, unter den (sehr) seltenen Kirchgängern dagegen die meisten Astrologie-Anhänger. Nur bei Personen, die grundsätzlich nie in die Kirche gehen, ist die Wahrscheinlichkeit der Ablehnung der Astrologie wieder höher. Vergleichen wir die Einschätzung der eigenen Religiosität mit der Astrologiegläubigkeit (Abb. 4), dann ergibt sich, daß es offenbar zwei Gründe gibt, die Astrologie abzulehnen: entweder man ist überhaupt nicht religiös (dann wohl aus "Vernunftgründen") oder man ist sehr religiös (dann wohl, weil die Astrologie eine Konkurrenz-Ideologie darstellt). Astrologiegläubige nehmen eine Mittelposition ein. Fragt man weiter nach dem persönlichen Gottesbild, ergibt sich ein vergleichbares Resultat: unter bewußten Atheisten ist die Astrologiegläubigkeit am geringsten (18%), dicht gefolgt von Personen, die fest an einen persönlichen Gott im christlichen Sinne glauben (21%). Am astrologiegläubigsten sind Menschen, deren Gottesbild durch folgende Aussagen charakterisiert ist: "Manchmal glaube ich an Gott, manchmal nicht" (39%) oder "Ich glaube nicht an einen leibhaftigen Gott, aber ich glaube, daß es irgendeine höhere geistige Macht gibt" (37%). Unter Menschen, die noch nie in ihrem Leben das Gefühl hatten "einer mächtigen geistigen Kraft ganz nahe zu sein" (das sind 81% der Gesamtbevölkerung) beträgt der Anteil der Astrologiegläubigen 23%, bei Menschen mit solchen Erfahrungen 45%! Ingo Mörth [39] hat unter New Age-Aktivisten ähnliche, aber wesentlich stärkere Effekte gezeigt. Das Bild der Astrologie als "Ersatz-Religion" ist durch zahlreiche empirische Untersuchungen weltweit erhärtet [z.B. 14, 70]: sie füllt die Leerräume, die bei der Erosion traditioneller Formen von Religion entstehen. Zweifelsohne zählt sie zu den "Erben der Christenheit" (Franz-Xaver Kaufmann [26]).

Es wäre ein Fehler, den empirisch unzweifelhaften Schrumpfungsprozeß der Kirchen und den Bedeutungsverlust von traditioneller Religion [55, 56] als das Ende von Religion schlechthin auszugeben. Nicht der Untergang von Religion vollzieht sich, sondern ihre Privatisierung. Völlig neue Sozialformen von Religion scheinen im Entstehen zu sein: nicht-institutionalisiert, freischwebend, synkretistisch, weitgehend ohne dogmatischen Kanon, hochgradig individualisiert und privatisiert, "unsichtbar" (Luckmann [36]). Die Astrologie ist eine Variante davon. Als holistische Ideologie verspricht sie die harmonische Einbindung des

Menschen in das "Weltganze" mit der Aussicht auf Lösung des Kontigenzproblems, also die Reduktion elementarer Unsicherheit.

Doch Astrologie dürfte nicht nur Religions-, sondern auch Wissenschaftsersatz sein. Die Hoffnung, Wissenschaft könne existentielle Fragen beantworten, ist jedenfalls gründlich verpufft, immer komplexer, undurchschaubarer, unverständlicher und verunsichernder wird Wissenschaft, ihre Erkenntnisse sind ständigem Wandel unterworfen, "ewige Wahrheiten" kann und will sie nicht bieten. Noch schlimmer: sie zeigt auf, daß komplexe Systeme teilweise prinzipiell unvorhersagbar sind. Zahlreiche "Kränkungen" hat Wissenschaft dem anthropozentrischen Selbstverständnis zugefügt: ich nenne nur Kopernikus, Darwin oder Freud als prominente Beispiele. Falsche und überzogene Versprechungen von Wissenschaftlern (teilweise auch korrumpiert als "Gutachter" im politischen Kontext) haben die Glaubwürdigkeit von Wissenschaft grundlegend erschüttert. Eine naive Wissenschafts- und Fortschrittsgläubigkeit, einst selbst eine Art Religionsersatz, ist endgültig passé. Und das ist gut so. Denn geglaubte Wissenschaft ist nicht besser als jeder andere Aberglaube (hier sei mir dieser Ausdruck gestattet).

Trotzdem ist "Wissenschaft" nach wie vor die dominante Rhetorik der Moderne. So will auch Astrologie "wissenschaftlich" sein, empfiehlt sich selbst als Alternative zur "etablierten" Wissenschaft und lenkt somit die enttäuschten Heilshoffnungen nur auf sich selbst um, ohne sie grundsätzlich in Frage zu stellen. Ergo: "Es gibt kein größeres Glück auf dieser Welt als die Liebe zur Astrologie", wie jüngst der französische Sterndeuter André Barbault verkündete [44].

Die "Entfremdung" von der Wissenschaft läßt sich wohl nicht allein durch einen "knowledge gap" [29] zwischen der Bevölkerung und der scientific community erklären. Sonst wäre es beispielsweise kaum verständlich, warum Landwirte deutlich weniger astrologiegläubig sind als andere Bevölkerungsgruppen [7, 13]. Eine generelle Wissenschaftsfeindlichkeit vermag ich (von Ausnahmen abgesehen) unter Astrologieorientierten ebensowenig auszumachen wie eine "Trotz-Reaktion" angesichts einer allzu rationalen Welt. Denn einerseits ist unsere Welt in der Perzeption der Individuen ja gerade in ihrer Komplexität nach wie vor schrecklich irrational, ja geradezu "okkult" [54], andererseits sehen viele Astrologie-Anhänger ihre Weltsicht selbst als durchaus rational an. Auf die von Seelmann-Holzmann [47] vertretene Position, Astrologie könnte funktional gesehen für die Individuen die Rolle eines Subsinnsystems des Rationalismus spielen, habe ich schon hingewiesen. Kritisch

zu hinterfragen wäre, wofür der Begriff "Rationalismus" hier eigentlich
steht (siehe z.b. Lenk [35]), ich würde es durchaus für möglich halten,
daß nicht zuletzt die (sicherlich nur in den seltensten Fällen bewußt formulierte) erkenntnistheoretische Position der Individuen von Bedeutung
für den Astrologieglauben ist. Vertreten Sie einen klassischen oder einen
kritischen Rationalismus? Oder aber gleich einen methodologischen
Anarchismus à la Paul Feyerabend? Weil das eine empirisch vollkommen unbearbeitete Frage ist, auch hinsichtlich der Operationalisie-
rungsmöglichkeiten, erspare ich mir weitere Differenzierungen. Im Kern
geht es darum, daß man einerseits von Wissenschaft keine absoluten und
ewig für alle Zeiten gültigen Wahrheiten verlangen sollte. Das kann sie
nicht bieten. Um zu sehen, warum andererseits aber wissenschaftliche
Aussagen nicht völlig beliebig sind, müßte man sich schon selbst einmal
im Detail mit Wissenschaft auseinandersetzen. Vielleicht liegt genau da
das Problem.

Auch als Ersatz für verloren gegangene gesellschaftliche Utopien
könnte Astrologie fungieren. Die ISSP/ALLBUS-Daten zeigen jedenfalls, daß Personen mit starkem oder sehr starkem politischen Interesse
nur zu 22% astrologiegläubig sind, solche mit wenig oder gar keinem
politischen Interesse aber zu 33%.

Mikrosoziologische Ansätze

Obwohl sogar nach Ansicht von Hans Bender "viele Astrologen tatsächlich recht eigenartige Persönlichkeiten dar(stellen), die in ihrem Denken
und Fühlen stark weltanschaulich geprägt sind und gelegentlich einen
gewissen Fanatismus aufweisen" [5], muß der manchmal aufgeworfene
Verdacht, Astrologiegläubigkeit wäre in erster Linie psychopathologisch
zu deuten aus empirischer Sicht wohl abgelehnt werden [52, 57]. Was
sich dagegen immer wieder bestätigt [46, 48], sind starke Korrelationen
zwischen Astrologiegläubigkeit und einer externalen Kontrollüberzeu-
gung, d.h. der Tendenz, die Verantwortung für die eigene Situation
nicht bei sich selbst zu suchen, sondern in äußeren Faktoren, auf die
man keinen Einfluß zu haben glaubt. Anhand einer Befragung von 67
Klienten zweier Astrologen in Johannesburg (Südafrika) hat Tyson [60]
gezeigt, daß Probleme bei der Bewältigung von Streß, insbesondere so-
zialem Streß, als zentrales Motiv für den Gang zum Astrologen angesehen werden müssen. 50% der Klienten hatten Probleme mit Rollenkon-
flikten bzw. verfügten über nur sehr schwach ausgeprägte soziale Beziehungen. Möglicherweise ist darauf der Frauenüberschuß bei Astrolo-

giegläubigen zurückzuführen: die an Frauen herangetragenen Rollener-
wartungen sind (bis jetzt) noch weit widersprüchlicher als bei Männern.

Wie ich aus zahlreichen Gesprächen mit Astrologen weiß, steht am
Anfang einer Astrologen-Karriere nicht selten ein biographischer Bruch
in einer persönlichen Krisensituation, inklusiv eines assoziierten Schlüs-
selerlebnisses. Leider gibt es dazu noch keine systematischen Untersuchungen, die über einen anekdotischen Charakter hinauskämen.

Wuthnow [70] hat im Kalifornien der 70er Jahre nachzuweisen versucht, daß die Astrologie einer marginalen Subkultur (genauer: "Gegenkultur") mit spezifischen Werten und Normen angehöre, inwiefern seine
Ergebnisse übertragbar sind, muß bezweifelt werden.

Makrosoziologische Ansätze

Diese Ansätze versuchen den modernen Boom der Astrologie vor dem
Hintergrund gesamtgesellschaftlicher Entwicklungen verständlich zu
machen. Am einfachsten sind ökonomische Modelle, die einen "Okkult-
boom" in ökonomischen Krisenzeiten vorhersagen. Padgett und Jorgenson [42] untersuchten die jährliche Anzahl der astrologischen Zeit-
schriftenartikel, die zwischen 1918 und 1940 in Deutschland erschienen
waren und setzten sie zu ökonomischen Indikatoren (Reallöhne, Arbeitslosigkeit, Industrieproduktion) in Beziehung. Tatsächlich ergab sich
ein signifikanter Zusammenhang: in den 20er und 30er Jahren prospe-
rierte in Deutschland die Astrologie immer dann besonders, wenn sich
die ökonomische Krise verschärfte. Als besonders erklärungskräftig er-
wies sich die Arbeitslosigkeit. Nur in den Jahren 1936 bis 1939 war die
Verbreitung von Astrologie viel höher, als sie laut dem ökonomischen
Modell (in einer Zeit der deutlichen ökonomischen Entspannung)
eigentlich hätte sein sollen. Dies zeigt, daß vermutlich nicht nur ökonomische, sondern auch politische Verunsicherungen eine Rollen spielen
können. Ferner nahm das NS-Regime (allerdings nur bis 1940) der
Astrologie gegenüber eine eher wohlwollende Haltung ein.

Heute tragen rein ökonomische Modelle vermutlich nur noch wenig.
Zur Hauptquelle von Verunsicherung ist ein gesellschaftlicher Indivi-
dualisierungsprozeß geworden, der die Individuen freisetzt aus stabilen
sozialen Zusammenhängen, aus vorgegebenen Wert- und Normstruktu-
ren [27]. Das "Soziale" ist nun nicht mehr schicksalhaft vorgegeben,
sondern muß eigenständig konstruiert und erkämpft werden. Durch und
durch ambivalent ist diese Situation. Sie beinhaltet die Chance, aber
auch den Zwang zur Selbstorganisation der eigenen sozialen Mikrowelt

sowie der eigenen Identität. Der "Zwang zur Freiheit" überfordert aber
offenbar viele. "Identitätsfindung" ist deshalb das zentrale Thema der
heutigen Astrologie und keineswegs die Stellung von Zukunftsprogno-
sen - ganz im Gegensatz zu vormodernen Zeiten. Bei einer 1992 durchgeführten Umfrage unter 143 deutschen Astrologen nannten 90% die
"psychologische Astrologie" als eines ihrer Hauptarbeitsgebiete, nur
40% beschäftigten sich auch mit astrologischen Prognosen [22]. Ganz
klar: wir haben es primär nicht mehr mit der alten, vormodernen
Astrologie zu tun, sondern mit einer neuen Form, die aus den Problemlagen der Moderne erwächst. Auch müssen wir deutlich sehen, daß die
Erosion traditioneller Lebensformen ja das Produkt eines ungeheueren
und irreversiblen Modernisierungsschubs ist, wie er in den letzten Jahrzehnten stattgefunden hat. Astrologie also als ein Produkt der Moderne.
Horst Stenger [53] kann nur zugestimmt werden: "Was auf der inhaltli-
chen Ebene anachronistisch erscheinen mag, erweist sich auf der strukturellen Ebene als ausgesprochen modern" (S. 385).

Unmöglich kann ich an dieser Stelle auf einzelne soziologische Theorien zur Konzeptionalisierung dieses Modernisierungsprozesses eingehen - von der Risikogesellschaft (Beck), über die Entkopplung von System und Lebenswelt (Habermas) bis hin zu Postmaterialismus-Ansätzen
(Inglehart) und vielen anderen mehr - um anschließend ihre relative Erklärungskraft für das soziale Phänomen Astrologie zu diskutieren. Ich
will nur noch einmal die schon betagte Feststellung von Schmidtchen
[45] aus dem Jahr 1957 zitieren:

"Wir wissen inzwischen genug, um sagen zu können, daß die Verbreitung der Astrologie (...) gar keine unabhängige Bedrohung ist, sondern nur ein abhängiges Symptom ganz anderer gesellschaftlicher Funk-
tionsstörungen. Mithin wäre das politische Problem der Astrologie kein
isoliertes".

Fazit

Was steht nun am Ende unseres schnellen Ritts durch den Irrgarten der
Erklärungen für das soziale Phänomen Astrologie? Haben wir es nun mit
einem alten Aberglauben oder mit einer postmodernen Religion zu tun?
Die Antwort mag überraschen: Astrologie heute ist kein alter Aberglaube mehr, sie ist kein Relikt vormoderner Zeiten, ihre Existenzvor-
aussetzung ist die Moderne und die von ihr geschaffenen Problemlagen.

Sie ist nicht "alt", weil sie als soziales Phänomen nicht mit vormodernen Formen ihrer selbst gleichgesetzt werden kann. Und der Begriff "Aberglaube" ist ohnehin unbrauchbar.

Doch Astrologie ist auch nicht postmodern. Denn "das Unbehagen an der Moderne macht noch keine Postmoderne" [71]. Das einzig Reale an der "Postmoderne", das ich ausmachen kann, ist das Gerede darüber. Astrologie ist das Produkt einer konsequenten Modernisierung unserer Gesellschaft, einer Moderne, die so modern ist, daß sie reflexiv wird, sich selbst hinterfragt. Sie ist einer von vielen Versuchen, die aus Detraditionalisierungs-, Erosions- und Desintegrationsprozessen entstehende Sinnkrise der Moderne zu überwinden. Dabei ist sie nur vor dem Hintergrund eines strukturellen Individualismus' denkbar und insofern ein Symptom gesellschaftlicher Transformationsprozesse - innerhalb der Moderne. Astrologie zeigt uns auf, welche Sozialformen von Religion wir nach dem Ende der Konfessionen in der fortgeschrittenen Moderne erwarten dürfen.

Obwohl uns die Sterne nicht beeinflussen, beeinflußt die Astrologie schon jetzt fast jeden Bürger unserer modernen Gesellschaft - ob direkt oder indirekt. Astrologie ist aber nur ein Reflex auf die eigendynamisch entstehenden objektiven Problemlagen. Sie verwechselt Wunsch und Wirklichkeit und ist keine Lösung, sondern vielmehr ein Teil der Probleme, vor denen wir stehen. Sie ist Produkt, nicht Projekt. Wir müssen also kritisch rückfragen: Die esoterische Verführung - Angriff auf Vernunft und Freiheit? Wer verführt da, wer greift an? Ich befürchte: es ist letztlich die Moderne selbst. Das macht die notwendige Verteidigung von Vernunft und Freiheit im Namen der Moderne bestimmt nicht einfacher.

Literatur

[1] Adorno, T.W. (1972): Aberglaube aus zweiter Hand, in: Gesammelte Schriften 8, 147

[2] Alcock, J.E. (1993): Magisches Denken in einer wissenschaftlichen Welt, in: Skeptiker 6, 9

[3] Bainbridge, W.S. und R. Stark (1980): Superstition: Old and New, in: Skeptical Inquirer 4, No. 4, 18

[4] Bainbridge, W.S. und R. Stark (1980): Client and audience cults in America, in: Sociological Analysis 41, 199

[5] Bender, H. und U. Timm (1967): Ergebnisse einer Umfrage unter Astrologen, in: Zeitschrift für Parapsychologie und Grenzgebiete der Psychologie 10, 115

[6] Boll, F. (1918): Sternglaube und Sterndeutung, Leipzig, Berlin: Teubner

[7] Boy, D. und G. Michelat (1986): Croyances aux parasciences: dimensions sociales et culturelles, in: Revue francaise de sociologie 27, 175

[8] Carlson, S. (1985): A double-blind test of astrology, in: Nature 318, 419

[9] Crowe, R.A. (1990): Astrology and the Scientific Method, in: Psychological Reports 67, 163

[10] Culver, R.B. und P.A. Ianna (1988): Astrology - True or False? New York: Prometheus Books

[11] Defrance, P. et al. (1971): Le retour des astrologues, Paris

[12] Dutch, S. (1986): Four Decades of Fringe Literature, in: Skeptical Inquirer 10, 342

[13] EMNID-Institut (1988): Bedeutung des Sternzeichen, in: EMNID-Informationen 40, Nr. 4, 20

[14] Frazier, K. (1992): Who believes in Astrology and why? in: Skeptical Inquirer 16, 344

[15] Foerster, W. (1901): Himmelskunde und Weissagung, Berlin: John Edelheim

[16] Gauquelin, M. (1982): Zodiac and personality: an empirical study, in: Skeptikal Inquirer 6, 57

[17] Grimmer, M.R., und K.D. White (1990): The Structure of Paranormal Beliefs Among Australian Psychology Students, in: Journal of Psychology 124, 357

[18] Haack, F.-W. (1988): Astrologie, München

[19] Hamel, J. (1989): Astrologie - Tochter der Astronomie? Rastatt

[20] von Heeren, R. (1994): Neue Entdeckungen jenseits der Neptun- und Plutobahn, in: Meridian, Nr. 6/94, 48

[21] Herrmann, J. (1995): Argumente gegen die Astrologie - heute, in: Skeptiker 8, [in Druck]

[22] Hover, D. (1993): Astrologie '92, in: Meridian, Nr. 5/93, 17

[23] Institut für Absatzforschung (Ifak) (1973), in: Der Spiegel 53, 64

[24] ISSP/ALLBUS-Baseline-Befragung aus dem Jahr 1991, Eigene Berechnungen nach den Daten des Zentralarchivs für empirische Sozialforschung, Köln

[25] Kanitscheider, B. (1991): Astrologie aus wissenschaftstheoretischer Perspektive, in: G.L. Eberlein (1991): Schulwissenschaft Parawissenschaft Pseudowissenschaft, Stuttgart: Wissenschaftliche Verlagsgesellschaft, 149.

[26] Kaufmann, F.-X. (1989): Auf der Suche nach den Erben der Christenheit, in: M. Haller, et al. (Hrsg.): Kultur und Gesellschaft, Verhandlungen des 24. Deutschen Soziologentags, Frankfurt: Campus

[27] Keupp, H. (1992): Verunsicherungen, Risiken und Chancen des Subjekts in der Postmoderne, in: T.Rauschenbach, und H.Gängler, (Hrsg.): Soziale Arbeit und Erziehung in der Risikogesellschaft. Luchterhand, 165-183

[28] von Klöckler, H. (1991): Kursus der Astrologie, 3 Bände, Freiburg: Hermann Bauer

[29] Koptas, G., W. Wisiniewski und J. Smolska (1987): Public Attitudes toward Scientific Knowledge in Poland, in: Science and Public Policy 14, No. 3, 118

[30] Knappich, W. (1967): Geschichte der Astrologie, Frankfurt

[31] Knoblauch, H. (1991): Die Welt der Wünschelrutengänger und Pendler, Frankfurt: Campus

[32] Köhler, T. und J.A. Leopold (1987): Eine empirische Studie zur Validität astrologischer Persönlichkeitsgutachten, in: Psychologische Beiträge 29, 567

[33] Kurtz, P. et al. (1988): Astrology and the Presidency, in: Skeptical Inquirer 13, 3

[34] Kurtz, P. (1995): French Committee announces results of test of so-called Mars Effect, in: Skeptical Inquirer 19, No. 1, 4

[35] Lenk, H. (1990): Rationalität und Ethik der Wissenschaft in der Postmoderne, in: B. Scheuringer, (Hrsg.): Wertorientierung und Zweckrationalität, Opladen, 225-238

[36] Luckmann, T. (1991): Die unsichtbare Religion, Frankfurt: Suhrkamp

[37] Mädlow, E. (1991): Planetarium contra Astrologie, in: Sterne und Weltraum 30, 332

[38] Mädlow, E. (1994): Astrologie in der Schule, in: Astronomie+Raumfahrt 31, Heft 23, 37

[39] Mörth, I. (1989): New Age - neue Religion? in: M. Haller, et al. (Hrsg.): Kultur und Gesellschaft, Verhandlungen des 24. Deutschen Soziologentags. Frankfurt: Campus

[40] Noelle-Neumann, E. und R. Köcher (1993): Allensbacher Jahrbuch der Demoskopie 1984-1992

[41] Noelle-Neumann, E. und E. Piel (1983): Allensbacher Jahrbuch der Demoskopie 1978-1983

[42] Padgett, V.R. und D.O. Jorgenson (1982): Superstition and Economic Threat: Germany, 1918-1940, in: Personality and Social Psychology Bulletin 8, 736

[43] Planer, F.E. (1992): Die Struktur des Glaubens an das Paranormale, in: Skeptiker 5, 94

[44] Sabel, R. (1995): Interview mit André Barbault, in: Meridian, Nr. 1, 50

[45] Schmidtchen, G. (1957): Soziologisches über die Astrologie, in: Zeitschrift für Parapsychologie und Grenzgebiete der Psychologie 1, 47

[46] Schweizer, K. (1993): Struktur und Ausprägung magisch-irrationaler Glaubenshaltungen bei Erwachsenen, in: Zeitschrift für Parapsychologie und Grenzgebiete der Psychologie 35, 212

[47] Seelmann-Holzmann, H. (1986): Astrologie und Rationalitätsmuster, Frankfurt: Campus

[48] Sosis, R.H., B.R. Strickland, und W.E. Haley (1980): Perceived locus of control and beliefs about astrology, in: Journal of Social Psychology 110, 65

[49] Spaniol, O. (1994): Die unvermeidliche Angst, in: Skeptiker 7, 88

[50] Sparks, G.G., T. Hansen und R. Shah (1994): Do televised depictions of paranormal events influence viewers' beliefs? in: Skeptical Inquirer 18, 386

[51] Stark, R. und W.S. Bainbridge (1985): The Future of Religion, Berkeley

[52] Startup, M. (1983): Belief in astrology: a symptom of maladjustment? in: Personality and Individual Differences 4, 343

[53] Stenger, H. (1990): Kontext und Sinn, Ein typologischer Versuch zu den Sinnstrukturen des "New Age", in: Soziale Welt 41, 383

[54] Stenger, H. (1989): Der "okkulte" Alltag, in: Zeitschrift für Soziologie 18, 119

[55] Terwey, M. (1993): Sind Kirche und Religion auf der Verliererstraße? in: ZA-Information 32, 95

[56] Terwey, M., und A.L. McCutchoen (1994): Belief and Practice in the Unified Germanies, in: ZA-Information 34, 47

[57] Thalbourne, M.A. (1994): Belief in the paranormal and its relationsship to schizophrenia-relevant measures, in: British Journal of Clinical Psychology 33, 78

114   Edgar Wunder

[58] Tiryakian, E.A. (1972): Toward the Sociology of Esoteric Culture, in: American Journal of Sociology 78, 491

[59] Truzzi, M. (1972): The Occult Revival as Popular Culture: Some random observations on the old and the nouveau witch, in: Sociological Quarterly 13, 16

[60] Tyson, G.A. (1981): People who consult astrologers: a profile, in: Personality and Individual Differences 3, 119

[61] Vollmer, G. (1993): Wissenschaftstheorie im Einsatz, Darmstadt: Wissenschaftliche Verlagsgesellschaft.

[62] Vollmer, G. (1994): Wozu Pseudowissenschaften gut sind, in: Skeptiker 7, No. 4, 94.

[63] Waßner, R. (1991): Neue religiöse Bewegungen in Deutschland. Ein soziologischer Bericht, in: EZW-Informationen, Nr. 113

[64] Wiechoczek, R. (1989): Uranus lächelt über Hiroshima, München: Arbeitsgemeinschaft für Religions- und Weltanschauungsfragen

[65] Wunder, E. (1992): Astronomie und die Pseudowissenschaften, in: Informationen der Sternwarten und astronomischen Vereine in Ostsachsen und Niederschlesien, Tagungsband zur Versammlung vom 23.5.1992 in Görlitz, 22

[66] Wunder, E. (1992): Astrologische Prognosen auf dem Prüfstand, in: Skeptiker 5, 9

[67] Wunder, E. (1994): Von der psychologischen Astrologie zur astrologischen Psychose, in: Astronomie+Raumfahrt 31, No. 23, 19

[68] Wunder, E. (1995): Das Besucherpotential der Nürnberger Volkssternwarte, Nürnberg

[69] Wunder, E. (1995): Wie reagieren wir auf Pseudowissenschaften? in: Sterne und Weltraum, in Vorbereitung

[70] Wuthnow, R. (1976): Astrology and marginality, in: Journal of the Scientific Study of Religion 15, 157

[71] Zöller, M. (1990): Produkt nicht Projekt - Individualismus als Nebenfolge des Wandels moderner Weltbilder, in: Zeitschrift für Politik 37, 310

Heinrich Eppe

Blut und Sterne

Völkischer Rassismus und Astrologie vor 1918

Ein Blick in die Geschichte zeigt mehrere Phasen esoterischer Konjunktur: beim Untergang des spätrömischen Reiches, bei der Auflösung der mittelalterlichen Welt und bei dem noch andauernden Prozeß im Übergang zu dem, was "Moderne" genannt wird. Im nachfolgenden Beitrag soll eine spezifische Version des Okkultismus herausgegriffen werden: die Ariosophie[1]. Ariosophie ist, auf eine griffige Formel gebracht, die Verknüpfung der Theosophie, wie sie am Ende des 19. Jahrhunderts entstanden ist, mit dem völkischen Rassismus, der sich etwa in der gleichen Zeit entwickelte.

Als Väter der Ariosophie gelten Georg Lanz, der sich "Jörg Lanz von Liebenfels" nannte und Guido (v.) List. Beide lebten in Wien und dachten sich etwa zur gleichen Zeit, um die Jahrhundertwende, ihre ariosophischen Gedankengebäude aus und gründeten ihre Organisationen: die Guido von List-Gesellschaft und den Ordo Novi Templis" (ONT), den Neuen Templer-Orden.

---

[1] Die beste Veröffentlichung zur Geschichte der Ariosophie ist bislang nur in englischer Sprache erhältlich, obwohl ihre 1. Auflage schon 1986 erschien: Nicholas Goodrick-Clarke: The Occult Roots of Nazism. Secret Aryan Cults and their Influence on Nazi Ideology, London, New York: Tauris 1992; Zur Geschichte der Astrologie siehe: Howe, Ellic: Uranias Children. The Strange World of the Astrologers, London: Kimber 1967

Guido (von) List

wurde im Jahre 1848 in Wien geboren. Er verabscheute die Großstadt
und verbrachte jede freie Stunde auf Wanderungen. Dort suchte er verschüttete Überreste der germanischen Kultur und einer "vom Christentum unterdrückten" Wotans-Religion[2], schrieb germanophile Bücher
und Theaterstücke und gehörte der antikatholischen "Los-von-Rom"-
Bewegung und der antisemitischen, alldeutschen Schönerer-Bewegung in
Österreich an. Im Jahre 1902 erlebte er seine mystische Bekehrung.
Nach einer Augenoperation blieb er 11 Monate lang blind. Nun glaubte
er zu wissen, daß die ariogermanischen Runen nicht nur die Urschrift
aller Völker sind, sondern daß sie auch eine besondere okkulte Bedeutung haben. Diese Runen seien auch noch heute zu finden, in den Wap-
pen der Adelsgeschlechter, in den Häusermarken und wie vor allem
einige seiner Schüler behaupteten, auch im Fachwerk[3]. Nicht immer
sehr deutlich, aber dies liege daran, daß die Baumeister die geheimen
Runenbotschaften der verbotenen altgermanischen Wotansreligion ver-
schlüsseln mußten, *verkalen* wie sie sich ausdrückten. Den Schlüssel zur
Deutung der Runen glaubte List durch Intuition gefunden zu haben. Die
Weisheit der wotanische Priesterkaste, so List weiter, sei über verborgene Wege in die heutige Zeit gekommen, über Mystiker, Templer, die
Humanisten der Renaissance, Rosenkreuzer, Freimaurer, Kabbalisten,
Theosophen, d.h. über alle Strömungen der esoterischen Subkultur in
den letzten 800 Jahren.

Bei der damals neuesten esoterischen Strömung, der Theosophie,
machte List bedeutsame Anleihen. Er übernahm von dort seine zyklische
Zeitvorstellung und seinen Glauben an die Reinkarnation. Dies ergibt
dann z.B. folgende Konstruktion:

Die ario-germanische Rasse sei mit allen anderen Rassen
"unvereinbar". Das Christentum wolle "Menschen ohne Rassenunter-
schiede" haben und habe es auf die Vernichtung der arischen Rasse und
ihrer Religion abgesehen. Folge sei das "rassenmischige Menschen-
chaos" innerhalb der arisch-germanischen Rasse. "Halbblut-Ario-Ger-
manen" wären entstanden. Diese könnten sich aber, wenn sie sich die
Aufgabe der "rassischen Rein- und Hochzucht" stellen, in mehrfachen

---

[2] Guido List: Deutsch-Mythologische Landschaftsbilder, Neue Ausgabe Leipzig:
   Warnecke 1891
[3] Philipp Stauff: Runenhäuser, Berlin: 1912 (2. Aufl. 1921); Rudolf John Gorsleben:
   Hoch-Zeit der Menschheit, Leipzig 1930 (Nachdruck Bremen: Faksimile Verlag 1994)

Reinkarnationen rassisch verbessern und so ihre "Bastardisierung" verlieren, "um in einer seiner folgenden Wiederverkörperungen völlig rein-
rassig zu erscheinen"[4].

List gehört zu den Mentoren des neuzeitlichen Wotanismus. Stärker
an christlichen Überlieferungen und Riten orientierte sich der andere
Begründer der Ariosophie.

Georg Lanz

nannte sich "Jörg Lanz von Liebenfels". Um die Astrologen zu verwir-
ren gab er stets 1872 statt 1874 als Geburtsdatum an[5]. Er trat 1893 in
den Zisterzienser-Orden ein, verließ ihn 1899 wieder und gründete 1900
den "Ordo Novi Templis (ONT), den Neuen Templer Orden, in dem er
einen Kreis von Rassenmystikern um sich scharte.

Seine grundlegenden Phantasien über die Menschheitsentwicklung
veröffentlichte er in der Schrift: "Theozoologie oder die Kunde von den
Sodomsäfflingen und dem Götterelektron"[6].

In Stichworten - sehr grob umrissen - gibt er dort folgendes kund:
Am Anfang hätte es Gottmenschen und Tiere gegeben, die im Paradies
lebten. Der biblisch überlieferte Sündenfall sei in Wirklichkeit die
sodomitische Vermischung mit affenartigen Wesen. Dadurch wären die
niedrigen Rassen der Menschheit, die Sodomsäfflinge, entstanden. Die
Gottmenschen hätten dadurch weitgehend ihre göttlichen Fähigkeiten,
das Götterelektron, verloren, und die affenartigen Wesen hätten men-
schenähnliche Gestalt erhalten. Bei diesem Götter-Elektron handele es
sich um besondere Wahrnehmungsorgane zum Senden und Empfangen
elektrischer Signale, eine Art elektromagnetischer Wellen. Diese Ge-
dankenstrahlen (übrigens schneller als das Licht) würden die Fähigkeit
zur Telepathie und zur Allwissenheit verleihen. Denn alles was einmal

---

[4] Guido v. List: Die Ehefrage im Sinne des Armanismus klargelegt, Anhang II zu Die
     Armanenschaft der Ario-Germanen 1. Teil, 3. Aufl. Berlin: G.v. List Verlag 1922, S.
     84-89, hier Zitat S. 87

[5] Vgl. hierzu: Wilfried Daim: Der Mann, der Hitler die Ideen gab, Berlin: Dietz 1991,
     S. 48ff

[6] Jörg Lanz-Liebenfels: Theozoologie oder die Kunde von den Sodomsäfflingen und
     dem Götterelektron, Eine Einführung in die älteste und neueste Weltanschauung und
     eine Rechtfertigung des Fürstentums und des Adels, Leipzig-Wien-Budapest: Moderner
     Verlag, 1905 (weitere Auflage in: Ostara III Serie Nr. 5-9 und 15-19, Wien 1928-
     1930)

war, habe Spuren im elektromagnetischen Bereich hinterlassen und sei deshalb heute noch wahrnehmbar. Mit dem Götterelektron ließe sich deshalb eine intuitive Allwissenheit erlangen und man könne auch in Zeiten zurückblicken, als noch kein Mensch auf der Erde lebte (aus der Anthroposophie Rudolf Steiners kennt man diese Fähigkeit als Lesen in der Akasha-Chronik). Heute, so meinte Lanz von Liebenfels, sei dieses Götter-Elektron am ehesten noch in den alten (reinrassigen) Adelsdynastien Europas zu finden, woraus sich ja auch ihr Herrschaftsanspruch ableite.

Jesus, den er Frauja nennt, sei in Wirklichkeit Verkünder der Rassereinheit (da er selbst Arier gewesen sei) und Begründer einer ariosophischen Kirche. Die Kirche komme aber ihrer rassischen Reinhaltungspflicht nicht nach, sodaß die Gefahr bestehe, daß die niederrassigen Völker die arischen beherrschen. Zu den Niederrassigen zählte er alle anderen Völker, außer den Ariern. Diese hätten die Pflicht, ihre Rasse durch Höherzüchtung wieder rein zu machen. Er dachte dabei für die Übergangszeit an klösterliche Reinzuchtkolonien, in denen die Frauen sicher davor bewahrt werden könnten, sich erneut mit dunkelrassigen Tschandalen einzulassen, wozu sie, wie Liebenfels meinte, eine besondere Neigung hätten. Die Weltgeschichte sah er als Kampf der blauäugig-blonden Arioheroen mit den Niederrassigen um die Weltherrschaft.

Für das Schicksal der Dunkelrassigen gibt er verschiedene Möglichkeiten vor: Versklavung, Ausrottung, Kastration, Sterilisation. Auch innerhalb der europäischen Gesellschaften seien solche Tschandalen am Werk, die "sozialistisch-bolschewistische Urmenschenrasse ... sie wollen den Klassenkampf, sie sollen den Rassenkampf haben, Rassenkampf von unserer Seite bis aufs Kastrationsmesser"[7]. An anderer Stelle will er sie in den Urwald deportieren. "Dort können sie ihre sozialistischen, bolschewikischen, demokratischen, proletokratischen Staatsutopien mit vollkommen gleichem, geheimem, allgemeinem Wahlrecht ... in die Wirklichkeit umsetzen ... Mit Fug und Recht können aber, wenn die Kohns, Lewys, Deutschs usw. Wahlrecht haben, auch die Gorillas und Mandrills Wahlrecht beanspruchen"[8]. Von 1905

---

[7] Lanz von Liebenfels: Der Weltfriede als Werk und Sieg der Blonden, in: Ostara III. Serie Nr. 4, Wien 1928, S. 9

[8] Lanz von Liebenfels: Der Weltfriede als Werk und Sieg der Blonden, in: Ostara III. Serie Nr. 4, Wien 1928, S. 4f

bis 1918 veröffentlichte er 100 "Ostara"-Hefte, in denen er seine rassistische Weltdeutung auf eine Vielzahl von Themen anwendete[9].

Astrologie bei Lanz von Liebenfels

Wie alle Astrologiegläubigen, insbesondere jedoch solche, die in rassistischen Kategorien denken, mußte auch Lanz von Liebenfels die Frage klären, ob die kosmischen Einflüsse der Gestirne den Lebensweg entscheidend prägen oder das rassenspezifische Erbgut. Ist es das Blut oder sind es die Sterne, die den Charakter des Menschen bestimmen?

Denn das Horoskop hat aus dem Blickwinkel eines Rassisten die - im doppelten Sinne - fatale Eigenschaft, daß es alle Menschen in gleicher Weise nach ihrer astralen Geburtskonstellation beurteilt. Wo bleibt da die Überlegenheit der einzig kulturschaffenden Rasse, der Arier? Lanz von Liebenfels löst das Problem in folgender Weise:

Während der Schwangerschaft lebe das Kind "in vollster Abhängigkeit vom Mikrokosmos der Mutter"[10]. Mit der Zerschneidung der Nabelschnur beginne das Kind im Makrokosmos zu leben, "der ihm nunmehr die ersten rhythmischen Impulse zuschickt". Er stellte sich diese Impulse als physikalische Einwirkung durch elektromagnetischen Wellen vor. "Im Zeitalter der drahtlosen Telegraphie kann die Astrologie erst richtig verstanden werden"[11]. Diese ersten Impulse seien wichtig, aber sie binden den Menschen nicht. Sie sagen nichts über seine Abstammung. Die Geburtsastrologie könne deshalb nur dann "wirklich exakte Resultate" zu tage fördern, wenn sie die Abstammung der Eltern und Vorfahren sowie Zeit und Ort der Empfängnis berücksichtigen. Bei den höherrassigen Menschen seien die mikrokosmischen Einflüsse, also diejenigen des Milieus und der Abstammung stärker als die makrokosmischen Einflüsse durch die Gestirne[12]. Je höher die "Rassenphysis" ist, desto freier wird er von den makrokosmischen Einflüssen, desto mehr wird er der 'Herr seiner Sterne'"[13]. - "Höhere Rasse kann sich selbst

[9] Eine umfassende Bibliographie seiner Schriften liegt seit einigen Jahren vor: Ekkehard Hieronimus: Lanz von Liebenfels, Eine Bibliographie, Toppenstedt: Berg 1991

[10] Lanz von Liebenfels: Einführung in die praktische Rassenmetaphysik, in: Ostara Nr. 80, 1915, S. 4

[11] Lanz von Liebenfels: Einführung in die praktische Rassenmetaphysik, in: Ostara Nr. 80, 1915, S. 4

[12] Lanz von Liebenfels: Einführung in die praktische Rassenmetaphysik, in: Ostara Nr. 80, 1915, S. 11

[13] Lanz von Liebenfels: Einführung in die praktische Rassenmetaphysik, in: Ostara Nr. 80, 1915, S. 4

gegen makrokosmische Hemmungen siegreich durchsetzen. Der Ario-heroide ist der Herr, der Nicht-Arier der Sklave seines Geschicks"[14]. Damit hat sich für Lanz von Liebenfels das rassistisch-astrologische Dilemma aufgelöst.

Da das Geburtshoroskop also relativ wenig für den Einzelnen her-gibt, die Orts- und Zeitbestimmung aber als bedeutsam erkannt wird, lag ein Schwerpunkt der ariosophischen Astrologie in der Mundan-Astrolo-gie (Wirkung der Sternkonstellation auf Städte, Länder, Berufsgruppen, Organisationen und Bereiche wie Verkehr oder Wasserwirtschaft). Jedes Volk stehe unter einer bestimmten Himmelsregion und unter einem be-stimmten Zeichen. "Wird dies unter einem bestimmten Aspekt des Himmelslichts getroffen, so bedeutet dies entsprechend Glück oder Un-glück für das betreffende Volk"[15]. Lanz von Liebenfels verbindet nun astrologische, theosophische und rassenmythologische Konzepte miteinander. Wie kaum anders zu erwarten, kommt er zu herausragenden Ent-deckungen. "Es ist mir gelungen, eine sehr interessante Beziehung zwi-schen der Rassenkunde und der Tierkreisastrologie zu entdecken und diese Entdeckung ist geeignet, die Mundan-Astrologie auf eine solide, modern wissenschaftliche Basis zu stellen".

Gerade in Kriegszeiten boomt die Mundan-Astrologie als Teil der Kriegspropaganda und trifft auf interessierte, weil verängstigte Leser. Lanz von Liebenfels wollte sich diese Konjunktur wohl nicht entgehen lassen. Mundan-Astrologie, in enger Verknüpfung mit den ausgreifen-den Prophezeiungen eines Malachias und Nostradamus, ist in Kriegs-zeiten Teil der psychologischen Kriegsführung, um jegliche Zweifel am Sieg der jeweils eigenen Armeen zu zerstreuen, mit dem Verweis auf die kosmische Zwangsläufigkeit und Autorität der Metaphysik. Die Mun-danastrologen brauchten im Ersten Weltkrieg dazu freilich von der Obersten Heeresleitung nicht eigens verpflichtet werden.

Lanz von Liebenfels stellt fest, daß die Erfahrungen der Mundan-Astrologie in der Tat wunderbar mit der politischen Geschichte der ein-zelnen Staaten übereinstimmen[16]. Preußen stehe unter dem Himmelszei-chen Skorpion und unter dem Planeten Mars. "Der Skorpion-Mensch ist

---

[14] Lanz von Liebenfels: Einführung in die praktische Rassenmetaphysik, in: Ostara Nr. 80, 1915, S. 11f

[15] Lanz von Liebenfels: Einführung in die praktische Rassenmetaphysik, in: Ostara Nr. 80, 1915, S. 8

[16] Lanz von Liebenfels: Rassenpsysik des Krieges 1914/16 in: Ostara Nr. 81, Wien 1915, S. 2

der Mensch der strammen Organisation"[17]. Die Entente-Länder stünden nicht nur politisch, sondern auch astrologisch in Opposition zu Preußen-Deutschland. "Es ist geradezu erstaunlich", schreibt er, "wie allein schon die Zuteilung der einzelnen Tierzeichen an die einzelnen Staaten das tatsächliche politische Verhältnis der einzelnen Staaten zueinander genauestens charakterisiert, auch wenn man die Planeteneinflüsse nicht berücksichtigt. So steht Skorpion (Preußen) in guten Sextil-Aspekten mit Steinbock (Balkan) und Jungfrau (Türkei) ... dagegen in ungünstigen Quadrat-Aspekten mit Löwe (Frankreich) und Wassermann (Rußland)..."[18] usw. usw. Keine Frage, daß er den Mittelmächten (Deutschland, Österreich und Italien) einen apokalyptischen Sieg prophezeit.

Es kommt hier nicht darauf an, die Konzepte der Ariosophen auf Widersprüche und Unsinnigkeiten abzuklopfen. Festzuhalten ist jedoch, daß die Ariosophen von der theosophischen Bewegung neben einigem anderen die Astrologie übernommen haben und sie mit dem barbarischen Mythos von der arischen Rasse verknüpften. So eröffneten sich die Ariosophen einen Weg, Astrologie zu betreiben, und öffneten umgekehrt den Astrologen die Tür zum rassistischen Denken. Der Ausbreitung der Ariosophie wäre es sehr hinderlich gewesen, wenn sie sich aufgrund ihrer Vorstellung von rassischer Vererbung gegen die Astrologie gestellt hätte.

Wie chemische Elemente spontan oder nur schwer neue Verbindungen eingehen, so gruppieren sich die zahllosen Methoden der Vorhersagekunst (Mantik) zu neuen Kombinationen esoterischer Syndrome. Die Astrologie gehört dabei zu den reaktionsfreudigsten Elementen und ist deshalb zu einem der wenigen gemeinsamen Nenner fast aller esoterischer Phantasien geworden. Neben ihrer weiten Verbreitung ergibt sich daraus die besondere Bedeutung der Astrologie bei mentalitätsgeschichtlichen Untersuchungen.

Die ariosophischen Gedankengebäude von Liebenfels und List sind abstrus, inhuman und widersprechen so offensichtlich selbst den einfachsten historischen und biologischen Fakten, daß man annehmen könnte, es handele sich um persönliche Marotten von zwei weltfremden Käuzen aus Wien, die keinen Einfluß auf die Diskussionen außerhalb ih-

---

[17] Lanz von Liebenfels: Rassenphysik des Krieges 1914/16 in: Ostara Nr. 81, Wien 1915, S. 2

[18] Lanz von Liebenfels: Rassenphysik des Krieges 1914/16 in: Ostara Nr. 81, Wien 1915, S. 4f

rer Sekten ausüben können. Doch schon ein kurzer Blick auf die Mitglieder der Guido v. List-Gesellschaft zeigt etwas anderes. Etwa 220
Mitglieder soll diese Gesellschaft umfaßt haben.

Ihre Mitglieder kamen überwiegend aus den besseren Kreisen der
Gesellschaft. Von 208 persönlichen Mitgliedern oder finanziellen För-
derern hatten 29 (14%) promoviert oder einen Professorentitel. 30
(ebenfalls 14%) trugen ein Adelsprädikat im Namen. Es war eine männlich dominierte Gesellschaft. Nur 17 (8%) dieser Mitglieder waren
Frauen[19].

Die prominenten Mitglieder lassen sich grob in einige Untergruppen
einteilen,

a) Theosophen

wie Franz Hartmann (1838-1912); Hugo Göring, Herausgeber theosophischer Literatur in Weimar; Harald Arjuna Grävell van Jostenoode
(geb. 1856), ein theosophischer Schriftsteller aus Heidelberg, später
Breslau; Prof. Paul Zillmann, Herausgeber der okkultistischen Zeitschrift "Neue Metaphysische Rundschau"; Johannes Balzli, Redakteur
der Zeitschrift "Prana" und List-Biograph[20]; Karl Heise (Mazdaznan in
Zürich); und die Wiener Theosophische Gesellschaft selbst.

b) Völkische Antisemiten

wie Karl Lueger, Bürgermeister von Wien seit 1897; Philipp Stauff,
Reichshammerbund und Kanzler des Germanenordens; Karl Hellwig,
Oberst und Mitglied des Germanenordens und des Reichshammerbun-
des; Dr. med. et phil. Wilhelm Rohmeder, Oberstudiendirektor, Schul-
rat und Vorsitzender des Deutschen Schulvereins in Bayern; Dr. Ernst
Wachler, Erfinder der Freilichtbühnen.

---

[19] Die 208 Mitglieder, die der Berechnung zugrunde liegen, haben zu unterschiedlichen
Zeitpunkten der List-Gesellschaft angehört. Deshalb repräsentieren sie nicht die annähernd 100%, die die Zahl der Mitglieder von 220 zu einem bestimmten Zeitpunkt
nahelegen könnte. Die Zahl der Mitglieder mit akademischen Titeln kann höher ausfallen, wenn die überlieferten Angaben lückenhaft sind. Sie könnte auch niedriger
liegen, wenn sich die nicht-erfaßten Mitglieder deutlich anders zusammensetzen sollten. Dennoch bleibt der Anteil der Mitglieder mit hohem formalen Bildungsgrad bemerkenswert.

[20] Johannes Balzli: Guido v. List, Der Wiederentdecker Uralter Weisheit, Sein Leben
und sein Schaffen, Leipzig 1917

c) Industrielle

wie Friedrich Johann Wannieck, Eisenindustrieller aus Brünn; Eduard Lorenz Lorenz-Meyer, Großkaufmann aus Hamburg im Ostindienhandel; Mathilde Merck (Darmstadt); Gustav Simons, Erfinder des Simonsbrotes

d) Militärs

wie General Blasius von Schemua, Österreichischer Generalstab; Friedrich Schwickert (= Sindbad[21]) Korvettenkapitän und Astrologe; Amand Schweiger Freiherr von Lerchenfeld, Herausgeber der Zeitschrift "Stein der Weisen"

Außerdem eine Reihe von Organisation und Intellektuellen wie die Burschenschaft "Salingia"; die Bücherei des Deutschen Bundes; der Bund der Deutschen Nordmährens; der Harzverein für Geschichte und Altertumsforschung; Franz Herndl, Romanautor; Ernst Ludwig Freiherr von Wolzogen; Conrad Glasenapp, Wagner-Biograph; Hermann Pfister-Schwaighausen, Sprachwissenschaftler an der Universität Darmstadt; Friedrich Wiegershaus, Deutschnationaler Handlungsgehilfen-Verband; Dr. jur. Bernhard Koerner[22] (geb. 1875), preußischer Regierungsrat im Heroldsamt.

Die Guido v. List Gesellschaft und ihre Publikationen wurden vornehmlich von ihrem Ehrenpräsidenten Friedrich Johann Wannieck finanziert, dem Präsidenten der Prager Eisenindustrie-Gesellschaft, der eine Vielzahl von öffentlichen Ämtern innehatte und sich auf mehreren Gebieten betätigte[23]. Als finanzielle Förderin der Gesellschaft wirkte auch Mathilde Merck aus Darmstadt, die später in den 20er Jahren die ariosophische Edda-Gesellschaft, Hermann Wirth und nach einigem Zureden auch das Ahnenerbe der SS mit Spenden versehen hat[24]. Die ariosophischen Sumpfblüten aus dem Souterrain der europäischen Geistesgeschichte wurden finanziert aus dem Penthaus der belle époque.

---

[21] Unter dem Pseudonym "Sindbad" veröffentlichte er seine Schriften zur Astrologie.

[22] Er gab zwischen 1899 und 1944 die Bände 6 bis 119 des "Genealogischen Handbuchs bürgerlicher Familien. Deutsches Geschlechterbuch" heraus.

[23] Präsident der I. Brünner Maschinen-Fabrik-Gesellschaft und Verwaltungsrat der Alp. Montan Gesellschaft, Landtagsabgeordneter, Abgeordneter des Reichsrates, Präsident einer Zuckerfabriksgesellschaft und Begründer der größten Obstbaumschule Österreichs u. a. Siehe Degener: Wer ist's, IV. Ausgabe, Leipzig 1909, S. 1500.

[24] Kater, Michael H.: Das "Ahnenerbe", Die Forschungs- und Lehrgemeinschaft in der SS, Heidelberg 1966 (Diss), S. 26 und 320.

Einige psychische Vorteile esoterischer Überzeugungen

Glaubenssysteme und Ideologien haben in der Regel nur dann eine Chance von Menschen übernommen zu werden, wenn sie für den Einzelnen einen Vorteil, die Befriedigung eines Bedürfnisses versprechen. Welchen Nutzen zogen nun die Esoteriker und speziell die rassistischen Ariosophen aus ihren phantastischen Gedankengebäuden? Der subjektiv empfundene Vorteil mußte beträchtlich sein, wenn Angehörige der bildungsbürgerlichen Schichten bereit waren, dafür die elementarsten moralischen und wissenschaftlichen Grundsätze über Bord zu werfen.

Gesellschaftliche Umbruchsituationen werden von den einzelnen Menschen als Auflösung traditioneller Strukturen erlebt und mit Gefühlen der Unsicherheit und Angst begleitet. Dies gilt insbesondere für Angehörige der privilegierten Schichten der Gesellschaft (und solche, die sich dafür halten). Wenn diese Personen einen Teil ihres individuellen Selbstwertbewußtseins von ihrer besonderen gesellschaftlichen Stellung ableiten, empfinden sie die Bedrohung des sozialen Gefüges auch als eine Bedrohung ihres sozialen Status und ihres persönlichen Selbstwertes.

Die Hinwendung zur Esoterik ist eine von mehreren Möglichkeiten dem drohenden gesellschaftlichen und individuellen Selbstwertverlust zu begegnen. Unter diesem Gesichtspunkt bekommen einige typische Merkmale esoterischer Systeme ihre besondere Bedeutung.

▸ Die stufenweise Einweihung in esoterische Praktiken und die hierarchisch gegliederten Orden und Geheimgesellschaften heben den bedrohten Einzelnen aus der Masse heraus, geben ihm das Gefühl zurück, doch etwas Besonderes zu sein. Er kann sich von der Masse der Uneingeweihten absetzen und so sein Selbstwertbewußtsein stärken.

▸ Die Vorstellung, daß sich der Makrokosmos im Mikrokosmos spiegelt - nämlich in ihm selbst - gibt ihm das erhebende Gefühl (im wörtlichen Sinne) erhebende Gefühl des Eingebundenseins in den großen welthistorischen Zusammenhang.

Dies ist wohl *ein* Teil des psychologischen Hintergrundes, weshalb zu Zeiten, in denen gesellschaftliche Veränderungen in der Luft liegen, die esoterischen Bewegungen Zulauf erhalten. Doch dies sind allenfalls einleuchtende Hypothesen. Eine bündige Theorie liegt darüber nicht vor. Ihre Erarbeitung wird auch dadurch erschwert, daß die Motive der

Menschen, sich esoterischen Gruppen anzuschließen, in unterschiedlichen historischen Zeitabschnitten durchaus unterschiedlich sein können.

Bei der Übernahme esoterisch-rassistischer Ideologien ist die persönlichkeitsstabilisierende Wirkung besonders plausibel. Ohne eigenes Verdienst und Bemühen gehören ihre Anhänger der 'einzig kulturschöpferischen Rasse' an, die das Recht beanspruchen, andere Völker zu beherrschen und zu versklaven, ja sogar eine Pflicht sie zu versklaven, um das eigene arische Gottmenschentum vor dem Untergang zu retten, wie dies bei Lanz von Liebenfels konzipiert ist. Wenn man sich zu denen zählen darf, die ein Recht auf die Weltherrschaft haben, also zu den Herren der Welt, dann fällt auch etwas ab für das eigene beschädigte oder bedrohte Selbstwertgefühl.

Wirkte die Ariosophie in die theosophische Esoterik zurück?

Wir haben gesehen, daß die Theosophie die Ariosophie nachhaltig beeinflußt hat. Dies ist nicht verwunderlich und politisch nicht sonderlich bedeutsam. Wichtiger ist es zu prüfen, ob es auch die umgekehrte Wirkungsrichtung gab, den Einfluß der rassistischen Vorstellungen der Ariosophen auf die theosophisch-esoterische Bewegung und ihre Anhänger.

Hierzu sollten wir unseren Blick auf die Hauptmedien der theosophischen Bewegung - ihre Zeitschriften und ihre Redakteure richten und die Frage stellen: Gab es unter den Redakteuren der theosophischen Zeitschriften ausgewiesene Vertreter der Ariosophie?

Redaktion der Zeitschrift "Neue Lotusblüten" (1908-1915)

1908-1912 Franz Hartmann, Mitglied der Guido v. List Gesellschaft
1913 Arjuna Grävell van Jostenoode, Autor von Ostara-Heften, die Lanz v. Liebenfels herausgab
1914-1915 Reich-Gutzeit

Redaktion der Zeitschrift "Neue Metaphysische Rundschau"

1898-1918 Paul Zillmann, Mitglied der G.v. List Gesellschaft; 1907 verlegte er die Schriften von Liebenfels: "Affenmensch und Bibel" und "Die Theologie und die assyrischen Menschentiere".

Redaktion der Zeitschrift "Prana" (1909-1919)

1909-1914 Karl Brandler-Pracht (Astrologe)

1915 Johannes Walter/Johannes Balzli

1916-1919 Johannes Balzli, der Biograph Guido v. Lists, Mitglied der List Gesellschaft und Sekretär der Theosophischen Gesellschaft in Leipzig.

Redaktion der Zeitschrift "Astrologische Rundschau" (1910-1936)

1910-1914 Karl Brandler-Pracht

1914-1920 Ernst Tiede

1920-1924 Rudolf v. Sebottendorff

Diese wichtigste astrologische Zeitschrift wurde von 1914-1924 von Ariosophen geleitet. Ernst Tiede, der Autor des Werkes 'Ur-Arische Gotteserkenntnis' (1917) war u.a. der Überzeugung, daß die Arier als einzig kulturschaffende Rasse dieser Welt auch die Erfinder der Astrologie wären - eine Vorstellung, die später noch viele Anhänger bekommen sollte. Der einzige dieser Redakteure, der für einige Monate der Jahre 1918/19 eine aktive politische Funktion ausübte, war Rudolf v. Sebottendorff, der Gründer und Leiter des süddeutschen Zweiges des Germanenordens mit Sitz im Hotel "Vier Jahreszeiten" in München, der berüchtigten Thule-Gesellschaft[25]. Von ihr gingen 1918/1919 die Bildung bayerischer Freikorps, die Gründung fast aller rechtsradikalen, antisemitischen und völkischen Gruppierungen aus, auch der DAP (die Deutsche Arbeiterpartei des Anton Drexler, die zur Keimzelle der NSDAP wurde). Sebottendorf kaufte die Zeitung "Münchener Beobachter", aus dem dann der "Völkische Beobachter" wurde[26].

---

[25] Hermann Gilbhard: Die Thule Gesellschaft, Vom okkulten Mummenschanz zum Hakenkreuz, München: Kiessling 1994; Detlev Rose: Die Thule-gesellschaft, Tübingen: Grabert 1994
Zwischen 1921 und 1927 schrieb Sebottendorff eine Reihe von theoretischen und praxisorientierten Büchern über Astrologie.

[26] Viele Spekulationen rankten sich um seine Biographie. Einige Klarheit verschafft der als Manuskrupt herausgegebene Text: Ellic Howe/Albrecht Götz v. Olenhusen: Rudolph Freih. v. Sebottendorff. Hrsg. von A. G. v. Olenhusen, Freiburg 1989.

Ariosophische Propaganda
innerhalb der Zeitschrift "Prana"

Nun könnte es sein, daß die Redakteure zwar privat Ariosophen waren, aber davon nichts in ihre Berufsarbeit einfließen lassen wollten oder durften. Als Beispiel soll hierzu die Zeitschrift "Prana" dienen, die in den Jahren 1915 bis 1919 von Johannes Balzli redigiert wurde und im Theosophischen Verlagshaus von Hugo Vollrath in Leipzig erschien. In den eigenen Beiträgen in der Zeitschrift "Prana" kommen seine Ansichten deutlich zu tage. Er propagiert z.b. die Vorstellung, daß die Zahlen und Ziffern selbstverständlich alle von den Ariern erfunden worden seien[27].

Bei Rassenfragen knüpft er geschickt an der theosophischen Lehre von den "Wurzelrassen" und der Reinkarnation an, um den theosophisch gestimmten Lesern den Zugang zur Ariosophie zu erleichtern:

"Nicht nur die Wurzelrassen, sondern auch die Unterrassen sollen sich nicht vermischen. Jede Rasse ist eine Stufe im Aufstieg des Menschen, daher *verliert* die höhere Artung durch Vermischung mit einer tieferen, während sie doch höher steigen sollte (...) Da aber das Blut unser Inkarnat (das Kolorit) schafft, entwickelt das helle Blut notwendig *helles* Haar, *helles* Auge, *helle* Haut. Die Blaublonden bilden daher gegenwärtig die höchste Unterrasse: die *teutonische* (...) Die dunklen Typen werden in der nächsten Inkarnation ebenfalls hell sein"[28].

Bei den Buchbesprechungen kündigte er die ariosophischen Werke von Liebenfels und insbesondere List[29] stets an und hob sie lobend hervor[30]. Auch Beiträge von Lanz von Liebenfels wurden aufgenommen, etwa der "Adventshymnus von St. Ambrosius"[31] oder eine "Templeisen-Andacht im Felde" von Detlef Schmude, einem seiner Templer-Mitglie-

---

[27] Johannes Balzli: Okkultes von Ziffern und Zahlen, in: Prana 6(1916), Heft 11-12

[28] Prana 6(1916), Heft 5-6, S. 216

[29] Das Buch von G.v. List: Die Ursprache der Ario-Germanen und ihre Mysteriensprache wird auf dreieinhalb Seiten so ausführlich wie kein anderes Werk besprochen, in: Prana 6(1916), Heft 11-12, S. 559-562.

[30] Das "Templeisen-Brevier, ein Andachtsbuch für wissende und innerliche Ariochristen" von Liebenfels wird als eine "Gabe an alle Esoteriker" angepriesen, "soweit sie Gott im Geiste und im heiligen Artgesetze anbeten" in: Prana 6(1916), Heft 11-12, S. 573; siehe auch: Prana 6(1915), Heft 1-2, S. 91 (Ostara-Hefte); Prana 6(1915), Heft 5-6, S. 279

[31] Prana 6(1915), Heft 1-2 (Titelblatt)

der[32]. Dabei verschwieg er nicht, daß der Autor dem rassistischen Neuen Templer-Orden angehörte.

Selbst die Antworten auf Leserbriefe nutzte Balzli, um die Ariosophie unter seine Leser zu bringen. Er ging sogar so weit, Beiträge anderer Autoren in seiner Zeitschrift mit redaktionellen Fußnoten auszustatten, um die Leser auf den ariosophischen Weg zu leiten[33]. Als Illustration verwendete er mehrfach das Hakenkreuz, das zwar auch in der Theosophie verwendet wurde, aber immer mehr zum Zeichen der Völkischen wurde[34].

Damit wird offensichtlich, daß ein bedeutsamer Teil der theosophisch-astrologischen Zeitschriften zwischen 1912 und 1920 von ausgewiesenen völkischen Rassisten geleitet wurden, die direkte Vorkämpfer des Nationalsozialismus waren. Die angeführten Beispiele aus der Zeitschrift "Prana" zeigen weiter, daß während des Ersten Weltkrieges eine zumindest teilweise Durchmischung des theosophischen Gedankengutes mit rassistischem stattfand. Diese Mischung wurde wohl dadurch erleichtert, daß der Theosophie wie der Anthroposophie rassistisches Gedankengut nicht fremd war.

Ihre Träume von imperialistischen "Siegfrieden" erfüllten sich im Ersten Weltkrieg nicht. Deutschland wurde nach 1918 eben nicht von den alten Adelsdynastien regiert, (wie sich L. v. Liebenfels erhoffte), sondern das ariosophische Horrorszenario von den allgemeinen, gleichen und geheimen Wahlen wurde Wirklichkeit. Nicht der Kaiser, sondern der sozialdemokratische Sattlergeselle Friedrich Ebert repräsentierte das Deutsche Reich. Viele verloren durch Krieg und Inflation ihr Vermögen. Dieser ökonomische und politische Zusammenbruch eines Teils der Familien der alten Eliten, die als tiefe Demütigung empfunden wurde, müßte, wenn die bisherigen Überlegungen nicht falsch sind, in den 20er Jahren eine weitere Verbreitung der esoterischen, rassistischen und nationalistischen Ideologien begünstigen. Und so kam es.

---

[32] Prana 6(1916), Heft 11-12

[33] Den Satz: "Dieser Schlüssel, der den Esoterismus erschließen kann, ist durch die Sektierer unserer abendländischen Religionen leider verloren gegangen" in einem Artikel des gerade verstorbenen französischen Kabbalisten Papus (1865-1916) kommentierte er in einer Fußnote mit der Aufforderung an die Leser: "Im Armanismus (Woutanismus), der Ur-Religion der Arier, suche man ihn - Die Redaktion". Papus: Das Tarok-Spiel der Zigeuner im Lichte der Geisteswissenschaft, in: Prana 7(1916), Heft 1-3, S. 63-66, Zitat hier S. 66.

[34] Prana 6(1915), Heft 1-2; und 6(1916), Heft 11/12

Gerhard Kern

Der (esoterische) Rassismus
aus der besseren Gesellschaft

Die Hierarchie der "Völker" bei Rudolf Steiner

Ist es tatsächlich lohnenswert, sich mit einer scheinbar so unbedeutenden Gruppierung, wie der anthroposophischen Bewegung zu befassen? Die geneigte Leserin oder auch der ebenso geneigte Leser werden im Verlaufe ihrer oder seiner Beschäftigung mit dem Thema merken, daß wir es mit einer durchaus bedeutsamen Verirrung des menschlichen Geistes und schlimmer noch mit äußerst bedenklichen Auswirkungen auf das Leben der Spezies Mensch zu tun haben. Dies ist nicht so sehr gemeint in Bezug auf die einzelne Person, sondern eher schon auf die gesamtgesellschaftliche Entwicklung mit ihren indirekten Auswirkungen auf das Individuum. Er oder sie werden auch feststellen, daß diese 'Bewegung' gar nicht so unbedeutend ist.

Die Schwierigkeit, die das Thema mit sich bringt, ist seine Komplexität und der Wust von teilweise fast undurchschaubaren Beziehungen von Menschen und Ideen, von politischen Gruppierungen und Institutionen, sowie die Abschottung der Anthroposophen gegen Außenstehende und ihre Angst vor den 'materialistischen' Medien. Wie sagte schon der 'Doktor' (so wird Steiner liebevoll und ehrfürchtig von seinen AnhängerInnen genannt) in Bezug auf das Lesen seiner sogenannten Privatdrucke: "Ein Urteil über den Inhalt eines solchen Privatdruckes wird ja allerdings nur demjenigen zugestanden werden können, der kennt, was als Urteils-Voraussetzung angenommen wird. Und das ist für die allermeisten dieser Drucke mindestens die anthroposophische Erkenntnis des Menschen, des Kosmos, insofern sein Wesen in der Anthroposophie dargestellt wird, und dessen, was als 'anthroposophische Geschichte' in den Mitteilungen aus der Geist-Welt sich findet"[1]. Das heißt doch eindeutig: nur einem Anthroposophen kann eine Beurteilung der steinerschen Äußerungen zugestanden werden. Wie dann überhaupt Kritik möglich sein soll, weiß wohl auch nur Rudolf Steiner und der weilt nun in den höheren Welten. Oder vielleicht doch nicht?

Natürlich ist es immer wieder wichtig zu wissen, woher und warum die Kritik kommt. In dem vorliegenden Versuch einer Beschreibung geht es um die Sicht eines Atheisten, der allerdings die Anthroposophie von innen kennengelernt hat, also die von Steiner geforderte Voraussetzung mitbringen dürfte: "die anthroposophische Erkenntnis des Menschen". Aber wie immer in solchen Fällen, werden die anthroposophisch geschulten Eingeweihten dem zu begegnen wissen.

Ich jedenfalls schreibe als Atheist und Anarchist, damit die Position von vornherein klar ist. Mein Beitrag erhebt *nicht* den Anspruch der Wissenschaftlichkeit, sondern ist parteiisch und subjektiv, ist von Erlebnissen und Erfahrungen geprägt und insofern nicht 'vorurteilsfrei'. Jedoch gebe ich mir Mühe, die einzelnen Aussagen durch die Hinweise auf Sekundärliteratur nachvollziehbar zu machen und der Leser, die Leserin kann sich dadurch zusätzlich ein eigenes Bild von der Anthroposophie erarbeiten und den hier gewonnen Eindruck ergänzen oder auch kritisch verwerfen.

Der Sektengründer Dr. Rudolf Steiner

Ich bezeichne die Anthroposophen als Sekte, gemäß der Definition, daß es sich bei einer solchen um eine Abspaltung von einer christlichen Kirche oder einer anderen Hochreligion handelt. Insofern sind also auch die Mitglieder Sektierer. Verständlich wird die Anthroposophie, wenn Steiners Leben und Werk in Augenschein genommen wird. Daher soll auch der Gründer etwas genauer betrachtet werden.

"An der Grenzlinie zwischen Mittel- und Osteuropa wurde Rudolf Steiner (am 27. Februar 1861, G.K.) geboren. Er selbst hat in dieser Lage seines Geburtsortes keinen Zufall erblickt. Daß er als Kind öster-

---

[1] Rudolf Steiner: Die Europäischen Völker im Verhältnis zu ihren Volksgeistern - Moralische Impulse und ihre Egebnisse, Sonderdruck aus Bibliographie Nr. 159/160, Verlag der Rudolf Steiner Nachlaßverwaltung, Dornach/Schweiz 1968

reichischer Eltern in Kraljevec im damaligen Ungarn , heute Jugosla-
wien, zur Welt kam, erschien ihm von zeichenhafter Bedeutung. Die
Polarität von Ost und West sollte als Spannung sein ganzes Leben begleiten". Diese einleitenden Sätze finden sich in dem Buch von Johannes
Hemleben "Rudolf Steiner"[2] und die Leser/innen werden sehen, daß,
was Hemleben "Spannung" nennt und besser Spaltung hieße, vielleicht
das wesentliche Element der späteren Anthroposophie in ihren Grundzü-
gen darstellt. "Zwei Tage nach seiner Geburt empfing Rudolf Steiner die
christliche Taufe der römisch-katholischen Kirche"[3] und "schon als Kind
hatten sich bei Rudolf Steiner hellseherische Fähigkeiten gezeigt, die
ihm das Vorhandensein einer geistigen Welt "hinter" und "über" der
Sinnenwelt nie in Zweifel ziehen ließ"[4]. Diese "Spannung" ist eigentlich
eine Trennung der Welt in eine "reale Geisterwelt" und die "Sinnenwelt", die bei Steiner auch schon mal Maya (Trugbild) heißt.

Steiner besuchte die Realschule in Wien und lernte an der Technischen Hochschule die Naturwissenschaft kennen. In dieser Zeit studierte
er auch die deutschen Idealisten Fichte, Hegel, Schelling, und war zutiefst von Fichtes "Ich-Philosophie" beeindruckt. Die 'Ich-Frage' war
dann eine sein ganzes Leben begleitende und Grundlage seiner Selbster-
ziehungstheorie. Ebenfalls in dieser Zeit wurden die Fragen nach der
Reinkarnation (Wiedergeburt) und des anthroposophischen Christentums
angelegt. 1889 wurde er Mitarbeiter beim Goethe- und Schillerarchiv in
Weimar und arbeitete an der Herausgabe der Werke Goethes. Zwei
Jahre später entstand seine philosophische Doktorarbeit an der Universität Rostock, von der 1892 die erweiterte Dissertation "Wahrheit und
Wissenschaft", ein Vorspiel zur "Philosophie der Freiheit", 1894, erschien. Um die Jahrhundertwende kam dann eine entscheidende Wende
im Leben Steiners. Seit dem Jahre 1900 hielt Steiner Vorträge im Hause
des Grafen Brockdorff in Berlin. Der Theosoph warb Steiner für die
theosophische Gesellschaft an, die aus der von H.S. Olcott, H.P.
Blavatzky und W.Q. Judge 1887 in New York gegründeten Theosophischen Gesellschaft (TG) hervorgegangen war. Ziel dieser Gesellschaft
war das wissenschaftliche Studium spiritistischer Phänomene, aber auch
die Erforschung der "latenten göttlichen Kräfte im Menschen". Später
wurde behauptet, die TG sei von den "tibetanischen Meistern" selbst gegründet worden. Auch Steiner soll Kontakt zu den 'Meistern' gehabt ha-

---

[2] Johannes Hemleben: Rudolf Steiner, Reinbek: Rowohlt 1963, S. 8
[3] Ebenda, S. 9
[4] Ebenda, S. 23ff

ben. Sie sind nach theosophischer Lesart Autoritäten aus der geistigen Welt, und die Eingeweihten der Gesellschaft berichteten von Inspirationen, die sie von ihnen empfangen hätten. Nach Horst E. Miers[5] hat die TG mehrere doktrinäre Wandlungen durchgemacht und zwar etwa in der Reihenfolge: Spiritismusforschung, Buddhismus, Hinduismus und esoterisches Christentum.

Für diese Betrachtung ist es von Bedeutung, daß sich alle Elemente in beinahe gleicher Reihenfolge in Steiners Anthroposophie wiederfinden lassen; in leicht gewandelter Form versteht sich, war doch Steiner stets darauf bedacht, seine 'Erkenntnisse' originär erscheinen zu lassen. Interessant ist, daß Steiners Rhetorik seit dem Jahre 1900 der christlichen Zeitrechnung mystisch, okkult bis unverständlich wurde. Dies schlug sich auch in der Sprache nieder, wie ich später in Zitaten noch zeigen werde.

1902 bei der Gründung der TG- Deutschland, wurde Steiner Generalsekretär und löste sich 1913 u.a. wegen des Streites innerhalb der Gesellschaft um die Lehre von der Wiedergeburt Christi in dem Hindu Krisnamurti von der TG. Neunzig Prozent der Mitglieder standen auf Steiners Seite und es wurde die *Anthroposophische Gesellschaft* gegründet. Bis zu diesem Zeitpunkt hatte er folgende Schriften verfaßt: "Das Christentum als mystische Tatsache" (1902), "Theosophie, Einführung in die übersinnliche Welterkenntnis" (1904), "Wie erlangt man Erkenntnisse der höheren Welten" (1904/05), "Die Geheimwissenschaft im Umriß" (1910), "Die geistige Führung des Menschen und der Menschheit" (1911), Anthroposophischer Seelenkalender" und "Ein Weg zur Selbsterkenntnis des Menschen" (1912). In der ersten Ausgabe des Lehrbuches "Wie erlangt man..." findet sich noch die *Yoga-Kraft Kundalini*, das berühmte Schlangenfeuer. Diese 'Jugendsünde' wurde jedoch später entfernt. Steiner bemühte sich danach sehr, indische Begriffe durch solche aus dem deutschen Geistesleben zu ersetzen. In dieser Zeit (1905) stand Steiner auch mit den 'echten' Rosenkreuzern der *SRIA* (Societas Rosicruciana in Anglia) in Verbindung. In der Geheimloge des *O.T.O.* (Ordo Templi Orientis) wurde er 1906 zum Rex Summus (Großmeister) ernannt. Ähnlich den nach Freimaurergesichtspunkten aufgebauten esoterischen Logen und der *E.S.* (Esoterische Schule innerhalb der Theosophischen Gesellschaft) legte Steiner auch in der anthroposophischen Gesellschaft einen 'inneren Kreis' an, der 'Klasse' genannt wurde. Drei

[5] Horst E. Miers: Lexikon des Geheimwissens, München: Goldmann 1976, S. 403ff

sollten es wohl werden, doch existiert bis heute nur eine erste 'Klasse'
Die zelebrierten Inhalte dieser waren und sind allerdings Nichtmitglie-
dern und den Nicht-Klasse-Mitgliedern innerhalb der Gesellschaft fest
verschlossen.

Nach 1913 baute Steiner sich und der *AAG* (Allgemeine Anthroposophische Gesellschaft) einen eigenen Tempel, das 'Goetheanum', auch
'Hochschule für Geisteswissenschaft' genannt. Der Holzbau brannte
1922 (wahrscheinlich durch Brandstiftung) ab und wurde danach in Be-
ton und veränderter Architektur wieder aufgebaut. Im Goetheanum befindet sich auch die von Steiner geschnitzte Holzskulptur, der 'Mensch-
heitsrepräsentant'. Am 30.3.1925 starb Steiner in Dornach. Er hatte
weitere Schriften verfaßt und eine große, mir unbekannte Zahl von
Vorträgen gehalten. Die Vorträge wiederholten sich allerdings und va-
riierten von Vortragsort zu Vortragsort nur wenig. Steiner war, wie
ähnlich veranlagte Propheten, ein Meister der Multiplikation. Laut Rudolf Steiner Verlag, Dornach, lassen sich 28 Bücher zählen. Es gibt
weiterhin eine Reihe von Aufsätzen und einen künstlerischen Nachlaß,
denn Steiner war auch auf diesen Gebieten ungeheuer schöpferisch.
Weiterhin gab es fast kein Gebiet menschlichen Wissens oder Lebens, zu
welchem Steiner nicht allumfassend Aussagen machte oder Anstöße gab,
um Alternativen zu entwickeln. Seine Jünger entwickelten die Waldorfschulen, eine anthroposophische Medizin, die Christengemeinschaft, diverse anthroposophische Kunstrichtungen, von denen die Eurythmie und
die spektakulären Kunstwerke des Joseph Beuys die populärsten Ergebnisse sind. Auf politischem Gebiet ist die 'Dreigliederungsbewegung'
entstanden, aber auch im ökonomischen Bereich hat sich ein anthropo-
sophisches Geldwesen etablieren können, mit nicht unerheblichem Einfluß in der Alternativ-Ökonomie. Hier sei stellvertretend die GLS-Bank
in Bochum genannt. Doch es gibt mittlerweile zumindest ein europäi-
sches Netzwerk von anthroposophischen Geldinstituten.

Eine gespaltene Person?

Für die psychologische Einschätzung Rudolf Steiners und der auf ihn
zurückgehenden Anthroposophie ist eine Analyse des Nervenarztes und
Psychiaters Dr. Wolfgang Treher bedeutsam. In dem Buch "Hitler,
Steiner, Schreber - Gäste aus einer anderen Welt" findet dieser erstaunliche Parallelen bei den drei, nach seiner Untersuchung schizophrenen

Personen. Treher hat seine Patienten mit der für Psychiater eigentümlichen Genauigkeit analysiert. Ob man ihm bei allen Schlußfolgerungen zustimmen muß, sei dahin gestellt, doch überzeugen die Aussagen bei der "vergleichenden Verhaltenspathologie". Sie sind so frappierend, daß man die beiden erstgenannten geradezu austauschen kann.

"Rudolf Steiner und Adolf Hitler sind nicht nur, da sie beide aus dem niederösterreichischen Waldviertel stammen, Landsleute, sondern ähneln sich auch in ihrer Individualität außerordentlich. Beide erleben nach dem Prodromalstadium (Vorsymptomphase einer Krankheit, G.K.) einen kometenhaften Aufstieg. Sogar daß sie, wenigstens zeitweise, durch ihre Kleidung auffallen, haben sie gemeinsam... 'eine Erscheinung, wie sie eigentlich bei uns Christen selten vorkommt' (R.Hanisch). In der Inkubationsphase Beider spielen enthusiasmierte, zum Teil ältere Frauen als schützende, haltgebende und fördernde Kräfte eine entscheidende Rolle. Beide waren Vegetarier und betrieben den Vegetarismus als Weltanschauung, für die sie missionierten (...) Steiner und Hitler haben ferner gemeinsam die abudante Fülle ihrer unermeßlichen Produktion, die allein schon psychoseverdächtig ist (...) beide litten sie an dem Symptom, was ich (Treher, G.K.) Lauftrommelphänomen genannt habe. Hitler reist ununterbrochen kreuz und quer durch Deutschland, Steiner durch ganz Europa. (...) Sie sehen sich selbst als universelle Menschheitsgenies von unvorstellbarer Größe..."[6].

Sie fühlen sich als Führer oder Menschheitsrepräsentanten, sind beide omnipotent. Nach Trehers Ansicht sind selbst die besten Kritiken an Steiner(oder Hitler) aus dem Grunde verkürzt, nicht falsch, weil sie die Krankheit der beiden Macht- und Willensmenschen nicht erkennen. Das führe zu einer Verkehrung der Sicht, die "die Zeitumstände für dominierend" halte und den krankheitsbedingten Zufallsmoment im Leben von exponierten Personen unberücksichtigt läßt.

Ich selbst neige hier zu einer Synthese und glaube an die Richtigkeit der Aussagen Dr. v.d.Schalcks, der Steiner einen "geschickten Schauspieler", oder K.H.E. de Jongs, der ihn einen "Schwindler wie keiner" nennt[7], und an konkrete zeitgeschichtliche Bedingungen, wie die Nachwirkungen der Aufklärung, der französischen Revolution, der fortschreitenden Industrialisierung, dem Aufkommen des völkischen Denkens, als Folge der Romantik mit ihrer Tendenz zum Irrationalismus

---

[6] Wolfgang Treher: Hitler, Steiner, Schreber, Emmendingen: Oknos 1966/90, S. 45
[7] Max Dessoir: Vom Jenseits der Seele, Stuttgart: Enke 1967, S. 489ff

und auch an einen tatsächlichen Krankheitsprozeß, wie ihn Treher beschreibt. Im Gegensatz zu Treher denke ich, daß Steiner sehr wohl dazu neigte, sagen wir gelinde, die Wahrheit zu verschleiern. Nirgendwo gesteht er seine Mitgliedschaft bei den Freimaurern[8] offen vor seinen AnhängerInnen ein, auch dort nicht, wo konkret nach der Freimaurerei gefragt wird. Wie sehr er von den geistigen Zeitströmungen beeinflußt wurde, zeigen seine Auseinandersetzungen mit den Werken Goethes, Nietzsches oder Häckels. Manche seiner Aufsätze lesen sich übrigens wie eine Zusammenfassung einer ganzen völkischen Literatengeneration. Inwieweit die 'Wiener Gesellschaft' Steiner beeinflußte (hier gab es die einflußreichsten Gruppen eines völkischen Okkultismus[9]), mit Vordenkern des Faschismus, wie Guido von List, ist nicht nachzuweisen, aber wahrscheinlich. Den Krankheitsprozeß Steiners wiederum schildert Treher ausgezeichnet in dem ersten Teil seines Buches anhand diverser Beobachtungen und Vergleiche mit anderen kranken Personen[10].

Wer Steiners Werke und die Person unvoreingenommen studiert, wird auf ein Phänomen stoßen, welches erklärt, warum die Anthroposophie einerseits zum *Steinbruch für den Liberalismus* taugt und ihm erhebliche Impulse gibt, aber andererseits auch eine unerschöpfliche *Fundgrube für den Faschismus* und die ihn vorbereitenden Ideologien war und heute wieder ist. Letzteres werde ich später noch an den Beispielen von Nationalrevolutionären und Anthroposophen wie *Wolfgang Strauss* und *Günther Bartsch* aufzeigen. Für den Faschismus waren die rassistischen Elemente in Steiners Lehre so willkommen, wie seine Pädagogik mit ihrer Erziehung zu *Ganzheit, Gemeinschaft* und *Selbsterziehung.*

Der edlere oder auch kulturelle Rassismus bei den Anthroposophen

Die Anthroposophen haben den biologistischen Rassismus veredelt und erhöht. Steiner transformierte den Biologismus und den Nationalismus ins Geistige. Seine Anthroposophie bietet sich an, die Menschen auf der Erde durch die Besseren zu führen. Wer diese sind, hat der Menschheitsführer deutlich gemacht. Um geistigen oder biologischen Rassismus

---

[8] Horst E. Miers: Lexikon des Geheimwissens, S. 385
[9] George L. Mosse: Die völkische Revolution, Frankfurt: athenäum 1991
[10] Wolfgang Treher: Hitler, Steiner, Schreber, Emmendingen: Oknos 1966/90, S. 23-78

handelt es sich m.E. immer dann, wenn irgend eine Menschengruppe sich als besondere dünkt und daraus ableitet die vermeintlich jeweils tiefer stehende in mehr oder weniger zwingender Weise, also pädagogisch und/oder militärisch, zu behandeln. Hierbei ist es unerheblich, ob es sich z.b. um das Verhalten weißhäutiger Menschen gegenüber andersfarbigen handelt oder ob z.b. Christen glauben ihre Spezies sei die vollkommenere in Bezug auf andere Religionen.

Und es kann wohl nicht anders als rassistisch bezeichnet werden, wenn der Begründer der Anthroposophie in einem seiner Grundlagenwerke zu dem Schluß kommt, daß, wenn die "Erden und Menschheitsentwickelung so weit fortgeschritten sein wird", es geschehen wird, daß dann "eine genügend große Anzahl von Menschenseelen so viel innere Kraft haben wird, daß sie diese Mondenkräfte zur weiteren Entwikkelung fruchtbar machen wird. Das wird in einer Zeit sein, in welcher neben der hohen Entwickelung, die eine entsprechende Anzahl von Menschenseelen erreicht haben wird, eine andere einhergehen wird, welche die Richtung nach dem Bösen genommen hat. Die zurückgebliebenen Seelen werden in ihrem Karma so viel Irrtum, Häßlichkeit und Böses angehäuft haben, daß sie zunächst eine besondere, der guten Gemeinschaft der Menschen scharf entgegenstrebende Vereinigung der Bösen und Verirrten bilden werden."

Danach haben dann die Guten die Aufgabe die Bösen zu veredeln, usw. usf. Damit dies in Zukunft geschehen kann, dazu qualifizieren die Anthroposophen ihre menschenbildnerischen Institutionen schon heute.

Auswirkungen des Spezialdiskurses über den Interdiskurs zum Handeln

Spezialdiskurse werden in kleinen Expertenkreisen geführt und gelangen von dort über die Medien zum Interdiskurs und werden schließlich materiell. Die folgenden Ausführungen zeigen verschiedene Einflüsse unter Zuhilfenahme anthroposophischen Gedankengutes in politisch wirksame Strömungen. Es sind nur die augenfälligsten Beispiele angeführt. Weniger spektakuläre, aber dennoch äußerst wirksame, finden sich außerdem im Bereich der Pädagogik (Waldorfschulen), die laut Geschäftsführer des Bundes der Freien Waldorfschulen, Walter Hiller, mit ca. 61 000 Schülern in 157 Schulen allein in der BRD, wohl die größte und erfolgreichste Alternativschule sein dürfte[11] oder der Medizin (anthroposophische Krankenhäuser und Privatuniversitäten) und in vielen anderen Lebensbereichen.

Wie sehr der steinersche Spezialdiskurs zur anthroposophischen Erziehung mittlerweile in die allgemeine politische Landschaft eingebettet ist, zeigt ein Bericht der anthroposophischen Zeitschrift "Erziehungskunst", der von einem Festakt zum 75jährigen Bestehen der Stuttgarter Waldorfschule schreibt: "Es gaben sich die Ehre zu Ansprachen: S. Niedermayer-Thary (UNESCO), Hildegard Hamm-Brücher (FDP) und Oberbürgermeister Rommel. Anwesende Waldorfschulvertreter kamen aus Rußland, USA, Afrika, Israel und Skandinavien"[12]. Daß die Waldorfpädagogik der herrschenden Politik regelrecht entgegenkommt, zeigt sie an einem ganz konkreten Punkt: dem *Antimaterialismus.* "Das gefällt den Herren der Politik immer gut. Schon an den Kirchen schätzen sie schließlich die Propaganda, die materiellen Opfer, die diese Gesellschaft produziert, seien nicht das Wesentliche an einem Leben, das aus dem Jenseits seinen Sinn bezieht. Dem speziellen religiös-mystischen Brimborium der steinerschen Ersatzreligion gewähren sie daher in einer eigenen Schule Raum, weil und sofern es sich auf eine Variante der Begründung staatsbürgerlicher Moral, also der Zutat zum staatlich verordneten Bildungskanon zurücknimmt"[13].

Anthroposophen tun, und an vorderster Stelle Steiner tat immer so, als ob die Waldorfschule ihre originäre Erfindung wäre. Tatsache ist jedoch, daß sie ein Kind ihrer Zeit und hier ganz konkret der Reformschulbewegung war. Fast alle Grundzüge ihrer Pädagogik finden sich in anderen reformpädagogischen Ansätzen auch. Nach Barz gibt es Übereinstimmungen mit anderen "Bewegungen" in den Bereichen:

"1. Das pädagogische Programm wurzelt in einer umfassenden Kulturkritik.

2. Die Erziehung orientiert sich an einer neuen Sicht des Kindes, eine Pädagogik 'vom Kinde aus' wird angestrebt.

---

[11] Zeitschrift Info3, 10/94, Frankfurt
[12] Erziehungskunst 10/94
[13] Freerk Huisken: Weder für die Schule noch fürs Leben, Hamburg: VSA 1992, hier Steinerpädagogik und Waldorfschule, S. 309ff
Sehr ausführlich haben sich mit diesem Thema der ehemalige Waldorflehrer Paul-Albert Wagemann und die Wissenschaftlerin Martina Kayser in ihrem Buch *Wie frei ist die Waldorfschule,* Berlin: Ch.Links 1991, befaßt. Hier wird auf das totalitäre Weltbild der Anthroposophen abgehoben.

3. Die Bedeutung der Kunst als Erziehungsmittel wird ganz groß geschrieben. Die Tätigkeit des Erziehens wird zum künstlerischen Problem.

4. Erziehung soll den ganzen Menschen erfassen, 'Ganzheitliche Menschenbildung' lautet das neue Paradigma. "[14]

Wie fast alle Reform- oder Alternativschulen, so ist auch die Waldorfschule nur eine Variante der diversen pädagogischen Nischen, wenn auch eine durchaus wirksame. Nur eins ist sie sicher nicht: revolutionär. Dem Staat ist sie durchaus willkommene Handlangerin bei seinen Belangen. Sie festigt sein Bildungsbürgertum und seinen ihm eigenen Konservativismus. Nicht zuletzt vermittelt die Steinerschule den Idealismus des Gründers durch den 'lebendigen Lehrplan', der praktisch den Lehrplan der Stuttgarter Mutterschule aus den 20er Jahren wiedergibt. Eine versteinerte Schule im wahrsten Sinne des Wortes also. Jener dort einstudierte Idealismus findet später seinen Niederschlag in den merkwürdigsten politischen Strömungen.

Die Kompatibilität mit reaktionären und faschistischen Bewegungen

Würde die Diskursanalyse angewandt, könnte die Metaphorik des folgenden Satzes beinahe wortgleich auch bei Steiner gefunden werden. Sein Werk ist voll davon: "Der Idealist wird immer siegen; er allein ist wirklich 'praktisch', nämlich in einem höheren Sinne; und er allein - wie aufrecht sein Ideal auch sein mag, ja , wie alles Menschliche sein muß - er allein besitzt jene übermäßige Lebenskraft, welche ihren Willen gegen andere Willen durchsetzt"[15]. Dieses Zitat stammt *nicht* von Rudolf Steiner, auch nicht von Friedrich Nietzsche. Der Vater dieses Gedankens ist Housten Stewart Chamberlain und findet sich wieder in der "Lebensschutz - Information" (LSI) mit dem Untertitel "Stimme des Gewissens". Herausgegeben wird sie vom Weltbund zum Schutze des Lebens (WSL-D), Collegium Humanum, Akademie für Umwelt und Lebensschutz e.V. in Vlotho. Verantwortlich zeichnet Frau Ursula Haverbeck-Wetzel, Gattin von *Professor Dr. Werner Haverbeck*, der auch

---

[14] Heiner Ullrich: Waldorfpädagogik und okkulte Weltanschauung, 3. Auflage, Weinheim: Juventa 1991, S. 21ff

[15] LSI 1/1992, (Lebensschutzinformation des Collegium Humanum), Vlotho

Präsident des WSL und Direktor der "Akademie für Umwelt - und Lebensschutz" ist.

Chamberlain war englischer Kulturphilosoph und mit seinem Werk "Die Grundlagen des 19.Jahrhunderts" wohl der einflußreichste Rassentheoretiker seiner Zeit und Nachfolger des Franzosen Graf Josef Arthur von Gobineau, welcher das vierbändige Werk "Versuch über die Ungleichheit der Menschenrassen" verfaßte[16]. Chamberlain war Verehrer des antisemitischen Richard Wagner und ließ sich als Deutscher naturalisieren[17]. Und eben jener Chamberlain schreibt das Geleitwort für eine Institution, deren maßgeblicher Initiator Werner Haverbeck, eine eigenartige Karriere in der Zeit des Deutschen Faschismus durchlaufen hat: In der frühen Jugend war er 'natürlich' der bündischen Jugend zugehörig. "Bereits 1928, noch vor dem Aufstieg zur Massenbewegung, gehörte Haverbeck der Reichsleitung des NS-Studentenbundes an". Er gehörte zum Stab des "Stellvertreters des Führers" und zog sich nach den Säuberungsaktionen in der Folge des "Röhmputsches" für eine Zeit aus dem politischen Leben zurück. "Nach Kriegsende kehrt Haverbeck an die Universität zurück" und wurde 1950 Pfarrer der "Christengemeinschaft"[18]. Die Christengemeinschaft als religiöse Gruppierung der Anthroposophen (diese eigenständige Bewegung innerhalb der anthroposophischen ist nur teilweise akzeptiert) entließ den Professor 1960 wegen "kommunistischer Sympathien"[19]. Es ist anzunehmen, daß Haverbeck hier sozusagen Bauernopfer der Anthroposophen wurde. Durch antifaschistische Analyse wurde herausgearbeitet, daß Prof. Haverbeck einen großen Teil seiner Erkenntnisse Dr. Steiner verdankte, die er, allerdings ohne sich direkt auf den Urheber zu beziehen, ständig in seinen volkspädagogischen Schriften beinahe wortgleich zitierte[20]. Es ist daher nur zu verständlich, daß Haverbeck den Anthroposophen äußerst unangenehm war und ist. Brachte er doch zutage, daß zumindest der spirituelle Teil des Rassismus, sozusagen seine Überhöhung oder auch Transzendenz, u.a. auf dem geistigen Humus des großen Meisters gewachsen ist.

---

16 Rosemarie Schuder/Rudolf Hirsch: Der gelbe Fleck, Köln: Pahl-Rugenstein 1988, S. 195f
17 Ebenda
18 Volkmar Wölk: Natur und Mythos, Duisburg: DISS 1992, S. 6ff
19 Raimund Hethey/Peter Kratz(Hrsg.): In bester Gesellschaft, Göttingen: Werkstatt 1991, Beitrag von Volkmar Wölk, S. 119ff
20 Roger Niedenführ: Das Neue Bewußtsein..., in: Der Rechte Rand, Informationen von und für Antifaschisten, Nr.10-11/91, Hannover

Haverbeck schrieb in einem WSL-Info: "Was sind Völker? (...) Wir müssen also mit der Gegebenheit von Völkern als Lebensqualitäten rechnen (...) Der von Herder und der Geistesbewegung der deutschen 'Romantik' ausgegangene Impuls zum Volkstum hin scheint noch lange nicht abgeklungen (...) So sind nicht nur die slawischen Völker noch auf dem Weg zu ihrer 'Identität' (...) Solche Völker in ihrer Entwicklung zu beeinträchtigen oder gar durch Assimilierungstendenzen (sic) sich selbst zu entfremden, bedeutet einen schwerwiegenden Eingriff in die Lebenszusammenhänge". In dem selben Info schreibt der Geistesschüler "Völker sind eine Naturtatsache" und "der Naturwissenschaftler spricht von Rassen und Arten, von Stämmen und Völkern". Daß Rudolf Steiner von 'Volksgeistern' sprach und schrieb, wird später noch deutlich, und wer meint, dieser reaktionäre Ton sei von gestern, der wird im folgenden eines anderen belehrt. Daß der Rassismus entgegen der Dementi der Anthroposophen auch heute noch gegenwärtig ist, zeigt die folgende Beschreibung Peter Bierls von einem Wochenendseminar in der anthroposophischen Volkshochschule Forum Kreuzberg, Berlin: "Hauptreferent Rainer Schnurre fragt die Anwesenden nach ihren 'Rassenbegegnungen' und will wissen, 'welche Unterschiede es denn zwischen den Rassen' gebe. Schnurre antwortet selbst: 'Der Afrikaner' läuft und bewegt sich anders als 'wir' weswegen 'wir' auch in den USA effektiver Fußball gespielt haben (...), deshalb könne gesagt werden, Schwarze hätten 'etwas kindliches an sich'. Weil laut Schnurre jede 'Rasse' eine andere, besondere Fähigkeit besitzt, könne 'kein' gleiches und globales System für alle Menschen auf der Erde geschaffen werden". Der Anthroposoph erklärt seinen ZuhörerInnen, daß 'wegen der Unterschiede der Rassen die Entwicklungshilfe keinen Nutzen gebracht' hätte. Gemäß der Lehre Steiners, wonach Schwarze Triebtäter sind und nur Weiße denken können, besonders die Angehörigen der fünften Unterrasse der arischen Wurzelrasse, gelangt der Referent zu dem Ergebnis: 'Die Aufgabe der Deutschen ist es, das Geistesleben weiterzuentwickeln und in die Welt hinauszutragen'. Wie alle Rechten sieht sich Schnurre als Tabubrecher und bedauert, daß 'man in Bezug auf Rassen nicht alles aussprechen kann - es bestehen Redeverbote oder auch Tabus (...) Tabus brechen bedeutet, die Dinge beim Namen zu nennen. Dies bedeutet, Unterschiede kennenzulernen zwischen den Rassen"[21]. Hier zeigt sich eine beinahe ungebrochene Linie von der Romantik über die völkische Anthropologie

---

[21] ÖkolinX, Zeitschrift der Ökologischen Linken, September 1994, Frankfurt

und Theosophie/Anthroposophie bis in heutige neurechte Lager eines Henning Eichberg oder eben des Anthroposophen und Nationalrevolutionärs Wolfgang Strauss.

Steiner selbst hat an vielen Stellen seines Werkes rassistische Äußerungen getan und die spirituelle Rassistin H.P. Blavatzky nur jeweils leicht modifiziert. Hier sei nur die Kostprobe geliefert: "Die Weißen sind eigentlich diejenigen, die das Menschliche in sich entwickeln, daher sind sie auf sich selber angewiesen. Wenn sie auswandern, so nehmen sie die Eigentümlichkeiten der anderen Gegenden etwas an, doch sie gehen, nicht als Rasse, sondern als einzelne Menschen zugrunde. (...) Daher kann der Europäer, weil ihn Seele und Geist am meisten in Anspruch nimmt, Seele und Geist am meisten verarbeiten. Der kann am ehesten vertragen, in alle Erdteile zu gehen. (...) Die weiße Rasse ist die zukünftige, ist die am Geiste schaffende Rasse"[22].

Für den deutschen oder eben *mitteleuropäischen* Nationalisten und Regionalisten bietet sich die folgende Äußerung von R. Steiner geradezu als Argumentationshilfe an: "Bei der russischen Seele liegt es so, daß sie in die Schule zu gehen hat bei Mitteleuropa, und wenn sie verarbeitet hat, was in Mitteleuropa vorgearbeitet wird, dann wird sie einmal beitragen können, was sie beizutragen hat zur europäischen Kultur"[23]. Weiter spricht der 'Doktor' dann dieses und das ist allemal interessant im Hinblick auf das gegenwärtige Weltgeschehen (um im Terminus des Menschheitsführers zu bleiben): "Diese ahrimanischen und luziferischen Impulse sind überhaupt die Ursache, daß sich der Osten jetzt in solch schauerlicher Weise gegen Deutschland gewendet hat". An dieser Stelle sei die Zeit in Erinnerung gerufen, in welcher Steiner hier spricht: Nachdem 1914 Österreich-Ungarn den Serben den schon vorher beabsichtigten Krieg erklärt hatte, fühlte sich wohl die deutsche Volksseele mitteleuropäisch solidarisch und erklärte den Russen, die mittlerweile mobil machten, ebenfalls den Krieg: "Indem die eigentliche Mission der fünften Kulturepoche von dem germanischen Elemente übernommen worden ist, war dieses germanische Element dasjenige, welches für diese fünfte Kulturepoche das eigentliche Verständnis des Christentums im inneren Erringen in die Erdenevolution einzufügen hatte. Und es wäre das

---

22 Gilbert Reis: Waldorfschulen für Arier? in: AKAZ, Zeitschrift für Religions- und Staatskritik, Nr.3 (1992), Morbach

23 I. und R. Engelen (Hrsg.): Manuskriptdruck im Rahmen des Fortbildungswerkes der Internationalen Vereinigung der Waldorfkindergärten 1975, m. Hinweis auf GA Nr. + S. "Rudolf Steiner über Rußland", Berlin 22.06.1915 , GA 157, S. 265

größte Unglück geschehen, wenn auf die Dauer das germanische Element besiegt worden wäre von dem römischen (...) und es wäre das größte Unglück, wenn jemals das slawische Element das germanische besiegen würde" usw., usw.[24] Zum Verständnis sei erwähnt, daß Steiners Entwicklungslehre eine Metamorphose der G.W.F. Hegelschen "Stufenordnung" (Kindheit, Jugend, Reife und Neger Asiaten, Europäer) und der Rassenlehre der Blavatzky darstellt. Es gibt bei ihm eine immer wieder vorkommende Dreiteilung, die sich letztlich sowohl in seiner Anthropologie, wie auch in der Gesellschaftslehre der "Dreigliederung des sozialen Organismus" niederschlägt: "schwarze, braune/ gelbe und weiße Welt" oder "Europa, Asien, Afrika"[25]. Im selben Buch schreibt Steiner auch: "Diese verschiedenen germanischen Völker, die ursprünglich von einem Erzengelwesen geleitet worden sind, waren dazu berufen, nach und nach unter die Leitung der verschiedenen Erzengel zu kommen, in der verschiedensten Weise Völker-Individualitäten zu bilden"[26]. Auf der gleichen Seite kommt auch ein Hinweis auf die führende Rolle der Kelten, des esoterischen Christentums und auf die *Rosenkreuzer*.

Der kulturelle Rassismus des Dr. Steiner wird sehr deutlich in dem Vortrag während des Ersten Weltkriegs, in dem er betont: "Bei den westeuropäischen Völkern ist es so, daß der Erzengel hineinwirkt mit seinen Willensstrahlen, bei dem italienischen Volk in die Empfindungsseele, bei dem französischen Volk in die Verstandes- und Gemütsseele, bei dem britischen Volk in die Bewußtseinsseele und bei dem deutschen Volk in das Ich"[27]. Hier wird die unglaubliche Arroganz der Deutschen angelegt. Wie sehr Steiners Gedanken mit denen der Neuen Rechten kommunizieren, zeigen z.B. Ausflüsse zum Tode auf dem Schlachtfeld: "Aus dem Mut der Kämpfer, Aus dem Blut der Schlachten, Aus dem Leid Verlassener, Aus des Volkes Opfertaten Wird erwachsen Geistesfrucht- Lenken Seelen geistbewußt Ihren Sinn ins Geisterreich"[28].

---

[24] Ebenda, Stuttgart 13.02.1915 , GA 174, S. 42 f
[25] Rudolf Steiner: Die Mission einzelner Volksseelen, in: R.S., Tb GA 613, S.78
[26] Ebenda, S.122f.
[27] Rudolf Steiner: Die Europäischen Völker im Verhälnis zu ihren Volksgeistern, Vortrag vom 14.März 1915 in Nürnberg, Verlag der Rudolf Steiner Nachlaßverwaltung Dornach/Schweiz 1968, S. 22ff
[28] Ebenda, S.31f

Steiner und der "Stein der Weisen"

Das Problem für die emanzipatorische Linke mit dem Phänomen Anthroposophie liegt m.E. nicht in der Menge und Qualität der Kritik, sondern im Blickwinkel. Es wird so den GeistesschülerInnen immer wieder gelingen die lästigen Kritiken wie Fliegen abzuschütteln, mit Hinweisen, sie hätten mit Haverbeck und seiner Schar aber auch gar nichts mehr zu tun. Sie werden immer wieder verweisen können auf die sogenannten fortschrittlichen Kreise innerhalb ihrer internationalen, ungeheuer finanz- und bildungsstarken Bewegung.

Die Auseinandersetzung in der Zeitschrift für Selbstverwaltung "Contraste" 1994 hat denn auch gezeigt, daß trotz der kritik- und diskussionswürdigen Artikel einiger Autoren, letztlich die Spirituellen bis ins linksliberale Spektrum, vielleicht auch gerade dort, das Sagen haben. Selbst da, wo mensch sie kaum vermutet, wie z.B. im Kreis der undogmatischen Linken, der ehemaligen Neuen Linken, sind sie präsent und wirksam. Und auch innerhalb der Restlinken ist es erschreckend, wie sehr das Aufkommen und sich Verbreiten der neuen und alten Irrationalismen verharmlost, bzw. gar nicht gesehen wird. Die Remythologisierung scheint ungebrochen im Aufwind.

Doch gibt es noch eine andere Sicht der Dinge, die so nicht diskutiert wird, aber kaum von den Anthroposophen entkräftet werden kann. Geht man die Sache einmal von der Seite der Transformation der Rationalität und der Verbindungen zu den Rosenkreuzern an, so ergeben sich folgende Einschätzungen: Daß die Anthroposophen ein ähnlich ambivalentes Verhältnis zum Faschismus hatten, wie die evangelischen Kirchenchristen zum (DDR-)Staat ist spätestens seit der Aufarbeitung in den "Flensburger Heften" in etwas größeren Kreisen bekannt. Und so wie der brandenburgische Ministerpräsident Stolpe sich heute in Bezug auf seine Kontakte zur Stasi äußert, so argumentieren die Anthroposophen auch. Man habe ja nur mit den ehemaligen Menschenschlächtern verhandelt, um möglichst vielen glücklichen Kindern die Waldorfschule zu erhalten, usw. usf. Auch die Versuche der Arzneimittelfirma WELEDA, die im Rahmen von naturheilkundlichen Experimenten mit einer Frostschutzcreme an KZ-Häftlingen in die Schlagzeilen geraten war, können als bedauerliche Ausnahmen von der Regel bezeichnet werden. Und Haverbeck wird geradezu von den ehemaligen Brüdern und Schwestern diffamiert, obzwar gerade der unverbrüchlich seine Anthroposophie weiterhin deutschnational verbreitet. Gemeinsam mit Geistesgrößen, wie Wolfgang Strauss und Michael Heidenreich und Auszügen aus Steiners Schriften kämpfen die "Lebensschutz-Informationen" (LSI) für die Verbreitung des neuen/alten völkischen Spiritualismus.

Ich denke, das Problem liegt im Kern der Sache begründet und der läßt sich etwa so benennen: Die Anthroposophie ist deshalb präfaschistisch, weil einige ihrer wesentlichen Elemente ähnlich denen des Faschismus sind, sie ergänzen den Letzeren tatsächlich. Neudeutsch: sie ist kompatibel.

1. Die Anthroposophie ist *antiaufklärerisch*

2. Sie ist im Kern *irrational* und *regressiv*

3. Sie ist insofern *völkisch*, als sie von Volksgeistern und Gruppenseelen ausgeht (ein Volk, ein Führer?)

4. Sie ist *rassistisch im erweiterten Sinne*, insofern man ihren kulturellen Führungsanspruch als ein *Sich Selbst Erhöhen* feststellen kann. Deutlich wird dies an der Minderbewertung des philosophischen Materialismus und in der Einschätzung bestimmter Völker als unterentwickelt.

5. Sie huldigt einem *Führerkult* ohnegleichen, (Steiner sei *der* Menschheitsführer) und duldet keinen neben ihm.

Was sie eindeutig vom Faschismus unterscheidet ist, daß sie die grobe kriegerische Gewalt verachtet. Diese hat sie ins Psychologische transformiert; man kämpft als Feingeist eben nur fein geistig "Anthroposophen prägten den Nonsens von der 'sanften Revolution'). Die Menschen werden nicht physisch ausgelöscht, sie werden seelisch nivelliert. Alle sind sanfte Individualisten, knallhart nur in materialistischen Dingen, die sie so nicht nennen, und alle sind Kommunisten- und Materialistenhasser (pardon, Liebhaber: sie haben sie zum Fressen gern). Steiner subsumierte bekanntlich Bolschewismus, Kommunismus und Materialismus unter den Begriff Materialismus.

Damit die vorgeführten Behauptungen aber nicht nur im leeren Raum stehen bleiben, möchte ich wenigstens die ersten zwei etwas näher erläutern. Die anderen haben Jutta Ditfurth, Gilbert Reis, Peter Bierl, Volmar Wölk in diversen Aufsätzen zur Genüge belegt, sie sind bisher zumindest nicht mal in Ansätzen widerlegt worden[29].

---

[29] Jutta Ditfurth: Feuer in die Herzen, Hamburg: Carlsen 1992, S. 151-228. Hier wird das ganze Spektrum der faschistoiden Esoteriker abgehandelt. Volkmar Wölk: Natur und Mythos, Duisburg: DISS 1992, ein Standardwerk für die 'Blut und Geist-Thematik'.

Anti-Aufklärerisch

Mitglieder der anthroposophischen Gesellschaft bezeichnen sich zum Teil auch als *Rosenkreuzer*. Diese esoterische Schule hat ihre Ursprünge in der Tradition des Geheimbundes der *Gold- und Rosenkreuzer*, welcher wiederum auf einen *Christian Rosenkreutz* (1388-1494) zurückgehen soll. Eine organisatorische Kontinuität kann zwar nicht nachgewiesen werden, doch ist eine Beschäftigung unabkömmlich, da zentrale Ideen der Anthroposophie aus diesen völlig unzulänglichen Quellen herrühren. *Rose und Kreuz* sollen die Zweiteilung des rosenkreuzerischen Wissens in *Theosophie und Philosophie* kennzeichnen. Dies ist der "Stein des Weisen".

Das Herrschaftssystem des Ordens wurde abgesichert durch eine "Hierarchie des Wissens". Die Folgeorganisationen, die sich jeweils als die einzig richtigen Rosenkreuzer bezeichneten, bezogen sich inhaltlich stets auf christlich-kabbalistische, theosophische, pansophische, magische und alchymische Strömungen. Ein für Laien undurchdringliches Lehrgebäude sicherte so die Hierarchie der Macht. Der Orden der Gold- und Rosenkreuzer ist von Horst Möller eindeutig als anti-aufklärerisch definiert und analysiert worden[30].

Rudolf Steiner war seit 1905 für eine Zeit Mitglied in der *SRIA* (Societas Rosicruciana in Anglia), die in der Tradition des o.g. Ordens stand und 1906 im OTO (Ordo Templis Orientis) oder auch Weltbund der *Illuminaten*, wo er als *Rex Summus* (Großmeister) eingestuft wurde[31]. Bei Steiner spielt das Rosenkreuzertum wahrscheinlich die wesentliche Rolle und er hat diverse Vorträge dazu gehalten, in denen er sich u.a. auch von Frau Blavatzky (Begründerin der Theosophie, die als elementare Strömung wiederum im Thuleorden vorkommt), die auch was "von der Rosenkreuzerströmung abbekommen" habe, z.B. so distanziert: "Helena Petrowna Blavatzky war mit besonderer psychischer Veranlagung in die Hochflut des Materialismus im 19.Jahrhundert hineingestellt. Sie kann nicht als gewöhnliches 'Medium' bezeichnet werden. Sie lebte von 1831 bis 1891 und entstammte russischem Milieu. Beim russischen Volk vollzieht sich die wichtigste Betätigung nicht im physischen, sondern im ätherischen Leib (oder auch Lebensleib, also

---

[30] Peter Christian Ludz (Hrsg.): Geheime Gesellschaften, Wolfenbütteler Studien Bd.V/1 (1979), hier Horst Möller: Die Gold und Rosenkreuzer, Struktur, Zielsetzung und Wirkung einer anti-aufklärerischen Geheimgesellschaft, S. 153
[31] Horst E. Miers: Lexikon des Geheimwissens, S.383

das, was die Menschen mit Pflanze und Tier gemeinsam haben, G.K.).
Das hat zur Folge, daß das Ich mit einer Art von Traumflorung da ist.
Was in diesem *Volk* veranlagt (Hervorhebung von G.K.) ist, kann jetzt
noch gar nicht zur äußeren Offenbarung kommen. So kann H.P.
Blavatzky sehr vieles in ihrem Ätherleib erleben, dafür kann sie aber
nicht logisch denken" (Hervorhebung von G.K.). Auch hier kann der
steinersche biologistische und rassistische Ansatz nachvollzogen werden.
Er denkt Völker als Einzelwesen, etwa im Sinne von mehr oder weniger
entwickelten Tieren.

Weiter greift Steiner zu einem allzubekannten Trick, zur Vereinnahmung des Rosenkreuzertums und stellt sich als den wahren Adepten dar.
Der große Führer hat gesagt: "Wer ein Führer innerhalb der Rosen-
kreuzer-Gemeinschaft ist, davon erfährt exoterisch nie jemand etwas,
bevor nicht 100 Jahre verflossen sind nach seinem Tode"[32]. Nun ja,
Steiner starb 1925 und es ist also erst 70 Jahre her und die Welt erfährt
schon jetzt etwas von Steiners Führertum.

Wissenabsicherung

Das *Wissen der oberen Eingeweihten* im Orden der Gold- und Rosenkreuzer um diesen beinahe undurchdringlichen Wust an esoterischen Organisationen mit ihren Hintergründen verschaffte den Hochgraden die
Machtfülle zur Aufrechterhaltung der Hierarchie und ist insofern für die
Analyse der Anthroposophie von Wichtigkeit, weil diese Geheimbünde
anti-aufklärerisch tätig waren und sich dem sogenannten *mystischen
Christentum* zugehörig fühlten. "Die Menschen, von denen man sagen
kann, daß sie auf eine solche Weise mit Christian Rosenkreutz verbunden waren oder es jetzt werden, das sind diejenigen, in welchen zuerst
entstehen sollte eine tiefere Auffassung des esoterischen Christentums.
Aus den geistigen Strömungen, die anknüpfen an Christian Rosenkreutz,
geht die mächtige Hilfe hervor für ein Verständnismachen des Christus-
Impulses in unserer gegenwärtigen Zeit..."[33].

Ich bitte den Leser, die Leserin um Nachsehen, ob dieser Sprache;
doch es ist ein Originalzitat und zeigt in etwa die Denkart des Meisters.
So und ähnlich spricht Steiner in diversen sogenannten "Rosenkreuzer-
Vorträgen", was eindeutig belegt, daß er und nicht nur er die Anthropo-

---

[32] Paul Regenstreif: Christian Rosenkreutz und seine Mission, Freiburg: Verlag Die
Kommenden 1977, S. 66ff
[33] Ebenda, Vortrag v. 18.11.1911 München Bibl.-Nr. 130, S. 44

sophie in die geistige Strömung des Rosenkreuzertum stellt. Dieses ist wiederum sozusagen die okkulte Form des fürs gemeine Volk bekannte Christentum. Beide Strömungen (das esoterische und exoterische) waren und sind sich durchaus nicht grün und haben sich zeitweise regelrecht bekämpft. Derzeit jedoch findet eine Annäherung wieder statt. Paradigmatisch ist hierfür das Entgegenkommen des Herrn Drewermann mit seiner "Totenkopftheologie" von Seiten der undogmatischen Christen und der Brückenschlag zu den Jung-Anhängern durch Gerhard Wehr, der als moderner Anthroposoph als Drehpunktfigur zwischen den diversen Christenströmungen und dem New-Age eine nicht unwesentliche Rolle spielt[34]. Die Zeitschrift "Info3" gab in der Ausgabe 4/92 ein Gespräch mit Eugen Drewermann wieder, welches die Verbrüderung im Geiste deutlich werden läßt. Nur das mit der Reinkarnation, so Drewermann, sei "eine andere Spielart des Christentums".

Irrational und Regressiv

Wie schon hervorgeht, sind die gesamten theosophisch-anthroposophischen Bewegungen , in ihrem Vorfeld die Alchymisten, die Mystiker, die Kabbalisten und in ihrer Nachhut die Thule- Esoteriker, Germanen- und Indianertümler, die New-Ager, neu- christlichen und neu-heidnischen Sekten *Prototypen der Verhinderung von Aufklärung* und des Vorantreibens von *Mystifikation und Religion*.

Es kann nachgewiesen werden, daß der freimaurerische Ansatz im 18. Jahrhundert von den religiösen und spirituellen Kräften systematisch (nicht im Sinne von organisiert, wohl aber im Sinne einer kulturellen Hegemonie) usurpiert wurde. Es gab fast durchweg Doppelmitgliedschaften in freimaurerischen und religiös-mystischen Geheimgesellschaften. Bekannte Namen sind z.B. Goethe, Knigge, Lessing oder auch Peter der Große u.v.a. Diese Doppelmitgliedschaften hatten von Seiten der Esoteriker Methode und haben zum Niedergang der weltlichen Freimaurerei geführt, die ja durchaus weltliche und soziale Ziele verfolgte.

1924 in Paris sagte Rudolf Steiner "...(daß) der geistige Impuls, der aus den spirituellen Welten herunterkommen muss, wenn die anthropo-

---

[34] Heiner U. Ritzmann in: Kritik & Krise 6/93 zu Drewermann und Gerhard Wehr: C.G. Jung und Rudolf Steiner, Zürich: Diogenes 1990

sophische Bewegung ihren richtigen Fortgang nehmen soll, durchaus
gewachsen ist, so dass unsere anthroposophische Bewegung seit unserer
Weihnachtstagung immer esoterischer und esoterischer werden konnte
und es weiter werden wird"[35]. Heute sind Freimaurer und Geheimgesellschaften in der politischen Diskussion offenbar kein Thema mehr, sieht
man von so obskuren Gruppen, wie der *Mafia*, *Opus Dei*, *Cercle Violet*,
Scientology, *Mun-Sekte* oder den *Grabesrittern* einmal ab. Es ist schwierig, an authentisches Material aus der Vergangenheit zu kommen, und
die Zusammenfassungen eines Freimaurers, Esoterikers, wahrscheinlich
auch Anthroposophen, wie *Karl Heise*, werden von allen Seiten denun-
ziert, vielleicht weil der Inhalt so explosiv ist und er Verbindungen auf-
tischt, die etlichen Zeitgenossen äußerst unangenehm sein dürften[36].

Auffallend ist die ausgesprochene Geringschätzung Steiners der
'weltlichen' Wissenschaft, der Rationalität und besonders des "Materialismus'. Die äußere Welt sei nur ein Schein (Maya) und die wirkliche im
Geisterreich zu suchen. Der Weg nach innen sei der einzige dem Menschen gemäße, daher die mystische Versenkung und die Vervollkommnung durch ständige Selbsterziehung notwendig. Man kann auch Rainer
Alisch folgen, der davon spricht, daß Steiner den Irrationalismus insofern noch überhöht hat, als er ihn zu einer "Re-Formierung in verän-
derte(n) Formen der Vergesellschaftung" steigert. Dies bedeutet, daß
Steiner beanspruchte, daß das, was an positiven Entwicklungen in der
"äußeren Welt" geschehen sei, nun auch *innen* stattfinden müsse. Dieser
verengte, weil einseitige Blick auf Innerlichkeit und Identität, gibt den
alten und neuen Führern einen Hebel an die Hand, mit dem sie pädagogisch geschult einen Menschentypus schaffen können, der sozusagen
selbstbestimmt das *verordnete Paradigma* der "schönen neuen Welt"
lebt[37].

Regressiv wurde die Anthroposophie wie alle Religionen nach er-
folgter Institutionalisierung. Sie ist es verstärkt, weil sie die Säkularisierung, die teilweise bei den christlichen Religionen stattfand, nicht
mitvollzieht. Sie spiritualisiert und mystifiziert geradezu die Wirklichkeit. Eine moderne Gesellschaft sollte aber die Religionen erklären und
überwinden, sie nicht rehabilitieren. Sie braucht die gleiche Verteilung

---

[35] Margarete und Erich Kirchner Bockholt: Die Menschheitsaufgabe Rudolf Steiners und
Ita Wegmann, Philosophisch-Anthroposophischer Verlag 1976, S.102

[36] Karl Heise: Entente-Freimaurerei und Weltkrieg, Struckum: Archiv-Verlag 1991

[37] Rainer Alisch: Neuere Forschungen zur Anthroposophie im Nationalsozialismus,
Argument Sonderband

der Güter und kein metaphysisches Trostpflaster für die Gedemütigten. In diesem Zusammenhang ist auch auf die *anthroposophische Medizin* hinzuweisen, die auch als Spezialform der Homöopathie aufgefaßt werden kann. Nirgendwo wird die Spiritualisierung deutlicher. *Glaube statt Wissen* ist die Triebfeder der religiösen 'Wissenschafter'. Die Zeitschrift Esotera beschreibt in einem Artikel, daß die Medizin esoterisch wird und huldigt: "Rudolf Steiner gilt mit seinen Schriften zu Erziehung, Kunst, Landwirtschaft und vielem anderen als Paradebeispiel eines ganzheitlichen Denkers. Er ließ esoterische Grundsätze auch in die Medizin einfließen"[38]. Sie tröpfeln mittlerweile in immer mehr Arztpraxen und ganze Krankenhäuser. Die 'esoterischen Grundsätze' liefern den 'Göttern in weiß und den von ihnen Abhängigen eine illusorische Hoffnung auf Heilung, wo sie ganz und gar nicht angebracht ist. Zur Frage der Wissenschaftlichkeit der Homöopathie gibt es den ausgezeichneten Artikel der Autoren Hans Binder und Prof. Dr. med. W.H.Hopff vom pharmakologischen Institut der Uni Zürich[39]. Hierin wird die Unhaltbarkeit der homöopathischen Glaubenssätze dargestellt. Aber was tut das schon gegen die religiöse Borniertheit?

Dies scheint mir aber auch das zentrale Problem im Umgang und in der Diskussion mit Anthroposophen und Spirituellen aller Art. Ein religiöser Glaubenssatz kann nicht widerlegt werden. Durch nichts auf dieser Welt. Gott ist für den, für den er ist! Man hat den 'Stein des Weisen' und damit die Magie. Wer im Besitz der Weisheit (Anthroposophie = Menschenweisheit) ist, dem kann keiner mehr etwas sagen, nur noch fragen und das in Demut und Scheu.

Futterkrippe für die Neue Rechte

Heute können wir feststellen, daß die 'russische Volksseele' bei der mitteleuropäischen in die Schule gegangen ist, und der weiter oben erwähnte neurechte Anthroposoph Wolfgang Strauss frohlockt auch berechtigterweise in Bezug auf die Heimkehr des sich als Nationalisten entpuppenden Literaten Alexander Solchenizyn: "Sein Volk verehrt ihn nicht nur als einen großen Schriftsteller in der Nachfolge Tolstoj und Dostojewskij, sondern auch als Propheten und Erwecker , als Wiederbe-

---

[38] Rüdiger Dahlke: Die Medizin wird immer esoterischer, in: esotera 11/94
[39] Binder/Hopff, in: Streitbarer Materialismus, Heft Nr.17, 1993, München: Verlag zur Förderung der wissenschaftlichen Weltanschauung, S.163 ff

gründer des nationalen Geschichtsbewußtsein, als geistigen Überwinder des kommunistischen Materialismus und als genialen Vollender der 'Russkoje Wosroschdenije' = Russische Wiedergeburt!" Strauss schließt seinen Beitrag mit dem fettgedruckten Hinweis: "Alexander Solchenizyn, der seine Deutschfreundlichkeit niemals verheimlicht hat, schließt mit einem Bekenntnis zu Herder, zum Menschenbild der deutschen Romantik und des Deutschen Idealismus: 'jedes, auch das kleinste Volk, ist eine unwiederholbare Facette des göttlichen Plans.' Wer das einmalige Wir Selbst der Völker vernichten will, versündigt sich wider Gott"[40].

Angesichts der Zustände in der Welt, in diesem Deutschland oder auch in der linksliberalen Selbstverwaltungbewegung spielt die verquere Gedankenwelt eines Chamberlain oder Gobineau auf der irdischen, eines Rudolf Steiner auf der himmlischen Seite und des Werner Georg Haverbeck und in dessen Gefolgschaft ein Wolfgang Strauss als Synthese eine durchaus wichtige Rolle für Konservativismus und Faschismus, ist doch letztere Herrschaftsform nur aus der sie vorbereitenden erklärbar. Die Synthese von offen rassistischen Welterklärungsmodellen mit den mystisch-spirituellen Sehnsüchten nach einer heilen, natürlichen Welt hat längst Eingang gefunden in die Partei der GRÜNEN und in andere linksliberale Gruppierungen.

Anthroposophisches Germanentum?

Bei einem Vortrag in Stuttgart am 13.Februar 1915 sprach Steiner: "Sträuben mußte sich der Osten gegen dasjenige, was für ihn notwendig war (...), die Verbindung mit dem Westen und seiner Kultur (...) Und ein äußerer Ausdruck ist der Konflikt zwischen dem, was man Germanentum, und dem, was man Slawentum nennt...: die Auseinandersetzung zwischen Germanischem und Slawischem. Man möchte sagen, wie sich ein Kind dagegen sträubt, die Errungenschaften der Alten (i.d. Fall der Germanen, G.K.) zu lernen, so sträubt sich der Osten gegen die Errungenschaften des Westens, sträubt sich dagegen, sträubt sich so weit, daß er ihn haßt, selbst wenn er sich gezwungen fühlt, zuweilen seine Errungenschaften aufzunehmen"[41].

Damit diese "Errungenschaften" denn auch im heutigen Europa aufgenommen werden, nicht nur im westlichen, dafür sorgt heute die "Wiederverkörperung" der alten Thule Gesellschaft. Jene war in der Zeit

---

[40] LSI Nr. 6, Nov/Dez 1993
[41] I. und R. Engelen (Hrsg.): Rudolf Steiner über Rußland, in: GA 174 b, S.42

zwischen 1918 und 1923 gegründet worden und verband germanische Mystik mit dem Okkultismus der Zeit. Der Synkretizismus von dem Buche Dzyan, mit seinen tibetanischen "Weisheiten", von dem auch Steiner wußte[42], mit den Lehren des Georg Iwanowitsch Gurdjew, der daraus eine streng autoritäre esoterische Schule entwickelte und einem Bayrischen Germanenorden, schaffte den Ort, an dem sich die geschichte-machenden Männer des "Dritten Reiches" die geistige Nahrung holten: Hitler, Heß, Göring, Rosenberg, der Leibarzt Hitlers Prof. Morell, Himmler u.a.

Das Thule-Seminar leistet einen weiteren Synkretizismus, der bedeutend für die Entwicklung des neuen/alten Faschismus und seine Infiltration in linke Bewegungen ist. Dieses Seminar schafft eine Verschmelzung und Umdeutung der verschiedensten teils linken Theoretiker. Sie finden sich in den Thule- Publikationen und Seminaren in rechtsgewendeter Aufmachung wieder[43]. Der Vorsitzende *Pierre Krebs* lebt in Kassel und bereiste mindestens seit 1981 Deutschland, Österreich, Frankreich und Libyen und referierte an den verschiedensten Orten[44] zu neu-rechten Themen. 1981 erschien ein Grundlagenwerk der Neuen Rechten, welches uns in wissenschaftlicher Form im Zusammenhang mit der Siemens-Stiftung wieder begegnen wird: "Das unvergängliche Erbe - Alternativen zum Prinzip der Gleichheit". Herausgeber ist Pierre Krebs, weitere Autoren waren *Armin Mohler* und der Rechtsanwalt Jürgen Rieger. Krebs trat gemeinsam mit *Alain de Benoist*, dem Chef-Ideologen der Nouvelle Droite auf[45], der den Begriff der "Nation Europa" prägte und sozusagen zum geistigen Rückgrat des Thule-Seminars avancierte. In einem Interview im Rahmen einer Rundfunksendung erläuterte Krebs die Strategie der Neuen Rechten, als er gefragt wurde, ob er sich eine Zusammenarbeit mit der deutschen Linken vorstellen könne: "Aber natürlich, aber natürlich, und ich würde betonen, daß ich für Menschen, die sich heute im Rahmen der Neuen Linken bewegen, eine große Achtung und Sympathie empfinde. Das bedeutet, wenn ein Mensch heute, der den sogenannten american way of life ablehnt, jenseits seines politischen Konzepts unser natürlicher (sic) Bündnispartner ist". In dem gleichen Interview betonte er auch, daß sowohl die GRÜNEN und auch die Friedensbewegung für ihn mögliche Bünd-

---

[42] Horst E. Miers: Lexikon des Geheimwissens, S. 178
[43] AK Neue Rechte (Hrsg.): Spinne im Netz der Neuen Rechten, Kassel 1990
[44] Ebenda
[45] Ebenda

nispartner seien[46]. Der gemeinsame ideologische Ansatz ist die Neutralität Europas und die Entfernung der Militärstationen der Siegermacht Amerika. Die *Nation Europa* als führende Macht im Trio mit Japan und Amerika, das ist der Traum der Neuen Europäischen Rechten!

Die Rehabilitation des Konservativismus

Ideologische und wirtschaftliche Zusammenarbeit leisten da die unauffälligsten, weil seriös und wissenschaftlich scheinenden Institutionen. Da gibt es die Verbindungen, personell und ideologisch, von der Thule-Gesellschaft über Alain de Benoist und Armin Mohler zur "neurechten" Denkfabrik, der *Carl-Friederich-von-Siemens-Stiftung*. Die 1958 gegründete Stiftung wurde im wesentlichen durch den vom Criticon-Buchrezensenten Michael Paulwitz als "Anarchisten von rechts" betitelten Armin Mohler geprägt[47]. Dieser realisierte in der Siemens-Stiftung die Ideologieschmiede und Drehpunktinstitution der zukünftigen Herrschernation Europa unter deutscher Regie. Es fanden sich in den Veranstaltungen der Stiftung Themen und Personen wieder, die eine Elite -Universität vor Neid erblassen ließe. Von biologistischen Größen, wie Eibl-Eibesfeld über Konrad Lorenz bis hin zu rechten Theologen, wie Helmut Thielicke, aber auch national-revolutionäre Experten, wie Günter Bartsch gaben sich ein Stelldichein[48]. Dem Nachfolger von Mohler, *Heinrich Meier*, gelang mit dem Buch," Diskurs über die Ungleichheit", eine völlige Verdrehung der Ambitionen des Franzosen Rousseau, indem er "bewies", daß jener eine esoterische- exoterische Darstellung der "Ungleichheit der Menschen" beschrieben habe, um einerseits die Egalitaristen zu befriedigen und gleichzeitig die wenigen Eingeweihten von dem Gegenteil zu überzeugen[49]. So kehrte der antiquierte Rassismus eines Gobineau oder eines Chamberlain in neu-wissenschaftlichem Gewande sozusagen auf gehobenem Niveau und für die Neue Rechte brauchbar wieder.

Theosophie = Gottesweisheit

Diese Theosophie (Gottesweisheit) ist für unser Thema insofern so wichtig, da sie eine gewisse Schlüsselfunktion zu den hier beschriebenen prä- und neofaschistischen Organisationen hat und die Vorstufe zur An-

---

[46] Ebenda
[47] Criticon Nr. 122
[48] Raimund Hethey/Peter Kratz (Hrsg.): In bester Gesellschaft, S. 33f
[49] Ebenda

throposophie war. Sie taucht mit ihrer Wurzelrassenlehre auf beim Armanen-Orden, welcher auf Guido von List und Lanz von Liebenfels (1874-1954) zurückzuführen ist[50]. List spielte wohl in seiner Zeit eine mindestens ebenso bedeutende Rolle im Geistesleben, wie sein Freimaurerkollege Rudolf Steiner. Karl Heise schreibt in dem Kapitel "Verbindungen zwischen Okkultismus und Freimaurerei" zur Bedeutsamkeit der beiden: " Daß die übersinnlichen Welten der Menschenseele durchaus nicht verschlossen sind, zeigen schon die beiden großen Zeitgenossen Dr. Rudolf Steiner und (...) der Wiener Gelehrte Guido von List"[51]. Inwieweit sich beide gegenseitig beeinflußt haben ist nicht nachzuvollziehen und wird konträr dargestellt, doch die Andeutung Steiners während einer Vortragsreihe in Wien läßt Achtung ahnen: "Man braucht ja nur hinzuweisen auf jene feinen Geister, die im letzten Drittel des neunzehnten Jahrhunderts in Österreich gewirkt haben. Ich will ihre Namen nicht nennen, aber sie sind ja überall zu finden, manchmal gerade an den unscheinbarsten Orten"[52]. Doch auch das Büchlein "Die Mission einzelner Volksseelen" von Steiner deutet auf den Einfluß von List, bzw. darauf, daß Steiner sich mit völkischen Themen befaßte und sie gewandelt in sein Weltbild integrierte.

Lanz von Liebenfels, der eigentlich Josef Adolf hieß, war seit 1909 mit Hitler bekannt und gilt als "der Mann, der Hitler die Ideen gab"[53]. Der aus seinem Orden ausgetretene Zisterzienser-Mönch kaufte 1907 die Burgwerfenstein im Studengau (Donau). Diese wurde eine Kultstätte des von ihm gegründeten *ONT* (Orden des Neuen Tempels). Der intensive Gedankenaustausch des von Liebenfels und von List ist bekannt und die Entwicklung des Hakenkreuzes der Hitlerfaschisten hat in dieser Verbindung seinen Ursprung. Grundzüge der esoterischen Rassenlehre im Kontext mit der Rassenlehre der Germanenmystiker finden so ihren Weg in die Edda-Gesellschaft, die wiederum Ausgangspunkt für die Ludendorffer-Bewegung war[54].

---

[50] Horst E. Miers: Lexikon des Geheimwissens, S. 258 und 437. Siehe hierzu auch das ausgezeichnete Buch Mutter Erde, Magie und Politik, Anm. 56, zu den Wurzelrassen S.138ff

[51] Karl Heise: Entente-Freimaurerei und Weltkrieg, S. 356

[52] Margarete und Erich Kirchner Bockholt: Die Menschheitsaufgabe Rudolf Steiners und Ita Wegman, Dornach: Phil.- Anthropos. Verlag 1976, S. 196. Dieses Buch ist überdies eine Fundgrube für die Analyse der Zusammenhänge der rosenkreuzerischen Ambitionen der Anthroposophen.

[53] W.Daim: Der Mann, der Hitler die Ideen gab, Berlin: Dietz 1991

[54] Mathilde Ludendorff: Der Seele Wirken und Gestalten, Ludendorff Verlag 1933

Und es soll an dieser Stelle darauf verwiesen werden, daß die Ludendorffer Bewegung zwar in Feindschaft zur Anthroposophie stand, was aber insofern relativiert wird, weil in fast allen okkulten, theosophisch und ariosophisch grundierten Gesellschaften teilweise gehässige Feindschaften existierten und existieren. Der extreme Haß gegen die Anthroposophen kam wohl in erster Linie daher, weil diese einem *östlich-westlichen* Okkultismus huldigten, einen esoterischen Christuskult verfolgten und Steiner als *linker Jude* vermutet wurde. Aber auch andere okkulte Gruppen wurden verfolgt. So wurde z.B. das Buch "Heidnischer Imperialismus" des Gründers der "Gruppe von UR", Julius Evola (1898-1974), im Leipziger Armanen-Verlag veröffentlicht und später vom Sicherheitshauptamt unter Beobachtung gestellt. Evola, in Deutschland kaum bekannt, war im romanisch sprechenden Raum Kristallisationsfigur für Freimaurer, Katholiken, Anthroposophen und anderer Magier[55]. In Evolas Theorien verbanden sich tibetanische, theosophische, indogermanische und früh- anarchistische Lehren zu einer militant patriarchalen u. egozentrischen Ideologie, die auch linksradikale Geister beeinflußte. Evola ist heute wieder höchst aktuell, wie die Neuauflagen seiner Bücher im rechtsextremen *Grabert Verlag* zeigen.

Nach dem "Lexikon der Esoterik" wurden 1937 alle Freimaurer und okkulten Gruppen vom Reichsführer der SS aufgelöst. Dies aber nicht, weil der Führer etwas gegen Okkultismus hatte, bediente er sich für seine machtpolitischen Ziele doch selbst aus dem reichhaltigen Schatz, die ihm die zuvor beschriebenen Orden bereithielten. Die Nazis duldeten nur ihren eigenen völkischen Okkultismus.

Für diese Ausführungen ist wichtig, daß die der tibetanischen Kultur und Religion entlehnten und mutierten Theorien in den krudesten Formationen nach der Niederschlagung des Hitlerfaschismus wieder auferstanden und dem derzeit erstarkenden "Faschismus der Zukunft"[56] den sinnspendenden Auftrieb verleihen, den der Faschismus der Vergangenheit auch aus ihnen ziehen konnte. Was die völkische Esoterik für den alten Faschismus war, könnte das *New-Age* von heute, mit seinen diversen Ausformungen, für den "Faschismus der Zukunft" sein.

Zu einer Relativierung des Hitlerfaschismus tragen auch solche Bücher bei, wie Jochen Kirchhoffs "Nietzsche, Hitler und die Deut-

---

[55] Eduard Gugenberger/Roman Schweidlenka (Hrsg.): Mutter Erde, Magie und Politik, Wien: Verlag für Gesellschaftskritik 1987, S. 129f
[56] Freitag vom 11.12.92 Nr. 51

schen"[57]. Hier liefert der Mythendeuter das Werkzeug für die "Erlösung des Diktators" durch Bahro und Langhans. Erstaunlich ist es geradezu, daß Kirchhoff bei dem aufgeführten Quellenreichtum den Buchautor von "Bevor Hilter kam", Dietrich Bronder, fehlen läßt und mit einzigartiger Leichtigkeit über die Einflüsse der Okkultisten hinwegsieht. Ganz in spiritueller Tradition wird der Blick auf die Individualität beschränkt, bzw. auf die psychologischen Bedingungen, denen sie ausgesetzt ist. Der Versuch einer "Erklärung" des Hitler-Faschismus verkommt so zu einer Täuschung, weil er bedeutende Faktoren, wie z.B. die Ökonomie und die Religion als "Opium fürs Volk" nicht richtig würdigt.

Die Not der Menschen im Augenblick der Öko-Katastrophe, begründet durch Kapitalismus und weltweite Rezession, deren Ende nicht absehbar ist, des eiskalten und brutalen Vernichtungswillens der Machthaber "schwächeren Völkern" gegenüber, treibt ja die Hilfesuchenden geradezu in die ausgestreckten Arme der neuen/alten HeilsversprecherInnen. Daß sich auch die anthroposophische Gesinnungsart als durchaus kompatibel mit den ganz rechten bis faschistoiden politischen Bewegungen erweist, hat jüngst Sybille Tönnies aufgezeigt. Am Beispiel der schwarz-grünen Annäherungsversuche beschreibt sie in dem Artikel "Schwarz-grüne Verwandtschaft im Geiste" u.a. das Folgende:

"Inzwischen hat man das Stichwort Subsidiarität als Brücke entdeckt, dieses Wort, mit dem 1931 in der päpstlichen Enzyklika 'Quadrogesimo anno' der Staat in seine Schranken gewiesen wurde. Nach dem Subsidiaritätsprinzip ist die Gesellschaft aufgebaut wie eine Zwiebel, bei der verschiedene Häute um einen Kern, das Individuum, liegen. Löst dieses seine Probleme nicht selbst, so fallen sie in die Verantwortung der nächstliegenden Schicht: die Familie, die unmittelbare Gemeinschaft; als nächstes ist die Nachbarschaft zuständig, die Kirchengemeinde, und erst im letzten Notfall, wenn alle dazwischenliegenden Schichten versagt haben, kommt die Aufgabe auf den Staat zu, der lediglich die äußerste Haut bildet. Niemals in erster Linie, sondern immer nur hilfsweise ist der Staat nach dieser Idee zuständig. (subsidere (lat.) bedeutet, 'daruntersitzen' und 'helfen'). Auf diese Weise hat die Kirche ihren Anspruch abgestützt, in eigener Verantwortung (wenn auch auf Staatskosten) Sozialarbeit zu betreiben, denn die Kirche ist in diesem Konzept eine Schicht, die enger um das Individuum herumliegt als der Staat. Das

---

57 Jochen Kirchhoff: Nietzsche, Hitler und die Deutschen - Die Perversion des Neuen Zeitalters, edition diogenes 1990

Subsidiaritätsprinzip ist den Grünen sympathisch, weil es die Stärkung der Gemeinschaft verspricht. Dieser soziologische Begriff wurde in der Jugendbewegung populär; er drückt bei wertender Verwendung die Bevorzugung des intimeren Zusammenhangs organischer Einheiten gegenüber den kalten gesellschaftlichen Verbindungen aus. Die Sichtweise wird begünstigt vom *ganzheitlichen Denken*, das auch mit der Jugendbewegung aufkam und dann im *Nationalsozialismus* eingesetzt wurde. Dieses Stichwort, das zunächst von *Anthroposophen und anderen Esoterikern* (Hervorhebungen von G.K.) wieder aufgegriffen wurde, spielt jetzt auf der Wirtschaftsseite der Zeitungen eine Rolle: Es hilft, das Trennende, das in dem Antagonismus zwischen Arbeitgebern und Gewerkschaften zum Ausdruck kommt, zu überwinden und den Betrieb zu einer Gemeinschaft zusammenzuschweißen"[58].

Eine Stärkung der Neo-Konservativen durch den Wertkonservativismus der Grünen und eine etwaige Regierungsbeteiligung der stark von Anthroposophen beeinflußten Ökopartei ist in absehbare Nähe gerückt. Daß konservative und neurechte Ideologen bestens zusammengehen zeigt das bereits zitierte Buch "In bester Gesellschaft". Es ist das Verdienst dieser Antifaschisten das Flechtwerk der Konservativen und Neofaschisten in dem Sammelband aufgedröselt zu haben und die LeserInnen würden staunen, wer da mit wem und wo zusammen werkelt für eine Zukunft im Sinne der "konservativen Revolution".

Der kommende "Faschismus" hat noch keine Form, doch an Inhalt mangelt es ihm nicht. Die präfaschistischen Theosophen, auch in Form ihrer Abspaltungen, haben für alle Lebensbereiche in ihren Organisationen Theorien entwickelt und Praxismodelle verwirklicht. Die rechten Zukunftsdenker haben begriffen, daß nur so jene Hegemonie erreichbar, die für ihr Weltmachtstreben unentbehrlich ist. Längst haben sich auf die großdeutsche Gesellschaft bezogen in allen Lebens- und Wissenschaftsgebieten konservative Theoretiker etabliert und strafen schon jetzt die Theoriefeindlichkeit der post-anti-parlamentarischen Opposition bis heute durch ihre Erfolge an den Hochschulen und in der Politik.

Es ist den konservativen Revolutionären gelungen, Bereiche zu besetzen, die früher als wissenschaftliche Hochburgen der Linken galten. Wenn z.B. die Disziplinen Soziologie und Politologie durch Experten wie Konrad Lorenz, Irenäus Eibl-Eibesfeld, Fritjof Capra oder auch Alain de Benoist "biologisiert" werden, können sie als willkommene

---

[58] Sybille Tönnies: Schwarz-grüne Verwandschaft im Geiste, in: taz vom 12.1.1995

Ideenfabriken für eine meta-rassistische und biologistische Familien-
und Bevölkerungspolitik mißbraucht werden. Hinzu kommt außerdem,
daß moderne rechte Theoretiker ihren Rassismus so sublimiert haben,
daß er auf den ersten Blick nicht erkennbar ist. Der "Ethnopluralismus"
etablierte sich schließlich u.a. durch ehemals Linke wie z.B. Daniel
Cohn-Bendit.

Das Individuum haßt sich selbst!

Der Neo-Rassismus wird realisiert durch die Transformation von außen
nach innen: Kein platter Rassismus à la Chamberlain ist angesagt. Die
Rechte schafft es, sozusagen den Rassismus in das Individuum zu verle-
gen, wobei ihnen die Anthroposophen mit ihrem Selbsterziehungsan-
spruch gerade recht kommen. Die Meßlatte wird nicht mehr zwischen
"Rassen" und "Völkern" angelegt, sondern zwischen und in den Menschen. Verdeutlicht werden kann das am Beispiel der Normierung des
Sexualverhaltens: Die Gesellschaft gibt eine "normale" Sexualität vor
und wer abweicht, ist nach Auffassung der "kompakten Mehrheit" minderwertig. Das geht so weit, daß der Schwule, die Lesbe durch das erzwungene Leben in Subkulturen von der ehrenwerten Gesellschaft ausgeschlossen werden. Die sozio-biologische Politik der Neuen Rechten
hat tatsächlich ein ganz anderes Format als die brutal-gewalttätigen
Faschisten des "Dritten Reiches". Derzeit gibt es in den USA, die ja bekanntermaßen Vorbildfunktion für die moderne Welt haben, ein beinahe
pathologisches Rollback der Konservativen in Hinsicht auf eine moralisch saubere Gesellschaft. Mit allen erdenklichen Mitteln kämpfen
christliche Fundamentalisten für ihre Werte, die dann ganz klar Lesben
und Schwule zu "Geisteskranken" stempeln. Jegliche Abweichung von
der normalen Sexualität im konservativ-christlichen Sinne wird presse-
wirksam verurteilt. Die Christen haben den "moralischen Krieg" ausge-
rufen. Nach und nach schaffen sie es, die Rathäuser mit ihrer Erzie-
hungspolitik zu erobern und es scheint nur eine Frage der Zeit wann die
USA extrem rechts- konservativ regiert werden[59].

Wenn man die Transformation der Hegemonie-Idee Gramscis in
rechtes Fahrwasser durch konservative Theoretiker wahrnimmt, kann
eine Ahnung entstehen, wie gefährlich die Tendenzen sind. Gerade
durch das "Spinnennetz" von kleinen und kleinsten Gruppen mit

---

[59] Monika Gierig: Die Perspektive des schleimigen Spermiums, in: Freitag vom
16.12.1994

Rückkopplung bei den rechten Parteien, wie REP, NPD, FAP, oder auch CDU, CSU, FDP, Grünen, ja selbst bei links-alternativen Zusammenhängen (oder vielleicht auch gerade dort), wird jene von den Linken nie zustande gebrachte kulturelle Hegemonie erreichbar. Irgend ein kleiner Ariosophen-Club, esoterische Zirkel aller Couleur, BUND-Ortsgruppen, Öko-Vereine oder gar die Anthroposophen an sich, alle wären sie in diesem Kontext vernachlässigenswert. Doch durch die gegenseitige Entsprechung, durch ihre durchweg konservativen, teils faschismuskompatiblen Grundzüge, passen sie "gut" in die gegenwärtige weltweite Reaktion und gerade die Anthroposophie eignet sich bestens als Sinn- und Werte-Lieferantin für die identitätsschwache "Nation Europa".

Colin Goldner

Subliminal-Kassetten

ßihcseb regillewhcsretnu

Millionen Bundesbürger leiden unter Schlafstörungen. Seit Geraumem nun wirbt eine gewisse *Edition Kraftpunkt* aus Augsburg für ein neuartiges Heilmittel: Es geht um das Tonband-Kassettenprogramm "Besser Schlafen" des Münchener Heilpraktikers und Positivdenkers *Erhard F. Freitag*. In endloser Folge wartet die Kassette mit "positiven Suggestionen" auf wie "Ich schlafe leicht ein...mein Schlaf ist gut, friedlich und erholsam...Schlaf ist gut..." undsoweiterundsoweiter.

Über 20 Freitag-Programme sind derzeit auf dem Markt, mit Titeln wie: "Frei von Angst" ("Ich bin stark...ich bin ruhig...ich bin tapfer..."), "Frei von Streß (Ich bin voller Friede...ich mag mich...ich ruhe in mir..."), "Selbstheilung" ("Ich habe Kraft...ich bin gesund...ich bin ein Kind Gottes...") oder auch "Wohlstand" ("Meine Energie sammelt sich in Geld...Geld ist gut...ich werde ein Magnet, der Wohlstand anzieht...") (Edition Kraftpunkt, o.J.).

Die "theoretische Grundlage" derartiger Suggestionsprogramme per Tonband basiert auf der Vorstellung, das menschliche Gehirn funktioniere gleich einer relativ simplen EDV-Anlage: Von Geburt an würden hier sämtliche Eindrücke gespeichert, ganz unabhängig davon, ob sie kognitiv registriert wurden oder nicht. Aus dem Insgesamt dieser Daten bestimme sich Lebenseinstellung und Verhalten des Menschen. Nur ein verschwindend geringer Teil der aufgenommenen Daten dringe indes je ins Bewußtsein, deren größter Teil verbleibe unbewußt. Der Mensch werde folglich im Wesentlichen durch Impulse aus seinem Unterbewußtsein gesteuert.

Die "Datenbank des Unterbewußtseins" sei nun aber häufig "negativ
codiert". Nicht verarbeitete schlechte Kindheitserfahrungen hätten zu
unbewußten Grundmustern geführt ("Ich bin dumm", "Ich werde es nie
zu etwas bringen", etc.), die das ganze Leben negativ vorprogrammier-
ten. Es gelte, solch negative Codierung zu löschen und das Unterbewußtsein positiv umzuprogrammieren. Suggestive Formeln, häufig wiederholt, seien hierzu das wirkungsvollste Mittel (Freitag, o.J.).

Sehr hinderlich stünde allerdings solcher Neuprogrammierung via
Suggestion das Wachbewußtsein im Wege, der kritische Verstand.
Gleichfalls determiniert durch die negative Codierung des Unterbewußtseins lasse der Verstand ja nur solche Vorstellungen und Gedankenin-
halte eindringen, mit welchen er übereinstimme. Positive Suggestionen
würden von daher schlechterdings zurückgewiesen. Eine positive Neuprogrammierung sei also nur unter Umgehung des kritischen Wachver-
standes möglich. Man müsse einen Weg finden, das Unterbewußte direkt anzusprechen (ibid.).

Don't Worry

Als Ergebnis jahrzehntelanger Forschungsarbeit, wie es heißt, sei es nun
endlich gelungen, solche Möglichkeit zu entwickeln: Mittels modernster
Computer-Technologie sei man jetzt erstmalig in der Lage, Tonbandkas-
setten herzustellen , deren "positive Botschaft" nur vom Unterbewußtsein wahrgenommen werden könne. Vordergründig höre man auf solchen Kassetten lediglich Entspannungsmusik, Klassik etwa à la
Clayderman oder synthetische Sphärenklänge; wahlweise auch Natur-
geräusche wie das Plätschern eines Baches oder Vogelgezwitscher. Un-
terschwellig (=subliminal) indes würden die "positiven Botschaften",
unhörbar der Musik oder den Geräuschen unterlegt, direkten Einfluß auf
das Unterbewußtsein nehmen und dort "krankmachende Denkstrukturen" durch "aufbauende Gedanken" ersetzen. Dergestalt sei es möglich,
jede nur erdenkliche Störung sozusagen "von innen heraus" anzugehen.
Subliminal tapes, so verkünden deren Hersteller denn auch mit großem
Gestus, seien nichts weniger als das "psychologische Äquivalent zum
Penicillin" (*Esotera*, 1986).

Positivdenker Freitag hat sein Programm mittlerweile komplett auf
subliminal tapes umgestellt. Selbstredend verkauft er - im Doppelpack
mit den *subliminals* - nach wie vor auch seine Bänder mit den hörbaren

Suggestionen, obgleich diese von der Kassettenbranche selbst ad absurdum geführt wurden, die ja, eigenen Worten zufolge, gerade der Wirkungslosigkeit supraliminaler (hörbarer) Suggestionen wegen den enormen Forschungsaufwand zur Entwicklung subliminaler (nicht-hörbarer) Bänder betrieben hat. Logik ist offenbar nicht die Stärke der Branche: es sind auch Kassetten im Handel, die die jeweiligen Suggestionen hörbar auf der einen und subliminal auf der anderen Seite anbieten; selbst Bänder, die mit hörbaren und nicht-hörbaren Suggestionen gleichzeitig aufwarten, sind erhältlich.

Insgesamt finden sich inzwischen weit über 200 subliminale Tonband-Programme auf dem deutschsprachigen Psycho-Markt, hergestellt und vertrieben von einer Handvoll aus dem Bereich der "esoterischen Lebenshilfe" einschlägig bekannter Verlagsunternehmen.

Für jedes Problem das passende *tape*: Von A wie Akne bis Z wie Zucker (Diabetes) gibt es kaum eine Erkrankung, für die nicht etwa "Lebenslehrer" Kurt Tepperwein ein passendes Subliminal-Programm auf Lager hätte. Ob Probleme mit der Bandscheibe oder mit Gallensteinen, mit Ischiasnerv, Krampfadern, der Leber, dem Magen oder der Prostata: Alles kein Problem für das Tepperweinsche "Gesundheitsprogramm der Zukunft". Selbst schwere Störungen wie Asthma oder Eß- bzw. Magersucht ließen sich per Tonband mühelos in den Griff bekommen. Natürlich auch Drogenabhängigkeit jeder Art: "Befreien Sie sich durch die positiven Suggestionen dieser Kassetten" (o.J.). Viele Themen überschneiden sich bei den einzelnen Herstellern. Exklusiv bei der Firma Trance: "Selbsthypnose-Kassetten" gegen Nägelbeißen, Haarausfall und Impotenz (o.J.).

In erster Linie freilich verstehen sich die *subliminal tapes* als therapeutische Hilfestellung für Probleme rein seelischer Art. Die breitgefächerte Palette der rund 30 Subliminal-Programme von *Potential Unlimited* reicht von "Hilfe bei Depression" ("Mein Leben begeistert mich") und bei "Migräne" ("Mein Kopf ist ganz klar") bis hin zu "Überzeugend sprechen" ("Was ich sage hat Gewicht") und "Verkaufsstärke" ("Jeder Kunde fühlt sich durch meine positive Ausstrahlung angezogen"). Für jede Lebenslage das geeignete Tonband. Auch kniffelige Fragen, "Wie man Liebe anzieht" etwa, werden subliminal beschieden: "Je mehr ich mich selbst mag, desto mehr mögen mich die anderen". Vergleichbar profunde Auskunft erhält man auf der Suche nach dem "Spirituellen Lebensweg": "Ich schaue nur nach vorne. Mein inneres Licht führt mich" (o.J.a).

Erwähnenswert das subliminale "Selbstentfaltungs-Programm" des Freiburger Esoterik-Konzerns Bauer. Fünf Kassetten decken hier "sämtliche Erfordernisse" ab ("Freude und Lust am Leben", "Innere Ruhe und Frieden finden" etc.). Für Sonderprobleme gibt es zwei weitere 3-Kassetten-Programme, mittels derer man sein Liebesleben neu codieren ("Eifersucht überwinden", "Glückliche und sexuell befriedigende Beziehungen") oder sich auf "wachsenden finanziellen und materiellen Wohlstand" programmieren kann (*Esotera*, 1986).

"Un-erhört wirksam" seien die unhörbaren Botschaften an das Unterbewußtsein, so schwärmt, in penetrantem Herumreiten auf diesem vermeintlich ganz besonders originellen Wortspiel, der Bauer-Verlag in seinem Monatsheft *Esotera* von den eigenen Produkten (ibid.). Wie *Esotera* betont, habe das Bauersche Subliminal-Programm ganz entscheidenden Vorteil gegenüber den Kassetten anderer Hersteller. Die unterlegte Musik etwa sei dem "Rhythmus des Herzschlages angepaßt" und öffne daher die Bereitschaft des Unterbewußtseins zur Informationsaufnahme. Die Frage, *wessen* Herzrhythmus die für die Kassetten verwendete New-Age-Musik denn angepaßt sein soll, verblaßt völlig angesichts von deren hymnischer Selbstverklärung in den Werbeprospekten: Von "kosmischer Klangmagie" ist da die Rede, von "phantastischen Oratorien, die das Bewußtsein in lichtere Kristallwelten erheben: Auf hell strahlenden Klängen in paradiesische Sphären. Eine Musik, die Sie hinaufschwingen läßt ins Reich der Engel".

Wie *Esotera* den Leser belehrt, könne "Musik infolge ihrer abstrakten Natur das Ego und die intellektuellen Kontrollen umgehen". Sie sei daher in der Lage, "direkten Kontakt zu tieferen Gehirnzentren" aufzunehmen und dergestalt zu einer "Harmonisierung der beiden Hirnhälften" beizutragen. Solch angestrebter "Hirnharmonisierung" trage zudem die ganz besondere Darbietung der unterschwelligen Suggestionen Rechnung: "Sie werden in der Ichform von einer Frau gesprochen und wenden sich so an den weiblich-intuitiven Teil in uns, sodann in der Duform abwechselnd von einer Frau und einem Mann, was dem Elternimago entspricht (ibid.). Wären die Botschaften hörbar, könnte man (angeblich) folgendes vernehmen:

Frauenstimme: "Ich fühle mich warm, sicher und geborgen"

Männerstimme: "Du fühlst dich warm, sicher und geborgen"

Frauenstimme: "Du fühlst dich warm, sicher und geborgen"

Frauenstimme: "Heute sage ich ja zur Liebe"

Männerstimme: "Heute sagst du ja zur Liebe"

Frauenstimme: "Heute sagst du ja zur Liebe"
undsoweiterundsoweiter.

Eine weitere Besonderheit des Bauer-Programmes sei, daß die - unhörbaren - Botschaften mittels eines sogenannten "Zeitrafferverfahrens" auf
2,3-fache Geschwindigkeit beschleunigt würden ("Donald-Duck-
Effekt", C.G.), was die Aufnahmekapazität des Bandes beträchtlich er-
höhe. Man könne so auf jeder Kassette "circa 1000 positive, wohltuende
und evolutionär lebensbestärkende Suggestionen" (ibid.) unterbringen.
Es handle sich dabei selbstverständlich um jeweils nur einige wenige
Formeln, die ständig wiederholt würden.

Eat Popcorn

Ernstzunehmende Belege für die "un-erhörte Wirksamkeit" der *subliminal tapes* sind deren Hersteller bis heute schuldig geblieben. Wie üblich
in diesem Genre werden stattdessen "Dankesbriefe begeisterter Kunden"
angeführt ("'Ich konnte sofort eine erstaunliche Wirkung feststellen',
schreibt Frau L. aus W."). Behauptungen Freitags, bei nicht weniger als
88% einer (nicht näher bezeichneten) "Langzeitstudie" seien nach entsprechend häufigem Hören der Kassetten (über 90mal) "eindeutig positive Resultate" zu verzeichnen gewesen (o.J.), müssen als ebenso unsubstantiiert gelten, wie Angaben in *Esotera* über eine Versuchsreihe mit
einer Gruppe von Alkoholikern, der mehrmals täglich ein subliminales
Anti-Alkohol-Programm vorgespielt worden sei: nach drei Monaten sei
der Alkoholkonsum dieser Gruppe nur noch halb so hoch gewesen, wie
der in einer Kontrollgruppe (1986). Nachfragen bei den Herstellern der
Kassetten-Programme um detailliertere Informationen über die angeblichen Erfolge blieben durchgängig unbeantwortet. Auch Nachfor-
schungen über zwei Untersuchungen an einem "Center for Independent
Research" in Pennsylvania, auf die Freitag sich bezieht (o.J.), blieben
ohne Ergebnis: ein Center dieses Namens konnte in den USA nicht aus-
findig gemacht werden.
    Zur Unterstützung all der tönernen Argumente, mit denen die an-
gebliche Wirksamkeit der *tapes* plausibel gemacht werden soll, verweisen deren Hersteller stets und in großer Suada auf tatsächlich seit mehr
als 30 Jahren in den USA durchgeführte wissenschaftliche Untersuchungen über subliminale Beeinflussungsmöglichkeiten. Deren Ergebnisse
werden indes ebenso verschwiegen, wie der Umstand, daß es sich bei

diesen Untersuchungen ganz ausschließlich um visuelle Beeinflussung handelt und sie von daher für die zur Rede stehenden Fragen auditorischer Beeinflussung gar nicht von Relevanz sind.

1956 machte in den USA ein gewisser James Vicary, seines Zeichens Marktforscher, Furore mit der Behauptung, durch mehrfaches kurzes Einprojizieren (jeweils etwa 3/1000 Sek.) von schwachlichtigen, bewußt also nicht wahrnehmbaren (=subliminalen) Werbespots "Eat Popcorn" und "Drink Coca-Cola" in einen laufenden Kinofilm sei es gelungen, die Zuschauer zu nachfolgend deutlich erhöhtem Konsum von Popcorn und Cola - die Rede war von bis zu 58% - anzuregen. Die amerikanische Öffentlichkeit war alarmiert: Nicht auszudenken, wenn derlei Manipulation via TV oder Kino in der Tat möglich sein sollte. Der Schriftsteller Norman Cousins äußerte die Sorge vieler Amerikaner: "Wenn der Trick uns erfolgreich Popcorn andient, wieso dann nicht auch Politiker oder irgendetwas anderes?" (1957, zit. nach: Pratkanis, 1992). Der Naturwissenschaftler Jacob R. Oppenheimer befürchtete gar, die Bedrohung durch die Atomphysik sei nachgerade "trivial" im Vergleich zu der durch die Psychologie (zit. nach: Adams, 1982). Die Furcht vor subliminaler Beeinflussung durch die Medien steigerte sich in der Folgezeit fast zur Hysterie. Die *Federal Communications Commission* und letztlich sogar der Kongreß mußten sich damit befassen. Die *National Association of Broadcasters* verbot den Einsatz subliminaler Werbung, noch bevor irgendwelche Kontrollstudien zu Vicarys Behauptungen durchgeführt worden waren. Auch Australien und Großbritannien untersagten unterschwellige Werbung.

Ab 1958 wurde dann eine Vielzahl wissenschaftlicher Studien durchgeführt, in denen sich jedoch keinerlei Hinweis finden ließ, daß dergestalt subliminale Beeinflussung von Käufer- oder Konsumentenverhalten tatsächlich möglich sei (Weir, 1984). Vicarys Behauptungen blieben völlig unsubstantiiert. Gegenüber der Fachzeitschrift *Advertising Age* soll er Anfang der 60er Jahre sogar zugegeben haben, daß es sich bei seinem Kino-Experiment um reine Erfindung gehandelt habe, um sein rückläufiges Marketing-Unternehmen wieder ins Gespräch zu bringen (Pratkanis, 1992). Das zunächst begreiflicherweise große Interesse von Werbemanagern und Verkaufsstrategen war schnell wieder abgeebbt. Zurück blieb indes in weiten Kreisen die latente Befürchtung, daß subliminale Manipulation - insbesondere über das TV - doch irgendwie machbar sei und auch praktiziert werde.

Für längere Zeit hörte man dann nichts mehr von *subliminals*, bis Anfang der 70er Jahre ein gewisser Brian Key kurzfristig auf sich aufmerksam machte mit der Behauptung, es würden, um zum Kauf bestimmter Konsumgüter zu verleiten, diese mit raffiniert verborgenen, subliminalen Signalen ausgestattet, die sexuelle Erregung hervorrufen sollen (1973). Key entdeckte das Wort "Sex" auf allem und jedem, selbst auf Keksen und Eiswürfeln sah er sinistre *subliminals* am Wirken. Kaum war der Rummel um diese "Entdeckung" etwas abgeklungen - Keys Buch Subliminal Seduction (Subliminale Verfolgung) war in den USA monatelang auf den Bestsellerlisten gewesen -, erlebte mit dem Aufkeimen der New-Age-Bewegung Mitte der 70er Jahre die Idee unterschwelliger Beeinflussung eine rasante und diesmal "positive" Wiedergeburt: Nicht mehr hinterhältiger Waschmittel- oder Cola-Werbung sollten die subliminalen Botschaften nun dienen, sondern hehrsten Zielen (wie Potential Unlimited es formulierte): glücklicher und zufriedener zu sein, Ängste zu überwinden, gezielt Krankheiten zu heilen, jugendliche Frische und Spannkraft zu erhalten, Abhängigkeiten (Rauchen, Eßsucht, Drogensucht etc.) zu überwinden, usw. Dies alles sei auf einfachste Weise zu erreichen, "in kurzer Zeit und so ganz nebenbei". Es sei keine jahrelange Bemühung mehr vonnöten, weder Disziplin noch Ausdauer. Man brauche nur noch eine der neuentwickelten Tonband-Kassetten in den Recorder einzulegen und "Wunder würden geschehen". Es sei gelungen, "positive Suggestionen" so auf ein Tonband "aufzumodulieren", daß sie, obgleich unhörbar, dem Unterbewußtsein doch deutlich wahrnehmbar seien, und nun, aus diesem heraus, ihre kraftvolle Wirkung entfalten könnten: "Eine Revolution des Geistes" (o.J.a).

Fuck Mommy

Eines besonderen Nachweises hinsichtlich der angeblichen Wirksamkeit der *tapes* bedurfte es nicht. Das weitverbreitete Mißtrauen gegen subliminale Manipulation bot einen idealen Nährboden für die Vermarktung der nunmehr ja "positiven Selbsthilfe-Programme", basierte es doch auf der grundsätzlichen Überzeugung, derartige Beeinflussung des Unterbewußtseins sei durchaus machbar. Darüberhinaus zielten die Hersteller dieser Programme zunächst auf Käuferschichten aus dem Bereiche der New-Age-Esoterik, deren Anhänger sich ja bekanntermaßen vornehmlich durch stupende Kritiklosigkeit auszeichnen, solche gar zum Ethos erheben: Je abstruser, desto glaubwürdiger.

Auch Menschen, die mit "New Age" ansonsten nicht viel zu schaffen hatten, zählten bald zu den Käufern von *subliminals*. Ungewollte Schützenhilfe leistete diesem Boom der New Yorker Psychologie-Professor Lloyd Silverman, der seit vielen Jahren Untersuchungen zur subliminalen Wahrnehmung durchführte. Silvermans Forschungsergebnisse schienen die - bislang rein hypothetischen - Annahmen unterschwelliger Beeinflußbarkeit zu bestätigen. Mittels eines sogenannten "Tachistoskopes", einer Art Guckkasten, hatte Silverman seinen Versuchspersonen für jeweils Bruchteile von Sekunden (1/30 bis 1/250 Sek.) visuelle Stimuli zugeblitzt, die von diesen bewußt nicht wahrgenommen werden konnten. Er hatte nun beobachtet, daß diese - durchwegs provozierenden, sprich: auf Tabus abstellenden - Bilder (etwa ein defäkierender Hund) oder Statements (z.B. "Fuck Mommy"), obgleich bewußt nicht registriert, doch teilweise eine Reaktion bei den Probanden auslöste (Natale, 1988).

Mit seinen Beobachtungen allerdings blieb Silverman weitgehend alleine, wie auch seine psychoanalytischen Erklärungsversuche für ebendiese als wenig überzeugend gelten (ibid.). Ohne Rücksicht nun darauf, daß Silvermans Arbeiten weit davon entfernt sind, als wissenschaftlich fundierter Beleg für irgendwelchen Effekt subliminal vermittelter Botschaften angesehen werden zu können, werden doch die Hersteller von *subliminal tapes* bis heute nicht müde, gerade Silverman als Kronzeugen ihrer Produkte auszurufen. Daß dieser, neben dem Umstand, daß seine Ergebnisse alles andere als gesichert sind, ausschließlich mit *visuellen* unterschwelligen Stimuli gearbeitet hatte und seine Studien von daher hinsichtlich *auditorischer subliminals* überhaupt nicht erheblich sind, wird wohlweislich unterschlagen.

Wahwahwah

Auch ansonsten überbieten die einschlägigen Werbebroschüren sich gegenseitig mit den hanebüchensten Behauptungen, die alleine dadurch scheinbar schon als verifiziert gelten, daß jemand die Stirn besessen hat, sie aufzustellen. Von Arztpraxen und Kliniken wird da schwadroniert, von Schulen und Universitäten, von Polizei und Militär: Allenthalben würden die *subliminals* sich "mit gigantischem Erfolg" beweisen. Nachprüfbare Angaben fehlen allerdings durchgängig. In einer Supermarkt-kette in den USA, wie es etwa bei Potential Unlimited heißt, konnte an-geblich durch den Einsatz subliminaler Botschaften vom Tonband ("Ich stehle nicht") die Diebstahlquote um 37% gesenkt werden (o.J.a). In weiterer Kolportage dieser Erfolgsmeldung durch einen anderen Ton-bandhersteller war dann plötzlich gar von 74% die Rede (*Esotera*, 1986). Nachfragen blieben durch die Bank unbeantwortet. Apropos Po-lizei: 1989 ließ man im Rahmen einer wissenschaftlich begleiteten Stu-die 270 Polizeischüler in Los Angeles über 24 Wochen hinweg *sublimi-nal tapes* hören, die entweder ihre Gesetzeskenntnisse oder ihre Treffsi-cherheit beim Schießen verbessern sollten. Es verbesserte sich weder das eine noch das andere (Lenz). Über diese Studie hinaus liegen inzwischen zahlreiche weitere Untersuchungen vor. Der Münchener *Arbeitskreis Humanistische Psychologie* etwa testete 1988 ein Programm, das sich zu empirischer Untersuchung geradewegs anbietet: "Schluß mit dem Rau-chen". Anders als bei den meisten subliminalen Programmen ("Freude und Lust am Leben", "Sich der Liebe öffnen" etc.) läßt sich hier auf simple Art ein objektivierbarer Maßstab finden, mit Hilfe dessen deren angebliche Wirksamkeit überprüft werden kann: die Anzahl der vor bzw. nach Absolvieren des Programms konsumierten Zigaretten. In einer regelmäßig zusammenkommenden Supervisionsgruppe (14 Erzie-herinnen/Sozialpädagoginnen), die aus ausnahmslos starken Raucherin-nen bestand (20-40 Zigaretten pro Tag), wurde vereinbart, sich über einen Zeitraum von acht Wochen dem handelsüblichen Subliminalpro-gramm "Nichtraucher" (Potential Unlimited) zu unterziehen. Alle Teil-nehmerinnen waren motiviert, das Rauchen aufzuhören. Die meisten hatten schon mehrfach und auf verschiedene Weise versucht, sich das Rauchen abzugewöhnen (Akupunktur, Autogenes Training etc.). An-hand der Begleitbroschüre des Programmes wurde die Gruppe von des-sen Funktionsweise informiert. Der überwiegende Teil der Gruppe hatte bisher noch nie von Subliminalprogrammen gehört; bei einigen Teil-nehmerinnen bestanden vage Kenntnisse, jedoch keine eigenen Erfah-rungen. Es wurde, gemäß Begleitbroschüre, darauf hingewiesen, daß es nicht nötig sei, der Musik besondere Aufmerksamkeit zu widmen; es genüge, die Kassette "nur im Hintergrund laufen zu lassen", während der Arbeit etwa oder auch beim Autofahren. Einzige Bedingung war, das Programm konsequent einmal täglich, zumindest nebenbei, zu hö-ren. Jeder Teilnehmerin wurde eine Originalkassette sowie ein Exemplar des Begleittextes ausgehändigt, der die auf dem Band verwendeten subliminalen Suggestionen zum Nachlesen enthielt; beispielsweise: "Rauchen ist für mich völlig uninteressant" oder "Mein Widerwille gegen das Rauchen verstärkt sich von Tag zu Tag". Nach acht Wochen wurden die Ergebnisse ausgewertet. Sämtliche Teilnehmerinnen berichteten, den Versuch nur mit Mühe über den vereinbarten Zeitraum hinweg durchhalten gekonnt zu haben. Fünf Teilnehmerinnen hatten ihn schon nach wenigen Tagen abgebrochen. Durchgängig wurde die Musik als extrem unangenehm beschrieben. Es sei während des Hörens nicht nur keinerlei Entspannung aufgetreten, sondern, wie eine Teilnehmerin es formulierte, "das ewige Gedudele hat mich den letzten Nerv gekostet". Das Rauchbedürfnis hatte sich bei *keiner* der Teilnehmerinnen reduziert - obgleich laut Freitags Erfolgsstatistik sich innerhalb der Versuchszeit von acht Wochen bei 62%, zumindest also bei acht Personen, positive Resultate hätten zeigen müssen (o.J.). Wie einige Teilnehmerinnen berichteten, sei ihr Zigarettenkonsum gar noch gestiegen, insbesondere aus dem Ärger heraus, wie eine Sozialpädagogin meinte, sich auf solchen Unsinn überhaupt eingelassen zu haben (Dörr, 1988).

An der University of California in Santa Cruz ließ man eine Testgruppe über fünf Wochen täglich Subliminal-Kassetten zur Steigerung des Selbstbewußtseins bzw. zur Gedächtnisverbesserung hören. Ergebnis: Die Bänder erzielten, wie anhand verschiedener Testaufgaben gemessen wurde, keinerlei Wirkung (Pratkanis, Eskenazi & Greenwald, 1990). Das Experiment wurde mit anderen Bändern zweimal wiederholt, die von den Herstellern behauptete Wirkung auf Bewußtsein und Verhalten konnte indes bei keinem Teilnehmer bestätigt werden (Greenwald et al., 1991). In einer Serie von drei Experimenten testeten Auday, Mellet & Williams (1991) die Wirksamkeit von subliminalen Bändern, die das Gedächtnis verbessern, Streß oder Angst abbauen oder das Selbstbewußtsein stärken sollten. Ergebnis: Null. Auch die Untersuchung von Russell, Rowe & Smouse (1991) - sie testeten Bänder zur Verbesserung des Lernvermögens - erbrachte keinerlei Wirksamkeitsnachweis; ebensowenig die Studie von Eich & Hyman (1991). Wie die Bremer Medienwissenschaftler Buddemeier & Strube (1990) zu der Überzeugung gelangen, durch *subliminal tapes* werde "ähnlich stark in den Organismus eingegriffen, wie bei der Einnahme von Antibiotika", bleibt unergründlich. Es steht anzunehmen, daß methodische Mängel oder Fehler bei den Experimenten zu solchem Trugschluß führten; vielleicht haben sie auch nur Placeboeffekte außer Acht gelassen, die allemal auftreten können (Merikle & Skanes, 1991). Buddemeier und Strube sind die einzigen ernstzunehmenden Autoren, die einen Effekt der *subliminals* beschreiben.

Zur Klärung der Frage, was denn nun wirklich unterhalb der hörbaren Musik, oder auch "eingewoben" in diese, auf den Bändern "drauf" sei, wurden einige davon in verschiedenen Münchner Tonstudios getestet (Goldner, 1989). Bei der Mehrzahl der Untersuchungen konnte außer den wahrnehmbaren Geräuschen *überhaupt nichts* festgestellt werden. Lediglich bei einer Untersuchung, durchgeführt in einem Tonstudio des Bayerischen Rundfunks, konnte im Infraschallbereich von etwa 0,5 - 1,5 Hz gelegentlich eine sogenannte "Schwebung" ausgemacht werden, eine näher nicht differenzierbare leichte Verfremdung; darüberhinaus waren unrhythmische Schwankungen der Lautstärke zu verzeichnen, die der Musik eine Art "Wahwah"-Effekt verliehen. Bei diesem einen Band war also *etwas* im Infraschallbereich festzustellen gewesen, was dies jedoch war, ließ sich weiter nicht bestimmen. Es könne sich wohl um irgendwelche beabsichtigten niederfrequenzigen Überlagerungen handeln, genauso aber auch einfach um eine schlechte Aufnahmequalität: Eine definitive Beurteilung, so der Tontechniker, sei nicht möglich. Es sei solche aber auch von keinerlei praktischer Relevanz, da die gängigen Lautsprechersysteme lediglicn auf Bereiche zwischen etwa 35 und 20.000 Hz ausgelegt seien, irgendwelche darunterliegenden Impulse auf den *tapes* folglich ohnehin nicht wiedergegeben werden könnten.

Über die "aufwendigen Mischverfahren" der *tapes* war von deren Herstellern keinerlei Auskunft zu bekommen. Mutmaßlich, so ein Tontechniker, der die Bänder untersucht hatte, bestehe das ganze Geheimnis lediglich in allersimpelstem Zusammenschneiden zweier Tonbandspuren: Auf der einen Spur sei die Musik und auf der anderen befänden sich irgendwelche - in der Lautstärke reduzierten - "Suggestionen": Zusammengeschnitten höre man dann bloß noch die höhervolumige Musik, die Suggestionen seien bestenfalls noch in "homöopathischer Dosis" vorhanden. Mit jedem einfachen 2-Spurgerät ließen sich auf solche Weise *"subliminal tapes"* herstellen.

Durch die Ergebnisse der tontechnischen Untersuchungen erübrigt sich eigentlich die Frage, ob denn das menschliche Ohr unterschwellige Impulse überhaupt aufnehmen kann. Anders als bei visueller Wahrnehmung, bei der Lichtreize direkt auf die Netzhaut bzw. den Sehnerv treffen, müssen bei auditorischer Wahrnehmung eintreffende Schallwellen erst über eine komplizierte "Mechanik" im Ohr auf das *Cortische Organ* und die Hörnerven übertragen werden. Wellen mit einer Schwingung

von weniger als 20 Hertz - hier liegt im allgemeinen die untere Hör-
schwelle - können, vereinfacht ausgedrückt, diese Mechanik nicht "in
Gang setzen", man hört sie also nicht. Alle anderen Behauptungen sind
schlicht Humbug.

Das Versprechen freilich, mittels einiger simpler Sprüche vom Tonband - noch dazu unhörbarer! - die "Kraft innerer Ruhe und Gelassen-
heit" (Freitag, o.J.) zu erlangen, bewirkte in der Tat Wunder: Binnen
kürzester Zeit entwickelte sich das Geschäft mit den *subliminal tapes*
zum "big business", mit zig-Millionenumsätzen. Der Materialwert einer
Kassette liegt bei weniger als einer Mark. In aufgeblasene Verpackungen
gesteckt, oft gut 20 mal so groß wie ihr Inhalt, werden die Kassetten
zum Preis von rund DM 30.- pro Stück verkauft. Das "Ruhig-schlafen"-
Programm etwa von Erhard Freitag ("Mein Schlaf ist tief und fest") ko-
stet DM 39.80. Höchst empfehlenswert sei freilich die "Kombination
mehrerer Titel": Edition Kraftpunkt führt nicht weniger als 94 verschiedene Subliminal-Programme im Angebot, von "Glück-und-Harmonie-in-
der-Beziehung" hin zu "Erfolgreich-Golf-spielen". Im Paket bezogen:
DM 2661.20 (o.J.). Wie die Vertriebsleiterin des marktbeherrschenden
Herstellers von *subliminal tapes* in den USA in einem Interview lapidar
meinte, sei der im Vergleich zu den Kosten einer Therapie relativ geringe Preis der Kassetten allemal einen Versuch wert. Selbst wenn es
nicht funktioniere (Natale, 1988).

Das Coverdesign der einzelnen Programme verdient besondere Erwähnung: Strahlt bei den Freitag-Kassetten der Meister selbst von der
Hülle im angestrengten Versuch, mittels Fönwelle und Nadelstreif sich
und sein "Selbsthilfe-Programm" seriös aussehen zu lassen, so suggeriert bei Bauer ein stilisierter Männerkopf vor aufgehender Sonne Meditation und kontemplative Einkehr. Potential Unlimited deutet mit
Leonardo da Vincis genialer Anatomie-Studie die Genialität der eigenen
Produkte an, während bei therapy products international eine Kassette
wie ein Raumschiff durchs All düst, wohl um auf die Zukunftstechnolo-
gie der *subliminal tapes* hinzuweisen. Die Kassettenhüllen der Firma
Trance - Uralttrick der Werbung - operieren schlicht mit Sex: sie zeigen
halb- oder ganz nackte junge Frauen.

Be Happy

Einen herben Einbruch mußte die Branche hinnehmen, als ich im Auf-
trage der Fachzeitschrift Psychologie Heute die *subliminal tapes* unter-
suchte und den "unterschwelligen Betrug" aufdeckte (Goldner, 1989).
Es hagelte wütende Proteste und Beschimpfungen ("Miesmacher",
"Pseudo-Wallraff", "Hirnamputierter" etc.). Besonders erboste sich der
Berliner Lutz Mehlhorn, der für das Subliminal-Kassettenprogramm
"Energiequell Unterbewußtsein" des Esoterik-Versandhauses Bauer verantwortlich zeichnet ("schlampige Recherchen", "Verleumdung" etc.);
Mehlhorns Erregung ist verständlich: laut Eigenwerbung hat er bis dato
über 160.000 Bänder (à DM 26.00) verkauft (Umsatz: über DM 4 Mil-
lionen).

Zahlreiche Zeitschriften übernahmen Teile meiner Untersuchung, so
daß man schon glauben konnte, die "Therapie vom Tonband" hätte ausgedient. Ausgerechnet ein erschreckend unkritischer Artikel: "Ich programmier' mich um" in der ansonsten durchaus aufgeklärten Wochen-
zeitschrift Die Zeit (Aanderud, 1990), der die Psychologie-Heute-Studie
völlig ignoriert und sich zum Sprachrohr der Kassetten-Branche machte,
brachte diese wieder auf Vordermann. Mit großem Werbeaufwand wird
nun seither versucht, die Ladenhüter doch noch unters Volk zu bringen.

Die Firma Edition Kraftpunkt beispielsweise hat angeblich sämtliche
der von ihr vertriebenen *subliminal tapes* inzwischen mit der sogenannten "Whole-Brain-Technik" ("Ganz-Hirn-Technik", C.G.) aufgepeppt:
Auf dem linken Stereo-Kanal seien die Suggestionen nunmehr *rückwärts*
aufmoduliert. Dies basiert auf einer Idee des amerikanischen Parapsychologen Eldon Taylor, angelehnt an den Prozeß gegen die kalifornische
Rockgruppe Judas Priest, in dem dieser zum Vorwurf gemacht worden
war, durch rückwärts gesprochene Suizid-Aufforderungen auf ihren
Platten den Freitod zweier Jugendlicher verschuldet zu haben (Judas
Priest und ihre Plattenfirma CBS Records wurden freigesprochen).
"Backmasking" nennt sich dieses Verfahren: die rechte Hirnhemisphäre
als Zugang zum Unterbewußtsein sei in der Lage, den rückwärtsgespro-
chenen Text automatisch umzudrehen. Die linke Hirnhälfte, Sitz der
Abwehrmechanismen, werde über den rechten Kanal und ausschließlich
mit bestätigenden Suggestionen ("Es ist o.k., entspannt zu sein") angesprochen. Überdies würden die - unhörbaren! - Suggestionen im Kanon
von einer Männer-, einer Frauen- und dann einer Kinderstimme gesprochen, so daß das Unterbewußtsein frei auswählen könne, wem es zuhö-

ren wolle. Außerdem seien die Suggestionen, um ihre Bedeutsamkeit zu steigern, mit Echohall versehen (Taylor, 1990). Also: links rückwärts, rechts vorwärts, dreierlei Stimmtypen, im Kanon und mit Echohall - und dies alles unhörbar!

Eine andere Firma, Mediumvalue (Europe) Ltd., behauptet, auf ihren sogenannten Brain-MasterProm-Kassetten seien die subliminalen Suggestionen in eine "spezielle Tonmatrix" eingebettet, die angeblich "im Nu die Gehirnwellenmuster synchronisiert" (Cook, o.J.). Das Gehirn werde durch bestimmte Klänge und Töne automatisch in einen "Theta-Zustand" versetzt, eine "Frequenz von 4-8 Hz", in der sich "tiefe Entspannung" einstelle. Was mit Hilfe herkömmlicher Meditationspraktiken allenfalls in "15 bis 20 Jahren konzentrierter Anstrengung" herzustellen sei, bewirke die "bahnbrechende Technologie" der MasterProm-Kassetten in wenigen Minuten. In diesem "Theta-Zustand" weise das "Unterbewußtsein den höchsten Grad an Aufnahmefähigkeit" auf, was die ideale Voraussetzung sei, die "effizienten Korrekturaffirmationen an die Gehirnzellen zu übertragen". Brain-MasterProm, laut Eigenwerbung die "stärkste Kassettenreihe zur geistigen Weiterentwicklung" bietet der zahlungswilligen Kundschaft neben "Superabwehrkräften", "Besserem Gedächtnis" und dergleichen auch ein "Millionärs-Erfolgskonzept", das, wie es heißt, die "auf Erfolg programmierten Charaktereigenschaften eines Selfmade-Millionärs transplantiert." Die regelmäßige Benutzung der *tapes* führe darüberhinaus zur "Entfaltung übersinnlicher PSI-Kräfte", wie auch zu einem "unheimlichen Anstieg des Geschlechtstriebs". Kosten der 12-teiligen Kassetten-Reihe: DM 298.-.

Gerade durch derlei Allotria, das den *subliminal tapes* zusätzlichen Anschein von Wissenschaftlichkeit oder Wirksamkeit verleihen soll, entlarven diese sich vollends. Kaum ein Schwachsinn, der nicht mit größter Unverfrorenheit aufgetischt würde, wenn er nur irgendwie verkaufsfördernd zu sein scheint. Da werden die auf plattesten Psycho-Kybernetizismus abstellenden Subliminal-Programme ("Kassette rein, wenn ein neuer Funktionsablauf gewünscht wird") in großem Gestus zur "ganzheitlichen, holistischen Therapiemethode" erklärt; einfältigst-hedonistische Kalendersprüche ("ich bin ein offener Kanal, durch den göttliche Energie strömt") zum "spirituellen Quantensprung in neue Dimensionen des Bewußtseins". Gnadenlos wird die Kundschaft für dumm verkauft. Vor dem Hintergrund der Psychologie-Heute-Studie verlieh das Gesundheitsmagazin "Gesund Bleiben" von Sat 1 den *subliminal tapes* die gefürchtete Negativ-Auszeichnung "Das Faule Ei" (8.11.92).

Wenn Kassetten-Hersteller Erhard Freitag - juristisch vorbauend - in einem Artikel zugeben läßt, die angebliche Wirkung der *subliminal tapes* beruhe möglicherweise nur auf einem Placebo-Effekt (Oesterheld, 1987), so bekommt sein zynisches Geschäft mit den ja *tatsächlich* bestehenden Problemen der Rat- und Hilfesuchenden einen zusätzlich widerwärtigen Beigeschmack. "In short, it's a scam". Von welcher Seite aus man das Geschäft mit den *subliminal tapes* auch ansehen mag, es ist, in Worten von Professor Howard Shevrin (University of Michigan), ganz einfach "Beschiß" (zit. in: Natale, 1988).

Literatur

Aanderud, C. (1990): Ich programmier' mich um., in: Die Zeit. 13.12.90, S. 96

Adams, V. (1982): Mommy and I Are One: Beaming Messages to Inner Space, in: Psychology Today 5, S. 24-36

Audey, B.C., J.L. Mellett und P.M. Williams (1992): Self-Improvement Using Subliminal Self-Help Audiotapes: Consumer Benefit or Consumer Fraud? Vortrag 4/92, Los Angeles: Arbeitstreffen der Western Psychological Association

Bauer-Tonprogramm (o.J.): Energiequell Unterbewußtsein (Kassetten-Begleitbroschüre), Freiburg/Br.: Bauer

Brand, H.W. (1978): Die Legende von den geheimen Verführern. Weinheim: Beltz

Buddemeier, H. und J. Strube (1990): Die unhörbare Suggestion, 2.Aufl. Stuttgart: Urachhaus

Cook, S. (o.J.): Mit dem MasterProm in 28 Minuten das Gehirn aufladen, (Werbebroschüre), Viernheim: Mediumvalue

Creed, T.T. (1987): Subliminal Deception: Pseudoscience on the College Lecture Circuit, in: Skeptical Inquirer 11, S. 358-366

Dörr, A. (1988): 'Nie wieder rauchen': Abschlußbericht über einen Versuch zur Wirksamkeit von 'subliminal tapes', Unveröffentl. Manuskript, München: Arbeitskreis Humanistische Psychologie

Edition Kraftpunkt (o.J.): (Werbeprospekt), Augsburg: Edition Kraftpunkt

Eich, E. und R. Hyman (1991): Subliminal Self-Help, in: D. Druckman und R.A. Bjork (Hrsg.): In the Mind's Eye: Enhancing Human Performance, Washington, D.C.: National Academy Press

Esotera (1986): Un-erhört wirksam, in: Esotera 7, 40-43

Freitag, E.F. (o.J.): Das positive Selbsthilfe-Programm (Kassetten- Begleitbroschüre), Augsburg: Editon Kraftpunkt

Goldner, C. (1989): Subliminal-Kassetten: Unterschwelliger Betrug? in: Psychologie Heute 8, S. 40-45

Goldner, C. (1992): Die sogenannten subliminal tapes, in: Die Tageszeitung vom 10.9.1992, S. 9

Goldner, C. (1994): Subliminale Wahrnehmung: Über Subliminal-Kassetten, in: Skeptiker 2, S. 32-36

Goldner, C. (1994): Mindmachines: Gefährlicher oder fauler High-Tech-Zauber? Beobachtungen zu neurophysiologischen Manipulationspraktiken der New-Age-Esoterik, in:

H.-W. Carlhoff und P. Wittemann (Hrsg.): Neue Wege zum Glück? Psychokulte - Neue Heilslehren - Jugendsekten, Stuttgart: AJS

Greenwald, A.G. et al. (1991): Double-Blind Tests of Subliminal Self-Help Audiotapes, in: Psychological Science 2, S. 119-122

Hemminger, H.-J. (1989): Psychotraining: 'Subliminals' und unterschwellige Beeinflussung, in: Materialdienst der EZW 3, S. 91-92.

Key, W.B. (1973): Subliminal Seduction, Englewood Cliffs: Signet

Lenz, S. (1989): The Effect of Subliminal Auditory Stimuli on Academic Learning and Motor Skills Performance Among Police Recruits, Unveröffentl. Diss., Los Angeles: California School of Professional Psychology

Merikle, P. und H.E. Skanes (1991): Subliminal Self-Help Audiotapes: A Search for Placebo Effects, Unveröffentl. Manuskript, London: University of Waterloo

Moore, T.E. (1982): Subliminal Advertising: What You See Is What You Get, in: Journal of Marketing 46, S. 38-47

Moore, T.E. (1988): The Case Against Subliminal Manipulation, in: Psychology & Marketing 46, 297-316

Natale, J.A. (1988): Are You Open to Suggestion? in: Psychology Today 9, S. 28-30

Oesterheld, V. (1987): Die Glücksbringer, in: W. Schneider und H. Triendl (Hrsg.): Therapie & Heilkunst, Bd. 1, München: Connection

Pilmes, A. (1992): Unerhört: Psycho-Guru verdient sein Geld mit absolutem Nichts, in: tz vom 12.10.92, S. 3

Potential Unlimited (o.J.a): (Kassetten-Begleitbroschüre), Triesen: Carval

Potential Unlimited (o.J.b): Glück und Erfolg magnetisch anziehen (Werbebroschüre), Triesen: Carval

Pratkanis, A.R. (1992): Subliminal Advertising, in: Skeptical Inquirer 3, S. 260-272 (Subliminale Werbung, in: G.v. Randow (Hrsg.) (1993): Mein paranormales Fahrrad und andere Anlässe zur Skepsis, entdeckt im 'Skeptical Inquirer', Reinbek: Rowohlt, S. 47-61

Pratkanis, A.R. und E. Aronson (1992): Age of Propaganda: The Everyday Use and Abuse of Persuasion, New York: W.H. Freeman

Pratkanis, A.R., J. Eskenazi und A.G. Greenwald (1990): What You Expect Is What You Believe (But Not Necessarily What You Get): On the Effectiveness of Subliminal Self-Help Audiotapes, Vortrag 4/92, Los Angeles: Arbeitstreffen der Western Psychological Association

Russell, T.G., W. Rowe und A.D. Smouse (1991): Subliminal Self-Help Tapes and Academic Achievement, in: Journal of Counseling & Development 69, S. 359-362

Synodinos, N.E. (1988): Subliminal Stimulation: What Does the Public Think about It? in: Current Issues & Research in Advertising 11, S. 157-187

Taylor, S. (1990): Die Subliminal-Methode: Lernen mit dem Unterbewußtsein, München: Goldmann

Trance Audio Vertrieb (o.J.): (Werbeprospekt), München: Trance

Tepperwein, K. & F. Aeschbacher (o.J.): Die Botschaft Deines Körpers (Werbebroschüre), Vaduz: Rubin

Weir, W. (1984): Another Look at Subliminal 'Facts' in: Advertising Age vom 5.10.84, S. 46

Zanot, E.J., E. Pincus,und E.J. Lamp (1983): Public Perception of Subliminal Advertising, in: Journal of Advertising 12, S. 37-45

Mahlon W. Wagner

Homöopathie -
"Neue Wissenschaft" oder "New Age"

Homöopathie existiert seit ungefähr 200 Jahren. In letzter Zeit hat es viele Berichte über Homöopathie gegeben in Zeitungen, Illustrierten und im Fernsehen. Diese Berichte legen nahe, daß Homöopathie die Medizin der Zukunft, des 21. Jahrhunderts ist. Während viele Menschen das Wort "Homöopathie" kennen, wissen sie meist nicht, was genau Homöopathie ist.

Heute kann man Homöopathie in fast allen Ländern finden. In Europa benutzen 40% der französischen, 40% der niederländischen, 37% der britischen und 20% der deutschen Ärzte Homöopathie. In den Vereinigten Staaten gab es 425 Millionen Besuche bei Anbietern alternativer Gesundheitspflege und 13,7 Milliarden Dollar wurden 1990 dafür ausgegeben. Offensichtlich wird die Homöopathie immer besser bekannt und immer beliebter.

Aber bevor Sie es selbst in Betracht ziehen, einen Homöopathen zu besuchen oder ein homöopathisches Mittel zu nehmen, müssen Sie viel mehr wissen. Wie wurde Homöopathie entwickelt? Was sind die Mittel, die die Homöopathie anwendet? Wie werden diese Mittel hergestellt? Ist homöopathische Behandlung effektiv? Ist die Homöopathie Quacksalberei oder ein gültiges medizinisches Fach?

Anfänge und Entwicklung der Homöopathie

Der deutsche Arzt Samuel Hahnemann entwickelte die Homöopathie um 1796. Er war unzufrieden mit der konventionellen Medizin seiner Zeit. Die üblichen Mittel jener Zeit waren oft für den Patienten gefährlich. Es gab einen Witz, daß mehr Menschen an medizinischer Behandlung starben als an den Krankheiten selbst. Zunächst sagte Hahnemann, daß ähnliches ähnliches heilt (similia similibus curentur). Das bedeutete, daß ein Stoff, der bestimmte Symptome in einem gesunden Menschen hervorrief, dazu benutzt werden konnte, ähnliche Symptome an einem Kranken zu heilen. Um ein Beispiel zu geben: Es wurde berichtet, daß roter Paprika bei normalen gesunden Menschen rote Backen hervorruft und Heimweh lindert. Ein deutscher Homöopath hat daher vorgeschlagen (hoffentlich im Scherz), daß homöopathische Dosen von rotem Paprika an Millionen unwillkommener Gastarbeiter in Deutschland verabreicht werden sollen. Dies würde Heimweh hervorrufen und sie ermutigen, Mitteleuropa zu verlassen und heimzukehren. Diese Doktrin war der genaue Gegensatz zur konventionellen Medizin. In der konventionellen Medizin kämpfen die meisten Mittel direkt gegen die symptomverursachende Krankheit.

Zweitens glaubte Hahnemann, daß immer kleinere Dosen des Mittels immer effektiver sein würden. Vielleicht war das eine gute Idee, denn einige der Mittel Hahnemanns waren giftig. Aber es ergibt sich hier ein Problem: Hahnemann verwendete immer extremere Verdünnungen der Mittel. Hahnemann nahm den ursprünglichen natürlichen Stoff und verdünnte ihn oft 1:99 (genannt C1). Eine zweite Verdünnung 1:99 nannte er C2. Zwischen jeder Verdünnung mußte das Mittel kräftig geschüttelt werden. Angeblich setzte dieses Schütteln die heilende Energie des Mittels frei. Diese heilende Energie ist nie adäquat definiert worden und die Wissenschaft hat sie nie messen können. Hahnemann befand, daß C30 Verdünnungen am besten wirkten. Er glaubte nicht an Atome und er glaubte, daß man die Materie endlos teilen konnte. Diese Überzeugung war in der Zeit Hahnemanns vernünftig, aber heute weiß es die Wissenschaft besser. Heute wissen wir, daß jede Verdünnung über C12 hinaus kein einziges Molekül des Mittels beinhaltet. Manchmal verdünnten Hahnemann und seine Anhänger 1:9 (D1 genannt). In diesem Fall beinhaltet jede Verdünnung über D24 hinaus keine Moleküle des Mittels.

Mittel, die von der Homöopathie verwendet werden

Die Homöopathie behauptet, sie würde nur "natürliche" Stoffe verwenden. Das ist ein Versuch, sich von der konventionellen Medizin abzusetzen. Angeblich verwendet die konventionelle Medizin "künstliche" Drogen, die minderwertig und sogar gefährlich sein sollen. Als Beispiele für homöopathische Mittel sind zu nennen: rohe Rinderhoden, zerdrückte Honigbienen (Apis mellifica), Tollkirsche (Belladonna), Cadmium, Schwefel, Nux vomica, Schierling (Conium), Kieselerde (Silicea), Eisenhut (Aconite), Salz (Natrium mur), Arnika (Arnica), Gift der Bushmaster-Schlange (Lachesis), Arsen (Arsenicum album), Spanische Fliege (Cantaris), Klapperschlangengift (Crotalus horridus), Brechwurz (Ipecacuahna), Hundemilch (Lac canidum), Efeu (Rhus toxicodendron) und so weiter. Einige dieser Substanzen sind ganz harmlos, andere können toxisch wirken.

Sie mögen fragen: Wie wußte Hahnemann, daß ein bestimmtes Mittel für eine bestimmte Krankheit (eigentlich ein bestimmtes Symptom) geeignet war? Hahnemann und seine Schüler testeten die Mittel an sich selbst. Sie aßen verschiedene Stoffe von Pflanzen, Tieren oder Mineralien und beobachteten sorgfältig, welche Symptome auftraten. Dies ist die "Prüfung". Die Reaktionen oder Symptome wurden in einem Buch zusammengefaßt, dem Materia Medica. Zum Beispiel eines der Symptome bei der Prüfung von Windröschen (Pulsatilla) ist: "Eine unangenehme Botschaft machte ihn nach 20 Stunden zutiefst traurig und deprimiert." Wenn diese Prüfungen durchgeführt wurden, wußten die Menschen, welches Mittel sie eingenommen hatten. Das ist ein Problem, denn jemand könnte sehr leicht durch Vorliebe oder Vorurteil beeinflußt werden, wenn er weiß, welches Mittel er einnimmt. Er kann eine bestimmte Reaktion erwarten oder ein Symptom übertreiben. Heute in der modernen Wissenschaft versuchen wir diese Vorurteile zu umgehen, indem wir es verhindern, daß die Person wissen kann, welche Substanz sie zu sich nimmt. Das nennt man ein "testblindes" Verfahren. In diesem Fall ist es auch wichtig, daß auch der Forscher nicht weiß, welche Substanz gerade getestet wird, weil er auch ein Vorurteil haben könnte, wenn er weiß, welche Substanz eingenommen wird. Das ist dann ein "doppelblindes" Verfahren. Kürzlich wurde in einer deutschen Studie ein Mittel (Belladonna C30) mit einem Plazebo verglichen. Es wurde herausgefunden, daß diejenigen, die Plazebo erhalten hatten, noch über mehr Symptome berichteten, als diejenigen, die das Mittel bekamen. Unter den gemeldeten Symptomen waren u.a. kleinere Schmerzen und Wehwehchen in verschiedenen Körperteilen. Nahm der Proband fälschlicherweise an, daß normale Schmerzen und Wehwehchen mit dem Mittel zusammenhingen? Es ist auch möglich, daß der Schmerz das Ergebnis von nichtausreichendem Schlaf oder von dem, was sie gegessen hatten, war.

Wie wir sehen werden, beschäftigt sich die Homöopathie nicht mit Krankheit. Stattdessen konzentriert sie sich auf die Symptome, die der Patient meldet. Homöopathie stimmt diese Symptome mit den Symptomen ab, die ein Mittel in einem gesunden Menschen hervorruft. Im Gegensatz dazu benutzt die konventionelle Medizin die Symptome, um eine Krankheit zu identifizieren und sie behandelt dann die Krankheit selbst.

Forschung in der Homöopathie

In der Homöopathie gibt es hierzu zwei gegensätzliche Standpunkte. Der eine Standpunkt behauptet, daß die Homöopathie nicht versuchen soll, die strengen Bedingungen der wissenschaftlichen Medizin zu erfüllen. Für Befürworter dieser Meinung reicht es aus, daß es in den letzten 200 Jahren Millionen zufriedener Patienten gegeben hat. Weiter sagen sie, daß Wissenschaft einfach nicht relevant ist, da sie den Begriff von der Energie der Lebenskraft ablehnt, der für die Homöopathie von zentraler Bedeutung ist. Die Lebenskraft ist identisch mit dem Begriff des Vitalismus, den Wissenschaftler immer bekämpft haben. Und schließlich behaupten sie, daß die wissenschaftliche Medizin ungerechtfertigte Vorurteile gegen die Homöopathie hat. Dana Ullman, ein prominenter Befürworter für die Homöopathie in Amerika, sagt, daß persönliche Erfahrung viel überzeugender sei als alle Versuche. Diese Betonung der Erfahrung zeigt, daß viele Menschen es einfach nicht verstehen, daß gute Wissenschaft für den Fortschritt unserer Kultur notwendig ist.

Der zweite Standpunkt ist, daß wissenschaftliche Forschung notwendig ist, wenn die Homöopathie von der modernen Medizin angenommen werden soll. In den letzten 15 Jahren sind viele experimentelle Untersuchungen homöopathischer Mitteln durchgeführt wurden. Zwei Übersichtsartikel sind vielleicht die am besten bekannten.

Kleinjen, Knipschild und ter Riet (1991) untersuchten 107 kontrollierte klinische Versuche der Homöopathie im British Medical Journal (Band 302, Seiten 316-323 und 960). Sie schlossen daraus, daß die Beweise einfach nicht ausreichend waren, um die Behauptungen der Homöopathie zu unterstützen. Hill und Doyon (1990) untersuchten 40 andere klinische Studien in der französischen Zeitschrift Epidémiologie et Santé Publique (Band 38, Seiten 139-147). Auch sie schlossen daraus, daß es keine akzeptablen Beweise gibt, daß Homöopathie effektiv ist. Seit diesen Übersichten sind vier weitere Studien erschienen.

Die homöopathische Behandlung von Fußwarzen wurde 1992 untersucht (Canadian Medical Association Journal, 146, 1749-1753). Die homöopathische Behandlung war nicht effektiver als der Plazebo.

Ein Bericht im Mai 1994 untersuchte die homöopathische Behandlung von Diarrhö (Durchfall) an Kindern, die in Nicaragua lebten. Am dritten Tag der Behandlung gab es in der homöopathisch behandelten Gruppe einen ungeformten Stuhlgang weniger als in der Kontrollgruppe (3,1 gegen 2,1; $p < 0,05$). Kritiker aber machten geltend, daß nicht nur wirklich kranke Kinder aus dem Versuch ausgenommen waren, sondern auch daß es keine signifikanten Unterschiede am ersten, zweiten, vierten und fünften Tag gegeben hatte. Das heißt, daß die statistische Analyse nicht richtig durchgeführt wurde. Desweiteren war die Studie nicht doppelblind. Drittens gab es keine Versicherung, daß das homöopathische Mittel nicht verunreinigt war. In einigen vorausgegangenen Studien waren es solche Verunreinigungen in den Mitteln und nicht die Mittel selbst, die positive Ergebnisse bewirkt hatten. Und schließlich wurden die Standardmittel, die gegen Diarrhö wirken, nicht zu Vergleichszwecken verwendet.

Im November 1994 untersuchte ein Forschungsbericht die Wirkungen von homöopathischen Mitteln auf Kinder mit Erkrankungen der oberen Atemwege (z.B. Erkältung) (British Medical Journal, 309, 1329-1332). Vierundachtzig Kinder erhielten Plazebos und 86 individualisierte homöopathische Mittel. Die Forscher kamen zu dem Schluß, daß die Mittel keine Verbesserungen der Symptome oder der Erkrankungen bewirkt hatten.

Im Dezember 1994 untersuchte eine vierte Studie die homöopathische Behandlung von allergischem Asthma in Schottland (Lancet, 344, 1601-1606). Die dreizehn Patienten, die das homöopathische Mittel erhalten hatten, berichteten, daß sie sich besser fühlten als die 15 Patienten, die Placebos bekamen. Dann vereinigten die Forscher diese Ergebnisse mit Ergebnissen aus einigen früheren Versuchen. Sie folgerten, daß die Homöopathie im allgemeinen kein Plazebo ist, und daß die Homöopathie reproduzierbar ist. Erstens waren es zu wenige Patienten. Zweitens sind persönliche Berichte und "Wohlergehen" nicht akzeptabel. Wenn ein Patient sagt, daß es ihm besser geht, wissen wir da, ob er sich von der Krankheit erholt? Es gibt viele Krankheiten, wo sich der Patient wohl fühlt, aber in der Tat sehr krank ist. Was nötig ist, sind angemessene physiologische Maßstäbe für eine Besserung des Zustands. Und drittens ist es unangemessen, diese kleine Studie mit früheren Studien zusammenzulegen, wenn diese Studien stark kritisiert worden waren, weil das experimentelle Verfahren unzureichend war.

Der Leser mag fragen: "Warum bekommt die wissenschaftliche Forschung so viel Aufmerksamkeit?" Viele Anhänger der Homöopathie erkennen die Relevanz der klinischen Versuche, um die Gültigkeit der Homöopathie zu begründen, nicht an. Aber genau die gleichen Menschen behaupten auch, daß die Übersicht von 1991 und die Studien in Schottland und Nicaragua Beweise dafür sind, daß die Homöopathie funktioniert. Es ist wichtig zu erkennen, daß alle bisherigen Untersuchungen, die Unterstützung für die Homöopathie zu bieten scheinen, fehlerhaft sind. Wir können uns nicht darauf verlassen, daß diese Studien die Wahrheit über den Ausgang der klinischen Versuche wiedergeben. Der einzige gerechtfertigte Schluß ist im Moment der, daß die Forschung noch nicht gezeigt hat, daß homöopathische Mittel effektiv sind.

Und sie dreht sich doch!

Welche Antwort können wir jemandem geben, der sagt, er hat ein Mittel genommen und es war wirkungsvoll? Die meisten Menschen stellen sich nicht vor, daß 90% der Patienten, die ein Arzt sieht, sich erholen werden, auch wenn nichts gemacht wird. Der menschliche Körper kann sich in vielen Fällen selbst heilen. Zum Beispiel wird sich ein Mensch mit einer Erkältung nach 14 Tagen ohne Behandlung erholen, mit Medikamenten erholt er sich in knapp zwei Wochen. Wenn Sie einen konventionellen Arzt besuchen, sagt Ihnen der gute Arzt oft, daß Sie sich keine Sorgen machen sollen. Er wird Ihnen sagen, daß ein Arzneimittel nicht viel helfen wird. Nebenbei bemerkt, hat jemand schon von einem Homöopathen gehört, der seinen Patienten gesagt hat, sie sollen sich keine Sorgen machen und daß die Krankheit von alleine vergehen werde? Wenn jemand behauptet, daß es das homöopathische Mittel war, das sie geheilt hat, können wir nur fragen "Wären sie genauso schnell genesen, wenn sie nichts unternommen hätten?"

Ein weiteres ernsthaftes Problem ist der "Plazebo-Effekt". Dies bedeutet, daß, wenn man "glaubt", richtig behandelt zu werden, man dann oft sagt (und daran glaubt), man erhole sich schneller. Diese Suggestion, der Plazebo-Effekt, ist sehr stark. Neue Forschungen zeigen, daß bis zu 70% medizinischer/chirurgischer Patienten über gute Heilergebnisse von Techniken berichten, von denen wir heute wissen, daß sie ineffektiv sind (Clinical Psychology Review, 1993, 13, 375-391) (Zur Zeit der

Behandlung waren Patient und Arzt davon überzeugt, daß die Behandlung effektiv war.)

Nun, zumindest ist die Homöopathie ungefährlich

Anhänger behaupten, daß eine homöopathische Behandlung keine Risiken in sich trage. Sie sagen, daß die extrem verdünnten Mittel sicherer und billiger seien als die meisten rezeptpflichtigen. Erstens hat man gezeigt, daß einige homöopathische Mittel gegen Asthma tatsächlich mit großen Mengen künstlicher Steroide verunreinigt waren. Zweitens beinhalten einige Mittel meßbare Mengen des kritischen Stoffes. Nimmt ein Patient täglich vier Tabletten Quecksilber (D4), würden sie eine potentiell giftige Dosis einnehmen. Eine Dosis Cadmium D6 überschreitet die Grenze der Unbedenklichkeit. Und eine D6 Dosis Aristolochia beinhaltet signifikante Mengen dieses krebsverursachenden Krauts. Wir können daher nicht einfach und leichtfertig behaupten, daß homöopathische Mittel immer ungefährlich seien.

Es gibt ein zusätzliches Risiko, wenn man sich einer homöopathischen Behandlung unterzieht. Wenn man krank ist und sofortige medizinische Behandlung braucht, könnte eine Verzögerung ernsthafte Konsequenzen nach sich ziehen. Dieses Risiko besteht immer bei alternativer Gesundheitspflege.

Ist die Schutzimpfung nicht so etwas wie Homöopathie?

Homöopathie behauptet oft, daß der Gebrauch von verdünnten Mitteln der Schutzimpfung ähnlich sei. Schließlich werden sehr verdünnte Stoffe bei der Impfung eingesetzt, um bessere Abwehr zu erzielen. Noch einmal versucht hier die Homöopathie, Seriosität zu erlangen, indem sie zeigt, daß die konventionelle Medizin ähnliche Verfahren anwendet. Impfungen werden verwendet, um Krankheiten vorzubeugen. Sind Sie einmal erkrankt und haben Symptome, hilft keine Impfung mehr. Das homöopathische Mittel wird nur dann verabreicht, wenn Sie schon krank sind. Bei Impfungen werden ähnliche oder identische, geschwächte Mikroorganismen verwendet, die Homöopathie beschäftigt sich mit Symptomen der Krankheiten. Außerdem sind viele homöopathische Mittel D24- oder C12-Verdünnungen, die keinerlei Substanzen enthalten. Auf der anderen Seiten müssen Impfungen eine meßbare Menge des Mikroorganismus beinhalten. Es ist in der Tat eine Ironie, daß die

Homöopathie diesen Vergleich anstellt, denn die Homöopathie hat
tatsächlich Impfungen immer sehr stark bekämpft.

Die seltsamen Freunde der Homöopathie

Wir können manchmal etwas über ein Thema erfahren, wenn wir untersuchen, zu wem oder zu was es sich gesellt. In den ersten 100 Jahren
war die Homöopathie mit vielen Pseudowissenschaften eng assoziiert,
u.a. mit Mesmerismus und Phrenologie. In den USA waren viele frühe
Homöopathen Mitglieder des mystischen Kults des Swedenborgia-
nismus.

Das hat sich leider bis heute nicht geändert. Besonders in den USA
wenden Chiropraktiker (Manipulation des Rückgrats) und Angewandte
Kinesiologen homöopathische Mittel an. Viele Homöopathen setzen Iris-
Diagnostik, Reflexologie, Wünschelruten und Elektrodiagnostik (EAV)
ein. Keines dieser Gebiete besitzt wissenschaftliche Gültigkeit. Wenn
Sie mehr über Homöopathie in Amerika erfahren wollen, ist der beste
Ort eine New-Age-Buchhandlung oder ein New-Age-Treffpunkt. Sie
können dort viele Bücher wie auch homöopathische Mittel kaufen.
Homöopathie heißt nicht nur diese Leute und Ideen als Freunde will-
kommen, sie lehnt meist den Kontakt zur konventionellen Medizin ab.
Dies alles legt nahe, vorsichtig, wenn nicht skeptisch, mit der Homöopathie umzugehen.

Ist Homöopathie Quacksalberei?

In den USA gibt es ein Sprichwort: "Wenn etwas wie eine Ente
watschelt und wie eine Ente aussieht und wie eine Ente klingt, dann ist
es wahrscheinlich eine Ente." Inwiefern sieht Homöopathie aus wie
Quacksalberei und klingt wie Quacksalberei? Wir haben bereits gesehen,
daß Homöopathie einige sehr fragwürdige Assoziierungen mit Pseudowissenschaften unterhalten hat.

Homöopathie hat sich auch durch die Verwendung ungültiger
Schlußfolgerungen selbst diskreditiert. Das erste Beispiel ist das "sich
Bewähren". Nur weil etwas die Jahrhunderte überdauert hat, ist das kein
Beweis für seine Gültigkeit. Astrologie, Numerologie und Wünschelrutengehen existieren seit einiger Zeit, aber sie sind mit Sicherheit Pseudowissenschaften. Die Langlebigkeit einer Idee ist kein guter Ersatz für
strenge Wissenschaft. Das zweite Beispiel ist, daß so viele Menschen
homöopathische Mittel ausprobiert haben und damit zufrieden waren.

Und es wird gesagt, daß die folgenden berühmten und wichtigen Menschen die Homöopathie unterstützt haben: Die britische Königliche Familie, Johann Wolfgang von Goethe, Mahatma Gandhi und Mutter Theresa. Ein chinesisches Sprichwort sagt, wenn tausend Menschen etwas törichtes sagen, dann bleibt es töricht. Ein Mehrheitsvotum ist kein Ersatz für gute Wissenschaft. Gewöhnlicherweise hören wir nur von den Erfolgen, die Mißerfolge werden beiseite geschoben.

Ein drittes Beispiel ist der Trugschluß. Der Spinner sagt gewöhnlich: "Galilei wurde ausgelacht und er hatte Recht behalten. Heute werde ich ausgelacht, deshalb werde auch ich Recht behalten." Eigentlich wurde Galilei nicht ausgelacht. Stattdessen wurde er verfolgt, weil ihm der richtige christliche Glaube fehlte, um das richtige Dogma zu akzeptieren. Homöopathie sagt, daß in der Geschichte viele große Genies gegen das vorherrschenden Wissen rebelliert haben. Aber viele von ihnen wurden letztendlich als richtig anerkannt. Paracelsus, William Harvey, Louis Pasteur und Joseph Lister behielten Recht im Laufe der Zeit. Deshalb - so wird argumentiert - werden Samuel Hahnemann und die Homöopathie eines Tages anerkannt. Aber dieses Argument läßt die vielen Quacksalber und Scharlatane unberücksichtigt, die behaupteten, Genies zu sein, und mit Recht scheiterten.

Es ist traurig, aber wir müssen den Schluß ziehen, daß die Homöopathie mit Sicherheit wie Quacksalberei klingt.

Homöopathie in den USA

Bevor ich zum Ende komme, kann es hilfreich sein, den Fortschritt der Homöopathie in den USA kurz aufzuzeichnen. Vor 1920 war die Homöopathie sehr populär. Es gab viele homöopathische Krankenhäuser und Medizinschulen. Dann aber wurden strengere Ausbildungsrichtlinien in der konventionellen Medizin erarbeitet. Zusätzlich und gleichzeitig kam die Pharmakologie auf die Szene und viele nützliche Pharmazeutika wurden entdeckt. Heute in den USA benutzen lediglich 500 von mehr als 600.000 Ärzten homöopathische Mittel.

Viele Wissenschaftler sind aber besorgt, weil immer mehr Laien etwas über Homöopathie hören. Heute kann fast jeder homöopathische Mittel ohne Rezept kaufen. Das kommt daher, weil 1938 ein Homöopath, der auch ein mächtiger Politiker war (Royal Copeland, MD[1]), ein

---

[1] MD, Medicinae Doctor.

Gesetz durchsetzen konnte, das homöopathische Mittel von der üblichen pharmazeutischen Prüfung ausnahm. Es muß nicht bewiesen werden, daß homöopathische Mittel effektiv sind, wie es für andere Medikamente der Fall ist. Hinzu kommt, daß viele nicht zugelassene und nicht ausgebildete Menschen homöopathische Mittel an jedermann ausgeben können. Deutsche und französische Produzenten von homöopathischen Mitteln haben den großen potentiellen amerikanischen Markt für ihre Produkte entdeckt. Umsätze für diese Mittel steigen jährlich um 30% und viele Mittel werden in New-Age- und Bioläden verkauft. Es gibt also keine Kontrolle über die Qualität der homöopathischen Behandlung der Patienten und auch keine Kontrolle der Qualität oder Reinheit der Mittel.

Warum akzeptieren Menschen Homöopathie?

Es gibt hier vielleicht zwei grundverschiedene Fragen. Die erste Frage betrifft das New-Age im allgemeinen. Die zweite betrifft viele alternative medizinische Behandlungsmethoden, nicht nur die Homöopathie.

Warum lesen Menschen Horoskope? Warum glauben Menschen an Glück und Pech? Warum bitten Menschen einen Wünschelrutengänger um Hilfe? Warum besuchen Menschen Hellseher? Menschen, die so etwas tun, wollen etwas über die Zukunft wissen, sie wollen Unsicherheit vermeiden, wollen Kontrolle über ihr Leben. Für viele ist die Unsicherheit im Leben unerträglich. Dieselben Menschen wollen Erklärungen, die sie verstehen können. Moderne Wissenschaft ist so komplex geworden, daß viele sie ablehnen und sich von ihr abwenden. Es ist schade, daß die meisten nicht verstehen, was Wissenschaft ist und was sie tut. Dieser wissenschaftliche Analphabetismus - der zum Teil auf Mängel in unserem Schulsystem zurückgeführt werden kann - ist ein günstiger Nährboden für den Erfolg von Pseudowissenschaften und Aberglauben. Wieviele Menschen können beispielsweise erklären, warum es im Sommer wärmer ist als im Winter? Wieviel verstehen die Grundlagen der biologischen Evolution?

Warum wenden sich die Menschen der Homöopathie und anderen alternativen Behandlungsmethoden zu? Viele sind unzufrieden mit der konventionellen Medizin. Sie mißtrauen Ärzten, die teure Medikamente verschreiben oder schmerzhafte Chirurgie verordnen. Viele Ärzte können keine negativen Befunde feststellen. Oder sie sagen den Patienten, daß sich die Krankheit nur mit der Zeit ausheilen wird. Und natürlich können Ärzte nicht viel Zeit mit Patienten verbringen, weil sie sich pro Tag mit zu vielen Patienten beschäftigen müssen. Wenn der Arzt nichts findet, kann dies eine Beleidigung für den Patienten sein, denn es liegt nahe, daß die Ursache psychosomatisch ist. Der Patient, der geheilt werden will, sofort geheilt werden will, ist bestürzt, wenn der Arzt sagt, daß die Zeit allein heilen wird. Der Patient kann auch unglücklich darüber sein, daß der Arzt nichts verschreibt.

Ein erster Besuch beim Homöopathen dauert oft mehr als eine Stunde. Der Patient wird ermutigt, über alle seine Sorgen, Belange und Schmerzen zu sprechen. Der Patient kann darüber befragt werden, ob er Äpfel oder Apfelsinen mag, was für Musik er gerne hört, ob er auf dem Rücken oder auf der Seite schläft. Später sagt der Homöopath dem Patienten, daß, weil er ein einmaliges Individuum ist, das Mittel für ihn allein individualisiert wird. Homöopathie ist für den Patient wie für den Arzt verführerisch. Patient und Arzt werden Partner im Kampf gegen die Krankheit. Der Patient wird ermutigt, persönliche Verantwortung für seine Krankheit zu übernehmen. Und der Homöopath wird als besorgter und sympathischer Gesundheitspfleger angesehen

Zusammenfassung und Schlußbetrachtung

Es muß der Schluß gezogen werden, daß die Homöopathie - gemessen an allen objektiven, rationalen und medizinischen Kriterien - ihre wissenschaftliche Glaubwürdigkeit nicht belegt hat. Homöopathie hat viele Charakteristika von Pseudowissenschaft und Quacksalberei nicht abgelegt. Trotzdem wird die Homöopathie nicht verschwinden. Wie kann die konventionelle Medizin, die Wissenschaft und der intelligente Laie auf diese Herausforderung antworten?

Erstens muß die Medizin menschlicher werden. Ärzte müssen ihren Patienten mehr achten. Ärzte müssen mehr Bereitschaft zeigen, mit dem Patienten zu kommunizieren und ihn zu respektieren. Vielleicht kann die Ausbildung von mehr "Arztassistenten" und qualifizierteren Pflegern den Arbeitsaufwand vermindern, den Ärzte heute haben.

Zweitens muß das Problem des wissenschaftlichen Analphabetismus erkannt werden. Wenn etwa mehr Menschen den Einfluß von Suggestion und den Plazebo Effekt verstehen würden, wären viele Scharlatane schnell arm. Zu wenige Wissenschaftler sind heute bereit, einem Publikum, das nach Antworten sucht, die Wissenschaft und die wissenschaftlichen Methoden zu erklären.

Schließlich kann der intelligente Laie andere dazu ermutigen, kritischer zu denken. Ungewöhnliche Behauptungen verlangen ungewöhnliche Beweise. Ein Wunder bricht mit den Naturgesetzen. Eine Wunderheilung ist wahrscheinlich überhaupt kein Wunder. Wenn etwas zu verblüffend erscheint, um wahr zu sein, dann ist es wahrscheinlich nicht wahr. Wir müssen verlangen, daß die Behauptungen über Diagnose und Heilung mit guten Beweisen untermauert sind. Um ein amerikanisches Sprichwort anders auszudrücken: "Das einzig Nötige für den Erfolg der Quacksalberei ist, daß intelligente Menschen nichts tun. "

Literatur

National Council Against Health Fraud, Inc., P.O. Box 1276, Loma Linda, CA 92354, USA, Position Paper on Homeopathy, 1994

Oepen, I. (1994), Unkonventionelle medizinische Verfahren, Stuttgart: G.Fischer (Kapitel: I. Oepen und B. Schaffrath, Kritische Argumente zur Homöopathie und W. Löscher, Homöopathie in der Veterinärmedizin: Kritische Überlegung aus der Sicht der Pharmakologie)

Hopff, W. H. (1991), Homöopathie kritisch betrachtet Stuttgart: Thieme

Oepen, I. (1993), Homöopathie: eine Wunschtherapie - aber veraltet und nicht ungefährlich, in: Skeptiker, 6(2), S. 31.

Oepen, I. und B. Schaffrath (1991), Homöopathie heute, in: Skeptiker, 4(2), S. 38-43.

Schaffrath, B. (1990), Homöopathie - eine kritische Analyse kontroverser Argumente, Universität Ulm

Schmidt, J.M. (1993), Grundlagen und Entwicklungen in der Homöopathie, in: Deutsch. med. Wochenschau, 118, S. 1085-1090.

Schüppel, R. (1993), Homöopathie heute - eine Standortbestimmung: Übersicht, in: Heilkunst, 106(3), S. 22-28.

Wagner, M. W. (1992), Homöopathie in den Vereinigten Staaten, in: Skeptiker, 5(3), S. 60-63.

Walach, H. (1992), Wissenschaftliche homöopathische Arzneimittelpruüfung: Doppelblinde Crossover-Studie einer homöopathischen Hochpotenz gegen Placebo, Heidelberg: Haug

Maria Wölflingseder

Kosmischer Größenwahnsinn

Biologistische und rassistische Tendenzen im New Age und im spirituellen Öko-Feminismus

Als spiritueller Öko-Feminismus wird die Frauenbewegung in der New-Age- und Esoterik-Bewegung bezeichnet. Er nimmt dort einen wichtigen Platz ein, da für die Ankunft des neuen goldenen Wassermannzeitalters der Wechsel vom männlich-rationalen, mechanistischen Yang-Denken zum weiblich-emotionellen, intuitiven Yin-Denken eine der grundlegenden Voraussetzungen ist.

Da es sich bei der New-Age- und Esoterikbewegung um eine relativ junge sozio-kulturelle Erscheinung handelt - die Ideen und Ideologien, die rezipiert werden, sind zwar keineswegs neu, wie dies von ihren ProtagonistInnen meist behauptet wird, aber die massive Ausbreitung dieser Bewegung hat in den letzten zehn Jahren immer stärker zugenommen -, möchte ich diese eingangs in groben Zügen skizzieren, um dann auf den spirituellen Öko-Feminismus und auf biologistische und rassistische Ansätze einzugehen.

Was ist die New-Age- und Esoterik-Bewegung?

Viele, die die New-Age- und Esoterik-Bewegung nur vom Hörensagen kannten, von Freunden und Bekannten oder aus den Medien erfuhren, worum es dabei in etwa geht, hielten sie für mehr oder weniger "harmlose Spinnerei". Nach eingehender Beschäftigung mit diesem Thema waren sie dann höchst erstaunt und überrascht über die Zusammenhänge und Hintergründe, die dabei zutage treten. Nach wie vor nimmt in der Wissenschaft und in der Öffentlichkeit eine kritische Aus-einandersetzung mit der New-Age- und Esoterikbewegung einen ver-schwindend kleinen Platz ein. Seit die Verquickungen zwischen rechts-extremer Ideologie und der des New Age immer deutlicher werden, nehmen sich nun doch wenigstens einige kritische WissenschaftlerInnen dieses Themas an. Daß jedoch bereits die "reine" New-Age-Ideologie den Keim dafür in sich trägt, wurde bis jetzt kaum beachtet.

Die New-Age-Bewegung ist keine organisierte Sekte, die mit massi-vem Publicity-Aufwand um Mitglieder wirbt, sondern eine Ideologie, die sehr weit und in den unterschiedlichsten Bereichen verbreitet ist. Obwohl es in dieser Bewegung verschiedene Strömungen gibt, gibt es Merkmale, die alle New-Age-Bewegten auch gegen ihren Willen einen:

▸ Der Glaube an das unbedingte Anbrechen des harmonischen, friedli-chen Wassermannzeitalters aufgrund astrologischer Konstellationen. Der Lauf der Geschichte ist vorherbestimmt.

▸ Die Menschen brauchen diese kosmische Veränderung nur zuzulassen - sie geschieht von selbst. Sie sollen sich nicht dagegen wehren; sich öffnen für die kosmische spirituelle Transformation, heißt die Devise.

▸ Positives Denken wird geradezu zum Zwang.

▸ Der Glaube an Karma und Wiedergeburt dient oftmals der Rechtferti-gung von Ungerechtigkeit und Leid und dem Rückzug von jeglichem politischem Engagement. Alles wird für gut und notwendig erklärt.

▸ Blinder Glaube (an New-Age-LehrerInnen oder New-Age-Lehren) steht im Vordergrund. Kritisches Hinterfragen oder der "Hausver-stand" sind weitgehend ausgeschaltet.

▸ Es gibt keine freien Subjekte, sondern: Was sich in der Gesellschaft offenbart, ist ein den Subjekten äußerlicher, von der "Natur", vom Kosmos vorausgesetzter Wille.

▸ New-Age-Denken ist eine Weltanschauung. Man ordnet sich ihr unter oder nicht. Erleuchtete gewinnen Gottähnlichkeit, während der Rest der Menschheit "noch nicht so weit" ist oder als "Ketzer" mitleidig belächelt wird.

Verbreitung finden diese Ideen vor allem über Bücher und Zeitschrif-ten - der Bereich Esoterik, New Age, Okkultismus, Ganzheitsmedizin etc. beträgt im deutschsprachigen Raum etwa 15 Prozent des gesamten Buchhandelsumsatzes. In jeder größeren Stadt gibt es eigene Esoterik-Buchhandlungen.

Zu den berühmtesten zeitgenössischen AutorInnen gehören Fritjof Capra, Marilyn Ferguson, Thorwald Dethlefsen, Chris Griscom, Gerd Gerken, Arnold Keyserling, Rupert Sheldrake, Sir George Trevelyan, Penny McLean, David Steindl-Rast und viele andere. Die unterschiedliche "Herkunft" dieser VordenkerInnen - vom Physiker über PsychotherapeutInnen über PublizistInnen und eine Schauspielerin bis hin zum Managementberater und einem Theologen - weist auf die verschiedenen gesellschaftlichen Bereiche hin, in denen die New-Age-Ideologie Verbreitung gefunden hat: in den Wissenschaften: Physik, Psychologie, (Ganzheits-)Medizin, im Management und in der Werbebranche ebenso wie in der Politik.

New Age hat aber auch bereits im "Alltag", in vielen "normalen" Institutionen und Veranstaltungen Einzug gehalten: Zum Beispiel werden in Volkshochschulen seit einigen Jahren vermehrt Esoterik-, New-Age- und ähnliche Kurse angeboten, bzw. werden sogar in Kursen, die gar kein spezifisches Esoterik-/New-Age-Thema zum Ziel haben, Esoterik/New-Age-Inhalte verbreitet. Diese Inhalte werden auch beispielsweise auf Gesundheitskongressen (z. B. Paracelsus-Tage an der Universität Klagenfurt 1993), auf dem Kongreß zum Thema "Zeit", veranstaltet vom ORF (1993 in Goldegg) sowie von den Medien weitergegeben.

Naisbitt und Aburdene schreiben in ihren "Megatrends 2000 - Zehn Perspektiven für den Weg ins nächste Jahrtausend", die New-Age-Bewegung, die sie auf 10 bis 20 Millionen AnhängerInnen schätzen, seien für die Wirtschaft von großem Interesse, weil New-Age-AnhängerInnen reich sind und "darüberhinaus ist ihr Einfluß auf die Kultur insgesamt sehr viel größer, als ihre Zahl es erwarten läßt. Diese Gruppe, sagt John Garret vom SRI International Values and Lifestyle Program (VALES), 'ist einer *der* Trendsetter in Amerika!' Was einmal typische New-Age-Ideen gewesen sind, wird jetzt zunehmend sozusagen Gemeingut." (Naisbitt/Aburdene 1991, S. 369f.)

Bezeichnend ist also die Tatsache, daß die Ideen von sogenannten ExpertInnen, von BeraterInnen, von "Gurus", in der Regel von Mitgliedern des Establishments ausgehend, verbreitet werden - also sozusagen von oben nach unten; nicht die Basis der Bevölkerung versucht, ihre eigenen Ideen (von einem selbstbestimmteren Leben) zu verwirklichen, durchzusetzen, sondern sie läßt sich ihr Denken und Handeln von "Experten", von New-Age-Fachleuten von oben "diktieren". Kritische WissenschaftlerInnen stellen dazu die Frage, ob nun "die technokratischen Eliten des globalen Krisenmanagements und die Szene der Ökofreaks eine gemeinsame Philosophie bekommen und die krisengeschüttelten Gesellschaften des Westens eine neue klassenübergreifende kulturelle Erneuerungsbewegung" bekommen haben? (Becker 1984)

Hans A. Pestalozzi kritisiert die Autoritätshörigkeit der Menschen. Er meint, ausgerechnet von den "Machern" (Paul Blau), die die Welt zugrunde gerichtet hätten, erwarteten sie sich nun das Heil, das angeblich zwingend und recht überheblich daherkommt.

Pestalozzi fragt gar, ob New Age nicht "ein superraffinierter Trick jener Kreise" sei, "die ihr möglichstes tun, um die sich anbahnende Rebellion des Volkes zu unterlaufen. Capra, Ferguson und wie sie alle heißen, als Agenten der militärisch-industriellen Mafia? Ist die Vorstellung so absurd?" (Pestalozzi 1985, S. 56f)

Jedenfalls trägt die spirituelle, völlig entpolitisierte, sich auf die kosmische Transformation konzentrierende New-Age-Stillhaltepolitik einen großen Teil zum Wiedererstarken politisch reaktionärer Strömungen bei. Kritisches, analytisches Erkennen ist passé, SinnverkäuferInnen haben Hochsaison! Brisant ist diese Tatsache deshalb, zumal in der New-Age-Bewegung ein Großteil des (ehemals) "kritischen Potentials" gebunden ist. Viele der früher politisch Engagierten haben sich spirituell gewendet und behaupten mitunter, die esoterische Bewegung sei die Fortsetzung der 68er-Bewegung.

Die "New-Age-Klientel" setzt sich zum Großteil aus finanzkräftigen (Bildungs-)BürgerInnen zusammen: Die Seminare, Therapien, etc., in denen neben der umfangreichen Literatur der persönliche und gesellschaftliche Quantensprung auf eine höhere Ebene vermittelt wird, kosten viel Geld. Außerdem ist das genau jene gesellschaftliche Gruppierung, die einerseits, wie Pestalozzi es andeutet, von einer möglichen Rebellion abgehalten werden soll - sie sind es nämlich, die theoretisch am ehesten dazu fähig wären, den herrschenden politischen Wahnsinn zu durchschauen und nicht mehr hinzunehmen -, und andererseits sind es genau jene, die aufgrund ihres fehlenden Engagements für eine humanere Welt ihre dadurch entstandenen Sinnlücken - um nicht zu sagen Sinnabgründe - stopfen müssen.

Die breite Unterschicht bzw. die Menschen in den sogenannten Dritte-Welt-Ländern sind von dieser Variante einer Beihilfe zur Aufrechterhaltung des Status quo nicht betroffen; diese Gruppe wird mittels anderer Methoden, zum Beispiel der (Des-)Informationspolitik der Massenmedien bzw. mittels Fundamentalismus, Nationalismus und Rassis-

mus dazu gebracht, ihre Rolle, die ihnen von den Herrschenden zuge-
dacht wird, zu spielen.

Genau hier schließt sich der Kreis wieder: Wie noch zu zeigen sein
wird, bleibt auch die New-Age- und Esoterikbewegung nicht verschont
von nationalistischen und rassistischen Tendenzen, die stark zunehmen.

Darstellung des spirituellen Öko-Feminismus

Der spirituelle Öko-Feminismus stellt eines der tragenden Grundprinzi-
pien in der New-Age-Ideologie dar. In dieser Ideologie, in der allgemein
dualistisches Denken vorherrscht - Dialektik gibt es hier nicht -, spielt
das chinesische Yin/Yang-Prinzip, die Polarisierung männlich versus
weiblich, eine entscheidende Rolle. Das Weltbild und die Betrachtung
geschichtlicher Entwicklung zum Beispiel von Fritjof Capra - er ist einer
der entscheidenden New-Age-VordenkerInnen - ist geprägt von der
evolutionären Zyklentheorie Toynbees und Sorokins, dem I Ging und
dem Yin/Yang. Demnach nähmen "alle Vorgänge, die wir beobachten,
an (einem) kosmischen Prozeß" teil und seien "auf diese Weise von Natur aus dynamisch": "Wandel ist nicht die Folge irgendeiner Kraft, sondern eine natürliche Tendenz, die allen Dingen und Situationen von
vornherein innewohnt." "Es" geschieht, wir brauchen es nur zuzulassen. "Die natürliche Ordnung besteht in der Herstellung eines dynamischen Gleichgewichts zwischen Yin und Yang." Die typischen männlichen Yang-Werte, wie Wettbewerb, Machtausübung, Expansion usw.
müssen sich zugunsten der vernachlässigten und oft auch verachteten
weiblichen Yin-Werte, wie Zusammenarbeit, Fürsorge, Demut, Fried-
fertigkeit usw. zurückziehen. (Capra 1986, S. 28ff.)

Mit diesen Worten wird der eingangs erwähnte Wechsel vom männ-
lich-rationalen-mechanistischen Yang-Denken zum weiblich-emotio-
nalen-intuitiven Yin-Denken als Lösung aller gesellschaftlichen Probleme beschrieben.

Das Männliche wird als "böse" und "schlecht" identifiziert, während
das Weibliche das "Gute", das Rettende und Heilbringende sein soll.
Capra und viele mit ihm sehen im "Verfall(!) des Patriarchats" - neben
dem Ende des Zeitalters der fossilen Brennstoffe und dem Paradigmen-
wechsel bezüglich allgemeiner gesellschaftlicher Werte - einen der drei
entscheidenden Übergänge ins neue Zeitalter, die sich gegenwärtig vollziehen. Ohne seine Aussagen zu verifizieren, behaupten er und seine

öko-feministischen "Ghostwriter" - Charlene Spretnak, Hazel Henderson
u. a., Frauen hätten bereits in den entscheidenden gesellschaftlichen Bereichen die Führung übernommen!

Als das entscheidende Bindeglied zwischen Feminismus und Ökologie rezipiert Capra Charlene Spretnaks "weibliche Spiritualität": "Der
spirituelle Gehalt der ökologischen Weltanschauung findet seinen
idealen Ausdruck in der von der Frauenbewegung befürworteten feministischen Spiritualität - was angesichts der naturgegebenen Verwandtschaft zwischen Feminismus und Ökologie, die in der uralten Gleichsetzung von Frau und Natur wurzelt, zu erwarten ist." (Capra 1986,
S. 469)

Die zahlreichen "Priesterinnen" des New Age huldigen in großem
Ausmaß dieser perpetuierten Geschlechterdifferenz. Der Herausgeberin
des Buches "Die neuen Priesterinnen - Frauen des New Age", Gayan S.
Winter, "geht es nicht um feministische Politik, sondern um archetypi-
sche menschliche Er-Lebensformen (...) Übergeordnetes Ziel und ein-
zige Überlebenschance ist die Wiederbelebung einer alle Menschen und
Gesellschaftsformen umspannenden weiblichen Energie." (Winter 1989,
S. 14)

Die Adeptinnen sind in die innere Emigration gegangen und leben in
einer Phantasiewelt, die "nichts mit dieser Welt zu tun hat": "Zunächst
müssen wir erkennen, daß es in der spirituellen Welt keine Unterdrük-
kung geben kann. Niemand, der nach Wahrheit hungert, kann unterdrückt werden. Wenn du also mit der Lüge beginnst, daß dich jemand
unterdrücken kann, findest du nie einen Ausweg. Du wirst dein ganzes
Leben vergeuden, gegen etwas anzukämpfen, das unwirklich ist. Die gesamte Frauenbewegung entstand aus dieser Lüge. Frauen und Männer
sind heute unglücklicher als je zuvor. Sie sind erschöpft von ihrem
Kampf gegen einen Schatten, gegen einen Widersacher, der nicht existiert! Wer nach Wahrheit hungert, ganz gleich ob Mann oder Frau,
wird schließlich das Geheimnis ergründen, welches nichts mit dieser
Welt (...) zu tun hat." (Kaveesha, in: Winter 1989, S. 58)

Solche Ansichten sind nicht etwa eine Einzelerscheinung im spirituellen Öko-Feminismus, sondern durchaus vorherrschende Meinung. Jedes persönliche Leid, alle gesellschaftlichen Mißstände sowie ökologische Katastrophen, Kriege und Völkermord werden - wie im New Age
ganz allgemein auch - von Frauen offensichtlich noch viel stärker als
von Männern positiv gewendet und als Notwendigkeit erklärt:

▸ Aids ist eine Korrektur, die aus der Weisheit der Natur entstanden ist.

▸ Jedes Kind sucht sich die Familie, das Schicksal, in das es hineinge-
boren wird, selbst aus. Das ist sein Karma.

▸ Durch die Zerstörung der Ozonschicht wird die Atmosphäre weicher
und Ufos können uns leichter retten.

▸ "Die Schuldfrage kann nicht auf der Ebene, auf der sie wahrgenommen wird, gelöst werden. Höhere Standorte und übergeordnete Sicht-
weisen müssen eingenommen werden, um sehen zu können, warum
wir für alles verantwortlich sind, was uns geschieht. Das heißt wir
müssen annehmen, daß es frühere Leben gibt, Reinkarnation, sonst
bleiben viele Dinge unverständlich, unfair und letzten Endes sinnlos.
Es ist mir ein Rätsel, wie unsere Philosophen und sogenannten Logi-
ker es fertigbringen, in ihren Denkmodellen ohne Reinkarnation aus-
zukommen. Wo bleibt das eherne Gesetz von Ursache und Wirkung?"

Das alles verkünden erleuchtete New-Age-Frauen (in: Winter 1989)
bzw. gehören solche "Weisheiten" bereits zur New-Age-Allgemeinbil-
dung.

Offensichtlich sind die "Harmonie- und Rechtfertigungssucht", der
Druck, die himmelschreienden Auswirkungen der Ausbeutung der Natur
und des Menschen durch den Menschen sowie persönliche Leiderfah-
rungen und der Druck, die persönliche Kapitulation davor zu legitimieren, so groß, daß dafür jedes Mittel recht zu sein scheint. Nichts scheint
"unmenschlich und ungerecht genug" sein zu können, als daß es von
New-Age-AnhängerInnen nicht als positiv, notwendig und sinnvoll erachtet würde.

Weder kapitalistische "Bedürfnisbefriedigungsangebote" noch linke
Erklärungs- und Handlungsalternativen sind für AnhängerInnen des spirituellen Öko-Feminismus akzeptierbar. Die meisten knüpfen zwar an
realen Kritikpunkten und Widersprüchen an, aber die Antworten, die sie
geben und leben, erscheinen - gemessen an humanistischen Ansprüchen -
mehr als fragwürdig.

Im spirituellen Öko-Feminismus wird - wie bereits erläutert - die
Jahrtausende alte männliche Herrschaft für passé erklärt und zu einer
weiblichen umdisponiert. Frauen werden ganz einfach als die guten, die
wichtigen und die richtigen Menschen hingestellt. Sie treiben diese spirituellen öko-feministischen Allmachtsphantasien jedoch soweit, daß sie
in kindlicher, magischer Manier den lieben Gott mimen - anstatt ihre
Macht in realer Politik spielen zu lassen.

In einem weiteren Buch mit Beiträgen von repräsentativen New-Age-VertreterInnen (Dalichow 1990) wird dieses "Gott- oder Göttinnenbewußtsein" eingehend erörtert.

Einem Artikel von Zsuzsanna Budapest, einer Feministin seit den frühen siebziger Jahren und nunmehr führenden spirituellen Feministin, ist in den scharfsinnigen Analysen über die herrschaftsstabilisierende Funktion von Isolation, über die Notwendigkeit der Stärkung des Selbstbewußtseins von Frauen und der Wichtigkeit eines Gemeinschaftsgefühls durchwegs zustimmend zu folgen. Jedoch stellt sie alsdann fest, daß sie in der früheren Frauenbewegung "oft eine bewußte Wahrnehmung des Göttlichen vermißt habe". Sie meint: "Wir hatten keine göttliche Kraft auf unserer Seite, bis die Frauen die Göttin entdeckten und sich die gesamte spirituelle Perspektive veränderte. Die Göttin, keine geringere als Mutter Natur selbst, nahm plötzlich Raum in der Frauenbewegung ein und wirkte auf eine in feministischen Kreisen bis dahin nie gekannte Weise. Sie brachte (...) die psychologisch-spirituelle Bewegung hervor (...) Bei diesem neuerwachenden, spirituellen Bewußtsein geht es vor allem darum, daß alles, was wir gelernt haben, auf unser Alltagsleben anwendbar sein muß. Wir müssen tatsächlich unser Alltagsleben als heilig betrachten. Das Benennen der heiligen Dimension unseres täglichen Lebens ist bereits eine Form der spirituellen Bewußtwerdung. (...) Allmählich wurde dieses neue Bewußtsein zur Norm. Ich habe das Gefühl, daß sich das Göttinnenbewußtsein heute in beiden Geschlechtern auf natürliche Weise entfalten kann. (...)

Es sind die weiblichen Energien, die letztendlich die Erde heilen. Die weibliche Energie beginnt nun ein Gegengewicht zur männlichen Energie herzustellen, unter deren Herrschaft wir viele Jahrhunderte zu leiden hatten. (...) Die profitgierige männliche Energie ist nun auf dem besten Wege, unsere Mutter Natur zu zerstören, indem sie kurzsichtige Ziele vor der Erhaltung der Umwelt auf lange Sicht anstrebt. Wir Frauen, die nun allmählich aus ihrem langen Traum der Passivität erwachen, brauchen die Ermutigung und Liebe unserer Kinder, Brüder und Väter, um mit der Heilung beginnen zu können. Frauen, die nach dem Bild der universalen Göttin erschaffen sind, werden die notwendigen Transformationen bewirken, um das einundzwanzigste Jahrhundert einzuleiten."

Die angestrebten "Bereiche der Heilung" im spirituellen Feminismus betreffen aber auch so einfache Bedürfnisse wie "Göttinnenbewußtsein im Alltag zu leben": "Jeder Atemzug ist ein Ritual, jede Bewegung ein

Gebet, jeder Wunsch und jede Handlung ist magisch. Die Frau kreiert sich zu Hause einen heiligen Ort: in der Küche, in ihrem Schlafzimmer, in ihrem Arbeitszimmer und sogar an ihrem Arbeitsplatz. Sie behandelt ihre Pflanzen und Tiere wie Familienmitglieder, und sie betrachtet ihre Familie als heilig. Die spirituell orientierten Wachstumsgruppen werden zu neuen Familien." (Zsuzsanna Budapest)

Den Frauen im Stuttgarter "Arkuna-Frauenzentrum" geht es um die Vermittlung "alter Frauenkünste". Dazu gehören nicht nur "Tarot, Astrologie, esoterische Sicht von Ernährung, Massage, Singen, Tanzen und der Umgang mit Heilpflanzen, sondern beispielsweise auch das Putzen. Putzen ist ein magischer Vorgang; dabei geht es auch um rituelle Reinigung."

Die Begründung für die "Göttlichkeit", für die Allmächtigkeit der Frau, wird dabei oftmals aus ihrer Biologie, aus ihrer Fähigkeit zu gebären, gezogen. Zsuzsanna Budapest antwortet auf die Frage, was für sie das weibliche Prinzip sei: "Leben, Frauen sind die Gebärenden. Das männliche Prinzip im Universum ist das Stimulierende (...) Das Weibliche Prinzip nimmt die Stimulation auf und kreiert neues Leben daraus. Das ist Gottes Werk, und wenn du Gottes Werk tust, bist du göttlich, bist du Gott." (Alle Zitate aus: Dalichow 1990)

Diskussion des spirituellen Öko-Feminismus

Wie sind dieser Größenwahnsinn, diese Allmachtsphantasien psycho-analytisch zu deuten? Obwohl diese Allmachtsphantasien nicht nur New-Age-Frauen eigen sind, sondern allgemeines Kennzeichen von New-Age-Psychen, so spielen Frauen dennoch eine wichtige Rolle als "natürliche" Trägerinnen der weiblichen Eigenschaften und Werte, deren Vorherrschaft in der New-Age-Ideologie die Voraussetzung für die Ankunft des neuen Zeitalters darstellen.

Die neuen "Priesterinnen, Göttinnen, Hexen" des New Age spielen diese - teilweise von den Männern zugedachte - Rolle gekonnt und wirken an der Verbreitung dieses Mythos mit. Diese Rolle scheint ihren (Macht-)Bedürfnissen zu entsprechen; ob sie dadurch auf Dauer - in der Realität und nicht nur in der Phantasie - verwirklicht werden können, sei dahingestellt.

Psychoanalytisch betrachtet geht dabei folgendes vor sich: Die Verdrängung der gegenwärtigen und künftigen realen Mißstände, Leiden und Gefahren mittels Theorie vom Sieg des Geistes über die Materie bzw. der Kraft des Innenlebens über äußere Verhältnisse stellt einen psychischen Abwehrmechanismus dar (weil diesen Mißständen, Leiden und Gefahren nicht adäquat begegnet werden kann oder will). Auf diese Weise bin ich der Aufgabe entledigt, die Mißstände real zu verändern; anstatt dessen ernenne ich mich zum/zur TeilhaberIn am Kosmos, zum weiblichen Prinzip, zum allmächtigen Gott, um auf diesem (Um-)Weg viel mächtiger die realen Mißstände, Leiden und Gefahren zu bannen.

"Der Glaube, daß letztlich alles nur Energie und daß der Mensch in der Lage ist, diese Energie zu steuern, läßt die Hoffnung zu, über das Bewußtsein auch die Außenwelt beherrschen zu können." (Hummel 1987)

Die Außenwelt gerät somit zum "Abklatsch" der inneren Einsichten und Bewußtseinslagen. "Es besteht also jetzt eine allgemeine Überschätzung der seelischen Vorgänge, das heißt, eine Einstellung zur Welt, welche nach unseren Einsichten in die Beziehung von Realität und Denken als solche Überschätzung des letzteren erscheinen muß." (Freud 1982)

Als weiterer exemplarischen Fall des Abwehrmechanismus haben in der Psychoanalyse insbesondere Sigmund und Anna Freud den Vorgang der "Identifikation mit dem Angreifer"/dem Unterdrücker dargestellt. Aus Angst vor dem Unterdrücker identifiziere ich mich mit ihm. Ergo gibt es im New Age nirgendwo die Unterscheidung zwischen Unterdrücker und Unterdrückten; wir sind angeblich alle gleich ("wir sitzen alle im gleichen Boot"); und deshalb sind auch *wir selbst* schuld an allen ungerechten und unmenschlichen Verhältnissen.

Mensch flüchtet vor der Verantwortung für sich und sein Wohlergehen in die beschriebene geistige magische Allmachtsphantasie. Das handelnde historische Subjekt als gesellschaftliches Wesen ist somit gänzlich verschwunden. Soziale Veränderung erfolgt nicht mehr durch gesellschaftliche Gestaltung, sondern durch die Orientierung der Gesellschaft an "der Natur", am Kosmos, am weiblichen oder göttlichen Prinzip, zu dem mensch sich selbst transformiert hat. Auf diesem "geistigen Umweg" soll meine Macht wirken, und nicht in realer, politischer Weise.

"Wir nennen einen Glauben Illusion, wenn sich die Wunscherfüllung vordrängt; das Verhältnis zur Wirklichkeit wird dabei ignoriert." (Sigmund Freud) Illusion und Glaube haben Wissen und Handeln abgelöst; Theorie- und Denkfeindlichkeit haben sich etabliert. "Der Intellekt geht sehr leicht ohne alle Vorwarnung irre, und nichts wird leichter geglaubt, als was ohne Rücksicht auf die Wahrheit (den) Wunschillusionen entgegenkommt." (Freud 1987)

Ich sehe in der explosionsartigen Ausbreitung von New-Age-Ideologien aber auch die Mitschuld verfehlter linker Politik. Linke Politik in West- und Mitteleuropa in den letzten 25 Jahren ging weitgehend an den Bedürfnissen der Menschen vorbei - vor allem was die Suche nach Gemeinschaft, Zuwendung, "Selbstverwirklichung" und das Zulassen von "Sinnfragen" etc. betrifft. Linke Politik wird - wenn überhaupt - immer noch mit zuwenig Phantasie, Lust und Liebe gemacht. Die Gunst der Stunde bzw. die Gunst der Krise der Linken nutzen New-Age-AnbieterInnen, indem sie vorgeben, all diese Defizite zu beheben. (Vgl. Wölflingseder 1992a)

"Mit großer Beflissenheit entwerfen wir Modelle für künftige gesellschaftliche Strukturen, in denen sich unsere Bedürfnisse optimal verwirklichen lassen. Mit mehr oder weniger großer Kompetenz stellen wir Theorien über die Rolle von Intelligenz und der Arbeiterklasse bei künftigen Umstürzen auf. Sprachlosigkeit herrscht häufig, wenn es ums Naheliegende geht - um unseren Körper mit seinen Bedürfnissen -, als würden Dialektik und Materialismus hier plötzlich außer Kraft gesetzt sein", schreibt Martin Panholzer in seinem hervorragenden Artikel "Sinnliche Vernunft". Er fordert angesichts der gegenwärtigen angehäuften Bedrohungspotentiale im Sinne Irmtraud Morgners "eine Belebung eines 'subjektiven Materialismus', der die umgebende Natur bzw. Gesellschaft nicht als dem Individuum fremdes Material auffaßt, das analysiert und beherrscht wird, sondern das Subjekt als Teil der Materie und somit eingebunden verantwortlich erkennt" (Panholzer 1992). Andererseits war aber auch das Abhandenkommen der politischen Perspektive, der Irrglaube, "Inseln der Seligen" errichten zu können, der Grund, warum ein Großteil der sogenannten neuen sozialen Bewegungen in New-Age und Esoterik mündeten.

Was macht den Öko-Feminismus noch so attraktiv? Im Öko-Feminismus werden Frauen - wird die Frauenbewegung - zum ersten Mal in der Geschichte wichtig genommen. Frauen sind nicht mehr lediglich als Gebärende notwendig, sondern sie sind die Verantwortlichen für das neue harmonische, erleuchtete Zeitalter und somit die Lebensretterinnen für die Menschheit. Das "weibliche Prinzip" steht plötzlich in allen gesellschaftlichen Bereichen als Synonym für Zukunftsperspektiven: "Der Feminismus rückt ins Zentrum eines allgemeinen Interesses, ja des Menschheitsinteresses überhaupt. Zum ersten Mal wird die Frauenbewegung zum Paradigma anderer sozialer Bewegungen. In allen früheren Emanzipationsbewegungen erschien die Frauenfrage höchstens als Spezialfall, auf den sich das allgemeine Gesetz der Befreiungsidee allenfalls anwenden lassen würde, als 'Nebenwiderspruch' in einem Kampf, dessen entscheidende Fronten ganz woanders verliefen." (Klinger o.J., S. 10)

Weiters verlockt der Öko-Feminismus dadurch, daß die Frauen als Voraussetzung ihrer Befreiung zum ersten Mal nicht mehr ihre weibliche Identität leugnen müssen. In allen früheren Emanzipationsentwürfen wurde die Ausmerzung des weiblichen Sozialcharakters, die Überwindung ihrer Natur als notwendig erachtet. "Während in allen früheren Sozialutopien der Weg der Frau zum Ideal wahrer Humanität besonders weit war, viel weiter als der des Mannes, weil die Frau mehr Naturhaftigkeit zu bewältigen (sprich: zu beseitigen) hatte als der Mann, so ist sie [nun] aus eben diesem Grunde einem Humanitätsideal, bei dem die Versöhnung mit der Natur an oberster Stelle steht, um vieles näher als der Mann." (Ebd., S. 11)

So betörend das ökofeministische Konzept klingen mag, so wenig "realitätstüchtig" erweist es sich bei genauerer Betrachtung. Abgesehen davon, daß weder eine "Führung von Frauen in allen gesellschaftlichen Bereichen" noch eine Beachtung des "weiblichen Prinzips" in der Gesellschaft festzustellen ist, handelt es sich dabei wohl in erster Linie um männliche Interessen: Die Frauen werden (abstrakt) mit einer eminent wichtigen Funktion bedacht, aber nur, um sie gleichzeitig wieder auf ihre alten "weiblichen" Tugenden und Rollen zu fixieren. "Wahrscheinlich wird ihnen dann auch die Verantwortung "in die Schuhe geschoben", wenn es mit dem harmonischen Wassermannzeitalter doch nicht so schnell klappt.)

Es ist offensichtlich, daß die Etablierung dieses Frauenbildes etwas mit den Zielen des wirtschaftlichen und politischen Mainstreams, Frauen wieder um bereits erkämpfte Rechte und Positionen zu bringen, zu tun hat. (Dies zu erkennen, dazu fehlt Capra genauso wie den Öko-Feministinnen das nötige soziale und politische Analysevermögen.)

Frauen werden im Öko-Feminismus oftmals als geschichtslose Naturwesen dargestellt (vgl. weiter oben: Zitat Capras: "... naturgegebene Verwandtschaft zwischen Feminismus und Ökologie, die in der uralten Gleichsetzung von Frau und Natur wurzelt ..."). Historisches Denken und somit auch das handelnde historische Subjekt als gesellschaftliches Wesen sind im Öko-Feminismus sowie in der New-Age-Ideologie allgemein gänzlich verschwunden. Soziale Veränderung erfolgt nicht mehr durch gesellschaftliche Gestaltung, sondern durch die Orientierung der Gesellschaft an "der Natur", am Kosmos, am weiblichen oder göttlichen Prinzip, zu dem mensch sich selbst transformiert hat. Auf diesem "geistigen Umweg" soll meine Macht wirken, und nicht in realer, politischer Weise.

Es steht "der Wunsch, kein Subjekt mehr sein zu müssen, im Vordergrund, ein Wunsch, der übrigens so alt ist wie der nach Subjektwerdung und Subjektsetzung, und ich bin fast versucht zu sagen: auch beinahe ebenso spezifisch männlich. Das Streben nach Überwindung der Subjektivität verläuft in zwei entgegengesetzte Richtungen: Entweder in die postmoderne, auf Zersetzung und Partikularisierung bis hin zur Molekularisierung des Ich; oder zu seiner Aufhebung in einer Ganzheit, wie es dem holistischen Denken der Ökobewegung entspricht." (Klinger o. J., S. 18)

Klinger hält den postmodernen Ansatz für harmlos, weil er zu verstiegen ist, um eine breite Wirkung erlangen zu können. Von ihm geht wenig Faszination auf die Frauenbewegung aus. Hingegen stellen holistische Konzepte ein attraktives Angebot dar: Den Leiden des Subjekts soll abgeholfen werden, aber gleichzeitig wird auch die Urteils- und Handlungsfähigkeit, die Mündigkeit und Verantwortlichkeit zum Verschwinden gebracht. "Durch die Aufhebung des einzelnen in einem holistischen System verschwindet auf der einen Seite die Haftbarkeit für Unterdrückung, Ausbeutung, Ungerechtigkeit; auf der anderen Seite wird dem Willen, sich dagegen zu erheben, der Boden entzogen." (Ebd., S. 20)

"In einer Ideologie, in der keine menschlichen Subjekte der Unterdrückung mehr existieren, werden Menschen auch als Subjekte ihrer Befreiung wegdefiniert (...) Subjekt der Veränderung ist das sich zyklisch bewegende Wertsystem." (Neidig/Selders 1987, S. 77, und vgl. Thürmer-Rohr 1984, beide zit. nach ebd.) Es ist also sowohl das Subjekt der Befreiung als auch das Ziel von Emanzipation verschwunden.

Der öko-feministische Gesellschaftsentwurf, den Maria Mies vertritt, geht von der unlösbaren Verbindung von Frauenfrage, Ökologiefrage und Dritter-Welt-Problematik aus: "Was Natur, Frauen und Dritte Welt verbindet, ist die Tatsache, daß diese Bereiche der Wirklichkeit seit der Renaissance die wichtigsten Kolonien des weißen Mannes sind. Auf ihrer gewaltsamen Unterwerfung und Ausbeutung beruht sein Menschenbild, seine Zivilisation, (...) sein Modell von immerwährendem ökonomischem Wachstum, sein Begriff von Freiheit und Emanzipation." (Maria Mies, zit. nach ebd., S. 22) (Im Öko-Feminismus im engeren Sinn, wie er in der New-Age-Ideologie vertreten wird, kommt die Dritte-Welt-Problematik kaum vor.) Klinger bestreitet diese "Einheit zwischen allen Unterdrückten", die Verkürzung des Patriarchats auf Neuzeit und Abendland und die vollständige Identifikation des Emanzipationsbegriffs mit allen anderen Bestandteilen der westlichen Zivilisation: "Ich bezweifle, daß die Tatsache, daß die Frau, die Natur und die Völker der Dritten Welt Kolonien des weißen Mannes (gewesen) sind, ausreicht, um so viele positive, nicht nur durch denselben Unterdrücker bedingte Gemeinsamkeiten zwischen ihnen zu stiften, daß sie in allen Zielen und Strategien übereinstimmen. Wenn je irgendetwas auf einer unkritischen Übernahme patriarchaler Optik und Logik beruht, dann ausgerechnet eine solche Perspektive. Nur in den Augen des Herrn sind alle seine Diener gleich und gleichermaßen durch ihre Dienstbarkeit bestimmt; an sich selbst sind sie verschieden" (Klinger o.J., S. 23). Zu bestreiten ist allerdings auch die prinzipielle Gleichsetzung von Menschen mit Tieren und Pflanzen sowie die unterstellte "Einheit der Unterdrücker", also der weißen Männer. Klinger meint weiters, dieses Postulat einer Einheit zwischen Frau, Natur und Dritter Welt diene unter anderem dazu, sich die Frage nach den verschiedenen Interessen nicht stellen zu müssen. Und schon alleine das "Großkonzept Frau" wirft verschiedene Aspekte auf: "Die Behauptung gemeinsamer Interessen und Ziele von Frauen unterschiedlicher Klassen, Nationen oder Rassen wurde immer schon als außerordentlich problematisch empfunden ..." (Ebd., S. 23f.)

Wie ich bereits weiter vorne ausgeführt habe, geht es im Öko-Feminismus letztlich um die heimliche Kaltstellung der Frauenfrage bzw. um die Fixierung der Frauen auf ihre herkömmliche Rolle. Klinger wehrt sich gegen das Junktim zwischen Frauenfrage, Ökologiefrage und Dritte-Welt-Frage, weil in der Regel stillschweigend eine Rangordnung zwischen den drei Problemkomplexen geschaffen wird (auch Mies tut dies) - wobei sich dann die Frauenfrage als drittrangig erweist und somit in dieser "Dreieinigkeit" unterzugehen droht. Diese drei Bereiche Frauenfrage, Ökologie und Dritte Welt können meines Erachtens nach weder in der dargestellten Weise verknüpft noch gegeneinander ausgespielt werden.

Biologismus und Rassismus

Die öko-feministische Ideologie bzw. die des New Age ist durch folgende Aspekte gekennzeichnet: überzeitlich-idealistisch-spirituell, dualistisch bzw. ganzheitlich/holistisch, illusionär, individualistisch und biologistisch/naturalistisch. Der grundsätzlich davon zu unterscheidende emanzipatorische Ansatz hingegen ist durch folgende Merkmale gekennzeichnet: historisch-materialistisch, dialektisch, kritisch-analytisch, solidarisch, dialektisches Verhältnis zwischen Objekt und Subjekt und Gesellschaftskritik (vgl. Wölflingseder 1992). Ich möchte damit verdeutlichen, daß New Age keine beliebige Kompilation von verschiedenen linken und rechten und/oder religiösen Anschauungen ist - wie oft behauptet wird -, sondern eine in sich geschlossene Ideologie aufweist, in der die einzelnen Aspekte einander bedingen und ergänzen. So ist auch Biologismus/Naturalismus eine logische Konsequenz, die aus der New-Age- bzw. öko-feministischen Ideologie "systemimmanent" abgeleitet werden kann; das heißt, sie ist kein "zufälliges" Merkmal, sondern ein "absichtliches".

Biologismus/Naturalismus, "die Vorstellung, daß sich die gesellschaftliche Ordnung an der Natur zu orientieren habe" (Reiche 1984, S. 55), ist also ein Grundelement öko-feministischer Ideologie und der New-Age-Ideologie. Da historisches Denken in dieser Ideologie für obsolet erklärt wurde, und Geschichtslosigkeit platzgegriffen hat, erachtet es kein/e New-Age-VordenkerIn als notwendig, der historischen Bedeutung von biologistischen Theorien nachzugehen. Diese hatten zwar oftmals verschiedene Funktionen zu erfüllen, grundsätzlich bedeuteten sie aber immer folgendes: "Das Ziel politischen Handelns ist ein von außen fest vorgegebenes, es ist in Naturgegebenheiten, in Naturgesetzen fixiert, die nur erkannt werden müssen und nach denen man sich zu richten hat." (Trepl, zit. nach ebd.)

Genau diese Forderung steht im Mittelpunkt der New-Age- respektive öko-feministischen Ideologie. "Die anti-emanzipatorische Dimen-

sion dieser Sichtweise tritt so offen zutage, das Ende aller menschlichen
Freiheiten ist so klar vorprogrammiert, daß der Verlust der Idee des Individuums und seiner gesellschaftlichen Perspektive fraglos als die
wahre Philosophie des Biologismus bezeichnet werden kann." (Ebd.)
Dieses "Ende aller menschlichen Freiheiten" führt uns Capra deutlich
vor Augen: Er ist sich seiner Umgebung "als Teil eines gigantischen
kosmischen Tanzes bewußt", für ihn ist "freier Wille relativ", weil "ich
das ganze Universum *bin*" und es so für mich "keine Einflüsse 'von
außen'" mehr gibt. (Capra 1984, S. 7; 1986, S. 298f.)

Biologismus nennt man jene soziologische und geschichtsphilosophi-
sche Strömung, die Staat und Gesellschaft analog dem menschlichen Organismus betrachtet und behauptet, diese würden in ihrer Entwicklung
vornehmlich biologischen Gesetzen folgen. Der Begriff Biologismus
wird auch verwendet, wenn nun Forschungsergebnisse aus der Tier- und
Pflanzenwelt auf den Menschen und auf die Gesellschaft übertragen
werden bzw. der Begriff Biologismus wird um den Begriff Naturalismus
erweitert. Gesellschaft, soziale Ordnung, die ökologische Krise und der
Weg aus dieser Krise werden biologistisch/naturalistisch gedeutet. Bemerkenswert ist auch die oftmalige enge Verknüpfung von "strenger"
Naturwissenschaft - ihre Gesetze werden auch auf die soziale Ordnung
angewandt - mit Naturmetaphorik und Mystik, die zum Beispiel laut
Fritjof Capra zu einer neuen "Ganzheit" wird.

Aus bereits oben Dargestelltem wird ersichtlich, daß in der New-
Age-Ideologie die biologistische Sichtweise auf sämtliche relevante
Bereiche zutrifft: Auf die Sicht der Welt, die Sicht der Menschen, die
Sicht von Veränderung und ganz besonders auf die Sicht von Frau und
Weiblichkeit. Dazu noch einmal die prägnantesten Aussagen von Capra:
Alle Vorgänge, die wir in der Gesellschaft beobachten, nehmen an
einem kosmischen Prozeß teil, sie sind "auf diese Weise von *Natur aus
dynamisch*". "Wandel ist nicht die Folge irgendeiner Kraft, sondern eine
natürliche Tendenz, die allen Dingen und Situationen von vorneherein
innewohnt." "Es" geschieht, wir brauchen es nur zuzulassen. "Die
natürliche Ordnung besteht in der Herstellung eines dynamischen
Gleichgewichts zwischen Yin und Yang". (Capra 1986, S. 28ff., Hervorhebungen M.W.)

Die von Reiche definierte Funktion von Biologismus - Ziel politischen Handelns ist ein von außen fest vorgegebenes, das in Naturgegebenheiten und Naturgesetzen fixiert ist, die nur erkannt werden müssen
und nach denen man sich zu richten habe - wird hierbei besonders deut-

lich. Das Menschenbild, das Capra aus seinem biologistisch/naturalistischen Welt- und Geschichtsbild ableitet, ist geprägt vom "kosmischen Geist", von der "planetarischen Ebene des Bewußtseins" und vom "göttlichen Bewußtsein, das sich als Wesen des Universums" in den Menschen manifestiere. (Capra 1986, S. 329f., S. 417) Die Aufgabe des Menschen sei es, sich lediglich hinzugeben, einzufügen und unterzuordnen unter die Gesetzesstrukturen des Universums. "In sämtlichen modernen Gesellschaftsentwürfen steht der handelnde Mensch im Mittelpunkt. Die Geschichte wird von Menschen gemacht - so lautet die Losung bei Karl Marx, bei Gandhi und auch für den Club of Rome. Bei ihnen - Herr Capra - aber soll sich der Mensch unterordnen unter die mächtigen Gesetzesstrukturen der Natur und des Kosmos." Capra: "Da haben sie mich richtig verstanden." (In: Der Spiegel 10/1984, S. 187-203)

Capras Ideologie ist wahrlich ein geradezu *klassisches Beispiel* für biologistisch/naturalistisches Denken. Aus seiner Weltanschauung folgen ganz "logisch", ganz seinem Weltbild immanent folgende weitere Merkmale: Da die tatsächlichen herrschenden Macht- und Ausbeutungsstrukturen keine wesentliche Rolle spielen, gibt es folgedessen auch keine Unterscheidung zwischen Herrschern und Beherrschten, zwischen Mächtigen, zwischen wenigen Entscheidungsträgern, die über das Wohlergehen, über Leben und Tod der Mehrheit der Menschheit befinden, und jenen, die "Geiseln" (Paul Blau) der Machthaber sind. Die logische Konsequenz daraus ist ein eminent harmonizistisches Gehabe, das Capra und die New-Age-Bewegung an den Tag legen: Capra betont, daß Konflikte oder Kämpfe in Zeiten des gesellschaftlichen Wandels strikt abzulehnen seien, weil der Wandel einer "natürlichen Dynamik" (der evolutionär-zyklischen Bestimmung) unterliege, und Konflikt und Kampf nicht Quelle dieser Dynamik seien (Capra 1986, S. 30f).

Die herrschenden Besitzverhältnisse, Macht- und Entscheidungsstrukturen werden nicht in Frage gestellt - was zweifellos das Austragen von Konflikten und Kämpfen zur Folge hätte.

Capras bevorzugtes Gesellschaftsterrain hingegen ist das der TopmanagerInnen und WissenschaftlerInnen - sie seien die HoffnungsträgerInnen des "Neuen Bewußtseins". Das heißt, die Verhältnisse können ruhig so bleiben wie sie sind, das "Rettungskonzept" bestehe einzig und allein darin, daß sich die MachthaberInnen und EntscheidungsträgerInnen vom "kosmischen Wandel" inspirieren lassen und ihr Bewußtsein ändern. Wie das konkret passieren soll (außer durch Capras Seminare mit TopmanagerInnen), wozu das führen soll und wie diese Veränderung operationalisiert und nachgewiesen werden kann, gibt Capra nicht bekannt.

Doch zurück zum spirituellen Öko-Feminismus: Darin wird Capras biologistisches Welt- und Menschenbild besonders deutlich: Die "uralte Gleichsetzung von Frau und Natur" (Capra), die Propagierung "weiblicher Energien" als Rettungskonzept sowie die Definition von Frau bzw. "weiblichem Denken" als *von Natur aus* besser und wichtiger als der Mann und "männliches Denken" sollen den von ihm bereits sichtbaren "Verfall des Patriarchats" forcieren. Die Behauptung Capras, Frauen hätten überall die Führung übernommen, kann nicht verifiziert werden. Und daß die Etablierung dieses Frauenbildes etwas mit den herrschenden wirtschaftlichen und politischen Zielen, Frauen wieder um bereits *erkämpfte* Rechte und Positionen zu bringen, zu tun haben könnte, habe ich bereits erwähnt.

Biologismus, eines der wichtigsten Merkmale der New-Age- und Öko-Feminismus-Ideologie, gab und gibt es in verschiedensten politischen und ideologischen Denkrichtungen. Es wurden sehr wohl auch von linker Seite biologistische Ansätze herangezogen. "'Natur' wird aufgrund der Autorität, die sie seit dem 19. Jahrhundert hat, für politische Interessen instrumentalisiert. (...) Sie wurde zu einer Instanz, aus der sich alles und jedes ableiten ließ und läßt; sie wurde zu einem Selbstbedienungsladen, aus deren Angebot sich verschiedenste politische Ziele rechtfertigen ließen und lassen. (...) Gerade in Zeiten gesellschaftlicher Irritation, ob durch wirtschaftliche, soziale oder politische Brüche hervorgerufen, haben biologistische Postulate Konjunktur, weil sie kurz und bündig Problemfelder scheinbar zu beschreiben und zu lösen vermögen." (Braun 1994)

Biologismus kann aber, auch wenn er von links vertreten wird, nie progressiv sein. Das ist ein Widerspruch in sich, denn "Biologismus ist immer insofern anti-aufklärerisch, weil er zu wenig oder gar nicht die Frage nach politischen, sozialen, ökonomischen und anderen kulturellen Ursachen stellt und eine kulturelle Dynamik - die menschliche Reflexions-, Lern- und Handlungsfähigkeit in einem sich wandelnden gesellschaftlichen Bedingungsrahmen - ignoriert." (Ebd.)

In der aktuellen gesellschaftlichen Realität ist New Age/spiritueller Öko-Feminismus und der damit vertretene Biologismus besonders brisant: Erstens gibt es viele Berührungspunkte zwischen New Age und Rechtsextremismus/Faschismus - sowohl historische als auch aktuelle -

und zweitens bleiben auch New Age bzw. spiritueller Öko-Feminismus nicht von der Hauptaufgabe des Biologismus - zur Erklärung rassistischer Politik zu dienen - verschont.

Die historischen Parallelen zur esoterischen Neue-Zeit-Bewegung der Weimarer Republik, die personellen, organisatorischen und ideologischen Berührungen von New Age und Rechtsextremismus/Faschismus wurden bereits mehrfach aufgezeigt (z.b. in: Gugenberger/ Schweidlenka 1987, Schweidlenka 1989, Wölflingseder 1992, Jäckle 1985, Kratz 1994). Auf die weit verzweigten personellen und organisatorischen Verquickungen kann ich hier aus Platzgründen nicht im Detail eingehen. Zu den ideologischen Parallelen gehören neben dem Biologismus die "Ganzheitlichkeit" bzw. der "Holismus". Die Herkunft des Begriffs "Ganzheit", die in jedem philosophischen Lexikon nachzulesen ist, wird im New Age besonders konsequent verschwiegen: J. C. Smuts, J. S. Haldane, A. Meyer-Abich und O. Spann waren nicht nur "Ganzheitstheoretiker", sondern auch direkte oder indirekte Wegbereiter des Faschismus.

Im New Age werden aufgrund seiner Ideologie viele reaktionäre Forderungen vertreten: Etwa die Verteufelung der Abtreibung oder die Verbannung der Frau an den Herd: "Die Frau als Herrin kontrolliert über Nahrung und Küche das menschliche Schicksal. (...) Mit dem Eindringen der Frau in den Bereich der ausgesprochen männlichen Aktivitäten beginnt die Degenerierung der Menschheit und bevor der Beitrag der Frau am Lebenswerk nicht wiederhergestellt ist, wird es der Menschheit nicht möglich sein, die Ordnung wiederzufinden." Dies sind Gedanken des Meisters Mitio Kuski, der Begründer der im New Age weit verbreiteten makrobiotischen Küche, abgedruckt in einem ebensolchen Kochbuch! Weiters tummeln sich zahlreiche Alt- und Neonazis in der New-Age-Szene: nur zwei von zahllosen Beispielen: Der berühmte Arzt und Ernährungspapst Max Otto Bruker, unterstützt von großen Teilen der Naturkostbewegung, hat beste Kontakte zu rechtsradikalen, rassistischen Organisationen; und fast die Hälfte der aktuellen Ganzheitsmedizin-Publikationen stammen von NS-Ärzten, zum Beispiel Karl Kötschau, Erwin Liek oder Werner Kollath (vgl. Jäckle 1985).

Zu dieser für das New Age charakteristischen Verknüpfung von praktischen Lebenshilfe-Angeboten mit der Verbreitung reaktionärer Ideologie möchte ich folgendes anmerken: Neben vielen zweifelhaften Methoden der praktischen Hilfsangebote - wie zum Beispiel Pendel, Kartenlegen, Astrologie etc. - gibt es darunter sicher auch sinnvolle und brauchbare Methoden: etwa im Ernährungs-, Gesundheits- und Entspannungsbereich. Die aktuelle große Nachfrage nach ebendiesen praktischen Hilfsangeboten liegt übrigens sicher auch darin begründet, daß einerseits die Menschen nicht gelernt haben, sich selbst zu helfen (kapitalistische Entmündigung) und andererseits viele Bereiche, wie bereits erwähnt, auch von den Linken schmählich vernachlässigt wurden - wer kümmerte sich schon um den Gesundheitsbereich oder um eine linke Ökologie? Ganz zu schweigen von den zwischenmenschlichen Bedürfnissen ... Wen wundert es, wenn nun alle diese Bereiche von New Age und von rechts besetzt werden.

Das politisch bedeutendste Bindeglied zwischen großen Teilen der New-Age-, öko-feministischen, spirituellen, ökologischen und rechtsextremen Bewegung stellt zweifelsohne die sogenannte "Ökologie von rechts" dar. (vgl. Jahn/Wehling 1991, Feit 1987) Es geht dabei zum Beispiel um die Darstellung von "AusländerInnen" als das wahre Umweltproblem. Seit den siebziger Jahren haben fast alle rechtsradikalen Gruppierungen in der BRD - von der Neuen Rechten bis zur NPD - die Ökologieproblematik in ihre Programme aufgenommen, um über diese Themen an neue Zielgruppen (auch an Grüne und Linke) heranzukommen. Es erfolgte eine sogenannte "ökologische Modernisierung des Rechtsextremismus". Dies geschah nicht bloß aus taktischen Überlegungen, sondern es wurde versucht, mittels Erkenntnissen aus der Evolutions- und Verhaltensforschung und der Genetik Rassismus wissenschaftlich zu erklären.

Die Schweizer "Nationale Aktion - Partei der Schweizer" warb bereits Mitte der achtziger Jahre "für mehr Umweltschutz und weniger Ausländer". Ökologische Probleme dienen in erster Linie als Anlaß, rassistische, nationalistische und antidemokratische Positionen populär zu machen. Wie weit sich diese Positionen schon etabliert haben - sie reichen bereits weit in den politischen Mainstream, in die Ökologie- und New-Age-Bewegung hinein (es kommt immer mehr zur "Integration des rechten Lagers") - zeigen folgende Beispiele:

Die Wiesbadener Ausländerbehörde weigerte sich, einem Iraner die Aufenthaltsgenehmigung zu verlängern. Sie begründete dies mit folgenden Worten: "Die hohe Bevölkerungsdichte in der BRD und die hieraus resultierenden Umweltbelastungen gebieten es, den Zuzug von Ausländern zu begrenzen." Und das Düsseldorfer Verwaltungsgericht sprach sich unter Berufung auf das Baunutzungsrecht dagegen aus, Asylbewerber in reinen Wohngebieten unterzubringen, da von Asylunterkünften

Emissionen ausgingen, gegen die den Anrainern ein nachbarrechtliches Abwehrrecht zusteht.

Es wird also vielerorts programmatisch und politisch an einer wirksamen Verknüpfung von völkisch-konservativem Denken, Rassismus, Nationalismus, Ökologie, Lebensschutzfundamentalismus und auch Spiritualismus gearbeitet. Die Neue Rechte ist - wie die New-Age- und Esoterikbewegung großteils auch - eine elitäre, intellektuelle Sammelbewegung, der es vorerst nicht um politische Machtergreifung geht, sondern um kulturelle und ideologische Hegemonie.

Die biologistischen Grundlagen des Versuchs, Rassismus wissenschaftlich zu begründen - dies kennzeichnet das biologistische/naturalistische Welt- und Menschenbild der Neuen Rechten -, tauchen auch vermehrt in der Ökologie- und New-Age-/Esoterikbewegung auf. Dazu haben zum Beispiel Personen wie Konrad Lorenz beigetragen - der durch die Namensgebung für das Volksbegehren zur Rettung der Hainburger Au (1985) zu neuen Ehren gelangte - oder wie der Ökorechte Herbert Gruhl, den Capra wegen seines Beitrags "zur Synthese des ganzheitlich-ökologischen Weltbildes" lobend hervorhebt (Capra 1986, S. 481).

Ein weiteres krasses Beispiel für Rassismus im New Age findet sich im Begleitbuch zur ZDF-New-Age-Serie. Dort steht neben Farbbildern von SlumbewohnerInnen und Eingeborenendörfern(!) geschrieben: "Überbevölkerung ist nicht nur gegen die Menschlichkeit, sie ist im tiefsten lebensfeindlich. Das eigentliche Umweltproblem ist die Überbevölkerung, (...) weil auf der Erde kein Platz ist für beliebig viele Menschen. Überbevölkerung ist ein Verbrechen gegen die Humanität. Gut erzogene Menschen werden die Umwelt nicht unnötig verschmutzen. Doch wie will man viereinhalb Milliarden Menschen so gut erziehen. Denn von Natur aus ist der Mensch unordentlich und schmutzig. Die meisten der vier Milliarden Menschen (...) erzeugen ihre Nachkommen nicht nach hohen Idealen oder weltpolitischen Interessen, sondern nach dem jeweiligen Stand ihrer Hormonspiegel - und aus Egoismus!" (Myrell et. al. 1987, S. 15ff)

Die rassistische Praxis im New Age erstreckt sich nicht nur, wie in diesem Zitat sichtbar, auf solch eine Form völkischen Denkens - begründet auf der "Angst", das deutsche Volk werde "umgevolkt" oder "abgetrieben", wie es in rechtsextremer Diktion heißt -, sondern sehr weit verbreitet ist die Rechtfertigung gerade auch von rassistischen Verbrechen durch die Theorie von Karma und Wiedergeburt. Seit Helena

Blavatsky, Begründerin der Theosophie - sie meint, bestimmte Völker seien zum Aussterben verurteilt -, wird man nicht müde, Völkermord (aber auch Mord durch Krieg, AKW-Unfälle, Todesfolgen durch imperialistische Politik der Ersten Welt in der Dritten Welt etc.) als karmisch notwendig und sinnvoll zu erklären. Dazu ein Zitat, das die Funktion der Rezeption der Kultur von sogenannten "Naturvölkern" - etwa der Indianer - widerspiegelt; nämlich das Hinterlassen ihrer Weisheit, bevor sie ausgerottet werden, damit wir überleben können: "Wir können nicht von den Eingeborenenvölkern der Erde, wie ihr sie nennt, als einer einzigen Kategorie sprechen. Sie stellen vielerlei Muster dar, von denen *manche am Vergehen sind und auch dazu bestimmt sind, zu vergehen*, während andere die Hüter von Elementen der Bewußtheit und des Eingestimmtseins sind, die eure zukünftige Kultur brauchen wird. (...) In vielen Dingen können euch die Eingeborenenvölker Einsichten, wichtige Strategien und notwendige Lektionen anbieten. Gleichzeitig sind die alten Kulturen dabei, zu vergehen, sodaß sie wiedergeboren werden können. Trauert ihnen nicht nach, sondern versucht ein Werkzeug ihrer Wiedergeburt zu sein. *Dieses Vergehen geschieht auf organische Weise.*" (David Spangler o.J., Hervorhebungen von M. W.)

Abschließend ein anschaulicher Fall von Koinzidenz: Der Kärntner Agathenhof, ein gesundheitsfarmähnliches New-Age-Zentrum, dessen Hochglanzwerbeprospekte auf keiner Wiener Esoterik-Messe fehlen, ist sowohl Hochburg der lokalen rechtsextremen und FPÖ-Szene (und die Adresse des Agathenhofs ist gleichzeitig Kontaktadresse des Neonazi-Aktivisten Andreas Thierry) als auch Ort des Festivals "Visionen des Friedens" mit den New-Age-Granden Professor Arnold Keyserling, Bruder David Steindl-Rast, Zsuzsanna Budapest, Kaye Hoffmann, Penny McLean, Peter Schellenbaum und vielen anderen.

Wie bereits im ersten Teil ausgeführt, wurden einst typische New-Age-Ideen mittlerweile weitgehend zum Gemeingut. Sie sind weit über die engere New-Age-Bewegung hinausgehend verbreitet. Die Erlangung kultureller Hegemonie wird angestrebt. Genauso geht es der Neuen Rechten um die möglichst weite Verbreitung biologistischer und rassistischer Ideen. Dazu ist ihnen die New-Age- und Esoterik-Bewegung äußerst willkommen. Da Biologismus in der New-Age-Ideologie ohnehin allgegenwärtig ist, läßt sich die "Biologismus-Rassimus-Schraube" ruhig noch weiterdrehen - wenn dies nicht bereits von den New-Age-VordenkerInnen praktiziert wird. In den letzten Jahren erfolgte eine sogenannte "Integration des rechten Lagers", in der die New-Age- und

Esoterik-Bewegung wohl eine wichtige Rolle als Bindeglied zwischen Alternativ-, Öko- und sogar linker Bewegung einerseits und Neuer Rechter und rechtsextremer Bewegung andererseits darstellt. Daß diese Position nicht wahrgenommen wird, hat die Ursache wiederum im fehlenden historisch-materialistischen Bewußtsein der New-Age-AnhängerInnen. Viele oder sogar die meisten New-Age-bewegten Menschen haben sicher durchaus lautere Absichten, machen sich Sorgen um die Zukunft der Menschheit und haben mit faschistischer Ideologie vordergründig nichts zu tun, jedoch ihr fehlendes historisches, kritisches Denken läßt sie die Vereinnahmung durch Rechtsextreme - die aus ihren Inhalten heraus sehr leicht möglich ist - gar nicht bewußt werden.

Erstaunlicherweise gelangte der Hitler-Faschismus auch unter Mithilfe der esoterischen Bewegung (Lebens- und Reformbewegung) der Weimarer Republik an die Macht. (Vgl. Schweidlenka 1989) Die Zerstörung der Vernunft war eine conditio sine qua non für den Sieg des für den Faschismus charakteristischen Irrationalismus. Aus der von präfaschistisch-esoterisch-irrationalen Denkern erträumten Entindustrialisierung und Zurückführung des Reiches zur Natur wurde, wie wir wissen, nichts. Im Gegenteil, nach der Zerstörung der Vernunft erfolgte jene der Menschen und die der Natur durch eine industrialistische Mordlogik. Heute ist "für die Verwirklichung der Ziele der Rechten die New-Age-Philosophie, das Wende-Denken, die 'große Vernetzung' usw. (wieder) eine willkommene Begleitmusik, ein Terrain, in dem sie ihre ideologischen Vorstellungen ausformen, testen und wirken lassen kann. Denn die Erringung der kulturellen Hegemonie erscheint der neuen Rechten als wesentlicher Schritt auf dem Weg zur Macht." (Weingarten 1986, S. 34) Die aktuelle Lage ist also durchaus dazu angetan, darauf hinzuweisen, daß bereits schon einmal "die fröstelnde deutsche Volksseele das rauhe Klima der Vernunft nicht ertragen konnte - sie wollte zu gerne kochen. Zwölf Jahre später schon war sie zerkocht - auf biologistischer Flamme, in Gaswolken 'verweht', der Rest in 'Stahlgewittern' zerfetzt." (Regelmann 1986, S. 73)

Literatur

Becker, Egon: Natur als Politik?, in: Thomas Kluge (Hrsg.): Grüne Politik, Frankfurt 1984

Braun, Kai-Uwe: "Biologie als Schicksal" - Biologismus als Schicksal?, in: "Weg und Ziel" 1/1994, Wien

Capra, Fritjof: Das Tao der Physik, Bern/München/Wien 1984

Capra, Fritjof: Wendezeit, Bern/München/Wien 1986

Interview mit Capra von Michael Haller und Harald Wieser, in: "Der Spiegel" 10/1984, S. 187-203

Dalichow, Irene (Hrsg.): Zurück zur weiblichen Weisheit, Freiburg 1990

Feit, Margret: Die "Neue Rechte" in der Bundesrepublik, Frankfurt/New York 1987

Freud, Sigmund: Totem und Tabu, Studienausgabe Bd. IX, Frankfurt 1982

Freud, Sigmund: Der Mann Moses und die monotheistische Religion, Frankfurt 1987

Gugenberger, Eduard/Schweidlenka, Roman: Mutter Erde - Magie und Politik, Wien 1987

Hummel, Reinhard: Zwischen den Zeiten und Kulturen: Die New-Age-Bewegung, in: Hemminger, Hansjörg (Hrsg.): Die Rückkehr der Zauberer, Reinbek 1987

Jahn, Thomas/Wehling, Peter: Ökologie von rechts, Frankfurt 1990

Jäckle, Renate: Gegen den Mythos ganzheitliche Medizin, Hamburg 1985

Klinger, Cornelia: Abschied von der Emanzipationslogik? Die Gründe ihn zu fordern, zu feiern oder zu fürchten. Ketzerische Bemerkungen über New-Age-Bewegung, Ökofeminismus und Postmoderne, Wien o. J.

Kratz, Peter: Die Götter des New Age. Im Schnittpunkt von "Neuem Denken", Faschismus und Romantik, Berlin 1994

Myrell, Günther/Schwandt, Walther/Voigt, Jürgen: Neues Denken - alte Geister, Niederhausen 1987

Naisbitt, John/Aburdene, Patricia: Megatrends 2000 - Zehn Perspektiven für den Weg ins nächst Jahrtausend, Düsseldorf/Wien 1991

Panholzer, Martin: Sinnliche Vernunft, in: "Unitat" 4/1992

Pestalozzi, Hans A.: Die sanfte Verblödung. Gegen falsche New-Age-Heilslehren und ihre Überbringer, Düsseldorf 1985

Regelmann, Johann-Peter: Systemtheorie und Krise. Betrachtungen über die holistischen Zusammenhänge zwischen Politik, Wissenschaft und der Sinnsucht nach Weltanschauung, in: Regelmann, Johann-Peter / Schramm, Engelmann (Hrsg.): Wissenschaft in der Wendezeit. Systemtheorie als Alternative? Frankfurt 1986

Reiche, Jochen: Ökologie und Zivilisation - Der Mythos von den "natürlichen Kreisläufen", in: Die Linke neu denken, Berlin 1984

Schweidlenka, Roman: Altes blüht aus den Ruinen, Wien 1989

Spangler, David: Geist der Synthese, o. J.

Winter, Gayan S.: Die neuen Priesterinnen - Frauen des New Age, Reinbek 1989

Weingarten, Michael: Konservative Naturvorstellung im grünen Gewand? Entwicklungsdenken als ideologisches Kampffeld, in: Regelmann/Schramm (Hrsg.) 1986, a.a.O.

Wölflingseder, Maria: Gesellschaftliche Veränderung - von oben oder von unten? Linz 1992

Wölflingseder, Maria: Die Devise kann nur lauten: Kämpfen und genießen, in: Gugenberger, Eduard und Roman Schweidlenka: (Hrsg.), Mißbrauchte Sehnsüchte? Wien 1992a

Waltraud Kern

Männer, Macht und Esoterik

I

Das seit mehreren Jahrtausenden real existierende Patriarchat ist durch feministische Forderungen mittlerweile in einigen wissenschaftlichen Disziplinen zum Forschungsgegenstand erhoben worden. Es geht zum einen um die Analyse der entstandenen Machtstrukturen auf verschiedenen Ebenen, der Mechanismen, die sie ermöglichten und an der Macht erhalten, und zum anderen um die Suche nach Wegen aus diesen verkrusteten und vergreisten Zuständen. Fast zwangsläufig entsteht für den oder die Forschende dabei die Frage nach der Art gesellschaftlichen Seins in vorpatriarchaler Zeit. Zeugnisse, die eindeutige Schlüsse zulassen, gibt es kaum, da die schriftliche Fixierung der Mythen oder Märchen erst in patriarchaler Zeit und daher "patriarchal verfremdet" erfolgte. Archäologische Funde und/oder ikonographisches Material lassen vermuten, daß Frauen in jenen Zeiten (in vielen Überlieferungen als "goldenes Zeitalter" bezeichnet!) sich einer größeren Wertschätzung erfreuten, jedoch sind keine gesicherten Aussagen über ihre soziale Stellung innerhalb des gesellschaftlichen Ganzen zu machen. Gefundene Figurinen, wie die vielen sog. Venusgestalten u.a. weibliche Figuren, weisen darauf hin, daß kultische Verehrung einer "Großen Muttergöttin" stattgefunden hat, mit diversen Festen im Jahreskreis, die gleichzeitig auch den weiblichen Lebenszyklus versinnbildlichten, doch läßt diese Tatsache keine Rückschlüsse auf deren Bedeutung für den realen Alltag von Frauen zu.

Aus den verschiedensten Quellen zusammengetragen, soll ein kurzer Überblick ein "archetypisches" Bild dieser Göttin-Verehrung als Grundlage für die weiteren Überlegungen dienen: die "Große Mutter" als per-

sonifiziertes Sinnbild des Kosmos im Jahreskreislauf mit den drei
Aspekten Werden - Sein (Reifung) - Vergehen unterliegen dynamischer
und qualitativer Veränderung. Eine qualitative Veränderung findet ebenfalls beim Mond, sichtbar in den Mondphasen, statt sowie im weiblichen
Lebenszyklus von Jungfrau über Mutter zur "Weisen Alten". Diesem
letzten Aspekt der "Großen Mutter" wurde der "Schwarzmond"
"Neumond) zugeordnet, wo sich während der Phase der Unsichtbarkeit
eine Wandlung vollzieht: Tod des Alten und Auferstehung des Neuen;
in Bild und Mythologie dargestellt als die ihre Kinder verschlingende
und wieder gebärende Mutter. Solange diese Phänomene des Werdens
und Vergehens von irdischem Sein, in die Gestalt der Großen Göttin
hypostasiert, zyklisch erlebt wurden, stand die Göttin - schützend, be-
wahrend und erneuernd - in hohem Ansehen. Das änderte sich, als diese
Gewißheit verloren ging und der dunkle Aspekt als das Ende persönlichen Seins erfahren wurde. Damit trat die Angst vor dem Schattendasein
in der Unterwelt in den Vordergrund. Aus Verehrung und Ehrfurcht
wurde Furcht vor der grausamen Mutter als Herrscherin im Reich der
Toten. Dieser nun als schrecklich erlebte Aspekt der Göttin mußte bekämpft werden, um dem eigenen Untergang zu entgehen. Da im Mythos
die Göttin "immer war, ist und sein wird", die sich ihren Jahresgeliebten
wählt, mit ihm die "Heilige Hochzeit" feiert und der dann vergehen
muß, um im nächsten Jahr neu erstehen zu können, sind es Männer, die
sich gegen diese Göttin wehren - müssen -, um eigenes Sein zu erlangen.
Die erlebte und bewußt gewordene Geschlechterdifferenz wurde so notwendigerweise zum Ausgangspunkt männlichen Machtstrebens.

Im Gilgamesch-Epos[1] dessen Anfänge sich bis ins zweite Jahrtausend
v.u.Z. verfolgen lassen, wird dieser Bewußtseinswandel sehr eindrück-
lich geschildert: Der jugendliche König wird von der Göttin erwählt für
die "Heilige Hochzeit", er aber lehnt dieses Angebot ab und verhöhnt
sie stattdessen. Der Held will sich durch eigene Leistung beweisen - und
nicht als Geliebter der Göttin enden. Im weiteren Verlauf des Epos wird
geschildert, wie Gilgamesch mit seinem Freund und Begleiter auszieht,
um verschiedene Heldentaten zu vollbringen. Dieser kommt im Kampf
um. Gilgamesch wacht bei dem Leichnam und erlebt mit eigenen Augen
den zerfallenden Körper seines Freundes. Grauen erfaßt ihn. So will er
nicht untergehen! Sein einziges Trachten gilt hinfort der Erlangung

---

[1]   Vgl. B.G. Walker: Das geheime Wissen der Frauen, Frankfurt 1993, S. 313 und M.
       und E. Kirchner-Bockholt: Die Menscheitsaufgabe Rudolf Steiners und Ita Wegman,
       S. 21

eigener Unsterblichkeit. Das Epos endet mit dem Bericht seiner "Ein-weihungs"-fahrt in das "Andere Land", wo er zunächst das Kraut, das ihm die Unsterblichkeit sichern soll, erwirbt, um es dann - schlafend - wieder zu verlieren. Es ist die Schlange, die es ihm stiehlt.

Fassen wir die wichtigen Momente des Epos kurz zusammen: ein Mann zieht aus, um sich Kenntnisse über den physisch nicht sichtbaren Teil des Kreislaufes von Werden - Sein - Vergehen anzueignen. Er hat schon bewiesen, daß er sich nicht (mehr) wählen läßt, sondern selbst zu wählen gedenkt. Er hat der Göttin die Stirn geboten, die alte Ordnung in Frage gestellt und begonnen eigenmächtig zu handeln. Er ergreift die Macht, sucht nach "geheimen, zauberkräftigen Kenntnissen"[2], die ihn ganz - heil - machen und Zugang zu verborgenem Wissen eröffnen sol-len. Die Reise, die er auf dieser Flucht vor dem persönlichen Tod tut, schildert den sog. "Einweihungsweg", der in fast allen Kulturen in ähn-licher Form bzw. mit ähnlichen Stationen praktiziert wurde.

Die Heimat des Epos ist das "Zweistromland". Dieses ehemals eher unfruchtbare Gebiet zwischen Euphrat und Tigris verwandelten die Sumerer durch ausgeklügelte Bewässerungssysteme und viele andere technisch-praktische Erfindungen in einen blühenden Garten. In diesen schlich sich "der Herr", usurpierte dieses von Menschenhänden geschaf-fene Paradies, nannte es "Eden" und ließ sich als Schöpfer preisen. In den ersten beiden Kapiteln der Genesis, dem Anfang dieses großange-legten Epos in zwei Teilen, als Bibel bekannt, gibt es einen gewaltigen qualitativen Sprung in Beziehung zu Gilgamesch und seinen dagegen beinahe zaghaft anmutenden Machtbestrebungen. Der Herr, der sich als Schöpfer aller Dinge ausgibt, hat sich über die natürlich-biologischen Zusammenhänge erhoben, indem er sich die weibliche Gebärfähigkeit "angeeignet" hat. Er behauptet, Herr über Leben und Tod zu sein, d.h. er hat den furchteinflößenden, dunklen Aspekt der Göttin vereinnahmt, ist der "Vater aller Dinge" geworden, dargestellt mit dem langen weißen Bart als Attribut für Alter und Weisheit. Die weibliche Weisheit dage-gen wird, wahrscheinlich um der besseren Handhabbarkeit willen, in zwei Komponenten zerlegt: das irdische Abbild erscheint in der Gestalt von Sibyllen und Prophetinnen überwiegend im Mittelmeerraum, im Norden sind es Frauen, die die Kunst der "Sejd"[3] verstehen. Diese Wahrsagekunst stand in alter Zeit in hohen Ehren und wurde von Män-

---

[2] Derolez, S. 240, in: D. Pahnke (Hrsg.): Blickwechsel, Marburg 1993, S.106
[3] S. Kleineidam, in: D. Pahnke. wie Anm. 2, S. 105ff

nern und Frauen ausgeübt; unter christlichem Einfluß wurde dann den Männern nahe gelegt, daß diese "Weiberkunst" unter ihrer Würde sei und nicht ehrhaft, den Frauen aber wurde nachgesagt, daß sie nur "Schadenszauber" über die Menschen brächten, sie wurden als Hexen diffamiert und gesellschaftlich ausgegrenzt. Verbrannt wurden sie erst Jahrhunderte später.

Die zweite Komponente, die unsichtbare Seite der "Weisen Alten", fristete als "Königin der Nacht" im "Reich der Finsternis" ihr nun natürlich böses Dasein. Gleißend schön und verführerisch auf der einen Seite, "schwarz wie die Nacht, häßlich und alt wie eine Landstraße" auf der anderen, blieb sie durch Märchen und Mythen zwar im Gedächtnis, aber so, daß es für spätere Generationen eine Erlösungstat werden sollte, solche Unruhestifterinnen "unschädlich" zu machen.

Dieser Weg der Unschädlichmachung weiblicher Macht beginnt für das christliche Abendland mit der "Erschaffung" Evas: sie ist "aus zweiter Hand", als Gehilfin, Lustobjekt und Dienerin ihres Herren kreiert in Verkehrung älterer Vorlagen, die z.T. noch im kanonisierten Text anklingen und durch feministische Theologinnen wieder herausgearbeitet werden, z.T. auch in der Versenkung (den sog. Apokryphen) verschwunden sind. Wie Gilgamesch, der laut Epos zu Zweidrittel Gott und nur zu einem Drittel Mensch gewesen sein soll, ist auch "der Herr" ein einzelner Vertreter des männlichen Geschlechtes, der die zyklische Ordnung alles Lebendigen in Frage stellt und zu durchbrechen versucht. Durch das Erleben von Anfang und Ende, Geburt und Tod - am Beispiel dieser beiden Vorreiter patriarchaler Denkungsart dargestellt - entsteht eine Polarisierung: aus dem Aufgehobensein in der dreidimensionalen Totalität des Raumes wird nun alles Geschehen als linear verlaufend zwischen zwei Fixpunkten empfunden. Eine Teilung zwischen

oben - unten

hell - dunkel

gut - böse

Leben - Tod

diesseits - jenseits

Himmel - Hölle

wird konstruiert. Unten (Unterwelt) - dunkel - Tod - unsichtbar - unheimlich - böse wird zunächst auf die "Weise Alte" projiziert und später auf alles Weibliche schlechthin, das Helle, Gute, Schöne dagegen wird männliches Attribut und Vorrecht.

Verborgenes, das unmittelbarer Erkenntnis nicht zugänglich ist, erregt einerseits Neugier, flößt aber andererseits Furcht vor Sanktionen oder Verletzung von Leib und Leben ein. In dieser Ambivalenz fanden sich Menschen mit linearem Bewußtseinsstatus, die den 'dunklen', Wandlungs- und Erneuerungsaspekt zyklischer Zeitempfindung verloren hatten, und den sie nun zu ergründen, wiederzugewinnen und zu beherrschen trachteten. So fanden sich in kleineren Gruppen Männer gleicher Bewußtseinskonfiguration zusammen, die durch bestimmte Riten und Praktiken - wie im Epos als Gilgameschs Reise beschrieben - versuchten, diese geheimen Kenntnisse wieder zu gewinnen. Es waren zuerst Männer, die sich aufgrund ihrer "Rolle" in der alten, mythischen Ordnung "auf die Reise" machten und ihre Erkenntnisse und Erlebnisse wiederum nur Männern vermittelten, und zwar nur solchen, die für würdig befunden wurden. Diese sektenhaften, esoterischen Zirkel, die als Zentren männlicher Machtgewinnung entstanden und nach und nach an Bedeutung gewannen, erzeugten Machtgefälle dadurch, daß sie ihr gewonnenes "Wissen" der Allgemeinheit vorenthielten und Rangordnungen durch Auswahlkriterien für die Teilnahme an Einweihungsritualen schufen. Auf diese Weise wurde Hierarchie über religiöse Sinnstiftung installiert, als "naturgegeben" postuliert (über Evas Zweitrangigkeit) und so Unterdrückung legitimiert."Zu allen Zeiten und in allen Ländern hat es Gemeinschaften gegeben, die zu einem bestimmten Zwecke gebildet und nach gewissen Grundsätzen eingerichtet und unterhalten wurden, deren Bestand und Entwicklung also einer festgefügten Regelung oder *'Ordnung'* aller Lebensverhältnisse, unter fester Beziehung auf Zweck und Ziel der Vereinigung, ruhte. Darum nannte man diese Gemeinschaften *'Orden'*. Meist wurden ihre Verfassungsgesetze wie auch ihre Sitten und Gebräuche und damit auch die Zugehörigkeit zu ihnen geheim gehalten, weil ihre Mitglieder aus irgend einem Grunde die Öffentlichkeit scheuten und nur durch seine Geheimhaltung den Bestand und das Gedeihen des Bundes sichern konnten. Mit Recht nennt man solche Vereinigungen darum 'Geheimbünde' oder 'Geheimorden', wenn zwar im allgemeinen ihr Dasein und ihr Zweck, nicht aber ihre 'Ordensregeln' bekannt sind.Ursprünglich trugen solche Orden meist religiösen Charakter. Schon in den ältesten Zeiten stand überall der schlichten Volksreligion eine hochentwickelte Priesterreligion gegenüber, die sich auf eine besondere Überlieferung und meist schwierige Schulung, sowie auf dadurch erlangte Kenntnisse und oft auch magische Fähigkeiten gründete. Deren Besitz gewährte gegenüber der ungebildeten Volksmenge eine vorteilhafte Überlegenheit, und darum wurden jene Schulung, ihre Erfolge und Geheimnisse oder ihre *'Mysterien'* verschwiegen gehalten. Doch geschah dies in der Regel nicht aus Eigennutz, sondern einesteils, um die in der Hand des verantwortungslosen Volkes nicht ungefährlichen Kenntnisse und Fähigkeiten vor Mißbrauch, anderenteils um sie überhaupt vor Mißdeutung und Entstellung durch die Verständnislosigkeit der Ungebildeten zu bewahren..."[4]. Hier spricht ein Autor, dessen esoterischer Dünkel nichts an Mißdeutung übrig läßt und er läßt auch keinen Zweifel darüber aufkommen, welche Zwecke im weiteren noch unter die Aufgaben der wackern Ordensbrüder fallen: "Solche religiöse Orden sind nicht nur dem Heidentume eigentümlich, sondern auch das Christentum hat in den (...) religiösen Ritterorden, wie z.B. dem *Tempelherren-*, dem *Malteser-* und *Johanniter*-Orden, ähnliche Erscheinungen hervorgebracht. Im *Jesuitenorden* hat es sogar ein beinahe vollkommenes Gegenstück zu den altheidnischen Priesterorden geschaffen; denn er ist, wie diese, ebenso religiös wie politisch gerichtet"[5]. Klarer kann kaum ausgedrückt werden, wohin der Herren esoterische Ziele führen und von welchem Geist sie dabei geleitet wurden und immer noch werden. Auf Seite 104 erfahren wir in Karl Heises Beitrag zum Freimaurer-Orden aus dem oben zitierten Sammelband von P.Ch. Martens: "Diese Evolutionswege der Menschheit in richtiger Weise zu lehren, dazu dienten die alten Mysterien, und an diese sich angliedernd vor allem noch die frühen freimaurerischen Ordensbünde. Höchste Ideale und reinste Ziele liegen also dem Maurerwesen als ein Ursprüngliches zugrunde. Als dann die 'Uralte Weisheit' die Verbindung mit dem Morgenrot des jungen Christentums einging, waren diese ersten Freimaurerlogen im besonderen berufen, die in den Mysterien verhältnismäßig nur wenigen Bevorzugten zuteil werdende individuelle Freiheit auf eine viel breitere Grundlage zu bringen. Wollten doch die Logen die eigentlichen *Erziehungsstätten der Menschheit* werden. (...) Infolge des Zusammenklanges von uralter Mysterienweisheit und Christentum waren auch viele christliche Äbte und Mönche Leiter der ursprünglichen Freimaurerlogen gewesen und wurden so im 7.Jahrh. als 'achtbare Meister' und 'achtbare Brüder' verehrt; selbst einige Päpste haben das freimaurerische Ideal gefördert"[6].

---

[4] P.CH. Martens: Geheime Gesellschaften, Leipzig o.J., S. IVf
[5] Ebd., S. Vf
[6] Ebd., S. 105

Mit den, vom Autor unterstellten, höchsten und reinsten Idealen sollte die Menschheit also erzogen werden. In Anbetracht der Entstehungsgeschichte von Orden und Geheimbünden ist die Zielrichtung des Prozesses vorgegeben; und es bleibt nur zu untersuchen, in welcher Form die Geheimniskrämer ihre elitären Anschauungen "auf eine breitere Basis" stellten. Als ein wichtiges Instrument zur richtungsweisenden Indoktrination erwiesen sich die sogenannten Volksmärchen. Diese sind durchaus kein "Volksgut", sondern wurden gezielt von "eingeweihten" Erzählern und um(h)erziehenden Troubadouren[7] unter das "verantwortungslose" Volk gestreut mit volkspädagogischen Absichten. Einige Hauptmotive zur Verdeutlichung: In "Hänsel und Gretel" ist es die böse Hexe, die Kinder brät und frißt und daher ein verabscheuungswürdiges Ungeheuer, bei "Dornröschen" hoffen wir mit dem lichten, heldenhaften Prinzen (licht und hell wird dabei zum Synonym für blond und blauäugig), daß er die Hecke durchschreiten wird, um die von der - natürlich - bösen Fee verzauberte Königstochter zu erlösen, die ohne ihn nie wieder "lebendiges Sein" erlangen wird. Schließlich "König Drosselbart", wo die hochmütige Prinzessin erst nach entsprechender Demütigung durch den Gemahl zur Räson gebracht und nur durch diese Heldentat zum liebenswerten Geschöpf (ihres Herrn) wird. Die erzieherische Wirkung, bzw. die Entwicklung von entsprechendem Selbstwertgefühl bei Heranwachsenden bedarf keiner weiteren Erläuterungen. Gerade weil Märchen bis in unsere Tage als "Kinderkram" nicht sehr viel Beachtung erfahren (haben), wirken die vermittelten Leitbilder weiter unvermindert in junge Menschen hinein. Angehörige dieser Altersgruppe sind nicht in der Lage rational oder logisch die erzählten Geschehnisse zu analysieren und zu hinterfragen, sie werden als "reine" Wahrheit entgegengenommen, wirken im Unterbewußten fort und prägen späteres Handeln und Denken. Sprache ist die Form, in der Denken ins Bewußtsein tritt; sie formt Denkstrukturen, die sich, einmal manifest geworden, nur schwer verändern lassen, vor allem wenn sie durch frühe Veranlagung entsprechend tief verwurzelt sind. Die Bildersprache von Märchen und Mythen ist daher ein wesentliches Moment für die Erhaltung der erreichten gesellschaftlichen Zustände. Diese Macht von Sprache und Bildern wirkt besonders in "bildhaft" oder "plastisch" gestalteter Sprache, d.h. also in Gedichten und Geschichten, in Theaterstücken und Opern. (Ähnliches gilt auch für die Malerei, so diente z.B. die Kir-

---

[7] R. Meyer: Die Weisheit der deutschen Volksmärchen, Frankfurt 1981, S. 262 u.a.

chenmalerei in erster Linie der Erziehung des am Gottesdienst teilneh-
menden "unvernünftigen" Volkes, das während der lateinisch zelebrierten unverständlichen Messe, etwas zu schauen haben sollte. Daher rührt
auch der "Hokuspokus" - des Volkes Eindeutschung von "Hic corpus
est"!) Die Dichter und Denker der deutschen Klassik gehörten zum
großen Teil geheimen Bünden und/oder Logen der Freimaurer an, wie
überhaupt der größere Teil der "besseren" Gesellschaft zu jener Zeit. Es
nimmt also nicht Wunder, wenn G.E. Lessing z.B. in der "Ringparabel"
im "Nathan" edles Menschentum - was auch immer im Einzelnen darunter zu verstehen sein mag - als höchstes erreichbares Ziel darstellt,
selbstverständlich als Männersache unter Männern oder auch, wenn er in
seiner "Erziehung des Menschengeschlechts" die biblischen Erzählungen als Erziehungswerk Gottes am Menschen preist, ohne natürlich das
eigentliche Erziehungsziel, nämlich die vollkommene Unterdrückung
des weiblichen Geschlechts, zu nennen. Wählt er eine Frau zur "Heldin"
eines Theaterstückes, wie z.B. "Emilia Galotti", ist es deren Hauptziel
endlich in die Arme des geliebten Mannes zu sinken und so ihren einzigen Daseinszweck zu erfüllen.

Goethes "Geheimnisse" erzählen von einer esoterischen Bruderschaft; die mythischen Verknüpfungen im zweiten Teil vom "Faust"
oder auch bei "Wilhelm Meister" sind eindeutig in Bezug auf die geistige Grundlage seiner Dichtungen. Die freimaurerischen Lehren gestalten die Handlung von Mozarts "Zauberflöte" im überarbeiteten Libretto; daher rühren die Brüche zwischen den ersten Szenen und dem
Hauptteil. Sie werden durch die Kunst überspielt. "So bestätigt 'Die
Zauberflöte' in einzigartiger Weise die Allmacht der Tonkunst. Wo
diese hinwirkt, weckt sie reines Menschentum", so Wilhelm Zentner in
der Einleitung (S.7) zum Libretto[8]. "Die Nachwelt hat die Oper denn
auch dementsprechend gewürdigt, sie den erhabensten Offenbarungen
der Kunst gesellt". Diese Offenbarungen, hier im Duett gesungen, lesen
sich z.B. so (S.41):

> "Bewahret euch vor Weibertücken:
>   dies ist des Bundes erste Pflicht!
> Manch weiser Mann ließ sich berücken,
>   Er fehlte und versah sich's nicht.
>   Verlassen sah er sich am Ende,

---

[8] W.A. Mozart: Die Zauberflöte, Libretto der Oper in zwei Aufzügen, Stuttgart 1973

Vergolten seine Treu' mit Hohn!

Vergebens rang er seine Hände,

Tod und Verzweiflung war sein Lohn."

Dies ist nur ein Beispiel, aber es steht für die Gesinnung des gesamten Werks. Anfangs ist die "Königin der Nacht" noch Verkörperung des Guten; im Verlauf der "deutschen Märchenoper" (so der Untertitel) verkehren sich jedoch die Rollen und Sarastro, zunächst als böser Zauberer geplant, wird zum weisheitsvollen Lenker des Sonnentempels erhoben, dem sich alles unterzuordnen hat. Er leitet Taminos Einweihung: der jugendliche Held erkennt den höheren Wert geistiger Schulung und zieht diese Herausforderung einem - vielleicht banal endenden - Liebesleben vor. Obwohl ihn Paminas Reize entflammt haben, widersteht er mannhaft, denn "nur wer überwindet, der gewinnt". Als Lohn für diese hehre Gesinnung darf er nach geglückten Prüfungen Pamina dennoch in seine Arme schließen. Neben diesem Hauptmotiv der Oper entfaltet sich noch ein paralleler Handlungsstrang als heiteres Pendant zur ernsten Schulung des Geistes: die Geschichte des volkstümlich bunten Pärchens. Dem Papageno, der das Schwatzen nicht lassen kann, und der darum höherer Weihen nicht würdig ist, erscheint Papagena als "Weise Alte", der er ewige Treue schwört, weil sie ihm Speise und Trank verspricht. Obwohl ihn das "Schreckgespenst" schaudern macht, lockt ihn die Aussicht auf leibliche Genüsse derart, daß ihm sogar ein häßliches altes Weib für die Befriedigung seiner Bedürfnisse recht ist. Aufgrund seines Schwurs verwandelt sie sich flugs in ein hübsches junges Weibchen und nun ist das Glück vollkommen...

Die Oper arbeitet publikumswirksam mit allen Klischees, die der weiteren Verankerung des Patriarchats dienlich waren: die "Weise Alte" ist nur noch Spuk, der durch männliches Zauberwort verschwindet. Den Lenkern des "unvernünftigen" Volkes ist es nach und nach gelungen, Alter, Tod und Lebensweisheit aus dem linear erlebten irdischen Geschehen auszuklammern. Mit dem simplen Trick der Verlagerung des "Endpunktes" nach vorne, wird alles, was nicht in die männlichen Wunschvorstellungen von der *vita activa* hineinpaßt, in ein "jenseitiges Reich" verwiesen, das christliche Logistik mit allen erdenklichen Schrecken ausgestattet hat, um die Furcht vor den "Höllenqualen des Jenseits" zu schüren und dadurch die Seelen im Diesseits besser handhabbar zu machen. Diese Wunschvorstellungen reduzieren Frauen auf jung, hübsch und gefügig, ewig erwartungsvoll lächelnd und sexy, also auf die jugendliche Phase der zyklischen Göttin. Selbst die mittlere Phase, die der Fülle und Mutterschaft, ist durch das patriarchale Diktat schon auf die genannten Attribute eingeschränkt, denn fällt sie aus dieser Rolle, "sieht sie alt aus" und wird wie "altes Eisen" entsorgt, z.B. in ein Altersheim. Auch Tod und Sterben sind ein gesellschaftliches Tabuthema, das soweit wie möglich aus dem Bewußtsein - räumlich wie zeitlich - ausgegrenzt wird; selbst die Bestattungsrituale dienen hauptsächlich der Verschleierung.

Noch einen Schritt weiter in Richtung Frauenverachtung geht William Shakespeares "Der Widerspenstigen Zähmung" im Reigen der sog. großen Dichtungen: Ein Freier entschließt sich des Geldes wegen eine junge, autonom denkend und handelnde Frau zu ehelichen. Diese will weder ihn noch überhaupt heiraten, wird aber von ihrem Vater dazu gezwungen, der sie los werden will. Das Stück wird immer als Lustspiel auf die Bühne gebracht, und es muß wohl lustig sein, zuzusehen, wie eine Frau nach und nach ihrer Würde beraubt wird und sie schließlich nur noch willfähriges Geschöpf "ihres" Herrn ist. Alle männlichen Charaktere des Stückes sind sich am Schluß einig, welch glückliches Ende dieser Erziehungsprozeß genommen habe, und einer will, was er des nachts geträumt habe, auch gleich in die Tat umsetzen. Shakespeare benutzt den Trick der Rahmenhandlung, um dieses unsägliche Geschehen in die Traumwelt zu heben und so die Beklemmung, die einige ZuschauerInnen vielleicht doch befällt, in Erleichterung zu verwandeln. Auf diese Weise entschwindet das Belastende aus unserem Bewußtsein und Heiterkeit bleibt zurück auf Kosten des weiblichen Geschlechts. Unser aller gewohnheitsmäßiger Blick "sieht" das auch heute noch genauso; der Held hat stets die Lacher bei seinen lehrstückhaften Zähmungsversuchen auf seiner Seite, männliche wie weibliche![9]

Shakespeare-Forscher[10] haben allerdings herausgefunden, daß die Vorlage zu diesem "Lustspiel" wesentlich älter ist und von ihm nur die Gestaltung der Dialoge stammt; d.h. also, daß wir es auch hier mit einem Motiv zu tun haben, das, ähnlich wie die Märchen, von esoterischen Vordenkern unter das "unvernünftige" Volk zu seiner "Erbauung" und Erziehung gestreut wurde, in "höchster und reinster" Absicht natürlich.

---

[9] E. Schrattenholzer: Das Wort und die Tatsachen, Wien 1993, S.45ff
[10] W. Shakespeare: Gesammelte Werke, Band X, Hamburg o.J., S.297 ff

Diese Art "normativer" Erziehung, anhand einiger besonders drastischer Beispiele aufgezeigt, wirkt heute in größter medialer Vielfalt genauso weiter - nur etwas subtiler. Sie beginnt mit den im Elternhaus gesetzten Wertmaßstäben, die ein Konglomerat aus religiösen Traditionen, Sitten und Gebräuchen des sozialen Umfeldes sowie gezielter schulischer Erziehung sind, setzt sich während der eigenen Schulzeit fort, wo sie überprüft und relativiert werden durch neue Gewichtungen in Stoff und Lehrmitteln sowie durch zwischenmenschliche Beziehungen. Durch die Bandbreite der Medien, denen alle Menschen heute in der einen oder anderen Weise dauernd und fast unbemerkt ausgesetzt sind, vollendet sich die Formung in die gewünschten Normen: Das "Patriarchat" als Ergebnis des Zusammenwirkens verschiedenster Einzelbereiche aus Politik, Wirtschaft, Kirche erhält und erneuert sich auf diese Weise immer wieder.

Aus dem bisher Ausgeführten ergab sich, daß Angehörige des männlichen Geschlechts aus der Gewißheit zyklischen Seins heraustraten und in einen anderen Bewußtseinszustand wechselten, der das Kontinuum "Leben" als ein lineares Geschehen mit einem gesetzten Beginn und einem notwendigen Ende wahrnahm. Da ihnen nicht die "Dauer", sondern der Wandel zugeordnet war, versuchten diese vorbildhaften Helden durch Taten, durch aktives Handeln, ihrem Sein Dauer und Eigenmacht zu verleihen. Den verloren gegangenen Teil des Kreislaufes, als dunkler Aspekt der Göttin gekennzeichnet, mußten sie nun durch "Einweihungsrituale" wiederzugewinnen versuchen. Hier liegt der Ursprung esoterischer Geheimbündelei: aufgrund ihrer Geschlechtszugehörigkeit bildeten Männer sektenartige Geheimorden, die den Entwicklungsschritt, den einige (wie Gilgamesch) schon getan hatten, ebenfalls erreichen wollten. Es geht immer darum, wieder ganz - heil bzw. heilig - zu werden, was allerdings im "Diesseits" nicht zu verwirklichen ist. So heißt es auch im NT: "...jetzt erkenne ich's stückweise; dann aber werde ich erkennen, gleichwie ich erkannt bin. Nun aber bleibt Glaube, Hoffnung, Liebe..." (1. Kor.13; 12-13). Wo wir nicht wissen können, sollen wir glauben, hoffen und lieben ... Esoterik verschwimmt in rückwärts gewendeter unfaßbarer Irrationalität. Der Zustand des "unbewegten Bewegers", zunächst noch Attribut der Göttin als der "ewig Seienden", wurde nun als inaktiv, d.h. passiv uminterpretiert und erhielt einen Negativ-Bonus in Bezug auf weibliches Sein. Nur der männliche "Schöpfergott" im Jenseits über allem thronend, durfte als nicht-menschlich auf diese Weise gedacht werden. Aus dem natürlichen Kreislauf, der die menschliche

Dimension miteinbezog, wurde jenseitig-übernatürliches männliches Sein kreiert, an das nur noch geglaubt werden konnte. Das Primat des Seins wurde durch die Vorherrschaft des Tuns abgelöst. Das Selbstwertgefühl der meisten menschlichen Individuen unseres Kulturkreises wird heute einzig und allein aus der Summe der vorzeigbaren Taten hergeleitet; der Wert der Werktätigen ist der Lohn ihrer Arbeit. Das Sein an sich hat jeglichen Wert verloren, das Los des oder der Arbeitslosen ist furchtbar - und wertlos, jedenfalls in der herrschenden Ideologie. Paradoxerweise wird jedoch die Angst vor dem Nicht-Sein deswegen nicht geringer und das kommt zum großen Teil daher, daß unser Denken durch den Einfluß der christlichen Kirchen soweit korrumpiert ist, daß rationale Überlegungen jenseits dieser Ethik kaum Raum oder Gehör finden. Im zweiten Abschnitt sollen daher die Aspekte von politischer und kirchlicher Macht näher beleuchtet werden.

II

"Bei der Macht von Grey Skull...", ruft Prinz Adam mit blondem Pagenschnitt, faßt sich in den Rücken, zieht ein strahlendes Schwert hervor, das rotierend glitzert und fährt fort: "Ich habe die Zauberkraft...". Dieser Vorgang erinnert an die Artus-Sage mit der Gewinnung von Excalibur, jedoch wird das brave Prinzlein unter der sanften musikalisch dargebotenen Beschwörungsformel zu "HE-MAN", dem Helden schlechthin: die Muskeln schwellen zu riesigen Kraftpaketen wie von einem unsichtbaren Blasebalg aufgeblasen, nur durch Kreuzbänder um die Brust gehalten, und der freundlich-faule "Haustiger" wächst sich zur kampferprobten Bestie aus. Das Abenteuer beginnt; es ist wie immer der Kampf gegen das Böse, hier verkörpert durch Skeletor, den Knochenmann, der auf Burg Schlangenfels residiert und sich immer neue Intrigen einfallen läßt, um den nur zum Teil menschlichen Helden (Gilgamesch!) in die Knie zu zwingen. Mit seinen übernatürlichen Fähigkeiten gelingt es diesem Kraftstrotz jedoch stets die finsteren Machenschaften der Geschöpfe des bösen Unterweltsfürsten zu besiegen und Eternia zu retten. Nach vollbrachter Tat schrumpft er wieder auf prinzliche Normalgröße samt Tiger ein[11]. Ähnliches gilt für den "Planetarier" Superman, der im Alltag sein Leben als Reporter fristet und sich nur bei Katastro-

---

[11] HE-MAN and the Masters of the Universe - Der Diamant mit den magischen Strahlen, Select Video Kassette 8701

phenalarm zum Retter der Menschheit aufschwingt, und auch die Abenteuer der Besatzung von Raumschiff Enterprise tragen die gleichen Züge: die bösen Mächte, deren Ursprung oder Aufenthaltsort zunächst im Dunkeln liegt, wollen die Guten vernichten, werden aber stets von den "edlen" Helden mit List und/oder Kraft und natürlich übermenschlicher Hilfe (z.B. von Planetariern) überwunden, so daß Erde und Menschheit jedesmal in letzter Minute vor der endgültigen Bedrohung gerettet werden. Irdische Wesen wagen sich in den (jenseitigen) Weltenraum vor und erhalten die erlösende Hilfe von dort. Nach diesem Muster ist eine Unzahl von Geschichten, Comics und Filmen entstanden, die alle als religiöse Utopien einzustufen sind, und in denen Frauen lediglich als schmückendes Beiwerk dienen.

Wir hatten schon festgestellt, daß Religion sich seit dem Verlust des zyklischen Weltbildes als Suche nach dem "Wieder-Heil-und-Ganz-Werden" darstellt, bedrohliches Un-Heil soll gebannt werden und muß, wann immer es auftaucht, bekämpft werden. Ufologie als parawissenschaftliche Basis liefert die Voraussetzungen, um scheinbar reine Science-Fiction-Geschichten in religiöse Utopien umzufunktionieren. Gegenstand dieser Heilslehre ist der Glaube, daß das Heil und die Rettung der Menschheit nur durch "Planetarier" erfolgen kann. "Ernst Benz sieht das Hauptmotiv, das dem erstaunlichen und unerwarteten Aufschwung der Ufo-Religion zugrunde liegt, in dem mangelnden Ausgleich zwischen dem religiösen Weltbild des Alten und Neuen Testaments, wie es der christlichen Kirchenlehre zugrunde liegt, und dem modernen wissenschaftlichen Weltbild. 'Die Kirche hat nicht ohne Grund das moderne Weltbild eines Galilei als einen Angriff auf ihre dogmatischen Grundlagen empfunden. Nach dem traditionellen, geozentrischen Weltbild war Gott der Schöpfer dieser Erde (...) Mit der Entdeckung einer Vielheit der Welten wurde dieses zentrale Ereignis (...) zu einem belanglosen Geschehen auf einem belanglosen Planeten, einem Staubkorn inmitten des ungeheuren Makrokosmos mit seiner Unzahl von Sonnensystemen, ja Milchstraßensystemen. Der sinnvolle Zusammenhang zwischen dem Heilsgeschehen auf dieser Erde, zwischen der bisher verstandenen Sinnhaftigkeit der Menschenwelt und dem übrigen Universum ging verloren.'"[12]

Heilsbringer waren und sind also immer Wesen, die in der Lage sind, Un-Heil abzuwenden. Sie verfügen über übermenschliche Fähig-

---

[12] Zitiert nach D. Savramis, Tarzan & Superman und der Messias, Berlin 1985, S. 36f

keiten und sind macht-begabt, wie der oben zitierte Prinz, bei dem die
Elemente des Heilbringers mit den Insignien politischer Macht (Prinz =
zukünftiger Herrscher) zusammenfallen. Die Priesterkönige und Herrscher der grauen Vorzeit vereinten diese Komponenten ebenfalls in ihrer
Person - auch sie sollten Un-Heil vom Volk abwenden, und sie wurden
für dessen Gedeih und Verderb verantwortlich gemacht. Sie mußten
durch religiöse Rituale ihren Kontakt zu Außerirdischen nachweisen
oder vortäuschen. Nach und nach scheinen die Herrscher diese Fähigkeiten verloren zu haben; sie wurden Marionetten der Priester, die immer die Oberhand behielten. Diese wußten sehr gut, daß "Verschwie-
genheit den Schlüssel zur Macht der Kirche"[13] bedeutete und hüteten
sich zuzugeben, daß auch sie keine Verbindung ins Jenseits hatten - sie
verstanden jedoch, ihre Macht zur Kontrolle jeglichen Lebens auszu-
bauen. Da seit Gilgameschs Zeiten die religiöse Übermacht des
Weiblich-Numinosen als bedrohlich für Männer erlebt wurde, mußte
diese Macht unbedingt und für immer gebrochen werden. Die "Verteufelung" alles Weiblichen bis hin zu den grauenvollen Hexenver-
brennungen ist bekannt; sie beruht auf dem vor allem durch Thomas von
Aquin verbreiteten Aberglauben an dämonische - außerirdische - Wesen,
die im quasi gegenutopischen Entwurf, die Welt ins Un-Heil stürzen
wollen und sich dabei des weiblichen Geschlechts bedienen. Seine Aus-
lassungen über die Succubi und Incubi waren die Grundlage für den
Hexenhammer der treuen "Herrenhunde" (= Dominikaner) Institoris
und Sprenger. Mit Hilfe von aberwitzigen Theorien über den "Leibhaftigen" (den nie ein Sterblicher erblickte!) und sein Gefolge verbreitete
die Kirche höchstselbst zuerst den 'Aber'glauben, dessen sie dann Menschen beschuldigte, um sie anschließend zu vernichten. Ein grandioser
Feldzug zur Machtgewinnung, der alles unter priesterliche Oberherr-
schaft zwang durch Beichte, Ablaß oder Höllenandrohung. Sowohl
weltliche Herrscher, die auf den geistlichen 'Beistand' angewiesen waren bei Regierungsentscheidungen oder Inthronisationsfeierlichkeiten
etc., als auch Frauen in Nonnenklöstern hatten sich dem Willen des
geistlichen Vaters zu beugen, wollten sie nicht der kirchlichen Gnade
verlustig gehen, und wen der christliche Bannstrahl traf, dem erging es
nicht anders als heute Salman Rushdie oder Taslima Nasrin.

Einzig die Beghinengemeinschaften bildeten durch mehrere Jahrhunderte hindurch einen wirtschaftlich und geistig prosperierenden autono-

---

[13] Ich, die Schlechteste von Allen, 3sat-Film vom 13.2.1995

men Frauenzusammenhang, der vielen Mächtigen im Lande ein Dorn in den Augen war. Da sie sich nie um politische Rechte bekümmert hatten, gerieten die Frauen in den Zeiten der Rezession (Dreißigjähriger Krieg) nach und nach unter männliche Machtbefugnisse, die ihre wirtschaftliche Autonomie einschränkten und sie so allmählich in Abhängigkeit brachten, ohne daß sie Einspruchsmöglichkeiten oder -rechte hatten.

Je weiter die Kirche ihre Einflußsphäre auszudehnen verstand, desto erbarmungsloser wurden Frauen aus verantwortungsvollen Bereichen ausgegrenzt: das gilt nicht nur für religiöse Mächtigkeit oder wirtschaftliche Eigenständigkeit, sondern bezieht sich auch auf die Gebärfähigkeit der Frau, die lange Zeit dem Zugriff der Männer völlig entzogen blieb. Abgesehen davon, daß es heute überwiegend männliche Gynäkologen, Richter und Politiker sind, die sich des weiblichen Körpers bemächtigt haben, ist auch deren Sprache ein wichtiges Instrument der Unterdrückung: wie in der Kirche ist die Fachsprache lateinisch oder ein oft reichlich unverständliches Paragraphendeutsch. Nicht nur bei Medizinern oder Priestern, sondern in vielen Zusammenhängen unseres täglichen Lebens dient Sprache der Abgrenzung, der Geheimbündelei und damit der Machtgewinnung und -ausübung. Wer sich die Definitionsmacht aneignen kann, wird in die Gehirne entsprechende Denkstrukturen einpflanzen, die Sein und Bewußtsein verändern. Am eklatantesten ist das bei der Werbebranche zu verfolgen; Schule, Erziehung und Medien tun ein übriges, um die gewünschten Normen herzustellen und zu erhalten. Davon sind auch die neuen Ersatzkulte nicht ausgenommen, wie Savramis anhand von Tarzan und Superman nachwies. "Sieht man die Rolle der Frau in der Welt (...) im Zusammenhang mit der Thematik Religion, die uns primär beschäftigt hat, so läßt sich die These verifizieren, daß, je mehr sich die Männerwelt aus Angst vor dem anderen Geschlecht von der Frauenwelt isoliert und je mehr die Männer ihre Ansprüche auf absolute Herrschaft über die ganze Welt erheben, desto schneller verschwinden die weiblichen Götter und die Gottesdienerinnen, desto stärker wird die Frau aus dem Bereich des Heiligen entfernt."[14]

Wie eng politische Macht mit Religiösem verknüpft ist, wird u.a. an diesem Zitat deutlich. Politik, verstanden als die vom Volk erteilte Befugnis die Belange des Gemeinwesens zum Wohle Aller zu regeln und zu betreiben, ist durch Menschen erteilte Macht, wogegen Priester das

---

[14] Savramis: Tarzan & Superman und der Messias, Berlin 1985, S. 53

Primat göttlicher Macht für sich reklamieren und damit ihre Suprematie
begründen. War es für die weltlichen Fürsten aller Zeiten geraten, sich
des geistlichen Wohlwollens zu vergewissern, so gab und gibt es immer
geheime Verbindungen zwischen beiden Machtstrebungen, um gemeinsam ihre Reichweite noch auszudehnen. Ein besonders mächtiges Band
bilden in dieser Beziehung die "Ritter vom Heiligen Grabe zu Jerusa-
lem"; eine Männerelite aus Wissenschaft, Wirtschaft (besonders der
Hochfinanz), Technik und kirchlichen Würdenträgern, die sich in diesem mysteriösen Orden zusammengeschlossen haben. Sie verstehen sich
als "Krieger Christi" und legen einen Schwur ab, dem Heiligen Stuhl
treu zu dienen... Mit ihrem Schlachtruf: "Deus lo vult" (Gott will es)
lenken sie die Geschicke des "einfältigen Volkes" (s.o.!). Treffen sie
sich zu rituellen und politischen Handlungen, bleiben die Herren in ihren weiten, weißen Mänteln mit den fünf blutroten Kreuzen unter sich,
nur zu rein gesellschaftlichen Anlässen erlauben sich die Herren-
menschen als schmückendes Beiwerk schwarzbemäntelte Damen (man
beachte die Farbsymbolik!)[15].

Politik, Macht und Mystik verbindet Aurobindo mit Hilfe der Evo-
lutionsvorstellung so, daß Esoterik und Okkultismus Tür und Tor geöffnet werden: "Indem der Mystiker an der Evolution seines eigenen Bewußtseins arbeitet, wirkt er zugleich an der kosmischen Evolution mit
und führt sie ihrem Endziel entgegen. Der Mystiker ist der eigentliche
Politiker, weil er Herr über das Bewußtsein ist"[16]. Und Herr, nicht nur
über das eigene Bewußtsein, sondern über Menschen und Völkerschaften
waren seit eh und je die im Verborgenen regierenden Ordensbrüder.
Was schon für die "Gesellschaft Jesu" (Jesuiten, s.o.) im besonderen
und die "Grabesritter", die ihren Dienst aus "christlicher Verantwortung" leisten sollen (und in die nur im öffentlichen Leben einflußreiche
Anwärter Aufnahme finden), nachgewiesen wurde, gilt auch für die
meisten anderen "Geheimen Gesellschaften", die "als Vorformen und
Vorläufer der Parteien angesehen werden müssen"[17]. Wie weit die Ein-
flußnahme von politischen Freimaurer-Verbindungen reichte, beweist
z.B. das sog. "Testament Peters des Großen", das die Aufteilung Europas lange vor dem Ersten Weltkrieg festgeschrieben hatte und eindeutig

---

[15] Das Geheimnis der Grabesritter, WDR-Film vom 24.3.94
[16] H. Hemminger (Hrsg.): Die Rückkehr der Zauberer, Hamburg 1987, S. 36
[17] P.Ch. Ludz (Hrsg.): Geheime Gesellschaften, Wolfenbütteler Studien zur Aufklärung,
Heidelberg 1979, S. 446ff

diesen Kreisen entstammte[18]. Auch scheinbar rein gläubig motivierte Menschen wie Bruder Klaus (Nikolaus von Flüe, 1417-1487 in der Schweiz) griffen im geeigneten Moment signifikant in politisches Geschehen ein.

So sind Politik, Macht und Religion mal mehr auf territoriale Gewinne ausgelegt, mal liegt das Gewicht auf geistiger Herrschaft - und sauber trennen läßt sich das nie. "Um zu vermeiden, daß sich noch mehr Menschen aus einer ihnen als desolat empfundenen Realität in einen 'esoterischen Supermarkt', in uralte Denkmuster und Symbole flüchten, ist es notwendig, daß die Menschen heute öfter, direkter und auch unmittelbarer in politische Entscheidungen eingebunden werden"[19]. - "Auch wenn Politik als Kunst der möglichst gewaltfreien Konfliktbewältigung sich darauf (das weisheitliche Erbe des Mythos zu retten, W.K.) nicht mehr gründen kann, so können mythische Traditionselemente für politische Bewegungen doch eine bestimmte Bedeutung haben"[20]. Und "wer herrschen will, muß die Mythologie und Geschichte des Volkes kontrollieren. Getreu diesem Grundsatz haben sich Cäsaren, Könige und Päpste von ewigen Göttern abgeleitet (...) Folgerichtig muß umgekehrt, wer Herrschaft stürzen will, ebenfalls Geschichte und Mythologie des Volkes in den Griff bekommen, neu interpretieren, vom Kopf auf die Füße stellen"[21] - soweit die Aussagen zeitgenössischer Politiker und Machtmenschen, die die Verquickung und das zielvolle Einsetzen von mythisch-esoterischen Elementen belegt.

Mit esoterischem Brimborium und okkulten Praktiken wurden Menschen hierarchisch klassifiziert und dementsprechend an gesellschaftlicher Macht beteiligt oder ausgeschlossen - und so wurde und wird Geschichte geschrieben bzw. gemacht. Diese Entwicklung politisch machtvollen Handelns und Denkens läßt sich bei fast allen Orden und geheimen Gesellschaften der Vergangenheit aufdecken und gilt auch heute noch sowohl für Erscheinungen wie die "Grabesritter" als auch für die Anhänger z.B. der Anthroposophie, wobei Letztere ausschließlich geistige Suprematie anstreben und diese ehrenwerte Gesellschaft in ihren Aufnahmestatuten expressis verbis auch auf Teilnahme am politischen Parteienleben verzichtet. - Wozu auch, wenn ihnen ohnehin nur die (spirituelle) Weltherrschaft am Herzen liegt!

---

[18] K. Heise: Entente-Freimaurerei und Weltkrieg, Struckum 1991, S. 106 u.a.
[19] E. Gugenberger und R. Schweidlenka: Die Fäden der Nornen, Wien 1993, S. 322
[20] Ebenda, S. 326
[21] Ebenda, S. 213

III

Neben den bisher beschriebenen esoterischen Erscheinungen hat sich seit etwa einem Vierteljahrhundert eine neue, offenbar etwas anders gewichtete, Esoterik- und "New Age"-Welle über die Menschen ergossen, hat gewaltige Marktanteile errungen und verzeichnet ungebrochene Wachstumsraten. Es gibt keine geheimnisumwitterten Rituale mehr, sondern verheißt willigen Adepten Glück, Wohlbefinden und vor allem Sinnstiftung, die die christlichen Großsekten des Abendlandes für weite Bevölkerungsteile nicht mehr bieten können. In dieses Vakuum hinein fiel "the dawning of the Age of Aquarius" mit dem das Musical "Hair" 1968/69 in New York Triumphe feierte und verkündete "harmony and understanding ... love and peace will guide the planet". Da herrschte überall Aufbruchsstimmung: politisch, religiös, kulturell - und die Hoffnung auf das Eintreffen dieser Prophezeiungen (nach Vietnam und anderen Kriegen und Katastrophen) griff rasch um sich. Auch die neue Frauenbewegung entstand zu diesem Zeitpunkt und machte sich auf die Suche nach Sinn und Identität weiblichen Seins. In ihrem ersten, 1973 erschienen Buch "Jenseits von Gottvater, Sohn & Co" blies Mary Daly zum "Aufbruch zu einer Philosophie der Frauenbefreiung". Sie durchmißt darin den Weg durch die zentralen Dogmen der katholischen Glaubenslehre, die abendländisch christlich-patriarchales Denken ideologiemäßig geprägt und Frauen damit unterdrückt haben. "Gyn/Ökologie" Dalys zweites Werk, ist konzipiert als "Meta-Ethik des radikalen Feminismus", reich an frauen-identifizierten Bildern für den Aufbau einer befreiten Welt mit der Aussicht auf transzendentes weibliches Sein, das in "Reine Lust", ihrer "elemental feministischen Philosophie" endgültig vom Boden der Tatsachen abhebt.

Allen vielfältigen und zum Teil sehr unterschiedlichen Ansätzen der säkularen Ersatzkulte, die in diesen Jahren an die Stelle traditioneller Glaubensinhalte traten, ist gemeinsam, daß sie bestrebt sind, Hoffnung zu wecken, Hoffnung, dem öde und trostlos gewordenen Dasein wieder Sinn zu verleihen. Tatsächlich neu am "New Age" ist, daß die Leibfeindlichkeit des Christentums, die verordnete Freud- und Lustlosigkeit des Daseins auf dem irdischen Plan abgelöst wurde durch lustvolle Hinwendung auf das eigene Wohlbefinden, wie etwa bei den Sanyassins, oder auf Erlangung "höherer" Fähigkeiten durch entsprechende meditative Praktiken oder die Entfaltung eigener Kreativität durch ein ganz bestimmtes Training. Den esoterischen Heilsversprechern sicherten diese

Angebote beträchtliche materielle Gewinne, den Teilnehmern solcher Kurse bescherten sie Hoffnung, Glück und Zuversicht - und totale Abhängigkeit von ihren jeweiligen Gurus: Von den Anthroposophen ist bekannt, daß nur die geistige Erkenntnis, die direkt "vom Doktor" vorgegeben wurde, Gültigkeit hat; für die Anhänger von Gurdjews Lehren war es die erste Lektion zu lernen, daß sie absolute Nichtse sind, die nur durch ihren geistigen Führer - vielleicht - eigenes Sein erlangen können. Denken wir an Bhagwan und seinen ausbeuterischen Umgang mit seinen Anhängern oder die vielen gläubigen Mitglieder verschiedener Sekten, die mit oder ohne ihr geistiges Oberhaupt in den kollektiven Selbstmord getrieben wurden, weil diese es ihren Hörigen befahlen. Diese bedingungslos geforderte und erbrachte Huldigung der Führer kann sehr fatale Folgen haben, wie wir alle wissen; Savramis hat an scheinbar so "harmlosen" Typen wie Superman und Tarzan nachgewiesen, daß auch auf der Comic-Ebene diese Art von Führer-Verherrlichung stattfindet und bei Heranwachsenden so die Weichen für später bereits gestellt werden.

Hoffnung auf Erlösung aus dem irdischen Jammertal ist auch der Motor für Utopien. Wer keine Hoffnung (mehr) hat, hat auch keine Utopie. Vielleicht ist dies mit ein Grund, warum in der literarischen - und politischen - Vergangenheit keine Frau versuchte, eine erstrebenswerte Lebenswelt zu entwerfen. Alle (mir bekannten) utopischen Romane sind Männerwerk. Gewiß ist ein weiterer Grund darin zu suchen, daß Frauen seit Ausbruch des Patriarchats enteignet wurden: Raum und Zeit wurde ihnen systematisch genommen. Sie wurden zunächst aus dem öffentlichen Raum verdrängt ("Das Weib schweige in der Gemeinde") und an den Herd verbannt - oft ohne ausreichende Kommunikationsmöglichkeiten mit anderen Frauen. Nur in seltenen Fällen verfügten sie selbst in dieser Sphäre über einen eigenen Raum, weshalb Virginia Woolf ihn als Voraussetzung für autonomes weibliches Denken und Handeln reklamiert. Als weiterer Schritt der Enteignung ist der uneingeschränkte Zugriff des "Eheherrn" auf den Körper "seiner" Frau zu sehen, der im Augenblick seine letzte Eskalation im §218 durch die Besetzung der inneren Leiblichkeit der Frau erfährt. Mit der Verfügung über "eigene" Zeit verhält es sich ähnlich, wenn auch nicht ganz so krass; berufstätige Mütter mit Haushalt und Kindern wissen schmerzlich, warum es mit dem weiblichen Anteil am öffentlichen Leben trotz "Quotenregelung" so schlecht bestellt ist.

Mary Daly wurde zur Hoffnungsträgerin für die gesamte deutsche Frauenbewegung; das Buch "Gyn/Ökologie" wurde zu einer Art feministischer Bibel, die rezipiert und zelebriert wurde, gerade weil im letzten Teil utopische Visionen anklingen. Viele Frauen, die mit dem Ruf: "ob ihr eine Frau vergewaltigt oder ein Land erobert, es ist immer ein Vergehen gegen das Leben"[22] auszogen, um das Patriarchat zu bekämpfen, verwandelten sich im Laufe ihrer Lektüre zu "Hägsen" und "Spinnerinnen", die sich aus dem Hier und Jetzt in ein Meta-Sein zu "beamen" hofften. Die faszinierende Macht der Dalyschen Bilder verzaubert klar denkende und politisch motivierte Frauen unversehens in eine "Frauengemeinde", die den Blick für Durchsetzbares völlig einbüßt: aus politischem Anspruch und Engagement wird esoterisch-mystische "Spinnerei"; Glauben hat den Platz eigenen Denkens eingenommen.

Andere Frauen, die der Kirche "à Dieu" sagten, versuchten über eine Wiederentdeckung und Wiederbelebung weiblicher Traditionen Identität und Eigensein zu erlangen. Heide Göttner-Abendroth, selbsternannte "Matriarchatsforscherin", hat mit ihrer Akademie "Hagia" und dem dazugehörigen Wohn- und Lebensprojekt bewiesen, daß ein gläubiges Potential von Frauen ohne weiteres ausbeutbar ist, physisch, psychisch und pekuniär. Sicher war anfangs der Wille gut und die gemeinsame Suche nach den Wurzeln ehrliche Bemühung; allerdings verstieg sich die "Forschung" - ohne nachweisbare Grundlagen - in zum Teil recht abenteuerliche Spekulationen (z.B. die Zuordnung zum Tierkreis etc). Nach dem Scheitern des Projektes bekennt eine "Aktive aus dem Fußvolk der charismatischen Führerin mit Aufstiegschancen: wir hatten an einem Projekt mit faschistoiden Merkmalen teilgenommen in der irrigen Annahme, es wäre der Anfang einer neuen Kultur"[23].

Auf der Suche nach einem idealen Vorbild, das die christliche Tradition mit ihrer unirdischen Madonna nicht zu bieten hat (kritische Analyse mußte erkennen, daß es sich um ein hybrides Geschöpf aus Männerträumen und Wünschen handelt) entdeckten Frauen neuheidnische Sekten. Das Bedürfnis nach religiöser Geborgenheit in einer Gruppe wurde so gedeckt. Hinzu kam - oder kommt - daß die Wertschätzung der Frau als Göttin der Vorbildsuche entsprach. Als zahlenmäßig stärkste Strömung im Neuheidentum hat sich der Wicca-Kult etabliert, der dem

---

[22] Motto des Frauenwiderstandscamps im Hunsrück, Sommer 1986: "Zwischen der Vergewaltigung einer Frau, der Eroberung eines Landes und der Zerstörung der Erde besteht kein prinzipieller Unterschied", in: Hunsrück-Forum Nr.14, S. 22

[23] R. Keller-Kahlen und S. Langner-Beier, in: Schlangenbrut Nr. 36, S. 40

neuen Hexentum zuzurechnen ist. Die "Coven" sind dabei die bis zu 13 Personen starken Zirkel, in denen magische Praktiken und Rituale gepflegt werden. "Starhawk" aus Amerika ist wohl die bekannteste aller neuen Hexen, die sich nach eigenen Aussagen "mit den Ahninnen" verbindet, um die Erde zu heilen[24]. Die deutsche Spielart der Wicca ist zum großen Teil völkisch orientiert, basiert also auf "germanischem Erbe" und Forschungen von Herman Wirth u.a. Es ist daher kein Wunder, daß die Anhänger dieser Szene, oft ohne es zu merken, mit rechten Ideologien zu liebäugeln beginnen und auf diesem Hintergrund von Neurechten regelrecht unterwandert werden, um deren Potential zu stärken[25].

Von drei verschiedenen Ausgangspunkten haben wir verfolgt, wie aus einer berechtigten Suche zur Neuorientierung von Werten ein Abdriften in heilloses esoterisches (biologistisches bis rechtes) Ideengut werden kann. Frauen, die eine Utopie suchten und zu verwirklichen hofften, landen in faschistoiden Mutterkulten mit Weiblichkeitswahn, die einer wirklich erstrebenswerten, egalitären, Gesellschaftsstruktur Hohn lachen. Es bleibt eine offene Frage, ob alle "Schlupflöcher", die Frauen finden, um dem Patriarchat zu entkommen, in esoterischen Gefängnissen enden müssen - und ob überhaupt transpatriarchale Denkmodelle möglich und auf rationaler Ebene zu verwirklichen sind.

Esoterik jedenfalls schafft immer Hierarchisierung durch fatale Abhängigkeiten von Führern und/oder ihren Doktrinen; im Verbund mit konservativem Mackertum - profaner oder geistlicher Natur - dient abgehobene Sektiererei modellhaft zur langfristigen Sicherung und Stabilisierung des "rechten Patriarchats".

[24] G. Gummel: Interview mit Starhawk, in: Schlangenbrut Nr. 48, S. 34ff
[25] Robin und Marylin: Der Wicca-Kult, in: Der Rechte Rand Nr. 30, S. 10f

Literatur

Bindseil, Ilse: Elend der Weiblichkeit, Zukunft der Frauen, Freiburg 1991
Daly, Mary: Gyn/Ökologie, München 1981
Daly, Mary: Reine Lust, München 1986
Göttner-Abendroth, Heide: Die Göttin und ihr Heros, München 1980
Großmaß, Ruth und Christiane Schmerl (Hrsg.): Feministischer Kompaß, Patriarchales Gepäck, Frankfurt/New York 1989
Hege, Marianne: Die Steinerne Fee, Idealisierung und Dämonisierung weiblicher Kraft, Weinheim/Basel 1985
Jannsen-Jurreit, Marielouise: Sexismus über die Abtreibungsfrage, Frankfurt 1979
List, Elisabeth: Die Präsenz des anderen, Frankfurt 1993
Meulenbelt, Anja: Feminismus, München 1982
Nanchen, Gabrielle, Liebe und Macht, Zürich 1992
Pahnke, Donate: Ethik und Geschlecht, Marburg 1991
Trömel-Plötz, Senta: Gewalt durch Sprache, Frankfurt 1984
Voss, Jutta: Das Schwarzmond-Tabu, Stuttgart 1993
Wolf-Graaf, Anke: Die verborgene Geschichte der Frauenarbeit, München 1994

Lee Traynor

Elektrosmog

Bedroht uns die Technologie?

Eine kleine Reise durch die Presselandschaft zum bange werden: Der alltägliche elektrische Strom, Radiofunkwellen und Strahlung von Mobiltelefonen machen uns krank!

▶ "Elektrosmog und Erdstrahlen: Pablo Fröhlich will Menschen selbstlos auf die Gefahren hinweisen." (Mangfall-Bote, 13.2.94)

▶ "'Elektrosmog' durch Mobiltelefone - besteht hier eine gesundheitliche Gefährdung?" (Stadt und Gemeinde 10/1993)

▶ "'Elektrosmog' - Die Auswirkungen elektromagnetischer Felder auf den menschlichen Organismus" (Neue Zürcher Zeitung, 28.9.1994)

▶ "Krankheiten, die aus der Steckdose kommen. Elektrosmog. Warum ist er so gefährlich? Wie kann ich mich schützen? Prof. András Varga warnt: 'Schon jeder dritte reagiert sensibel auf elektromagnetische Strahlungen'." (Neue Revue, o.D.)

Elektrosmog kombiniert eine Vielzahl psychoterroristischer Elemente: man kann ihn weder riechen noch hören noch sehen, wir können uns nicht dagegen wehren, da die Machtinteressen entscheiden, wo Stromtrassen und D-Netze ausgebaut werden. Und schließlich werden wir nichts merken, bis es zu spät ist, wir haben dann Krebs oder gehen an unserem kaputten Immunsystem zugrunde.

Auf der anderen Seite ist Elektrosmog in der Tat ein Albtraum, nichts Wirkliches, ein Hirngespinst. Es geht keine Gefahr aus von dem Radio oder gar der Steckdose neben dem Bett, von schnurlosen oder Mobiltelefonen, von der Mikrowelle oder von zivilen oder militärischen Sendeanlagen (Funk, Fernsehen oder Radar). Er kann folgerichtig als moderner Aberglauben betrachtet werden oder auch als Pseudowissenschaft oder als Ammenmärchen (Folklore). Was bedeuten diese Betrachtungen? Sind sie nur verschiedene Seiten eines einheitlichen Phänomens oder sind sie von einander unabhängige Strömungen? Mit diesem Beitrag möchte ich die Hintergründe des Elektrosmogs aus verschiedenen Perspektiven darstellen - wie ein Mißverständnis entsteht.

Zunächst möchte ich einige ältere Theorien über den Ursprung abergläubischer Überzeugungen auf ihre Tauglichkeit überprüfen, das Phänomen Elektrosmog zu erklären. In einem Zwischenspiel werde ich die physikalischen, evolutionären und historischen Grundlagen erörtern. Im Hauptteil zeichne ich die Geschichte des Elektrosmogs aus der Sicht des modernen Skeptizismus.

Alter Aberglauben, alter Unsinn

Ein alter Aberglaube wie die Astrologie tischt Argumente auf, wie "Die Astrologie ist so alt wie die Menschheit" oder "Astrologie und Astronomie waren ursprünglich dasselbe". Zweiteres ist zwar keine Entschuldigung, aber eine Tendenz wird klar: Da keiner beweisen kann, was die Urmenschen gedacht haben können, werden deren Gedanken von der modernen Astrologie in Anspruch genommen. So entsteht ein Hauch vom Altehrwürdigen. Aber auch der Gebildete kann sich dem Reiz offenbar nicht entziehen, die frühere Menschheit als primitiv und dumm zu bezeichnen, und, da sie sich nicht dagegen verteidigen kann, bleibt der Vorwurf hängen. Aberglaube ist Dummheit und da die Menschen ursprünglich dumm sind, sind sie auch ursprünglich abergläubisch gewesen.

Der moderne Skeptizismus hinterfragt diese Meinung aus zwei Gründen. Erstens ist es nicht offensichtlich, daß die Menschheit dumm und ängstlich aus der Evolution hervorgegangen ist. Wenn das so wäre, müßte jeder fortschrittliche Skeptizismus sinnlos sein. Aber auch die Argumente für eine ursprüngliche Dummheit und Ängstlichkeit sind nicht ganz schlüssig. Zweitens, wenn wir beobachten, wie ein moderner Aberglaube entsteht (wie im Fall Elektrosmog), können wir sagen, woran es liegt, daß hochtechnisierte Völker eine Hexenjagd auf Technologie veranstalten. Da hat der Skeptizismus auch einen Sinn, denn Fortschritt um des Fortschritts willen kann kein Ziel sein, vielmehr geht es um die richtige Anwendung der neuen Technologie, d.h. die Anwendung zum Nutzen der Menschen.

Dumm und ängstlich geboren?

Alcock (1990) berichtet über folgendes Beispiel: Wenn Du ein Kaninchen wärest und Du würdest hören, daß es im Gras raschelt, was würdest Du tun? Abwarten und sehen, was los ist, oder wegrennen auf den Verdacht hin, es könnte ein Fuchs sein, der Dich fressen wird? Nun, die Kaninchen, die abgewartet haben, sind alle gefressen worden und haben folglich keine Nachkommen hinterlassen. Die Evolution hat zum Wegrennen gezwungen.

So plausibel diese Szene auch klingt, realistisch ist sie nicht. Sie basiert nicht einmal auf Naturbeobachtungen. Kaninchen laufen nicht immer weg und nicht blitzschnell, wie die Theorie verlangt. In der Tat warten die meisten Kaninchen ab, was passiert, solange das Rascheln weit genug entfernt ist. Denn es sind nicht nur Füchse, die rascheln, sondern auch Geschlechtspartner, ohne die es auch keine Nachkommen gibt. Die Situation ist zweideutig und die Evolution reagiert auf diese Zweideutigkeit, was für Kaninchen zur Folge hat:

1) Wenn das Rascheln nahe ist, lauf weg!

2) Wenn es weit weg ist, ignoriere es!

3) Wenn es weder nah noch weit entfernt ist, paß gut auf, es könnte gefährlich sein!

4) Vor allem, sorge vor! Wenn es bei 3) gefährlich geworden ist, und es hat Dich erwischt, es ist nicht immer Dein Fehler gewesen (es hätte doch ein geiles Häschen sein können). Daher vermehre Dich kräftig, daß die nächste Generation gute Chancen hat.

Bezogen auf die Menschen, würde dies heißen, wir würden mit unserer evolutionären Ausstattung nie wagen, etwas Neues anzufassen - es könnte gefährlich sein.

Dawkins (1986) würde wahrscheinlich diese gemischte Strategie befürworten (solche Strategien findet man z.B. bei Aggression). Allerdings vertritt Dawkins (1995) die These, die Menschen seien von der Evolution zu Leichtgläubigkeit gezwungen. Leider argumentiert er, wie Alcock, einseitig - daß auch Vernunft unter Umständen eine lebenswichtige Gabe sein kann, zieht er gar nicht erst in Erwägung. Allgemeine Leichtgläubigkeit hätte zur Folge:

a) Entweder die Menschen glaubten, daß die Funktechnik allheilbringend sei;

b) Oder sie glaubten das Gegenteil.

Warum tritt b) statt a) ein? Zufall? Es kommt offensichtlich auf andere Faktoren an (Glaubwürdigkeit, Sozialisierung u.a.). In diesem Zusammenhang sind Angst und Leichtgläubigkeit zwei Fernfaktoren. Das kann man sehen anhand einer Statistik über Verkehrsunfälle: alle x Sekunden kracht es in Deutschland (oder so ähnlich). Die Statistik alleine sagt indes nichts über den Mechanismus oder den Ablauf eines Unfalls. Sie sagt nur, ob und wie oft mit Unfällen zu rechnen ist.

Einen nihilistischen und letztendlich traurigen Versuch unternimmt Spaniol (1994), die unvermeidbare Angst als nähere Ursache für Aberglauben zu begründen. Wenn ich ihn richtig verstanden habe (angesichts einer Fülle von Formeln deren Aussagekraft völlig undefiniert ist), reichen kleinere, angstauslösende Momente aus, den Menschen nach und nach dazu zu zwingen, die "langweiligste" Lösung vorzuziehen. Hier steht die allgemeine Erfahrung im Gegensatz. Als Beispiel nehmen wir das Bungee-Springen. Nach Spaniol müßten wir alle auf dem Boden bleiben. Aber nein, es klettern einige hoch und springen runter. Es gibt erfahrene Springer und Erstlinge und ich vermute, daß der Adrenalinspiegel der Erfahrenen wenig anders ist als der der Erstlinge. Warum? Nun, die Erfahrenen würden überhaupt nicht mehr springen, wenn sie keinen "Schuß" mehr bekämen (es wäre dann in der Tat langweilig). Manche Erstlinge werden zwar mit dem hohen Adrenalinspiegel nicht fertig (und fallen daher in Ohnmacht), wenn sie es dennoch ein zweites Mal probieren und diesmal gelingt es ihnen, hängt es mit dem "gelernten) Umgang mit dem Adrenalin zusammen und weniger mit einer Senkung des Spiegels.

Obwohl dieser Teil überwiegend negativ ausfällt, läßt sich an einem Punkt, die Rolle von Angst und Leichtgläubigkeit in der Entstehung des Aberglaubens doch erkennbar machen: Bei den Schutzgeräten gegen Elektrosmog und Erdstrahlen. Hier handelt es sich nicht um elementare Angst, sondern um eine für die jeweilige Situation geschürte. Und die läßt einen nicht so schnell los. Die Verkaufssituation (die sich auf einer beliebigen Kaffeefahrt beobachten läßt) ist folgende: Es wird gesagt, man höre, daß Erdstrahlen Krebs verursachen können (oder Nervosität,

Schlaf- und Appetitlosigkeit usw., usf.). Diese Decke (usw., usf.) kann abschirmen! Und dann werden die Sicherheitsdecken unters Volk gebracht. Wenn man nicht weiß, daß es keine Erdstrahlen gibt, hat man hier peace of mind gekauft. Auch Leichtgläubigkeit scheint immer weniger eine Rolle zu spielen, da werden Doktoren und Professoren genannt, deren Arbeiten das Schlimmste befürchten lassen. Aber die Leichtgläubigkeit liegt auf beiden Seiten. Es gibt eine Tendenz, die bei manchen Skeptikern festsitzt, daß alle Anbieter solcher Schutzgeräte "Scharlatane" oder "Betrüger" sind. Betrug setzt aber voraus, daß der Betrüger auch weiß, daß seine Angebote nutzlos sind, d.h. er muß mit dem Vorsatz zu betrügen handeln. Aber schließlich "wirken" doch die Schutzgeräte, auch wenn sie nur die (künstlich erzeugte) Angst vor Erdstrahlen nehmen, wenn nicht die Erdstrahlen selber.

Ähnliches gilt für die Wissenschaftler, deren schlecht konzipierte und noch schlechter ausgeführte Experimente die Schädlichkeit von Elektrosmog beweisen sollen. Sie hätten es zwar besser wissen müssen, aber das beweist noch lange keinen Betrug. Dr. Varga, Prof. Semm, Dr. Volkrodt, Dr. Kullnick und andere, die ich kritisieren werde, sind keine Betrüger, sie haben sich lediglich geirrt. Ein einziger Fall von Betrug (Dr. Zadel) werde ich am Ende behandeln.

Zwischenspiel - Die Grundlagen

Die Physik: Ströme und Felder

Ohne den Strom geladener Partikel würden wir wahrscheinlich nicht von Leben reden. Dieser auf deutsch so plastisch dargestellte "Stoffwechsel" ist ein unmittelbares Charakteristikum des Lebens auf dem blauen Planeten. Der Aufbau und die Verbrennung der Glukose erfordert präzise Lenkung des elektrischen Stroms innerhalb von winzigen Zellteilen. Nebenher, sozusagen, kann man Strom benutzen, um die Kommunikation zwischen Zellen zu ermöglichen. Die Wirkung von Hormonen wird so auf zellulärer Ebene vermittelt. Nerven leiten Impulse mit Strom weiter. Die Elektrizität - diese zunächst leblose aber dennoch rätselhafte Materie, mit der Franklin, Lichtenberg, Faraday ja fast der ganze 18. Jahrhundert experimentierten, konnte Muskelzuckungen hervorrufen, wie Volta erkannte. Die vielleicht erstaunlichste Verwendung von Strom im Lebewesen ist die Fähigkeit elektrischer Fische Beute aufzu-

spüren, indem sie in trüben Wässern die Leitfähigkeit des Wassers messen, auf deren Änderung sie mit einem Stromstoß reagieren - für kleinere Fische ein tödlicher Ausgang.

Einiges scheint jedoch nicht vorzukommen: das Aufspüren von elektrischen Feldern (ohne elektrischen Strom) und von magnetischen Feldern. Wenn das Magnetfeld der Erde kaum Einfluß auf die große Entladung der elektrische Fische hat, wieviel kleiner muß der Einfluß auf
einzelne Zellen sein! Daß ich hier gezielt von Feldern spreche und nicht
vom Strömen ist kein Zufall, denn ein Feld ist eine Hilfskonstruktion
der Physik, das sich unter bestimmten Bedingungen nachweisen läßt.
Wenn ein Physiker ein bestimmtes Feld mißt, dann mißt er allerdings
nicht das Feld selber, sondern einen elektrischen Strom oder eine Spannung. Indem die Physiker so über ein Feld reden, als ob es da wäre, tragen sie ein wenig zum Geisterhaften des Phänomens Feld bei.

Ich möchte nun zu drei Fragen kommen, die oft in diesem Zusammenhang gestellt werden. Wir wissen, daß Strom - ab einer bestimmten
Spannung - lebensgefährlich ist. Heißt das nicht, daß Felder, die Ströme
hervorrufen und ändern können, auch gefährlich sein können? Oder wir
wissen, daß Mikrowellen flüssiges Wasser erhitzen können - aber uns
nicht, wenn wir mobiltelefonieren? Und sind die "Strahlen" von Rund-
funksendern nicht aus dem gleichen Stoff wie die Strahlen vom Zerfall
Atomkerne und nicht gleich gefährlich?

1) Elektrische Felder können nur dann gefährlich sein, wenn wir in leit-
fähigem Kontakt zu den Spannungsträgern stehen. Also, Finger aus der
Steckdose!

2) Ein Mikrowellenherd hat eine Leistung von ca. 500 W oder mehr
(Mobiltelefon ca. 2 W). Der Wirkungsvolumen des Herds beschränkt
sich auf den Herd selber (20 Liter), während sich die 2 W eines Mobiltelefons im ungünstigsten Fall in einem Auto "gefangen" auf mehrere
tausend Liter verteilen müssen. Letztlich bewirkt die Mikrowelle genau
dasselbe wie ein normaler Herd - das Wasser wird warm - nicht mehr
und auch nicht weniger. Die Nähe eines sehr starken Mikrowellensen-
ders macht sich genauso bemerkbar wie die Nähe eines Feuers oder der
Heizung.

3) Funkstrahlung, Licht und Radioaktivität sind ein- und derselbe Stoff.
Teilchen von Radioaktivität (Photonen) besitzen viel Energie und
können Elektronen von allen möglichen Verbindungen lösen (wie auch
große Hitze dies tun kann). Die des Lichts können nur bestimmte, labile

Elektronen lösen (die Elektronen der Sehpigmente sind ebenso labil, daher können wir sehen). Die der Funkstrahlung sind so schwach, daß sie nur kleinere Moleküle wie Wasser schwach und ansonsten Elektronen in Metallen in Bewegung setzen können. Dementsprechend sind auch Gesundheitsgefährdungen durch "Strahlung" bekannt geworden. Zunächst die Gefahren der Radioaktivität, die nicht auf sich warten ließen: die Entdecker der Strahlung, die Curies, starben an Krebs, der vermutlich von der Strahlung ausgelöst wurde. Erst in den sechziger Jahren wurde die Gefahr durch übermäßige UV-Strahlung erkannt, obwohl sich der Mensch seit Hunderttausenden von Jahren gerne sonnt. Eine Gefährdung durch Funkstrahlung kann so gut wie ausgeschlossen werden. Übrigens wenn man das anfängliche Varga-Zitat ernst nimmt ("Schon jeder dritte reagiert sensibel auf elektromagnetische Strahlungen"), dann müßten zwei Drittel der Menschheit eigentlich Maulwürfe sein.

Die Evolution: Brieftauben und andere Kompaßtiere

Schon Evans (1946) wußte um das Märchen des Magnetsinns der Tauben und die wirkliche Erklärung: Die Tauben fliegen sehr hoch und sehen dadurch weiter als am Boden. Die Orientierung erfolgt durch Erkennen von Landschaftsmerkmalen. Damit hätte sich die Geschichte erledigt, wenn nicht immer wieder Beschwörungen des Magnetsinns auftauchen würden. Kein Magnetsinn ist nachgewiesen und keiner würde funktionieren, wie sie gelegentlich beschrieben werden. Aus einem anderen Grund würde keiner funktionieren: Das Erdmagnetfeld ändert sich a) zu schnell für die Evolution und b) auf nicht vorhersagbarer Art und Weise. Wenn sich ein Lebewesen einen Magnetsinn entwickeln würde, dann käme früher oder später die Zeit, in der dieser Sinn sinnlos wird, da das Magnetfeld die falsche Richtung weist. Absturz wäre die Folge.

Die Geschichte: Die Eroberung des Funkstrahlungsraums

Es gibt einen weiteren Hinweis darauf, daß die Welt der Funkstrahlung nicht nur ungefährlich, sondern vor Marconi vollkommen unwahrnehmbar war: Unterhalb des Lichts wurde eine ganz neue Welt entdeckt. Es brummt und kracht nur so im Strahlungsbereich der Funker, als Quellen kommen hauptsächlich irdische Unwetter in Betracht, Strahlung erreicht uns auch von der Sonne und sehr viel weniger vom Rest des Universum. Abgesehen davon, in einem Gewitter vom Blitz getroffen zu werden, ahnten die Menschen fast nichts, was im Funkstrahlungsbereich ablief.

Es gibt ein Stück Folklore, das von Evans (1946) aufgespießt worden ist: Gewitter verursachen, daß Milch schlecht wird. Der wahre Grund für das Schlechtwerden der Milch ist, daß sich Gewitter am Ende einer Wärmeperiode ereignen: das warme Wetter beschleunigt das Wachstum der milchsäureproduzierenden Bakterien.

Zusammenzufassen: wir haben nichts von der Welt der Funkstrahlung wahrgenommen und wir konnten es auch nicht tun. Da wir aber leitende Objekte sind, können extern applizierte Ströme durch uns fließen - was gefährlich sein kann.

Die Geschichte des Elektrosmogs

Die Entwicklung fällt in drei Phasen: Es geht zunächst um ein technisches Problem. Daraus sind einige Erzählungen (Folklore) hervorgegangen. In der letzten Phase bemächtigte sich die Wissenschaft des Problems und eine Pseudowissenschaft wurde geboren. Nachdem ich die Entwicklung aufgezeigt habe, werde ich einen Vorschlag machen: Wie sieht der Versuch aus, der Elektrosmog "beweisen" würde?

Das technische Problem

Als der Mensch den Funkstrahlungsbereich für sich entdeckte, war er unbewohnt. Mit der zunehmenden Besiedlungsdichte wurde Probleme nach und nach erkannt. Ein gewöhnlicher Radioempfänger hat auch einen kleinen eingebauten Sender. Wenn sich zwei Radios in mittelbarer Nähe (einige 10 m) befinden, dann ist das Signal des einen Radios meist zu schwach, um empfangen zu werden. Sind die Radios aber unmittelbar nebeneinander, so können die schwachen Signale nun doch aufgenommen werden - was als Störung empfunden wird, wenn das andere Gerät ein Signal hergibt, das auf der Frequenz Ihrer Lieblingssender liegt. Mit weiter zunehmender Dichte von elektronischen Geräten liegen die Lösungsansätze für dieses Problem darin:

1) Die Sendeleistung so klein wie möglich zu halten und

2) Die sendenden Teile abzuschirmen.

Die Wahrscheinlichkeit, daß zwei Radios einander stören, wenn sie im gleichen Frequenzbereich arbeiten, ist ziemlich hoch. Daß ein Radio den Toaster dazu bringt, die Scheiben zu verbrennen statt zu toasten, ist sehr gering. Und daß der Radiowecker auf dem Nachttisch Krebs hervorruft, kann so gut wie ausgeschlossen werden. Er kann höchstens mit seiner Beleuchtung den Schlaf stören - allerdings wurde er zum Stören des Schlafs ja auch gebaut. Unter Radioamateuren wurden nicht mehr zeitgemäße Sender, die eine Vielzahl von Signalen von sich gaben, "schmutzig" genannt. Diese Metapher floß dann mit in die Folklore ein.

Folklore

Auf der anderen Seite werden Geschichten über Elektrosmog erzählt, die als unwahrscheinlich gelten dürfen - die Elektrosmog-Folklore. Man hört die Geschichte von einem Freund, der sie seinerseits auch nur von einem Freund kennt. Sie kommen auch in Vorträgen von Wünschelrutengängern vor, wo sie wie geheime Wahrheiten gehandelt werden. Folgende Geschichten haben gemeinsam, daß sie ohne Quelle weitergegeben wurden, so daß eine Überprüfung kaum möglich ist. Auf jeden Fall werden die Geschichten öfter erzählt, als sie angeblich passiert sind.

Die Waschmaschine, die vom Mobiltelefon ins Schleudern kam: Der stolze Besitzer eines neuen Mobiltelefons staunte nicht schlecht als er beim Waschen angerufen wurde. Die Waschmaschine schaltete bei voll gefüllter Trommel auf Schleudern.

Das Flugzeug, das vom Sender vom Himmel geholt wurde: Ein spektakulärer Unfall ereignete sich am 6. Juni 1984. An jenem Tag kam ein Kampfflugzeug vom Typ Tornado den Sendern Liberty und Free Europe zu nahe. Es gilt als so gut wir sicher, daß die Funkwellen die Steuerung blockierten. Der Jäger stürzte ab.

Das neu elektronisierte Auto und eine unheimliche Beschleunigung: Der VW 1600 wurde mit einer elektronischen Einspritzanlage ausgerüstet. Das hatte aber folgende Nebenwirkung: Fuhr der Volkswagen an einer starken Sendeanlage vorbei, kam es schon einmal vor, daß das Fahrzeug von selbst beschleunigte.

Wozu die Abschirmung auf der Autobahn dient: Wenn man auf der Autobahn XY fährt, sieht man, wie Netze in der Luft unter der Hochspannungsleitung gespannt worden sind. Sie sollen Elektrosmog aus der empfindlichen Elektronik der vorbeifahrenden Autos heraushalten.

Alles gelesen - kaum zu glauben - in der ZEIT vom 2. April, 1993 im Wirtschaftsteil unter dem Titel "Amoklauf der Maschinen" - Elektrosmog: Strahlen sorgen für gespenstische Vorfälle in Fabriken und Haushalten - nun ist die Industrie gefordert (mit Blick auf das Datum - war es vielleicht doch ein Aprilscherz?). Die Sache mit der Abschirmung auf der Autobahn läßt sich aber auch anders erklären: Die Netze werden über Autobahnen gespannt, wenn an der Stromleitung Wartungsarbeiten durchgeführt werden. Sie sollen verhindern, daß Stromträger auf die Autobahn fallen. Die unheimliche Beschleunigung kann darauf zurückgeführt werden, daß es fast unmöglich ist, den Fuß absolut still auf dem Gaspedal zu halten, wie auch eine Wünschelrute oder ein Pendel kaum stillgehalten werden können. Bei den anderen Geschichten stellt sich die Frage, ob da überhaupt etwas zu erklären ist. Sie könnten alle illusionäre Korrelationen sein. So kann es durchaus sein, daß eine Waschmaschine spinnt, während man per Mobilfunk telefoniert, ohne daß ein kausaler Zusammenhang besteht. Zumindest wenn ein Zusammenhang bestünde, dann würden wir erwarten, daß nicht nur die Geschichte weit verbreitet ist, sondern auch das Phänomen.

Die erste Geschichte weist auch einen wichtigen Bestandteil auf: eine Moral. Wer ein Mobiltelefon anschafft und es geht etwas schief, ist selbst schuld. Mit anderen Worten: Keine technische Neuheit bringt tatsächlich nur Vorteile. Die Nachteile werden so groß wie der Nutzen sein. Es ist also kein Fortschritt möglich. Diese Technologiefeindlichkeit ist dem Konservatismus in Bauerngesellschaften verblüffend ähnlich. Um das soziale Gefüge zusammenzuhalten, werden allen in solchen Gesellschaften strikte Regeln auferlegt. Wer aus der Reihe tanzt, kann nicht erwarten, daß er Unterstützung finden wird, wenn ihm das Neue mißlingt. Auf der anderen Seite sollte einem das Pech widerfahren, beim Einhalten der Regeln ohne Erfolg zu bleiben, wird einem geholfen. Das Ergebnis läßt sich leicht vermuten - keiner versucht etwas neues. Vielleicht hat diese Mentalität die wissenschaftliche Revolution der neueren Zeit überlebt.

Pseudowissenschaft

Die Auswüchse dieser Geschichten ließen nicht auf sich warten. Obwohl die hier vorgeführten Experimente fehlerhaft sind, werden sie von einer großen Gemeinde von Gläubigen als Beweis dafür angesehen, daß Elektrosmog wesentlichen Einfluß auf biologische Funktionen ausübt. Und diese Auswirkungen sind u.a. Schmerzen, Krebsentstehung und nicht zuletzt Tod.

Zirbeldrüse

Peter Semm, Professor der Biologie, war 1993 bei der Telekom angestellt, als er erzählte, er konnte experimentell nachweisen, warum Menschen Kopfschmerzen vom Mobiltelefonieren bekommen. Die Telekom schien nicht zu wissen, daß sie sich ein Kuckucksei ins eigene Nest gelegt hatte, sodaß wir erwarten können, daß Semm weiterhin seine merkwürdige Tätigkeit in der neuen Deutschen Telekom AG ausübt. Menschen bekommen keine Kopfschmerzen vom Mobiltelefonieren, daher erübrigt sich auch der experimentelle Nachweis. Aber Semm wird uns hier aus zwei Gründen weiter interessieren. Zum einen sitzt er im Vorstand der European Bioelectromagnetic Association, einer Gesellschaft, die mehr mit dem späteren Wirken von Nikolai Tesla zu tun zu haben scheint (zu Tesla, s. Johnson, 1994).

Zum anderen wirkt eine seiner Arbeiten über den Einfluß des Erdmagnetfelds heute noch (Semm et al., 1981). Sogar zwei Skeptiker (Kröling, 1985; Sabadell, 1994) halten das Werk für seriös. Semm beschreibt Versuche, in denen er die elektrische Aktivität von Zellen der Zirbeldrüse von Meerschweinchen unter Einfluß von schwachen magnetischen Feldern mißt. Das Meerschweinchen wird betäubt und künstlich beatmet, die Schädeldecke abgenommen und die Aktivität einer Zelle (71) gemessen. Wird nun ein Magnetfeld appliziert, so verringert sich die Aktivität langsam (15) und die Aktivität kommt wieder zurück, wenn das Feld in die andere Richtung geschaltet wird (1). Die Zahlen in Klammern bedeuten: von 71 getestete Zellen reagierten nur 15 und von den 15 erholte sich nur eine einzige. Semm schreibt "all cells retained a diminished activity, lasting as long as recording could be continued" (d.h. bis zum Abnippeln des Meerschweinchens). Weiter "we can offer no corroborative evidence for our findings" (d.h. Meerschweinchen reagieren normalerweise nicht auf Magnetfelder, ein Entschluß, im Herbst nach Feuerland auszuwandern, wäre auch nicht besonders günstig).

Was Semm beobachtet hat, kann eine Änderung der Zellaktivität wegen des Sterbens der Versuchstiere sein. Semm hat es versäumt, diese alternative Hypothese zu untersuchen. In der Tat verifiziert er nur eine Hypothese, statt alternative Hypothesen zu falsifizieren. Daß *Nature* damit zufrieden war, könnte an der aalglatten Sprache Semms liegen. Allerdings liest man gleich im ersten Absatz "The pineal organ is a light-sensitive time-keeping organ". Die Zirbeldrüse befindet sich üblicherweise unter der Schädeldecke und im Gehirn, sicher eine ungewöhnliche Stelle für ein lichtempfindliches Organ.

Aus Gründen, die mir leider verborgen bleiben, ist die Zirbeldrüse die Lieblingsdrüse der Esoteriker (als angebliches "drittes Auge" usw. usf.) Fühlt sich Semm dieser Tradition verpflichtet? In einer "Note added in proof" fügt er seinem Artikel sybillinisch hinzu "Recent experiments ... indicate that pineal cells of homing pigeons ... also respond clearly". Hier umgeht er die wissenschaftliche Kontrolle seiner Arbeit, um zu behaupten, er habe jetzt das Magnetorgan der Vögel entdeckt.

EEG

Man kann die sehr schwachen Hirnströme eines Menschen messen, allerdings nur unter der Bedingung, daß sämtliche Störquellen (d.h. Quellen von Funkstrahlung) ausgeschlossen sind, da sie sonst mit aufgenommen werden. Man will ein recht chaotisches Signal klar von Rauschen erkennen können und das geht nur, wenn das Rauschen minimiert wird.

Mit der EEG spürt von Klitzing die 217-Hertz Modulation eines Senders auf (von der Elektronik her genau das erwartete). Aber auch wenn der Sender dann ausgeschaltet wird, setzen sich die Störungen fort. Hat sich etwas im Gehirn geändert, während der Bestrahlung? Die Antwort auf diese Frage hängt davon ab, ob die Versuche doppelblind durchgeführt worden sind. Von Klitzing sagt selber dazu: "Der Proband war zu keiner Zeit über die Feldbedingungen informiert". Wenn er Doppelblindstudien durchgeführt hat, warum sagt es das nicht? Warum diese Umschreibung? Es scheint, als wüßte er, daß seine Versuche nicht ordnungsgemäß durchgeführt worden sind. Er schreibt bewußt nicht "doppelblind", weil das nicht stimmt. Auf der anderen Seite ist ein nicht blind durchgeführter Versuch wertlos. Das weiß er auch, sodaß er eine Zwischenstufe erfindet: der "nicht informierte Proband". Diese Zwischenstufe bedeutet, daß keiner dem Probanden sagt: "Jetzt wird ein- (bzw. aus-) geschaltet". Daß der Proband es nicht wissen kann, ist damit nicht gesagt. Claus Schwung meint, daß die Unregelmäßigkeiten im EEG nach dem Ausschalten des Senders auf Angst zurückzuführen sein könnten. Wenn von Klitzing Wissenschaftler wäre, müßte er versuchen, auch diese Hypothese zu falsifizieren. Von Klitzing schreibt nicht: Der Versuch war doppelblind, was eine glatte Lüge wäre. Er ist also kein Betrüger. Aber es stimmt doch etwas nicht, wenn er nicht schreibt: Der Versuch war nicht doppelblind. Er wandelt zwischen Wissen und Unwissen, ohne sich dessen bewußt zu sein. Psychologe Bob Baker hat dieses Phänomen als "Kryptamnesie" (= versteckte Erinnerungen) beschrieben und eine kryptamnesische Theorie der Pseudowissenschaften aufgebaut (Baker, 1992). Diese Theorie paßt nur auf sehr wenige Fälle, die allerdings ausgezeichnet bizarr sind.

Tote Hühner

Die bisherigen Versuche sind auch deshalb angreifbar, weil sie eine elektronische Überwachung benutzten. Biologisches Material leitet elektromagnetische Wellen bekanntlich langsamer als die umgebende Luft. Das heißt im Klartext, daß Lebewesen einen Effekt auf die Propagation dieser Wellen haben, aber nicht unbedingt umgekehrt. Wenn biologisches Material zwischen einem Sender und einem Empfänger liegt, dann wird ein Signal anders empfangen, als wenn nur Luft dazwischen liegt. Alle Versuche, in denen eine elektronische Überwachung stattfindet, sind daher nicht aussagefähig.

Es genügt, wenn ein elektronischer Teil unter Strahlung nicht mehr richtig funktioniert, wie das Beispiel von Dr. Varga zeigt. Varga hat jahrelang Hühnereier ausgebrütet, die er zuvor mit einem 1,25 GHz Sender bestrahlt hat. Ab einer gewissen, niedrigen Strahlungsdichte starben sämtliche Embryonen. Seine Versuchsanordnung beinhaltet jedoch einige abenteuerliche Fehler, die diese Aussage in Zweifel stellen.

So stellt Varga in etwa fest, daß eine Erwärmung der Eier stattfindet, die er auszugleichen bemüht ist. Da diese Erwärmung in keiner Beziehung zu der Strahlungsleistung zu stehen scheint, bleibt nur zu vermuten übrig, daß Varga freie Hand beim Temperaturregler walten ließ. Und wie hat er die Temperatur gemessen? Von seinen späteren Versuchen wissen wir, daß er dies mit einem elektronischen Infra-rot-Thermometer tat. Wie dieser funktioniert, wenn er bestrahlt wird, ist unbekannt. Fest steht nur, daß Varga mit dem geschickten Einsatz von einem elektronischen Teil, absolute Sterblichkeit bei seinen Hühnerembryonen hervorrufen konnte. Er selber verurteilte den Zustand der Eier, sodaß hier kein Blindversuch vorliegt und deswegen als nicht mehr zeitgemäß angesehen werden muß.

Varga reist nun durch das Land und berät Bürgerinitiativen über die Gefahr von Mikrowellen. Bei einem Vortrag im Rheingau (Wohanka, persönliche Mitteilung), wo Varga zeigen wollte, wie aus einem geschlossenen Mikrowellenherd die Strahlung entweicht, passierte ihm ein Malheur. Nachdem er die entweichende Strahlung gezeigt hat, wurde er darauf aufmerksam gemacht, daß das Gerät nicht angeschlossen war. Machte nichts, man wollte das Prinzip zeigen.

Expertenanhörung

Im Jahr 1993 wollte auch die Politik es genau wissen. Im nordrhein-westfälischen Landtag starteten die Grünen zwei kleine Anfragen (die im übrigen mit der vorgenannten Folklore beantwortet wurden). Das niedersächsische Umweltministerium veranstaltete am 16. September 1993 in Hannover ein *Internationales Elektrosmog-Hearing*. Die Umweltministerin Monika Griefahn (SPD) schreibt in der Begrüßung: "Bisher vermisse ich klare Antworten auf die Frage (sic), ob und in welcher Intensität elektromagnetischer (sic) Felder gesundheitsschädlich sind." Für Frau Griefahn geht es also nicht mehr darum, ob die Felder gesundheitsgefährdend sind, sondern nur ab welcher Intensität. Diese rhetorische Dummheit nennt man das Stellen der übernächsten Frage. Die einzige Frage die sie hätte stellen müssen, war: Sind die Felder für Mensch, Tier oder Pflanze gefährlich? Erst dann kann man über Grenzwerte reden. Die fünfzehn von Frau Griefahn zusammengestellte Beiträge brachten also auch keine klaren Antworten auf die zweite von ihr gestellte Frage.

Auch der Postausschuß des Bundestages beschäftigte sich am 24. Mai 1993 mit diesen Fragen. Postminister Bötsch (CDU) sagte im Fernsehen, daß die Auseinandersetzung um die Kernenergie nur ein "laues Lüftchen" im Vergleich zum Elektrosmog sein werde. Man höre und staune. Früh am Tag kriegten sich Varga und ein amerikanischer Elektrosmogexperte, Quirino Balzano, in die Haare. Balzano entwickelt "Grenzwerte" für Elektroexposition aus rein a priori Überlegungen, ohne sie je getestet zu haben. Der Streitpunkt war folgender: Varga behauptet, er habe Eier mit gewissen Feldstärken bestrahlt. Das Problem ist, daß die Feldstärken nur in Abwesenheit der Eier gemessen werden können, sonst sind es keine "richtige" Feldstärkemessungen. Versucht man das Feld zu bestimmen, wenn die Eier "im Feld" sitzen, so kann man kein Feld mehr messen. Der Grund hierfür ist, daß die Eier selbst elektrisch leitend sind. Bei hohen Elektrolytkonzentrationen - wie eben in biologischen Materialien - passiert de facto gar nichts. Balzano (im übrigen sehr schlecht gedolmetscht) fragt Varga "Welche Art der Physik haben Sie hier angewandt?" (Wahrscheinlich: What sort of physics were you using here? = Wie haben Sie die Messungen angestellt?) Varga antwortet "Komischerweise habe ich keine deutschen Geräte verwendet, sondern amerikanische, die von Ihnen kommen, Herr Kollege, um die Leistungsdichte zu messen." Daraufhin weigerte sich Varga weiter am Streit teilzunehmen, was vom Ausschußvorsitzenden Peter Paterna (SPD) mit folgenden Worten quittiert wurde: "Das ist schade". Ein Mitarbeiter von Wolfgang Volkrodt, Walter Ruck, stellte sich so vor: "Ich spreche hier für betroffene Bürger und als Vertreter von Dr. Volkrodt,

der Ihnen als Pionier zum Thema Mikrowellen und Waldsterben sicher
bekannt ist." Wie groß auch die Entdeckungen des Dr. Volkrodt sein
mögen, eins ist ihm durch die Lappen gegangen: Die Wissenschaft ist
heute nicht mehr das Feld der großen Genies, sondern ein Betätigungsfeld für alle Menschen. Dr. Kullnick war offensichtlich so sehr berührt
von seinem Auftritt vor dem Ausschuß, daß er sich vor dem Hohen
Haus (d.h. dem Bundestag) wähnte. Seine Vorstellung war unvergeß-
lich: "Aus meiner Sicht als naturwissenschaftlich arbeitender Biologe
kann ich wohl den Ausspruch machen: Vor die Norm haben die Götter
die Forschung gesetzt." Und die anderen Biologen? Dies sind nur ein
paar Höhepunkte eines ansonsten an Höhepunkten dieser Art nicht
armen Tages. Politik wird zwar nicht nach wissenschaftlichen Stand-
punkten gestaltet aber es ist schon bedenklich, wenn bei einer Ausschuß-
sitzung nur die Pseudowissenschaftler gehört werden.

Merkmale einer Pseudowissenschaft

Was ich auf den letzten Seiten beschrieben habe, ist Pseudowissenschaft.
Die Menschen sind akademisch ausgebildet, sind an Universitäten angestellt, tragen weiße Kittel, machen Einstellungen an mehr oder weniger
komplizierten Geräten und machen anschließend ernste Aussagen. Wissenschaft hängt nur zum Teil von der Ausbildung ab und gar nicht vom
Arbeitgeber, der Farbe des Kittels oder der Übersichtlichkeit eines Ge-
räts. Was Wissenschaft ausmacht, sind Sachen wie Reproduzierbarkeit,
Signifikanz, Unabhängigkeit des beobachteten Phänomens vom Beobachter, Intersubjektivität, Falsifizierbarkeit usw. Unsere Pseudowissenschaftler haben schlicht die falschen Merkmale ausgesucht...

Die These ist hier, daß die Menschen sich von der Wissenschaft ent-
fernen, weil die Wissenschaft ständig komplizierter wird, es müssen
immer mehr Leute Wissenschaft betreiben. Als Konsequenz sind immer
mehr dabei, die nicht die blasse Ahnung davon habe, was sie tun. Sie
verwechseln ihre persönliche Meinung mit Tatsachenbeschreibungen.
Was dabei rauskommt, kann gut als Cargo Cult Science beschrieben
werden (Huber, 1991). Die Fluglotsen sitzen im Tower und hören gebannt auf das, was aus den Kopfhörern kommt. Bald landet das Flugzeug voller Wunder auf die Rollbahn. Aber der Tower ist eine Hütte,
die Radios sind aus Holz, die Kopfhörer aus Stroh und die Rollbahn ist
ein einfaches Feld. Das Flugzeug kommt nicht an.

Die Menschen verstehen die Wissenschaft nicht mehr; nicht weil sie
dumm sind, sie sind nur schlecht ausgebildet. Das alte Bild - versuche

nichts Neues, keiner wird Dir dann helfen, wenn es schief geht - geistert noch in den Köpfen der Menschen herum. Man hat deswegen Angst vor dem Neuen. Und wer einmal Angst hat, wird sie so schnell nicht wieder los. Man erfindet Ausreden, um sich nicht mit der Wissenschaft auseinandersetzen zu müssen. Die Lösung zu dieser Fehlentwicklung, so haben die neuen Skeptiker erkannt, liegt in einer besseren Ausbildung. Schriftsteller wie Isaac Asimov und Richard Feynmann, um nur zwei zu nennen, haben gezeigt: Wissenschaft ist nicht so schwierig zu verstehen, vorausgesetzt der Lehrer macht seine Sache gut.

Betrug

Ich muß auch zugeben, daß nicht alles auf dem Gebiet von Elektrosmog Pseudowissenschaft ist. Es kommen auch Betrügereien vor. Finetti (1994) berichtet über den Fall des Dr. Zadel, der auf besonders plumpe Art seinen Doktortitel erschwindelte. Er hatte "nachgewiesen", daß magnetische Felder den Verlauf einer chemischen Reaktion beeinflussen konnten. Zadel hatte aber das gewünschte Reaktionsprodukt der Ausgangslösung zugegeben. Allerdings ist ausgewiesener Betrug selten. Zadel handelte im Wissen, daß der Versuch nicht so gelingen würde, wie er es sich vorgestellt hat. Das kann man von den anderen nicht sagen.

Eine Versuchsanordnung, die sich lohnt

Was müßte man tun, um die Frage zu beantworten, ob eine Gefahr von der Funkstrahlung ausgeht? Wenn die simplizistischen Versuche der Pseudowissenschaft nichts darüber aussagen, ist ein komplizierterer notwendig? Ich bin der Meinung, daß eine recht einfache Versuchsanordnung völlig ausreichend wäre.

Die Behauptung, die zu untersuchen ist, lautet: Elektromagnetische Felder verursachen Gesundheitsschäden, machen sich aber sonst nicht bemerkbar. Der letzte Punkt ist wichtig, denn er bildet die Kernaussage der Elektrosmoglobby: wir merken gar nicht, daß wir geschädigt werden.

Wir wissen, daß normalerweise keine Effekte zu beobachten sein werden. Kröling (1985) hat in vielen Versuchen gezeigt, daß Menschen und Versuchstiere auf das Fehlen oder die Anwesenheit von magnetischen und elektromagnetischen Feldern nicht reagieren. Ihr Verhalten unterscheidet sich in beiden Fällen nicht. Die einzige Bedingung hierfür ist, daß die Probanden und Versuchstiere um das Vorhandensein bzw.

Nichtvorhandensein des Feldes nicht wissen. Das Summen eines starken Elektromagnets verursacht Verhaltensänderungen. Wird das Summen durch Dämmung bis zu Unhörbarkeit reduziert, normalisiert sich das Verhalten.

Ausgehend von diesem Punkt können wir verlangen, daß sich das äußere Verhalten von bestrahlten Tieren nicht vom Verhalten der Kontrolltiere unterscheiden darf. Ein Unterschied im Verhalten wäre ein Hinweis darauf, daß sich der Sender sonst bemerkbar gemacht hat. Die ganze komplizierte Elektronik kann weg. Statt dessen müssen genaue Beobachtungen des Verhaltens der Versuchstiere gemacht werden. Wenn sich nun die zwei Gruppen identisch verhalten, dann ist es so gut wie sicher, daß Unterschiede in Lebenserwartung, in Gewicht, in der Krebsrate usw. tatsächlich auf die Strahlung zurückgeführt werden können.

Die Geister, die sie riefen, wieder in die Flaschen zu bannen, ist keine leichte, aber dennoch eine notwendige Aufgabe. Eines Tages vielleicht werden die Elektrosmogforscher so angesehen, wie die Menschen des letzten Jahrhunderts, die meinten, daß in einem schnell fahrenden Zug keine Luft mehr wäre.

Literatur

Alcock, J. (1990), Science and Supernature. Amherst, NY: Prometheus

Baker, R. (1992), Hidden Memories. Amherst, NY: Prometheus

Dawkins, R. (1986), The Blind Watchmaker. New York, NY: W.W.Norton

Dawkins, R. (1995), Putting Away Childish Things, in: Skeptical Inquirer 19 (1), S. 31-36

Evans, B. (1946), The Natural History of Nonsense. New York, NY: Adam A.Knopf

Finetti, M. (1994), Betrug in Bonn, in: Die Zeit, Nr. 31, 29.Juli 1994, S. 23

Huber, P.W. (1991), Galileo's Revenge. New York, NY: Basic Books

Johnson, J. (1994), Extraordinary Science and the Strange Story of Nikola Tesla; und Nikola Tesla: Genius, Visionary, and Eccentric, in: Skeptical Inquirer 18 (4), S. 366-378

Kröling, P. (1985), Magnetfelder in der Medizin; und Elektroklima und Elektroklimageräte, in: Oepen, I. (Hrsgin.): An den Grenzen der Schulmedizin. Köln-Lövenich: Deutscher Ärtze-Verlag

Sabadell, M. (1994), Beitrag zur sechsten Europäischen Skeptikerkonferenz. In Druck. Brüssel: SKEPP

Semm, P., T.Schneider & L.Vollrath (1980), Effects of an Earth-strength magnetic field on electrical activity of pineal cells, in: Nature, 288, 607-608

Spaniol, O. (1994), Die unvermeidliche Angst, in: Skeptiker 94 (4), S. 88-93

Amardeo Sarma

Paranormale Informationsübertragung

Die Realität stellt Grenzen auf

Mutmaßungen, Hypothesen und Statistik

Bei vielen Behauptungen aus den Parawissenschaften wird eine paranormale oder zumindest außergewöhnliche Informationsübertragung vorausgesetzt. Hier sind sowohl Telepathie und Außersinnliche Wahrnehmung betroffen, als auch gemutmaßte Wahrnehmungen aus der "Erdstrahlen"-Szene. Besonders dann, wenn ein Anspruch auf Wissenschaftlichkeit gestellt wird, sollten die Thesen genau unter die Lupe genommen werden. Beispiele sind Thesen der Freiburger Parapsychologen, zum Beispiel Dr. Dr. Walter von Lucadou, und die der "Erdstrahlen"-Befürworter, wie die Professoren Herbert König und insbesondere Hans-Dieter Betz.

Dieser Beitrag soll kein Rundumschlag sein, sondern widmet sich einem besonderen Aspekt der Mutmaßungen. Doch zuvor sollten die Bereiche gekennzeichnet werden, die betroffen sein können:

1. Die Phänomene werden als grundsätzlich einer rationalen Diskussion entzogen eingestuft, wie einige aus der Esoterik es gern tun. Sie werden als eine "andere Realität" gesehen, und als solche sind sie per Prinzip gegen Kritik immun.

2. Es wird empirisch argumentiert, wobei die Frage nach der Konsistenz mit unserem sonstigen Wissen zunächst außen vor steht. Hier wird oft die Statistik in einem Sinne verwendet, die auch in der "normalen" Wissenschaft Anwendung findet. Häufig sind die Versuche durchaus

vergleichbar mit herkömmlichen Versuchen, übertreffen sie sogar manchmal in der Sorgfalt. Gezeigt werden soll hier, daß ein behauptetes Phänomen nicht mit Zufallstreffern zu erklären ist.

3. Hypothesen und Theorien werden entwickelt, um die gemutmaßten Phänomene zu erklären, wie es zum Beispiel von Lucadou mit seiner Hypothese der "pragmatischen Information" versucht[1]. Es soll also ein Gerüst erstellt werden, das nicht mit anderen gesicherten Bereichen im Widerspruch steht.

Die Bereiche 2 (die *Existenz* eines Phänomens steht zur Diskussion) und 3 (die *Erklärung* eines Phänomens steht zur Diskussion) eignen sich grundsätzlich für einen rationalen Diskurs. In diesem Beitrag wird nach den Bedingungen gefragt, die für eine paranormale Informationsübertragung erforderlich wären. Betroffen ist also der dritte Bereich: Die Konsistenz mit unseren sonstigen Erkenntnissen. Nur der erste Bereich, da nicht rational, muß gesondert behandelt werden. Hier sind sich oft sogar Skeptiker und Parapsychologen einig.

Im folgenden werden daher Wahrnehmungen und Kommunikationsverfahren betrachtet, die wissenschaftlich nicht anerkannt sind, unabhängig davon, ob sie als paranormal oder nicht eingestuft werden, was zunächst irrelevant ist. Ob PSI existiert oder möglich ist, ist interessant, nicht ob es als paranormal oder als ungewöhnlicher Sinneskanal oder ungewöhnliches Sinnesorgan eingestuft wird. Bereiche, die hierunter fallen, sind Hellsehen, Telekinese, Präkognition, Wünschelrutengängerei, außersinnliche Wahrnehmung (ASW), Stimmen aus dem Jenseits und vieles mehr.

Die Frage wird hier gestellt, was alles nötig wäre, um viele der oben genannten Phänomene zu ermöglichen. Daher ist der Beitrag sowohl eine Kritik der Thesen, als auch eine Herausforderung an die Vertreter der Thesen zu zeigen, daß die hier aufgeführten Hürden überwunden werden können. Tun sie es nicht, gibt es ein schwerwiegendes Problem: Damit werden unsere tagtäglichen Erfahrungen mit "normalen" Phänomenen in Frage gestellt, um die "phantastischen" Phänomene zu belegen.

Kommen wir zur Informationsübertragung selbst: Alle Arten der Wahrnehmung und Kommunikation setzen eine Übertragung von Informationen voraus. Auf eine Variante gehen wir hier jedoch nicht ein: die

---

[1] Lucadou, W.v.: Vom Abgrund der Systeme - Theoretisches zum Spuk, in: Zeitschrift für Parapsychologie 31(1989), Nr. 1/2, S. 108

Vermutung, es gäbe eine spontane Verbindung zwischen zwei Ereignissen, als habe eine Übertragung stattgefunden, wozu oft Phänomene aus der Quantenphysik gemutmaßt werden. Hier hat es bereits eine ausführliche Kritik gegeben[2].

Wie funktioniert eine Informationsübertragung?

Wenn wir von dem ausgehen, was alle bekannten Arten der Information benötigen kommen wir auf drei Mindestbestandteile. Wir brauchen eine Informations-*Quelle*, einen Informations-*Übertragungsweg* und eine Informations-*Senke*. Diese Mindestanordnung ist in Abb. 1 aufgeführt.

Abbildung 1: Bestandteile einer Informations-Übertragung

Sowohl für die Quelle, als auch für die Senke können die Erzeugung bzw. Empfang und Interpretation der Signale äußerst komplizierte Vorgänge sein, für die bei Lebewesen hochspezialisierte Organe erforderlich sind. Beim Menschen kommt z.B. bei der Sprache noch eine komplexe Syntax und Semantik der Informationen hinzu. Auch bei den behaupteten neuartigen, noch nicht bekannten Sinnesorganen sind diese drei Komponenten nicht wegzudenken. Wir können zwei Arten der Informationsübertragung unterscheiden:

▸ *Wahrnehmung*, bei der sich die Quelle passiv verhält und nur die Senke die Signale aktiv interpretiert,

▸ *Kommunikation*, bei der sich sowohl Quelle, als auch Senke aktiv sind.

Wenn ein Gegenstand wahrgenommen werden soll, verwenden wir unsere normalen Sinne. Beim Tasten und Schmecken wird die Quelle direkt vom Körper abgetastet. Dadurch entfällt der Übertragungsweg. Beim Sehen, Hören und Riechen ist eine Übertragung außerhalb des Körpers erforderlich. Entfernte Quellen bedienen sich passiv des reflek-

2 Lambeck, M.: Die New-Age-Physik des Fritjof Capra, in: Skeptiker 3/89, S. 9

tierten Lichtes, Schallwellen oder Duftstoffen, um an den Menschen zu gelangen, der als Senke dient. Als Übertragungsweg dient überwiegend die Luft bzw. das Vakuum.

Wenn wir nicht davon ausgehen, daß Signale sich beim Menschen spontan oder magisch erzeugen lassen und diese zudem eine Übereinstimmung mit entfernten Objekten darstellen, benötigen wir *immer* bei Quellen, die den Körper nicht berühren, eine Übertragung von Signalen. Diese Signale müssen erzeugt, reflektiert oder umgelenkt werden und sie müssen von der Senke empfangen und interpretiert werden.

Technik kann Informationsübertragung unterstützen

Mit technischen Hilfsmitteln können Signale auf vielfältige Weise in neue Signale verändert und umgewandelt werden, um schließlich die ursprünglichen Signale - möglicherweise mit Einschränkungen - neu zu erzeugen. Eine einfache Variante ist in Abb. 2 dargestellt.

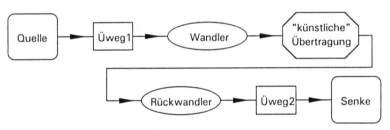

Abbildung 2: Informations-Übertragung mit technischer Hilfe

Nach diesem Schema können Schallwellen in einem Studio in Radiowellen umgewandelt werden, die von der Sendeantenne zur Empfangsantenne gelangen, wo sie wieder in Schallwellen zurückgewandelt werden. Diese werden dann durch das Ohr aufgenommen. Strenggenommen hat auch der Mensch als Senke eine "Antenne" (das Ohr) und einen "Wandler" (die Ohrmuschel), die Signale über das Nervensystem an das Gehirn weiterleiten. Die Struktur in Abb. 2 ist also rekursiv, d.h., die Muster wiederholen sich.

Mit dem Sehen sind ähnliche Umwandlungen verbunden. Lediglich mit den Stoffen zur Übertragung von Duften ist es eher schwierig, sie zu wandeln und zurückzuwandeln. Gemeinsam ist allen jedoch, daß die Signale *meßbar* sind. Die Übertragungswege können manipuliert werden, so daß die Wahrnehmung abgeschnitten wird.

Ausbreitungsrichtung und Entfernungen

Bei den "Erdstrahlen"-Thesen gibt es die Aussage, daß die Wahrnehmung am stärksten direkt oberhalb der Quelle ist. Dies bedeutet entweder, daß die Ausbreitungsrichtung genau entgegen der Schwerkraft sein muß, oder daß sie *isotrop* - also in allen Richtungen gleich stark ist - *und* daß die Leistungsspitze direkt oberhalb der Quelle erkennbar ist.

Eine gerichtete Ausbreitung der Signale aus der Quelle geschieht nicht von selbst. Diese Signale müßten entweder die magische Eigenschaft haben, sich genau entgegen der Gravitation auszubreiten, oder mit der Gravitation gekoppelt sein. Daß die zufällige Größe und Ausdehnung der Quelle für diese Richtcharakteristik verantwortlich ist, kann ausgeschlossen werden, da die unterirdischen Strukturen sehr unterschiedlich sind.

Tatsächlich müßte eine Richteigenschaft der Quelle entweder zufällig oder isotrop sein. Im ersten Fall würde man die Quellen falsch orten. Im zweiten hätten die Wünschelrutengänger nur die Möglichkeit, auf die unterschiedliche Stärke des Signals bei verschiedenen Entfernungen zu reagieren, sozusagen mit einem "Peak" an der höchsten Stelle. Wenn wir eine Entfernung der Quelle von 20 m und eine Auflösung von 1 m (Laufentfernung) annehmen unterscheidet sich die Leistung an beiden Punkten - direkt oberhalb und 1 m daneben - um etwa 0,25 %. In Dezibel ausgedrückt sind dies etwa 0,01 dB, ein Leistungsunterschied, den beispielsweise das Ohr nicht wahrnehmen kann. Bei einem vom Ohr gerade noch wahrgenommenen Leistungsunterschied von 3 dB dürfte die Entfernung von der Quelle lediglich 1 m sein. Somit kann es als ausgeschlossen gelten, daß Objekte mit einer Genauigkeit von 1 m bei Quellenentfernungen größer als 1 m geortet werden können, wenn die Ausbreitung der Signale isotrop ist. Die Annahme ist natürlich, daß die "neuartigen" Sinnesorgane weniger ausgebildet sind, als die bekannten, eine durchaus vernünftige Annahme.

Auswege aus der isotropen Falle?

Es gibt aus diesem Dilemma nur zwei mögliche Auswege. Erstens, es könnte sich um ein gerichtetes Organ handeln. Der Wünschelrutengänger müßte entweder das Organ oder sich selbst drehen können, um die Quelle zu orten. Natürlich gäbe es die Möglichkeit, daß dieses Organ

grundsätzlich nach unten gerichtet ist. Zweitens, es gäbe die Möglichkeit einer "Stereowahrnehmung", wofür mindestens zwei Organe mit
einem gewissen Abstand erforderlich wären.

In beiden Fällen scheiden allerdings statische Felder und niederfre-
quente Wellen bis mindestens 0,1 kHz bei Schall und bis mindestens 1
GHz (1.000.000.000 Hz) bei elektromagnetischen Wellen aus. Dies ergibt sich aus der Überlegung, daß die jeweiligen Wellenlängen klein im
Vergleich zur Größe des Organs (gerichtetes Organ) bzw. zum Abstand
der Organe (Stereowahrnehmung) sein müssen. Als Vergleich können
HiFi-Anlagen dienen: Viele hochwertige Anlagen haben für die Baßfre-
quenzen nur einen einzigen Lautsprecher, da dieser nicht geortet werden
kann. Nur die höheren Frequenzen werden mit zwei Lautsprechern aus-
gestrahlt.

Insbesondere die von Betz[3] angegebenen möglichen Signalquellen
liegen unterhalb dieser Schwellen. Da die hier aufgeführten Argumente
sich auf bekannte Wellen und Felder beschränken, könnte die Frage aufkommen, ob es nicht noch grundsätzlich unbekannte Kräfte gibt. In diesem Zusammenhang hat Löb[4] darauf hingewiesen, daß es keinen großen
Spielraum für gänzlich neue Kräfte gibt. Die bekannten Kräfte sind die
Gravitation, die elektromagnetische Wechselwirkung, die starke und die
schwache Kernkraft.

Ein Orchestereffekt?

Häufig wird auf das hohe Auflösungsvermögen der Menschen in Bezug
auf Musik und Sprache hingewiesen. Man zieht den Vergleich mit einem
Orchester, wo ein Zuhörer einzelne Instrumente heraushören kann. Dieser Vergleich hinkt, wenn man betrachtet, wie lange jemand lernen muß,
bis diese Auflösung bei einem normalen Organ möglich wird. Man
denke bloß an die Geräusche nachts, die man krampfhaft zuordnen
möchte und es erst dann kann, wenn die Quelle aufgespürt wurde. In
seinen Beschreibungen der "erstaunlichen Fähigkeiten" der Kittemans
und der des Wünschelrutenstars Schröter gibt Betz an, diese Fähigkeiten
gingen so weit, daß sogar die Qualität des Wasser (Schwefel- bzw. Salz-

---

[3] König, H.L.und H.-D. Betz: Der Wünschelrutenreport - Wissenschaftlicher Untersu-
     chungsbericht, München: Selbstverlag 1989
[4] Löb, H.: Gibt es Erdstrahlen? Kommentar zum "Wünschelrutenreport" aus physikali-
     scher Sicht, in: Skeptiker 4/89, S. 14

gehalt) erkannt werden kann[5]. Gerade hier wird ein Paradoxon deutlich: Einerseits wird angegeben, kontrollierte Experimente ergäben nur kleine Ergebnisse. Anderseits schreibt Betz dem "neuen" Sinnesorgan Fähigkeiten zu, die noch nicht einmal Augen besitzen.

Wenn wir trotzdem diesen unmöglichen Fall annehmen und davon ausgehen könnten, daß die Organe für unterirdische Objekte genauso gut wären wie das Sehen als eine Art Röntgenblick, so ist die Erkennung der Richtung entsprechend der obigen Argumente bei den behaupteten Signalen in dem unteren Frequenzbereich unmöglich. Es wäre lediglich möglich zu erkennen, daß es sich um "X" handelt, nicht aber wo es herkommt.

Größe und Entfernung der Quelle

Beim Sehen und Hören können wir gewisse Aussagen über die Entfernung machen. Wenn wir unseren "besten" Sinn, das Sehen, betrachten, können wir feststellen, daß ohne stereoskopisches Sehen eine Bestimmung von Größe außerordentlich schlecht wäre, und daß dies auch so nur bei geringer Entfernung gut funktioniert. Das Gleiche gilt auch für die Feststellung der Entfernung. Es ist allein durch die langjährige Erfahrung mit diversen Objekten zurückzuführen, daß wir Größe und Entfernung abschätzen können. Aber auch hier sind große Fehlerspannen möglich. Die Untersuchung von UFO-Sichtungen zeigt deutlich, wie stark auch unsere normalen Sinne sich täuschen können. Wenn wir die Größe und Entfernung von Schallquellen nicht oder nur schlecht bestimmen können, wie soll es mit einem Effekt sein, bei dem meist nur leicht überzufällige Ergebnisse behauptet werden?

Entfernungen spielen auch bei behaupteten telepathischen Fähigkeiten eine Rolle. Häufig wird hier angegeben, man könne telepathisch *unabhängig von der Entfernung wahrnehmen*. Erneut lassen wir hier die quantenphysikalischen Thesen außer acht. Normale Signale haben aber die Eigenschaft, daß bei doppelter Entfernung die Leistungsdichte (die "Lautstärke") auf ein Viertel schrumpft. Dies kann leicht verdeutlicht werden. Nehmen wir die Ausbreitung als in einem Kegel eingeschränkt und daß keine Leistung verloren geht. Bei doppelter Entfernung haben wir auch den doppelten Durchmesser des Kreises, durch den die (gleiche) Leistung geht. Die Leistung verteilt sich also auf eine Fläche,

---

[5] Betz, H.-D.: Geheimnis Wünschelrute, Aberglaube und Wahrheit über Rutengänger und Erdstrahlen, Frankfurt: Umschau 1990

die viermal so groß ist. Für einen Empfänger, der eine bestimmte Fläche abdeckt, heißt es aber, daß die aufgenommene Leistung ein Viertel ist. Wie diese Gesetzmäßigkeit umgangen werden kann, hat noch kein Parapsychologe erklären können.

Interpretation der Signale

Das Problem der Interpretation der Signale trifft unabhängig von der Art der Übertragung zu. Sie gilt genauso auch für alle quantenphysikalischen Vorstellungen der Parapsychologen. Auch wenn es normal erscheint, daß wir das, was wir an Signalen aufnehmen, auch zu *interpretieren* wissen, so steckt viel mehr dahinter. Die äußeren Signale werden durch Organe des Körpers in interne Signale umgewandelt und an das Gehirn weitergeleitet. Das Interpretieren müssen wird jedoch *erlernen*. Dies gilt auch, wenn das Gehirn auf magische Weise die Signale unmittelbar spüren könnte (was es nicht kann).

Folgende Anforderungen müssen erfüllt werden, damit der Mensch etwas wahrnimmt:

▸ Für den Empfang von Signalen wird ein Organ benötigt, das eine Umwandlung in interne Signale vornimmt, die an das Gehirn weitergeleitet wird

▸ Das Gehirn muß die internen Signale dann als Wahrnehmung empfinden und interpretieren können.

Wenn ein Säugling das erste Mal seine Umgebung betrachtet, "sieht" es nur hell und dunkel, wobei auch die Richtungen nicht festgelegt sind. Indem der Säugling das Sehen übt und an Fehlern lernt, beginnt er erst, richtig zu sehen. Das Betrachtete gewinnt an Konturen, oben und unten lassen sich nun unterscheiden. Die Rückkopplung des Sehens, und die Übereinstimmung mit anderen Wahrnehmungen ist zwingend erforderlich, damit das Gesehene zum Beispiel als die Mutter interpretiert wird, deren Stimme der Säugling ebenfalls der Mutter zuordnet. Das Kind gibt den Signalen, deren Struktur (Syntax) es zunächst nur erkennt, eine Bedeutung (Semantik). Das Kind bildet für sich eine Hypothese, wie die Signale zu interpretieren sind. Die Hypothese wird ständig überprüft und verbessert.

Zum Lernen gehört eine starke Rückkopplung: Wahrnehmung und Bestätigung des Wahrgenommenen, um überhaupt lernen zu können.

Erst nach langen Erfahrungen mit der entsprechenden Bestätigung nach
der Trial-und-Error-Methode ist der Mensch in der Lage, Wahrgenom-
menes zuzuordnen. Vergleichen wir hier das Hören mit dem Wünschelrutengehen. Angenommen ein Mensch könnte nach seiner Geburt erst ab
dem 10. Lebensjahr das Gehörte zuordnen, und das nur wenige Male am
Tag. Er hätte - sagen wir - einmal am Tag die Möglichkeit aus dem
Rauschen ein "Signal" zu erkennen und bekäme auch dann nur eine un-
genaue Rückkopplung. Er wäre nicht in der Lage, das Gehörte zuzuordnen. In Wirklichkeit können Wünschelrutengänger noch weniger oft ihr
Glück, zum Beispiel mit der Wassersuche ausprobieren. Ob der "Erfolg"
dann eine gute Rückkopplung ist, sei dahingestellt. Schließlich findet
man Wasser fast überall.

Hier ist auch der Hinweis angebracht, wie schwierig es ist, zum Beispiel eine neue fremde Sprache zu erlernen, auch wenn wir die dafür
notwendigen Sinne besitzen. Aber wie wird gelernt, die paranormalen
oder sonstigen neuartigen "Geräusche" zuzuordnen? Daß sich eine entsprechende Interpretationsfähigkeit bei Wünschelrutengängern und PSI-
Medien "spontan" entwickelt, ist wenig glaubhaft. Ein Prozeß des Ler-
nens ist jedenfalls nicht erkennbar.

Nützlichkeit bei der Evolution

Oft wird über die angebliche Fähigkeit gewisser Vögel gesprochen, die
sich an Magnetfeldern orientieren können. Könnte das nicht auch der
Mensch? Oder vielleicht hat er ja Reste einer solchen Fähigkeit. Fragen
wir hier nach der Nützlichkeit eines Sinnes im Bezug auf die Evolution.
Für einen Vogel könnte es durchaus Vorteile bringen, sich am Erdmagnetfeld zu orientieren, obwohl diese Fähigkeit noch nicht von allen
Fachleuten als existent angesehen wird. Andererseits ist es zum Beispiel
bekannt, daß einige Fische, die seit langen Generationen in Dunkelheit
leben, ihr Augenlicht verlieren. Es wird von der Evolution als Ballast
abgeworfen, da es nutzlos ist. Kein Training könnte einem solchen Fisch
das Sehen wieder beibringen. Neuartige Sinne müßten beim Menschen
einen evolutionären Vorteil bringen, um sich entwickeln zu können
(nicht müssen). Die Nützlichkeit im Sinne der Evolution, Wasser in Tiefen von hunderten von Metern zu entdecken, ist nicht erkennbar. Und
auch wenn dies so wäre: Menschen haben ja sehr ähnliche Erbanlagen.
Eine Unterteilung der Spezies in zwei Unterspezies, eine mit und eine

ohne ein Sinnesorgan ist ebenfalls absurd. Wir teilen nicht nur mit den nächsten "Verwandten", den Schimpansen, alle unsere Sinne. Nun behaupten aber diejenigen, die Menschen mit besonderen Fähigkeiten unterstellen, daß sich Menschen sogar *untereinander* in diesem Punkt unterscheiden. Ein Vergleich eines "echten" Sinnes mit einem musikalischen Sinn als letzte Ausrede ist wenig überzeugend. Zwischen sehen und nicht sehen ist ein Unterschied anderer Qualität als zwischen musikalisch sein und nicht musikalisch sein.

Schlußfolgerung

Die Einwände, die hier erbracht wurden, sind meist *und*-Einwände. Sie müssen alle entkräftet werden, damit die These der paranormalen oder außergewöhnlichen Informationsübertragung - sprich ASW, "Strahlenfühligkeit" etc. - überzeugender wird. Insbesondere wird klarzustellen sein:

▸ Wie übergehen wir das Problem der Erkennung kleinster Leistungsunterschiede, was auch unsere besten Organe nicht schaffen?

▸ Wie erklärt man Orientierung entlang der Schwerkraft?

▸ Wie überwindet man den Abfall der Leistungsdichte mit Entfernung?

▸ Wie können Größe, Entfernung und sogar Beschaffenheit von Quellen erkannt werden, wo ebenfalls unsere besten Sinne versagen?

▸ Wie erlernen Wünschelrutengänger und PSI-Medien ihre Fähigkeiten? Hier wäre mindestens ein Lernprozeß vergleichbar dem Erlernen der Sprache erforderlich.

▸ Worin liegt der evolutionäre Vorteil der behaupteten Fähigkeiten?

Wissenschaft besteht unter anderem darin, daß einzelne Erkenntnisse sich nicht widersprechen. Deshalb kann die Beantwortung von Fragen, wie sie oben gestellt worden, nicht einfach übergangen werden. Man muß sich ihnen stellen. Es gibt noch eine (theoretische) Möglichkeit: Sie - die Anhänger von PSI etc. - haben eine bessere Erklärung der Welt. Dann müssen sie aber mindestens soviel erklären können, wie die Wissenschaft heute. Ausgehend von dem (fehlenden) Erklärungswert ihrer heutigen Thesen haben sie noch einen sehr langen Weg vor sich.

Jürgen Moll

Wünschelruten und Erdstrahlen

Schon oft totgeglaubt, hält sich der Glaube an und der Umgang mit der Wünschelrute hartnäckig in der öffentlichen Diskussion. Dabei unterliegt die Popularität des Wünschelrutengehens Schwankungen, die mit wechselnden Modeströmungen und einem sich verändernden Zeitgeist einhergehen. In dieser Beziehung stellt die Radiästhesie (Radiation = Strahlung), der das Wünschelrutengehen zuzurechnen ist, keine Ausnahme im Vergleich zu anderen Parawissenschaften dar. In unseren Tagen erlebt die Wünschelrute in Europa und insbesondere in Deutschland eine Blütezeit, deren Ursachen vielschichtig sind und soziologischen, wie psychologischen Untersuchungen ein interessantes Betätigungsfeld bieten.

Die Medien haben längst das Interesse der Öffentlichkeit erkannt und berichten auf unterschiedlichem Niveau über alle Neuigkeiten aus der "Szene". Leider nimmt hier die kritiklose Berichterstattung im Stile eines Sensationsjournalismus deutlich mehr Platz ein, als eine skeptische Auseinandersetzung mit dem Thema. Offenbar ist die Irrationalität eine Facette des aktuellen Zeitgeistes.

In diesem Beitrag soll zunächst eine kurze Übersicht über Geschichte, Anwendungsgebiete und Herstellverfahren für die Wünschelrute gegeben werden. Im zweiten Teil werden dann historische und aktuelle Erklärungsversuche den wissenschaftlichen Erkenntnissen gegenübergestellt. Schließlich werden Forschungsprojekte der jüngeren Vergangenheit kritisch gewürdigt und wichtige Aspekte der wissenschaftlichen Methodik angesprochen.

Historie

Erste Darstellungen eines Wünschelrutengängers finden sich auf einer Pergamentrolle aus dem Jahre 1420. Verglichen mit anderen, populären Parawissenschaften (Akupunktur, Ayurveda, Astrologie) blickt die Radiästhesie also auf eine relativ kurze Tradition zurück. Paracelsus (1493-1541), ein in Para- und Okkultkreisen gern zitierter Gelehrter, lehnte die Wünschelrute als "ungewisse künsten" ab. Seitdem haben sich viele Menschen Gedanken zur Wünschelrute gemacht und die daraus entstandene Literatur ist schier unübersehbar. Wer einen detaillierten Blick auf die historischen Wurzeln und die Entwicklung der Wünschelrute bis zum Ende des 19. Jahrhunderts werfen möchte, dem seien die Schriften des Graf C. von Klinkowstroem (1916, 1931, 1955/56) empfohlen.

Aus heutiger Sicht hat das 20. Jahrhundert zwei neue, entscheidende Aspekte in die Diskussion um die Wünschelrute eingebracht. Durch die 1932 erschienene Monographie eines Freiherren von Pohl wurde erstmals der Begriff der Erdstrahlen und deren angeblich krankmachende Wirkung einem breiten Publikum bekannt gemacht. Damit hielt die Wünschelrute als Meßinstrument derartiger Erdstrahlen Einzug in das lukrative Geschäft mit der Gesundheit. Bis heute hat sich die Wünschelrute auf dem Gebiet der Paramedizin behauptet und gar vom reinen Meßinstrument zum Diagnosemittel für Krankheiten und krankhafte Organe weiterentwickelt. Zum Begriff der Radiästhesie erfand man werbewirksam den Begriff der Geophatie, der Beschäftigung mit krankmachenden Orten. Parallel zu dieser Entwicklung erfuhren die Bereiche Naturwissenschaft und Technik in diesem Jahrhundert einen gewaltigen Aufschwung, der bis heute anhält. Dadurch erhielten skeptische Beobachter und Kritiker, die es immer schon gegeben hatte, endlich die Möglichkeiten der Prüfung nach theoretischen und praktischen Gesichtspunkten. Die Fortschritte in der modernen Physik erlaubten eine Beurteilung der vielen unterschiedlichen Theorien zur angeblichen Entstehung und Wirkungsweise der Erdstrahlen nach objektiven Kriterien. Ebenso lag das Rüstzeug zur Entwicklung von Experimenten vor, die geeignet waren, die behaupteten Fähigkeiten von Wünschelrutengängern zu testen. Darum wundert es nicht, daß die überwiegende Mehrheit aller Experimente zur Wünschelrute aus diesem Jahrhundert stammen.

Anwendungsgebiete

Seitdem es Wünschelruten gibt, haben sich deren Anwendungsgebiete ständig erweitert. Sicherlich stehen die jeweils gültigen Schwerpunkte der Anwendung in einem historischen Zusammenhang zur entsprechenden Epoche. Immer jedoch wurde die Wünschelrute als eine Art Sensor verstanden, der Informationen über Dinge oder Zustände liefert, die mit den bekannten menschlichen Sinnesorganen nicht direkt feststellbar waren. Nichtsdestoweniger haben alle Dinge oder Zustände, die der Rutengänger "mutet", eine Bedeutung (positiv oder negativ) für den Menschen, was bereits sonderbar erscheint. Folgende Auflistung enthält eine Auswahl der häufigsten Anwendungsgebiete der Wünschelrute.

▶ Auffinden von natürlichen oder künstlichen Gegenständen unter der Erdoberfläche:

　▶ Wasser

　▶ sonstige Bodenschätze (Kohle, Edelmetalle, Erze, Uran, ...)

　▶ Schätze

　▶ Erdverwerfungen

　▶ Leichen und Verschüttete

▶ Auffinden von Dingen oder Zuständen (existente und nicht existente):

　▶ Krankheiten an Menschen, Tieren und Pflanzen

　▶ Fließender Strom

　▶ Radioaktivität

　▶ Elektrische und magnetische Felder

　▶ Erdstrahlen

　▶ sonstige physikalische Eigenschaften (Temperatur, Dichte, Leitfähigkeit, ...)

　▶ Charaktereigenschaften

　▶ Aufenthaltsorte von Verbrechern

　▶ Spuren von Menschen oder Tieren

　▶ Bestimmung von Uhrzeit und Entfernungen

　▶ Informationen aus Vergangenheit oder Zukunft

Interessanterweise scheint für viele Rutengänger die Anwesenheit vor Ort keine unbedingte Voraussetzung für eine Suche zu sein. Vielfach reichen topologische Karten bzw. Fotos des Geländes oder der betreffenden Person aus, will man den Rutengängern Glauben schenken. Die

Entwicklung einer widerspruchsfreien Theorie, die derartige Phänomene erklären kann, scheint indes viel Phantasie zu erfordern.

Rutenarten und Herstellung

Die Wünschelrute als Werkzeug der Rutengänger tritt im Laufe ihrer Geschichte in allen denkbaren Formen und aus mannigfaltigen Werkstoffen auf. Ähnlich der geheimnisvollen Fähigkeiten, die deren Benutzer von sich behaupten, erscheint in der Literatur die Wahl geeigneter Rohstoffe und die Art und Weise der Bearbeitung mitunter rituelle Züge anzunehmen. So scheint für einige Autoren eine gewisse Sympathie zwischen manchen Holzarten und bestimmten Metallen zu bestehen, so daß jeder gesuchte Bodenschatz seine eigene spezielle Rute erfordere (Lehmann 1925). Andere konzentrieren sich mehr auf den Bearbeitungsvorgang, der bei Vollmond, in der Johannismitternacht oder unmittelbar über einer Erzlagerstätte mit und ohne Beschwörungsformeln erfolgen müsse (Büntingen 1693, Wuttke 1925). In der Kategorie der Holzruten wurden und werden bis heute biegsame Holzarten wie Haselnuß, Pappel, Weide oder Kreuzdorn bevorzugt. Die verbreitetste Gestalt der Holzruten ist die beidhändig geführte Y-Rute. Doch auch andere Materialien, natürliche und künstliche, eignen sich angeblich zur Wünschelrute. Einige Autoren sehen offenbar die Ursache des Rutenausschlags ausschließlich im Rutengänger selbst und verwenden scheinbar beliebige Gegenstände des täglichen Gebrauchs wie Lineal, Schere, Knackwurst oder Tabakspfeife als Werkzeug (Zeidler 1700).

Heute erfreuen sich Holz- und besonders Metallruten großer Verbreitung. Neben der klassischen Y-Form findet man auch V-Formen, sowie Winkelruten. Die Drehrichtung kann je nach Rutentyp sowohl horizontal (Y- und V-Ruten), als auch vertikal (Winkel- und Vertikalruten) verlaufen. Eine Besonderheit stellt in dieser Beziehung eine einhändig betriebene Rute dar, die aus einem flexiblen Metall- oder Kunststoffstab besteht und in 2 Achsen pendelnde bzw. kreisende Bewegungen ausführen kann. Oft sind diese Ruten zusätzlich mit einem verschiebbaren Reiter ausgestattet und werden als "Biotensor" bezeichnet. Auffallend und besorgniserregend zugleich ist ein kommerziell geprägter Trend zu optisch aufwendigen und pseudotechnisch aufgewerteten Ruten zu beobachten, die offenbar industrieller Fertigung entstammen und über Einzelhandel, Versandhandel und Messestände angeboten werden. Im Sog des zweifellos profitablen Geschäfts mit Produkten und Dienstleistungen aus der Esoterik-Szene sind die Grenzen zur Kriminalität fließend. Nach dem Auftauchen der ominösen Erdstrahlen, deren Existenz bis heute unbewiesen ist, bietet der Markt unzählige Geräte und Vorrichtungen zur Abschirmung ebendieser Strahlen an, die bei Materialwerten von wenigen Pfennigen oft für mehrere Hundert, wenn nicht Tausend DM angeboten werden und physikalischen Unsinn darstellen. Die betrügerischen Produzenten derartiger Gerätschaften sind sich dessen voll bewußt und bekleben ihre Produkte deshalb meistenteils mit Aufklebern, die vor dem Öffnen der Gehäuse warnen und mit Wirkungslosigkeit als Folge solchen Tuns drohen.

Erklärungsversuche

So vielfältig wie die Anwendungsgebiete der Wünschelrute sind die Versuche einer Erklärung für den Rutenausschlag. In den Gründerzeiten der Rutengängerei waren derartige Erklärungen noch häufig von religiösen oder mythologischen Vorstellungen geprägt und insofern gegen Kritik immunisiert. Später wurden die Ursachen in anderen, weit verbreiteten Parawissenschaften gesucht, so etwa der Astrologie, der Magie (schwarzer und weißer) und der Hexerei. Schließlich versuchte man Naturbeobachtungen wie die Sonnenstrahlung oder die Eigenschaften bestimmter Pflanzen oder Materialien, aus denen Wünschelruten gefertigt wurden, mit dem Rutenausschlag in Verbindung zu bringen. Eine gute Zusammenstellung historischer Erklärungsversuche findet sich bei Prokop (1985).

Mit dem Durchbruch der modernen Naturwissenschaften vorwiegend in diesem Jahrhundert waren die Verfechter der Radiästhesie bemüht, ihren Theorien einen wissenschaftlichen Ausdruck zu verleihen. So finden sich in der Literatur neueren Datums häufig Begriffe aus der klassischen oder modernen Physik wieder (Elektromagnetismus, Quantentheorie, Chaostheorie, Elementarteilchenphysik usw.). Damit wurde der untaugliche Versuch gestartet, die Radiästhesie als eine wissenschaftliche Disziplin zu etablieren. Dies mußte schon deshalb scheitern, weil sich jeder, der vorgibt, Wissenschaft zu betreiben, an den Kriterien der Wissenschaftlichkeit messen lassen muß. Dies betrifft sowohl die theoretische Ebene, wie auch die experimentellen Befunde. Beiden Anforderungen konnte die Radiästhesie bis heute nicht im Mindesten genügen. Von dem Status einer wissenschaftlichen Disziplin ist die Radiästhesie daher heute genauso weit entfährt, wie in ihren Gründertagen vor mehr als 500 Jahren. Dies haben offenbar auch viele Vertreter der Radiästhesie erkannt und verzichten heute gänzlich auf die Entwicklung von prüfbaren Theorien. Statt dessen wird im Vertrauen auf die Kritiklosigkeit der Verbraucher mit unsinnigen oder inhaltslosen Begriffen wie kosmische Energien, Erdstrahlen, sechsdimensionale Hyperwellen etc. operiert. Daß die Wünschelrute und mit ihr die Rutengänger auch heute noch zum Gegenstand wissenschaftlicher Untersuchungen werden, ist in diesem Zusammenhang durchaus kein Widerspruch. Einerseits tauchen ständig neue Theorien zur Wirkungsweise der Wünschelrute auf, die auf Wissenschaftlichkeit und Richtigkeit geprüft werden müssen, und andererseits existiert unabhängig von den Theorien eine Vielzahl von Wünschelrutengängern, die z.T. mit finanziellen Interessen ihre Dienste anbieten und dabei ein großes Leistungsspektrum von sich behaupten. Im Sinne der Wahrheitsfindung und der Aufklärung bzw. des Schutzes der Verbraucher tut die Wissenschaft also gut daran, diese Behauptungen in objektiven Tests zu überprüfen.

Bleibt die Frage offen, wie denn der Wünschelrutenausschlag tatsächlich zustande kommt? Zur Beantwortung dieser Frage müssen sowohl die Psychologie, als auch die Physiologie des Menschen beachtet werden. Der Carpenter-Effekt (auch als ideomotorisches Gesetz bekannt) beschreibt die Tatsache, "daß wahrgenommene oder vorgestellte Bewegungen unwillkürlich dazu führen können, sie in Ansätzen oder vollständig nachzuvollziehen" (W.D. Fröhlich 1981). Übertragen auf die Radiästhesie heißt das: Der Wünschelrutengänger erwartet an einem bestimmten Ort einen Ausschlag der Rute und vollzieht diesen gewünschten Ausschlag unwillkürlich nach. Behilflich ist ihm dabei das nach seinem Entdecker benannte Kohnstamm-Phänomen (Kohnstamm 1915). Hat die Rute in den Händen des Rutengängers erst einmal ihr labiles Gleichgewicht verloren, so verkürzen sich unwillentlich die zuvor isometrisch angespannten Muskeln des Unterarms und der Ausschlag kommt zustande. Beide genannten Effekte sind seit langem bekannt, bestens gesichert und reichen zur Erklärung des Wünschelrutenausschlags an sich völlig aus. Damit hätte die Radiästhesie ihre Existenzberechtigung also schon vor 80 Jahren verlieren müssen, wären da nicht die vielen Berichte über angeblich sensationelle Erfolge mancher Wünschelrutengänger. Die Ursprünge solcher Berichte reichen von zweifelhaften Anekdoten bis hin zu wissenschaftlich dokumentierten Experimenten. Die Beschäftigung mit vielen dieser Publikationen führt zu der Einsicht, daß die Erkenntnisse von Carpenter und Kohnstamm allein nicht ausreichen, um die berichteten Phänomene zu erklären. Danach sollten sich die Rutenausschläge zufällig verteilen oder allenfalls durch psychische (Carpenter) oder physiologische (Kohnstamm) Faktoren bestimmt sein. Eine überzufällige Trefferquote muß also durch andere oder zusätzliche Faktoren zustande kommen. Dabei stößt man auf durchaus interessante Aspekte, die in der wissenschaftlichen Auseinandersetzung mit parawissenschaftlichen Theorien und Behauptungen besonders beachtet werden müssen. Ein sorgfältiger Versuchsaufbau, streng kontrollierte Protokollführung, äußere Bedingungen, Vorwissen und psychologische Voraussetzungen bei den Probanden, exakt formulierte Hypothesen und eine fehlerfreie Statistik der Versuchsauswertung seien hier beispielhaft genannt. Hinzu kommt ein wichtiger und oft vernachlässigter Umstand, der besonders im Zusammenhang mit dem Test angeblich übersinnlicher Fähigkeiten Beachtung verdient. Dies ist der immer wieder anzutreffende Versuch bewußter oder unbewußter Täuschung seitens der Probanden. Daher empfiehlt es sich dringend, einen Täuschungsexperten als Berater und Beobachter in den Versuchsablauf zu integrieren. Zu oft schon sind heute wie in der Vergangenheit selbst erfahrene Wissenschaftler zu Opfern von Tricks und Täuschung geworden.

Experimente

Innerhalb der etablierten Wissenschaften besteht durchaus keine Einhelligkeit über die Bewertung des Wünschelrutenphänomens. Die Meinungsverschiedenheiten treten dabei nicht in der Beurteilung von Theorien zutage, denn außer den oben geschilderten Effekten gibt es keine wissenschaftlich haltbare Theorie zum Rutenausschlag. Vielmehr sind es die Experimente, an denen sich die Geister scheiden. In den letzten Jahren sind zwei Studien aus München (König und Betz 1989) und Wien (Bergsmann 1990) vorgelegt worden, die einen wissenschaftlichen Anspruch erheben und Testergebnisse ausweisen, die allein durch o.g. Effekte und den Zufall nicht erklärbar erscheinen. Bei näherem Hinschauen fallen in beiden Untersuchungen jedoch z.T. eklatante Fehler und Mängel auf, so daß die veröffentlichten Ergebnisse mindestens als fragwürdig bezeichnet werden müssen (Albrecht 1989, Moll 1989, Randi 1989, König 1991, Oepen 1991, Windeler 1991, Löb 1991).

Ohne auf die konkreten Bedingungen der beiden zitierten Untersuchungen näher einzugehen, seien einige Kritikpunkte erwähnt, die als symptomatisch für viele von Wissenschaftlern durchführten Tests und Untersuchungen gelten dürfen.

Voreingenommenheit

Wie in allen wissenschaftlichen Disziplinen anzutreffen, ist auch die Beschäftigung mit Parawissenschaften häufig von Vorurteilen geprägt. Das starke Interesse der Öffentlichkeit fördert dabei die Emotionalisierung derartiger Projekte. Eine Propagierung der behaupteten Fähigkeiten im Vorfeld einer solchen Untersuchung durch die Projektleiter ist keine gute Voraussetzung für die dringend erforderlichen objektiven Bedingungen. Wenngleich die Forderung nach völliger Freiheit von Vorurteilen kaum zu erfüllen ist, so sollte eine entsprechende Selbsterkenntnis der Beteiligten zu Versuchsbedingungen führen, die eine Unabhängigkeit der Ergebnisse von der Einstellung der Projektleiter garantiert. Beide o.g. Untersuchungen haben diesen wichtigen Aspekt in keiner Weise berücksichtigt.

Blindheit/Doppelblindheit

Zur Begriffsbestimmung: Ein Versuch wird als blind bezeichnet, wenn die Versuchsperson nicht weiß, ob der zu suchende Reiz gesetzt ist oder nicht. Doppelblind wird ein Versuch zusätzlich dadurch, daß auch der Versuchsleiter bzw. die Protokollführer keine Kenntnis über das Vorhandensein des Reizes besitzen. Durch diese Vorsichtsmaßnahme wird sichergestellt, daß die Versuchspersonen durch keine anderen Informationswege als den Reiz selbst zu der einen oder anderen Reaktion veranlaßt werden. Die Isolation der Probanden und aller anderen beim Versuch anwesenden Personen erstreckt sich dabei auf alle Sinneseindrücke und die Möglichkeit des logischen Schließens bei Versuchsreihen mit einer nichtzufälligen Reihenfolge. Diese Vorsichtsmaßnahme, bei psychologischen und medizinischen Untersuchungen längst obligatorisch, wird in anderen Zusammenhängen leider noch oft sträflich vernachlässigt. Der Unterschied zwischen einer offenen (der Proband kennt den Zustand der Versuchseinrichtung) und einer doppelblinden Versuchsanordnung wird besonders an dem Kasseler Wünschelrutenexperiment (König 1991) deutlich, in dem für beide Zustände Versuchsreihen durchgeführt wurden. Während die Rutengänger bei einer offenen Anordnung eine Trefferquote von 100% erzielten, sank die Quote bei doppelblinden Versuchsreihen auf den durch reinen Zufall erwarteten Wert ab.

Definition der Reize

Die Klärung der Frage, was den Rutenausschlag provoziert, ist außerhalb der etablierten Wissenschaften mehr als umstritten (s. Kap. Erklärungsversuche). Zur Durchführung einer wissenschaftlichen Untersuchung ist es daher unverzichtbar, in Übereinstimmung mit den Wünschelrutengängern einen Reizträger zu definieren, dessen Vorhandensein bzw. Nichtvorhandensein unabhängig von den Rutengängern eindeutig nachzuweisen ist (z.B. fließendes Wasser in künstlichen Leitungen, Metalle in geschlossenen Behältern). Nur so wäre ein Zusammenhang zwischen dem Rutenausschlag und dessen behaupteter Ursache überhaupt möglich (damit ist über eine eventuelle Wechselwirkung zwischen Reizträger und Rute noch nichts ausgesagt). Wenn jedoch, wie in den Wiener Experimenten und z.T. auch bei den Münchener Forschern, die Wünschelrutengänger selbst die Reizzonen auswählen, und der Unterschied zwischen Reizzonen und reizfreien Zonen meßtechnisch nicht eindeutig erfaßt werden kann, so sind die darauf aufbauenden Experimente ihrer Grundlage beraubt. Interessanterweise kannte das Wiener Team den Münchener "Wünschelruten-Report" und dessen unzweideutige Aussage, daß sich die allermeisten Wünschelrutengänger in ihren Fähigkeiten maßlos überschätzen und nicht in der Lage sind, sogenannte Reizzonen zu finden. Daß sie dennoch ihre Experimente auf die noch nicht einmal einheitliche Aussage 3er Wünschelrutengänger stützen, spricht nicht gerade für einen ausgeprägten Willen zur wissenschaftlichen Exaktheit.

Meßtechnik

Innerhalb der parawissenschaftlichen Szene ist es beliebt geworden, die eigenen Theorien oder Fähigkeiten durch andere parawissenschaftliche Disziplinen belegen zu lassen. Nach dem Motto "Der Wunderheiler bestätigt die Diagnose des Wünschelrutengängers" wird versucht, aufkommenden Zweifel zu zerstreuen und die "kosmische Einheit" der Esoterik zu dokumentieren. Besonders in den Wiener Experimenten wird diese Methode in etwas subtilerer Form eingesetzt. Bei dem Versuch, die von Wünschelrutengängern "erspürten" Orte als "geopathogene", d.h. für den Menschen krankmachende Zonen auszuweisen, wurden Meßmethoden wie EAV (Elektroakupunktur nach Voll) und Anthroposkop eingesetzt, die sich in der klinischen Praxis als falsch oder zumindest sehr zweifelhaft erwiesen haben.

Statistik

Da unverzichtbare Instrument eines jeden wissenschaftlichen Experiments ist die statistische Auswertung der Ergebnisse. Sie erlaubt, korrekt durchgeführt, eine Gesamtaussage über die Versuche und bietet die Grundlage für deren Interpretation. Obwohl die Statistik als mathematische Disziplin in der Öffentlichkeit keinen guten Ruf genießt ("Ich glaube nur derjenigen Statistik, die ich selbst gefälscht habe"), verdanken wir ihr wichtige Erkenntnisse wären ohne sie erheblich behindert. Doch gerade wegen dieser enormen Bedeutung ist im Umgang mit statistischen Methoden und der Interpretation ihrer Ergebnisse besondere Sensibilität gefragt. Leider lassen beide hier kritisierten Projekte in dieser Beziehung z.T. eklatante Schwächen erkennen, die zu Mißinterpretationen und letztlich zu einem Verfälschen der Experimente führen können. Drei wesentliche Aspekte stehen in diesem Zusammenhang noch vor der eigentlichen Anwendung von statistischen Methoden und vor der Versuchsdurchführung. Dies ist erstens die Formulierung einer geeigneten Arbeitshypothese als Grundlage jeder statistischen Analyse. Zweitens müssen geeignete Regeln aufgestellt werden, die verbindlich festlegen, unter welchen Umständen Testergebnisse in die statistische Analyse einfließen, oder auch nicht. Schließlich müssen drittens die statistischen Methoden, nach denen das Zahlenmaterial ausgewertet werden soll, noch vor den eigentlichen Versuchen festgelegt werden. Nur so ist eine Reproduzierbarkeit der Ergebnisse überhaupt möglich und die Gefahr einer bewußten oder unbewußten Manipulation auf ein Minimum begrenzt. Aus unbekannten Gründen hat sich jedoch weder die Münchener noch die Wiener Forschergruppe an diese Grundsätze gehalten. So schlossen die Münchener Experimentatoren nach willkürlichen und subjektiven Gesichtspunkten Versuchsteilnehmer aus der Endauswertung aus ("unzureichende Anpassungsfähigkeit", "Ermüdung", "Mangel an Konzentration"). Damit wurde eine unzulässige Datenselektion zugunsten einer positiven statistischen Aussage über die Rutenfähigkeit der Teilnehmer betrieben. Andererseits versäumten sie es, die ausgewiesenen Erfolge einiger weniger Rutengänger durch Wiederholungsexperimente zu verifizieren. Noch gravierender ist das offensichtliche Unverständnis der Wiener Projektverantwortlichen. Sie scheinen die Statistik als Quelle zulässiger Verfahren zur Bestätigung der von ihnen gewünschten Ergebnisse zu verstehen. Wie sonst sollte man erklären, daß deren Analyse jeweils nur so tief reicht, bis ein in ihrem Sinne signifikantes Ergebnis zutage tritt. Die dabei herangezogenen Parameter aller unterschiedlichen Ebenen wurden inhaltlich völlig undifferenziert und gleichwertig betrachtet, die offenbar ebenfalls erhaltenen negativen Analyseergebnisse finden keine Erwähnung. Ein weiteres Beispiel für eine falsch verstandene Anwendung statistischer Analysen findet sich in der "Reanalyse des Kasseler Wünschelruten-Tests der GWUP" durch den Göttinger Psychologen Ertel (Ertel 1991). Die GWUP-Untersuchung, in der 19 Wünschelrutengänger auf ihre Fähigkeit hin untersucht wurden, fließendes Wasser in künstlichen Leitungen und unterschiedliche Gegenstände in verschlossenen Behältern zu finden, zeichnet sich durch eine klare Arbeitshypothese und vorher festgelegte statistische Analysen aus und kam zu einem eindeutig negativen Resultat. Ertel gelang es nun, durch nachträgliche Datenselektion einen selbst definierten "Warming-up-Effekt" zu erkennen, der einen Hinweis auf das Vorhandensein eines Wünschelruteneffekts liefere, der mit dem Zufall allein nicht zu erklären sei. Ertel übersieht dabei, daß die Experimente nicht auf den Test eines "Warming-up-Effekts" ausgelegt waren und daher auch nicht zur Bestätigung eines solchen Effekts herangezogen werden können. Die nachträgliche Suche nach beliebigen Korrelationen innerhalb eines statistischen Datenbestands ist eine oft lohnende, aber eindeutig unzulässige Art der Datenanalyse.

Das Kasseler Wünschelrutenexperiment

Die "Gesellschaft zur wissenschaftlichen Untersuchung von Parawissenschaften" (GWUP) führte im November 1990 in Zusammenarbeit mit dem Hessischen Rundfunk und dem amerikanischen Trickkünstler und Täuschungsexperten James Randi einen Wünschelrutentest durch, bei dem 19 Wünschelrutengänger auf ihre Fähigkeiten hin überprüft wurden. Dabei konnten die GWUP und James Randi auf ein breites Wissen aus allen durch einen solchen Test berührten wissenschaftlichen Disziplinen (Medizin, Psychologie, Physik, Geologie) zurückgreifen und profitierten von dem enormen Erfahrungsschatz befreundeter internationaler Skeptiker-Organisationen. Der Hessische Rundfunk als weiterer Partner stellte die Räumlichkeiten, sowie das technische Umfeld zur Verfügung und trug durch seine Berichterstattung zur Dokumentation und Veröffentlichung der Experimente bei.

Der Wunsch zu einem derartigen Unternehmen erwuchs innerhalb der GWUP aus der langjährigen theoretischen Beschäftigung mit der Radiästhesie und der kritischen Beobachtung anderer Experimente zur Wünschelrute, die in jüngster Zeit im deutschsprachigen Raum durchgeführt wurden und trotz hoher finanzieller und zeitlicher Aufwendungen z.T. erschreckende Qualitätsmängel aufwiesen (s. Kap. Experimente). Vor dem Hintergrund von seinerzeit ca. 10.000 in der BRD tätigen Wünschelrutengängern und einem Jahresumsatz der Branche von geschätzten 100 Millionen DM schien es an der Zeit, einen Test zu konzipieren, der die Rutengänger an ihren eigenen Maßstäben maß und den in diesem Zusammenhang besonderen Anforderungen für Wissenschaftlichkeit genügte.

Konzeption und Vorbereitung

Die Planungs- und Konzeptionsphase für diesen Test nahm 1½ Jahre in Anspruch und umfaßte die Auswahl der Wünschelrutengänger, die Definition der zu testenden Fähigkeiten, die Formulierung der Arbeitshypothesen und die Definition der methodischen Voraussetzungen für die Experimente. Aufgrund einer Pressemitteilung im Spätsommer 1989 meldeten sich über 100 Wünschelrutengänger bei der GWUP und bewarben sich um eine Teilnahme. Als Anreiz für die Rutengänger setzten die GWUP und James Randi ein Preisgeld in Höhe von DM 20.000 für diejenigen aus, die den Test erfolgreich absolvierten. Nach intensiver Korrespondenz ergaben sich schließlich zwei Testformen, die einerseits den angegebenen Fähigkeiten der Rutengänger entsprachen und andererseits für die Durchführung der Experimente gut geeignet erschienen:

▶ Das Auffinden von fließendem Wasser in künstlichen Leitungen

▶ Das Auffinden von Gegenständen in verschlossenen Behältern

Obwohl die von den Interessenten selbst erwarteten Trefferquoten zwischen 90 % und 100 % schwankten, setzten die GWUP und James Randi die Mindestanforderung zum Gewinn des Preisgeldes auf 83 % für die erste Testform und 80 % für die zweite Testform herab. Bei Erfolg mußte diese Leistung in einer zweiten Versuchsreihe wiederholt werden. Schließlich stellten sich 19 Wünschelrutengänger der gestellten Aufgabe und reisten im November 1990 nach Kassel.

Besonderen Wert legten die beteiligten Wissenschaftler auf eine qualitativ hochwertige Methodik. Dies drückt sich durch die folgenden selbstgesteckten Anforderungen an den Test aus:

► "Die Testbedingungen mußten dazu geeignet sein, die behaupteten Fähigkeiten zu prüfen.

► Die zu testenden Hypothesen mußten präzise definiert sein, so daß die Ergebnisse die Hypothesen entweder bestätigen oder diesen widersprechen konnten.

► Es mußte sichergestellt sein, daß keine andere als die behauptete Fähigkeit zu einem positiven Ergebnis führen konnte." (...) "Deshalb ist ein Doppelblindversuch unerläßlich".

► Die Wahrscheinlichkeit für eine durch Zufall bedingte Lösung der Testaufgabe sollte ausreichend klein sein. Da es sich hier um außergewöhnliche Behauptungen handelt, die grundlegenden wissenschaftlichen Erfahrungen widersprechen, sollte ein hohes Signifikanz-Niveau gewählt werden.

► Die Teilnehmer mußten ihr ausdrückliches Einverständnis mit den Testbedingungen erklären." (König 1991)

Als Grundlage für ein solches Experiment mußten testbare Hypothesen formuliert werden und zusätzlich die Interpretation der Testergebnisse für den Fall der Bestätigung der Hypothesen und den Fall der Nicht-Bestätigung verbindlich festgelegt werden.

► Hypothese 1
"Wünschelrutengänger können in mindestens 83% der Fälle feststellen, ob Wasser in einem Kunststoff-Rohr fließt oder nicht, wobei die erwartete Zufalls-Trefferquote bei 50% liegt."

► Hypothese 2
"Wünschelrutengänger können in mindesten 80% der Fälle feststellen, in welcher von 10 Kisten sich ein vorher vereinbarter Gegenstand befindet, wobei die erwartete Zufalls-Trefferquote bei 10% liegt."

► Bestätigung der Hypothese(n)
"In diesem Fall werden Hinweise für die mögliche Existenz des Wünschelruteneffektes geliefert."

► Nicht-Bestätigung der Hypothese(n)
"Folgen die Ergebnisse der Gruppe der Wünschelrutengänger einer Trefferverteilung, wie sie unter Zufall zu erwarten wäre, so bestätigt dies die Zufallshypothese. Weicht jedoch die Trefferverteilung in irgendeiner Weise auffällig von einer Zufallsverteilung ab, so könnte

dies als Ausgangspunkt neuer Versuchsreihen unter neu definierten Hypothesen dienen."

Versuchsaufbau

Unter o.g. Bedingungen wurden auf dem Gelände des Hessischen Rundfunk in Kassel die technisch Voraussetzungen für beide Testformen geschaffen. Der im Hinblick auf die geleistete Vorbereitungsarbeit wesentlich anspruchsvollere "Wasser-Test" ist schematisch in der folgenden Skizze dargestellt.

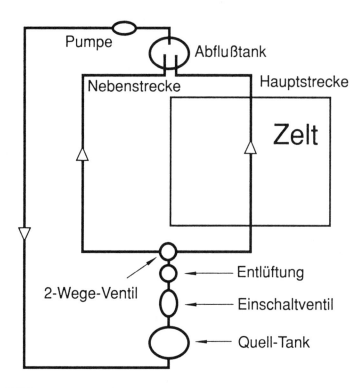

Abbildung 1: Technischer Versuchsaufbau zu den "Wasser-Tests"; Quelle: Skeptiker 1/91

Grundlage für den Wasser-Test war ein 40 Meter langes rechteckiges Rohrsystem, das in einer Tiefe von 50cm verlegt wurde. Am oberen

Ende des Systems wurde ein Vorratsbehälter installiert und auf der gegenüberliegenden Seite befand sich ein Auffangbehälter mit vergleichbarem Fassungsvermögen. Das natürliche Gefälle des präparierten Wiesengeländes gewährleistete einen ausreichenden Wasserfluß während der Testserien. Ein geschlossenes Zelt mit den Abmessungen 6m x 8m wurde so über dem Rohrsystem aufgestellt, daß es von einer der beiden Leitungen zum Auffangbehälter (Hauptstrecke) gekreuzt wurde. In einem ebenfalls geschlossenen Holzhäuschen wurde das Ventilsystem zur Steuerung des Wasserflusses installiert.

► Ein Hauptabsperrventil regelte den Zufluß aus dem Vorratsbehälter.

► Ein Entlüftungsventil sorgte für eine völlige Entlehrung des gesamten Rohrsystems nach der Beendigung eines jeden Einzeltests

► Ein Zwei-Wege-Ventil steuerte den Wasserfluß entweder durch die Hauptstrecke oder durch die Nebenstrecke zum Auffangbehälter.

Mit Hilfe einer Motorpumpe wurde das Wasserreservoir zyklisch durch eine Ringleitung in den Vorratsbehälter zurückgepumpt. In dem mit Kunstrasen ausgelegten Zelt wurde mit rotem Signalband der Verlauf der Rohrleitung exakt gekennzeichnet. Die Wünschelrutengänger sollten angeben, ob durch die markierte Hauptleitung Wasser floß oder nicht.

Der Aufbau für die zweite Testform gestaltete sich vergleichsweise einfach. zehn gleichartige Kunststoffkisten wurden in gleichen Abständen auf eine Holzbank gestellt. Die Rutengänger sollten diejenige Kiste benennen, die einen zuvor ausgewählten Gegenstand enthielt. Dazu standen sechs unterschiedlichen Materialien (Eisen, Kohle, Gold, Silber, Magnet, Kupfer) zur Auswahl.

Durchführung und Vorsichtsmaßnahmen

Um die oben beschriebenen Anforderungen an die Tests zu erfüllen, wurden eine Reihe von Maßnahmen getroffen, die insbesondere die Doppelblindheit der Versuche und eine lückenlose Dokumentation gewährleisteten. Für die Wasser-Test wurden Testreihen von je 30 Einzelversuchen, für die Kisten-Experimente von je zehn Einzelversuchen durchgeführt. Die Einstellung der Versuchseinrichtungen wurde zufällig bestimmt und per Videokamera aufgezeichet. Weder die Wünschelrutengänger, noch die Protokollführer kannten den Zustand der Versuchseinrichtung während der Tests. Nach jedem Einzeldurchgang wurden die Testeinrichtungen in einen neutralen Zustand versetzt, bevor die zufällig bestimmte Einstellung für den nächsten Einzeltest vorgenommen wurde.

Die Fließrichtung bei den Wasser-Tests wurde zusätzlich am Auffangbehälter aufgezeichnet. Die Kommunikation zwischen Protokollführer
und den Personen, die die Einstellungen vornahmen, verlief grundsätzlich in nur einer Richtung, so daß selbst eine ungewollte Informationsübertragung ausgeschlossen war. Jeder Rutengänger wurde aufgefordert,
die nähere Umgebung der Testaufbauten nach eventuell vorhandenen
Störeinflüssen hin zu untersuchen. Es wurden zwar derartige Einflüsse
angegeben, jedoch versicherten alle Probanden, daß sie sich dadurch
nicht beeinträchtigt fühlten. Allen Teilnehmern wurde die Funktionsweise der Versuchseinrichtungen gezeigt und vor den eigentlichen Tests
die Gelegenheit gegeben, sich in offenen Versuchen (die Rutengänger
kannten die Einstellung) auf die Bedingungen einzustellen. Die Trefferquoten in diesen offenen Versuchen betrugen in allen Fällen 100 %.
Jeder Teilnehmer gab vor bzw. nach den Testreihen folgende Erklärungen ab:

*Ich erkläre, daß seitens der GWUP und James Randi über den Testauf-
bau schriftlich und mündlich ausreichend informiert worden bin. Ich
hatte in Vorversuchen die Gelegenheit, mich auf die Anforderungen einzustellen und fühle mich körperlich und seelisch in der Lage, den Test
unter den gegebenen Umständen erfolgreich zu absolvieren.*

*Ich erkläre, daß der Test in einwandfreier Weise durchgeführt wurde.
Die Testbedingungen und der zeitliche Ablauf haben mich während der
Durchführung in keiner Weise beeinträchtigt.*

Ergebnisse

Die Ergebnisse der Kasseler Experimente bestätigen in jeder Beziehung
die Zufallshypothese. Keiner der Teilnehmer konnte die gestellte Aufgabe (80 % bzw. 83 % Treffer) erfüllen. Die von der Gesamtheit der
Rutengänger erzielten Trefferquoten (52,3 % beiden Wasser-Test und
10,8 % bei den Kisten-Experimenten) bewegen sich sehr nahe an der Zufallserwartung von 50 % bzw. 10 %. Die graphische Darstellung der Ergebnisse (Abb. 2 und 3) zeigt gemessen an der relativ geringen Zahl der
Einzeltests keine Auffälligkeiten, die einer Zufallsverteilung widersprechen würden.

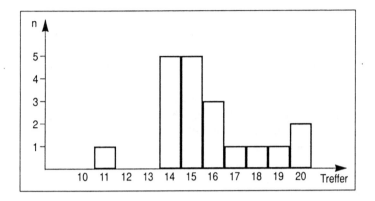

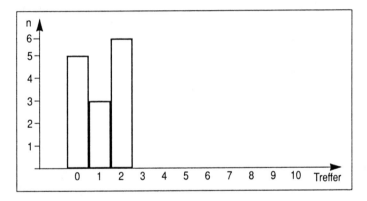

Abbildungen 2 und 3: Trefferverteilung bei den Wasser-Tests und den Kisten-Experimenten; Quelle: Skeptiker 1/91

Die besten Einzelergebnis bei den Wasser-Tests lagen bei 20 Treffern. Die Wahrscheinlichkeit, daß zwei oder mehr Personen bei dieser Testform rein zufällig 20 oder mehr Treffer erzielen, beträgt ca. 24% und liegt daher durchaus im Rahmen der Zufallserwartung. Dies wird besonders deutlich, wenn man die rein zufällig ermittelten Vorgaben zur Einstellung der Wasser-Tests betrachtet. Hier schwankten die Einstellungen für die Variante "Wasser fließt" zwischen 11 und 21 und liegen damit sehr nahe bei der tatsächlich erzielten Trefferverteilung. Keine der

Wünschelruteneffekt oder eine damit verbundene Fähigkeit bei den Rutengängern.

Der besondere Wert des Kasseler Wünschelrutentests liegt wohl weniger in der Erkenntnis, daß die Wünschelrutengänger (streng genommen: die beteiligten Wünschelrutengänger) ihre eigenen Erwartungen nicht erfüllen und keinerlei Hinweise für eine besondere oder gar übernatürliche Fähigkeit liefern konnten. Vielmehr sind es die klaren und nachvollziehbaren methodischen Ansätze und die Erfüllung der geforderten, strengen Anforderungen an derartige Experimente, die als exemplarisch für die wissenschaftliche Untersuchung von parawissenschaftlichen Behauptungen gelten dürfen.

Ausblick

Obwohl sich die Wissenschaft in diesem Jahrhundert der Prüfung von parawissenschaftlichen Theorien und insbesondere auch der Wünschelrutenfrage angenommen hat, scheint die Glaubensbereitschaft in der Öffentlichkeit ungebrochen. Vielmehr erleben wir einen starken Trend hin zu Irrationalitäten, dessen Ursachen vielschichtig sind und an anderer Stelle erörtert werden müssen. Die wissenschaftliche Methode der Prüfung derartiger Phänomene bietet, korrekt angewendet, als einziges Instrument die Möglichkeit einer objektiven Aussage über den Wahrheitsgehalt der aufgestellten Theorien und das Vorhandensein der behaupteten Fähigkeiten. Berührungsängste oder gar Eitelkeiten seitens der Wissenschaftler sind keine geeigneten Mittel, ihrer Disziplin aus der zweifellos vorhandenen Sympathiekrise zu verhelfen. Damit wird allen in der Wissenschaft Tätigen eine wichtige, gesellschaftliche Aufgabe zuteil, die durchaus als Verpflichtung verstanden werden sollte. Aufklärung und sachliche Information sind die Grundlagen für die Förderung einer offenen und zugleich skeptischen Grundhaltung in der Bevölkerung. Wenn es der Wissenschaft gelingt, der Öffentlichkeit ohne erhobenen Zeigefinger den neugierigen Wunsch, der Wahrheit möglichst nahe zu kommen, als die Triebfeder ihres Tuns zu vermitteln, sind wir diesem Ziel einen großen Schritt näher gekommen.

Literatur

Albrecht, F.: "Der Wünschelruten-Report", III. Kommentar zum "Wünschelrutenreport" aus geologischer Sicht, in: Skeptiker 4/89, S. 20-21

Bergsmann, O.: Risikofaktor Standort, Rutengängerzone und Mensch, Wien: Facultas 1990

Büntingen, J.: Sylva Subterranea oder Vortreffliche Nutzbarkeit des Unterirdischen Waldes der Steinkohlen, Magdeburg: Christoph Salfelden 1693

Ertel, S.: Reanalyse des Kasseler Wünschelruten-Tests der GWUP, Zuschrift des Verfassers 1992

Fröhlich, W. D. und J. Drever: Wörterbuch zur Psychologie, 13. Aufl., München: dtv 1981

Klinckowstroem, C. v.: Bibliographie der Wünschelrute, in: Schriften des Verbandes zur Klärung der Wünschelrutenfrage, Heft 7. Stuttgart: Wittwer 1916

Klinckowstroem, C. v.: Geschichte der Wünschelrute, Archiv zur Klärung der Wünschelrutenfrage 4/5 1955/56

Klinckowstroem, C. v. und R.v. Maltzahn: Handbuch der Wünschelrute,. Berlin: Zillessen 1931.

Kohnstamm, O.: Demonstration einer katatonieartigen Erregung beim Gesunden, in: Neurol. Zbl. 290, 1915

König, R., J. Moll und A. Sarma: Wünschelruten-Test in Kassel, in: Skeptiker 1/91, S. 4-10

König, H. L., und H.-D. Betz: Erdstrahlen? Der Wünschelruten-Report, München: Selbstverlag 1989

Lehmann, A.: Aberglaube und Zauberei, 3. Aufl., Stuttgart: Enke 1925

Löb, H.: "Der Wünschelruten-Report". II. Gibt es Erdstrahlen? Kommentar zum "Wünschelruten-Report" aus physikalischer Sicht, in: Skeptiker 4/89, S. 14-20

Löb, H.: Wiener Standort-Experimente, Kommentar III (aus physikalischer Sicht),in: Skeptiker 1/91, S. 17-20

Moll, J. u.a.: "Der Wünschelruten-Report", I. Stellungnahme der "Gesellschaft zur wissenschaftlichen Untersuchung von Parawissenschaften" (GWUP), in: Skeptiker 4/89, S. 11-14

Oepen, I.: Wiener Standort-Experimente, Kommentar I (aus medizinischer Sicht), in: Skeptiker 1/91, S. 11-13

Pohl, A. v.: Erdstrahlen als Krankheits- und Krebserreger, 2. Aufl., Feucht: Verlage Fortschritt für alle 1978

Prokop, O. und W. Wimmer: Wünschelrute Erdstrahlen Radiästhesie, 3. Aufl., Stuttgart: Enke 1985

Randi, J.: "Der Wünschelruten-Report", IV. Anmerkungen zur Kritik an Versuchen von James Randi, in: Skeptiker 4/89, S. 21-24

Windeler, J.: Wiener Standort-Experimente, Kommentar II (Versuchsanordnung und Auswertung der Daten), in: Skeptiker 1/91, S. 14-17

Wuttke, A.: Der deutsche Volksaberglaube der Gegenwart, 4. Aufl., Leipzig: Ruhl 1925

Zeidler, J. G.: Pantomysterium oder Das Neue vom Jahr in der Wünschelruthe als einem allgemeinen Werckzeuge menschlicher verborgener Wissenschaft, Magdeburg: Hall 1700

Heinz Gess

Der "Neue Mensch"
als Ideologie der Entmenschlichung

Über Bhagwans und Bahros Archetypus

Die religiös-spirituelle Dimension der Nazi-Bewegung

1936 bietet C. G. Jung, dessen Lehre vom kollektiven Unbewußten und
von der Selbsterlösung des Menschen durch die Individuation des
archetypischen Selbst heute im "Selbstverwirklichungsmilieu" und in der
New Age Bewegung eine außerordentliche Renaissance erlebt, eine ihm
"trefflich"[1] erscheinende Erklärung für den Nationalsozialismus an. Er
schreibt: "Wenn wir die wohlgemeinte, menschlich-allzumenschliche
Vernünftigkeit", die glaubt, "die Welt vernünftig zu erklären, wofern
die Basis unserer Erklärung aus dem ökonomischen, dem politischen
und dem psychologischen Faktor besteht", "etwas beiseite schieben und
statt des Menschen Gott oder Götter mit der Verantwortlichkeit für das
heutige Geschehen belasten dürfen - dann würde wohl Wotan als kausale
Hypothese gar nicht übel passen. (...) Die Wotangläubigen scheinen
trotz ihrer Schrullenhaftigkeit richtiger gesehen zu haben als die Vernünftler. Wotan ist - und das hat man offenbar völlig vergessen - eine
Grundgegebenheit der deutschen Seele, ein wahrster Ausdruck und eine
unübertroffene Personifikation einer grundlegenden Eigenschaft (..) des
deutschen Volkes"; ist "ein seelischer 'Faktor' irrationaler Natur, eine

---

[1] C.G. Jung, Wotan (1936) in: ders.: Gesammelte Werke, Bd. 10, Olten 1974, S. 210.
Im folgenden wird für die "Gesammelten Werke" stets die Abkürzung G.W. verwendet.

Zyklone, welche den kulturellen Hochdruck abbaut und wegreißt"[2].
Diese "Erklärung" macht deutlich, wie nahe Jung selbst dem in der
Weimarer Republik grassierenden und in einer Vielzahl von politisch-
religiösen Sekten sich organisierenden völkischen Spiritualismus und
dem damit verbundenen, zum Bestandteil der nationalsozialistischen
Weltanschauung gewordenen Glauben an eine rassespezifische "deutsche
Gottesschau" stand. Sie weist darüberhinaus, freilich unwillentlich, darauf hin, daß die nationalsozialistische Propaganda sozial bedingte Bereitschaften und Bedürfnisse ansprach und für ihren Zweck einspannte,
die mächtigeren Interessen gegen die Masse mit Hilfe der Masse durchzusetzen, entstellt diesen Sachverhalt aber zugleich, indem sie die Bereitschaften, die der Nationalsozialismus den ihm genehmen Ausdruck
verschaffte, im Einklang mit der faschistischen Propaganda zum
"irrationalen", göttlich-archetypischen Grundbestand der deutschen
Seele erklärt und in eins damit zum Gegensatz der Vernunft stilisiert.
Trotz solcher Entstellungen hat Jung mit seiner Bemerkung, daß die
Wotangläubigen richtiger gesehen haben als die sogenannten Vernünftler, in gewissem Sinne dennoch recht, wenn auch anders als er meint.
Zwar trägt kein Gott und kein Wotan die Verantwortung für das historische Geschehen, aber, indem Jung auf den deutschen Gott und das ewige
"kollektive Unbewußte" verweist, macht Jung gleichwohl und zu recht
auf etwas aufmerksam, das in antifaschistischen Erklärungen des Nazifaschismus in der Tat weitgehend vernachlässigt worden ist, nämlich daß
der Nationalsozialismus auch eine politisch ausgerichtete religiöse Ret-
tungsbewegung war, in der sich ein dualistischer Spiritualismus, eine
neuheidnische, völkisch-germanische Religion und ein Erlösungsglaube
und politischer Messianismus, der in Hitler den Heilsbringer sah, miteinander vermischten. Man braucht nur in Hitlers "Mein Kampf" hineinzusehen, um festzustellen, daß Hitlers Antisemitismus Ausdruck
eines religiösen Systems und einer religiös begründeten Sendung ist, die
sich unentwegt als authentische in Szene setzen muß. Ohne den Glauben
an eine höhere, nicht jedermann gleichermaßen zugängliche erlösende
Erkenntnis, die sich in auserwählten, zur Führung berufenen Menschen
verkörpert, ohne den Glauben an eine rassespezifische, völkische Religiosität und Geistigkeit, ohne den damit verknüpften differentialisti-
schen Rassismus und fundamentalistischen Kulturrelativismus, der sich
mit einem überschäumenden Sozialdarwinismus verband, und ohne den

---

[2] Ibd., S. 209 und 210

durch diese Art "Deutschgläubigkeit" religiös überhöhten und zuge-
spitzten dualistischen Antisemitismus, der zugleich eine passende "Erklärung" für die gesellschaftliche Krise anbot und den angeblichen Sün-
denbock für die vermeintliche Zersetzung der Ordnung benannte, wäre
die antisemitische, völkisch-nationalsozialistische Revolution von 1933
wahrscheinlich so nicht möglich gewesen. Die jahrzehntelange Propagierung dieser völkisch-spirituell-esoterischen Religiosität und der von
ihr wachgehaltenen und mit jeder Krise und jeder Enttäuschung über die
reale Politik propagandistisch verstärkten Erwartung auf innerweltliche
Erlösung durch die irgendwann durchbrechende "wahre", "authentische"
Politik haben zusammen mit anderen ideologischen Faktoren einer
Mentalität zur Vorherrschaft verholfen, die im Zusammenspiel mit den
sozial bedingten autoritär-rebellischen Bereitschaften, die Jung zur
archetypischen Urnatur überhöht, der nationalsozialistischen Propaganda
die realistische Chance gegeben hat, den Massenprotest gegen die Not
und den revolutionären Willen zur Veränderung der Verhältnisse in die
Bahnen einer antisemitischen nationalsozialistischen Rebellion zu lenken. Nicht daß sie Gott oder die rassespezifischen Archetypen vergessen
hatten, sondern daß sie die Wirksamkeit dieser ideologischen Konfigu-
ration mit ihren spiritualistischen, esoterischen, neuheidnischen, okkultistischen, mystischen und neoromantischen Komponenten unterschätzt
hatten, ist der Fehler der sogenannten "Vernünftler" gewesen. Daß die
Wotangläubigen in dieser Hinsicht anders gedacht haben, ist der Punkt,
in dem sie vermutlich in der Tat recht gehabt haben.

Der Fehler der "Vernünftler", den Jung 1936 in der ihm eigenen,
seine Sympathien mit den Wotangläubigen nicht verbergenden Aus-
drucksweise feststellt, hat in der Nachkriegszeit seine Fortsetzung gefunden. Kaum irgendwo in antifaschistischen Erklärungen des Nationalsozialismus wurde die völkisch-spirituelle Dimension der nationalsozialistischen Bewegung ernst genommen und gründlich untersucht. Die
1979 in deutscher Sprache erschienene Untersuchung von Georg L.
Mosse "Ein Volk - Ein Reich - Ein Führer. Die völkischen Ursprünge
des Nationalsozialismus" wurde unter Linken und Grünen seinerzeit
kaum rezipiert[3]. Die Verkennung der religiösen Dimension des Fa-

---

[3] Eine lobenswerte Ausnahme bildete Wolfgang Pohrt der Mosses Untersuchung (1983)
zur Grundlage seines Essays über "die Wiederkehr des Gleichen" machte und der zuvor schon den Zusammenhang von spirituell-therapeutischer Kommunepraxis, Terror
und Selbstzerstörung am Beispiel der Jonestown-Kommune herausgestellt hatte.
Siehe Wolfgang Pohrt, Stammesbewußtsein, Kulturnation, Berlin 1984; ders., Ausverkauf. Von der Endlösung zu ihrer Alternative, Berlin 1980.

schismus ging soweit, daß sich in den achtziger Jahren in Verbindung mit dem Psychokult und der Ökologie- und Friedensbewegung eine Erlösungsbewegung ("New Age") und Spiritualität wieder ausbreiten und bis weit in die bürgerliche Linke vordringen konnte, die in vielem an die völkische Spiritualität der Weimarer Republik und an ihren politischen Messianismus, weltanschaulichen Dualismus und ihre autoritär-elitäre Gesellschaftsbilder aufgreifende faschistische Propaganda erinnert. Statt auf diese Entwicklung frühzeitig mit Kritik zu reagieren und die Auseinandersetzung mit dem vermeintlich "neuen Denken" aufzunehmen, um die "Waffen der Kritik" daran zu schärfen, zog man es zur eigenen Beruhigung vor, den erklärten Anspruch der "neuen" ideologischen Bewegung, eine Transformation des Bewußtseins durchzusetzen und die kulturelle Hegemonie zu erringen, nicht ernst zu nehmen, und, um nur ja die "neuen Denker" als mögliche Bündnispartner in konkreten gesellschaftlichen Auseinandersetzungen nicht zu verärgern, mögliche Differenzen und den unterschiedlichen Gehalt der linken, von Marx herkommenden und der spirituell-völkischen Gesellschaftskritik mit vagen Formeln zuzudecken. Man machte sich vor, Bündnispartner zu gewinnen, wo man aus uneingestandener Schwäche schon längst dabei war, unter einem neuen pseudo-linken "Jargon der Eigentlichkeit" Ausverkauf zu betreiben und der Transformation des Bewußtseins zuzuarbeiten. Der Ausverkauf fiel um so leichter, als man sich in Verkennung der religiös-spirituellen Dimension des Nationalsozialismus leicht darüber hinwegtäuschen konnte, daß die neue Spiritualität, wie sie in der alternativen Szene und in New-Age-Kreisen vorzufinden ist, ob in Findhorn oder in Oregon, bei den Krishna-Jüngern, den Anhängern der transzendentalen Meditation oder den neuheidnischen Naturreligionen, im großen und ganzen mit derjenigen identisch ist, die bereits schon in der völkischen Bewegung und bei den historischen faschistischen Denkern die Rettung bringen sollte. Und wenn doch einmal Bedenken aufkamen über die Richtung, in die das Ganze ging, wenn die messianische Führerpropaganda, autoritäre Organisationsformen, totalitäre Tendenzen, Lobsprüche auf Hitler (Bhagwan 1985), Verbindungen zur rechtsextremen Szene, wie sie Gugenberger und Schweidlenka (1987) aufgedeckt hatten, unübersehbar waren, dann blieb immer noch, das Frag- und Kritikwürdige als sektenspezifisch und randseitig abzutun und auf diese Weise das Allgemeine und Politische, das sich in solchen Anzeichen kundtat, zu verleugnen. Konform war in der Szene, den Rajneeshismus als Sekte und Bhagwan als Sektenführer darzustellen; tabu aber war und als schreckliche Übertreibung galt, ihn als das zu zeigen, was er meiner Meinung nach ist, nämlich als eine spirituelle Spielart der Führerpropaganda. Ich werde diese These im folgenden begründen und am Beispiel der Sannyasins das politische Potential der New-Age-Bewegung herausarbeiten. Denn die Ideologie der "sanften Verschwörer" (Marilyn Ferguson) ist überall vom gleichen Schlage und will überall auf dasselbe hinaus, und dazu gehört immer die Respiritualisierung der Natur und die Naturalisierung der Gesellschaft.

Bhagwan und Bahro

Mit der Wiederentdeckung der Spiritualität im New Age, der Wiederentdeckung der Idee der angeblich heiligen hierarchischen Ordnung des kosmischen Ganzen, dem Wiederaufleben des spirituell begründeten Führerkults und dem Glauben an die Selbsterlösung hier und jetzt, geht seit Mitte der achtziger Jahre eine Kampagne zur spirituellen Relativierung oder gar Rehabilitierung des Nationalsozialismus einher, die die im Historikerstreit durch Nolte betriebene Entsorgung der Vergangenheit fortsetzt und komplementiert. Den Startschuß für diese Kampagne hat Bhagwan anno 1985 in einem Spiegelinterview gegeben. Darin läßt er durchblicken, daß er die Idee des ganzheitlichen, in der 'verborgenen harmonischen' Ordnung der Natur lebenden Menschen, wie sie vom spirituellen Denken propagiert wird, für die Fortsetzung der vom Nationalsozialismus eigentlich gemeinten, "schönen und lichten", nur seinerzeit leider mißbrauchten und falsch realisierten Idee des neuen, rassischen Menschen und sich selbst für die Erfüllung dieser lichten Idee, also für den besseren Hitler, und den Rajneeshismus für den besseren Faschismus hält. Er sei wie Hitler, führt er aus, aber ohne die Fehler, die dieser bei der Realisierung des ganzheitlichen, authentischen Menschentums gemacht habe. Hitlers Eigenschaften und das, was er eigentlich gewollt habe, seien positiv gewesen[4]. Wenige Wochen später schiebt er, besorgt um sein Renomee als "Meister", in einer Presseerklärung nach: "Wenn ich gesagt habe, daß ich eine gewisse Liebe für Hitler habe, meinte ich damit, daß ich Ehrlichkeit, Integrität, Mut und Direktheit liebe. Und diese Eigenschaften haben in dem Mann gesteckt. Nur hat er sie miß-

---

[4] Bhagwan Shree Rajneesh, Ich möchte gern die ganze Welt übernehmen, Spiegelgespräch mit Bhagwan, in: Der Spiegel Nr.32/1985, S. 93

braucht. Ich verurteile die Art, wie er diese Qualitäten einsetzte, aber diese Qualitäten kann ich nicht verurteilen"[5].

Nach dem Startschuß Bhagwans wird die Kampagne zur spirituellen Relativierung und Rehabilitierung des deutschen Faschismus von Rudolf Bahro 1989 in seiner "Logik der Rettung" fortgesetzt. Unverblümt bescheinigt er dort den Ideologen der "konservativen Revolution" der Weimarer Republik, sie seien als die "mehr oder weniger dem Nationalsozialismus Verfallenen (...) dichter an elementaren seelischen Realitäten der Epoche"[6] gewesen. Daß das so ist, weckt bei ihm keinerlei Bedenken, sondern umgekehrt die Gewißheit, daß in der Nazibewegung Positives "verlarvt" gewesen sei, das "dann immer gründlicher pervertiert wurde". Dieses vermeintlich Positive sei, meint er, eine "Notwendigkeit, weil wir sonst von den Wurzeln abgeschnitten bleiben, aus denen jetzt Rettendes erwachsen könnte"[7]. Konsequent erklärt er den Nationalsozialismus dann zu einem "notwendigen, (...) indisponiblen, unvermeidlichen Ereignis", das "die psychologisch nächstliegende Antwort auf die Herausforderung" der krisenhaften Zeit gewesen sei, und stellt fest, die Weimarer Demokratie sei "dazu bestimmt" gewesen, "von der Nazibewegung gesprengt zu werden"[8]. Eine ähnliche Sprengung der Demokratie und ein Durchbruch zu einem spirituell legitimierten, autoritären Führerstaat ist seiner Überzeugung nach auch heute wieder fällig. Das ist aber, meint er, ohne einen wahren Führer, einen "Fürsten der Wende", der "das kommende neue Ganze vorverkörpert"[9] und die posi-

[5] Bhagwan Shree Rajneesh, Adolf Hitler war zumindest ehrlich, Sektenführer Bhagwan über Geschichtsverhältnisse und politische Moral, in: Der Spiegel Nr. 36/1985, S. 137
[6] Bahro, Vorwort, in: Jochen Kirchhoff, Nietzsche, Hitler und die Deutschen, Die Perversion des Neuen Zeitalters, Berlin 1990, S. 12
[7] Beide Zitate in: Rudolf Bahro, Logik der Rettung, Wer kann die Apokalypse aufhalten? Ein Versuch über die Grundlagen ökologischer Politik, Stuttgart/Wien 1989, S. 461.
    Das ist mittlerweile schon ein zum Standardrepertoire der "neuen Rechten" gehörendes Argument, wie u.a. folgende Passage aus Armin Mohlers Buch *Die konservative Revolution in Deutschland* zeigt: "Der Nationalsozialismus (...) ist ein Verwirklichungsversuch (der konservativen Revolution - H.G.) unter vielen, wenn auch der hervorstechendste, und dem unvoreingenommenen Beobachter entgeht nicht, daß im Nationalsozialismus neben dem konservativ-revolutionären Antrieb auch manche andere wirksam sind. (...) Es kann nicht unsere Aufgabe sein, diesen Knäuel zu entwirren, und die Hauptstränge von den Nebensträngen zu sondern. Die Frage, die sich hier stellen würde, wäre die, wieweit eine Theorie für eine ihr nicht entsprechende Verwirklichung verantwortlich gemacht werden kann." (A. Mohler, Die Konservative Revolution in Deutschland 1918-1932, 3. erweiterte Aufl., 1989, S. 8f)
[8] Bahro 1989, S. 397
[9] Beide Zitate ibd., S. 352

tiven archetypischen Energien bündelt, nicht zu erreichen. Also fordert Bahro wegen des Positiven, das im Nationalsozialismus verlarvt war, und wegen der notwendigen Führergestalt, ein neues 1933. "Kein Gedanke verwerflicher als der an ein neues 1933?" fragt er rhetorisch und gibt die Antwort: "Gerade der aber kann uns retten. Die Ökopax-Bewegung ist die erste deutsche Volksbewegung seit der Nazibewegung. Sie muß Hitler miterlösen - die seelische Tendenz, die er (...) immer noch in uns ist"[10]. Dann beschreibt er in lichtesten Farben, was er unter einem "erlösten Hitler", dem "Fürsten der Wende" versteht, und wodurch er sich vermeintlich vom alten unterscheidet, und es kommt doch nichts anderes heraus als der alte faschistische Führerkult, die Beschwörung der totalitären Einheit von Volk und Führer als "mystischer Demokratie"[11]. In ihr seien alle in "Kontakt mit dem Geist", den der "Führer" verlebendigt, und deshalb seien in diesem Zustand "Monarchie und Demokratie identisch"[12]. Das ist exakt die mystifizierende Beschreibung totalitärer Herrschaft, der Ausschaltung alles Nichtidentischen und Heterogenen. Es ist das Phantasma absoluter Homogenität, das auch in der Redewendung von der notwendigen "kollektiven Reinigung" schon durchscheint. Folgerichtig verbindet sich damit eine Abqualifizierung der Massen, die nicht in der Lage seien, die gemeinte Ordnungsvision im Innern aufzurichten, sich in die "neue Ordnung" zu bringen. Mit derselben Folgerichtigkeit wird von Bahro auch jedweder Pluralismus abgelehnt: "Je stärker aber eine Neuordnung objektiv notwendig wird, desto mehr erweist sich der Pluralismus bloß als eine Ideologie mehr, sich um das Notwendige zu drücken"[13].

Bahro steht mit dieser Kampagne zur spirituellen Relativierung und Rehabilitierung der Nazibewegung nicht allein. Langhans und Kirchhoff blasen als Verfechter der Spiritualisierung der Politik und der Politisie-

---

[10] Ibd., S. 347
[11] Ibd., S. 451
[12] Ibd., S. 355
[13] Ibd., S. 356
In der Verachtung der Massen und der liberalen Demokratie als Herrschaft der Dummköpfe oder der "dumpfen Schichten" des Volkes besteht zwischen Bahro und Bhagwan volle Übereinstimmung. So schreibt Osho: In der Demokratie muß "die Wahrheit (...) durch Mehrheit bewiesen werden. In Wirklichkeit ist das Gegenteil der Fall: Die Mehrheit glaubt immer an Lügen; denn die Mehrheit besteht aus Dummköpfen. Demokratie ist im Grunde eine Mobokratie. (...) Der Mob hat keinen Standpunkt. Er ist reines Chaos".
Osho (Bhagwan), Das Leben schert sich nicht um Philosophie, Osho Times International Nr. 20/16.Oktober 1993, S. 6

rung der Psychoszene ins gleiche Horn. Langhans schreibt: Wir "müssen (...) das Erbe (Hitlers, H.G.) übernehmen (...) im Sinne der Weiterentwicklung dessen, was da von Hitler versucht wurde"; müssen "seine Visionen verstehen und dann seine ganzen Fehler sehen, um (...) irgendwann darüber hinaus zu kommen, es besser zu machen. Wir müssen sozusagen die besseren Faschisten werden"[14]. Das nennt man in der Psychoanalyse die Wiederkehr des Verdrängten. Die lügnerische, auch noch im Namen des "Geistes" vollzogene Relativierung des Nationalsozialismus schlägt um in (neo-) faschistische Propaganda, die sich als "positiver Antifaschismus" gibt und unter diesem Etikett gegen den nur "negativen Antifaschismus" der "alten Linken" und gegen die kritische Theorie der Gesellschaft Front macht. Nicht anders bei Kirchhoff (1989). Auch er behauptet in seinem Buch "Nietzsche, Hitler und die Deutschen. Die Perversion des Neuen Zeitalters", für das Bahro das Vorwort schrieb, daß der Nationalsozialismus "die Zerrform einer in der Substanz berechtigten deutschen Visionssuche (war)," und führt dazu weiter aus: "Nicht indem wir die geistigen, spirituellen und archetypischen Kräfte leugnen, die zur Katastrophe geführt haben, stellen wir uns der großen Herausforderung, sondern indem wir die Energien von damals (...) erneut wachrufen, allerdings (...) nun in 'richtiger Polung', in gereinigter, gewandelter Form. Nur derart können wir Deutsche den Hitler in uns erlösen"[15].

Daß Bahro gemeinsam mit anderen Autoren/innen, die allesamt die Spiritualisierung der Politik forcieren, die von Bhagwan begonnene Kampagne fortsetzt, ist kein Zufall. Dafür kennt Bahro Bhagwans Sannyasbewegung und esoterische Lehre zu gut und schätzt sie zu sehr. So hielt er sich 1983 vier Wochen lang in Bhagwans Kommune in Rajneeshpuram/Oregon auf und erklärte anschließend in mehreren Interviews die Kommune zum "wichtigsten Platz auf der Welt". Denn sie sei die "real gelebte, über die politische Theorie hinausgehende, bewußt experimentelle Einlösung eines Menschheitstraums" und die "Verwirklichung eines Archetyps", den er, Bahro, immer in sich hatte. "Einen anderen Weg", stellt er klar, "sehe ich nicht, um das Fundament einer neuen Kultur zu leben, mit der die Menschheit wieder eine Zukunft

---

14 Langhans, Es gibt nichts zu tun, packen wir's an! Die fehlgeschlagene Gottsuche der Nazis und der heil-lose Antifaschismus der Linken, Ein Gespräch mit Rainer Langhans, in: taz 12.4.1989.
15 Jochen Kirchhoff 1990, S. 26 und 109

hat"[16]. Es geht um die Bereinigung des inneren Bauplatzes für eine andere Kultur. Das Prinzip ist richtig"[17]. Ist die Praxis "im Prinzip richtig", kann die Lehre, auf die sie sich stützt, nicht falsch sein, und so stimmt Bahro auch ihr zu: "Mit dem, was ich da (bei Bhagwan, H.G.) las, war ich einverstanden. Ich sah Bhagwans Vision als eine Synthese des östlichen und des westlichen Gedankenguts, die mit meiner eigenen Idee einer friedlichen Kultur übereinstimmte"[18]. Vorsorglich verteidigt er diese "friedliche Kultur" gegen jede intellektuelle Kritik von außen, indem er mögliche Kritik von vornherein als Störung und Behinderung des "im Prinzip richtigen" Weges abtut und die totale Abhängigkeit der vielen Namenlosen von dem Einen zur "freiwilligen Hingabe" aus Liebe erklärt. Wie Bhagwan fühlt sich Bahro auserwählt, die Menschheitsvision der archetypischen Ordnung zu erfüllen und "die Gesellschaft vom Grund auf (...) nach dem ursprünglich-natürlichen Lauf der Dinge"[19], einzurichten. In Deutschland, meint er, ließe sich der Archetypus, dessen "indo-amerikanische kulturelle Form"[20] die Oregonkommune sei, am ehesten verwirklichen, wenn man am Mythos vom "Dritten Reich" anknüpft, dem das historische "Dritte Reich" seinen Namen verdankt. Das neue "Dritte Reich" sei politisch eine "mystische Demokratie", in der "der Geist Gottes (..) gleichmäßig über alle ausgegossen" ist, gleichwohl aber Hölderlins Ausruf Geltung haben könne: "Einer aber, der ein Mensch ist, ist der nicht mehr denn Hunderte, die nur Teile sind des Menschen!"[21].

Hat man diese Zusammenhänge vor Augen, dann kann man Bhagwans Lobsprüche auf Hitler im Jahre 1985 nicht mehr nur für einen Zufall und *nur* für eine Show halten, mit der er die öffentliche Aufmerksamkeit auf sich lenken wollte. Bhagwan erkennt in Hitler und seiner Bewegung wirklich 'Geist' von seinem 'Geist' wieder, sieht in ihm einen mißglückten "Vor-meister" und 'Bruder im Geiste'[22] und Bahro

---

[16] Rudolf Bahro, Pfeiler am anderen Ufer, Berlin 1984, darin: Rudolf Bahro in Rajneeshpuram, alle Zitate S. 206 f

[17] Rudolf Bahro, In Amerika gibt es keine Kathedralen, taz-Interview aus Rajneeshpuram vom 29/30.8.1983, in: Bahro (1984), S. 213

[18] Bahro 1984, S. 207

[19] Bahro 1989, S. 364

[20] Bahro 1984, S. 217

[21] Ibd., S. 214 und 213

[22] Bhagwan hat mit dieser Einschätzung wohl auch recht. Auch Hitler ist seiner Propaganda nach, wie Bhagwan es für sich reklamiert, ein "Schurke" und ein "Heiliger" zugleich, weil er Schurke im Auftrag Gottes ist, von dem er sich wie Bhagwan "durchströmt" wähnt (s. Bhagwan S.R. 1983, S. 124).

wiederum erkennt in Bhagwan "Geist" von seinem "Geiste" wieder, sieht in ihm einen Bruder im Geiste und teilt als guter Bruder dessen Einschätzung Hitlers und des Nationalsozialismus. Wenn das aber so ist, wenn Bhagwans Lehre einerseits für die New-Age-Szene und für solch namhafte "deutsche Ideologen" wie Bahro eine sehr bedeutsame Rolle gespielt hat und andererseits in der von der New-Age-Szene betriebenen Spiritualisierung der Politik der Zwang zur Entsorgung der Vergangenheit und zur Relativierung des Nationalsozialismus unverkennbar ist, dann ist es beinahe ein "Glücksfall", daß wir heute an der Oregonkommune studieren können, wohin die politische Spiritualität treibt, wenn sie zur Lebenspraxis wird, welches negative Potential real in ihr steckt, und daß wir nicht allein auf die Kritik der Ideologie angewiesen sind. Dies gilt um so mehr, als die Selbstzerstörung von Rajneeshpuram 1985 nicht das Ende von Bhagwans Wirksamkeit war, sondern daß Bhagwan, nachdem er die Schuld für den Untergang der Kommune eindeutig verteilt und sich freigesprochen hatte, unter dem neuen Namen "Osho", der seine früheren Schandtaten vergessen machen sollte, von Poona aus als "Rattenfänger" weitermachte. Auch blieb die Verbindung Bahros zur Sannyas (Osho-)gemeinde und Bahros 1983 ausgesprochene Zustimmung zu Bhagwans Lehre über die Selbstzerstörung der Oregonkommune hinaus bis in die Gegenwart erhalten. So führt Bahro (1991) Bhagwans Schrift "Intelligenz des Herzens" immer noch als eine Schrift an, die die "elementarsten Themen und Bereiche der menschlichen Existenz" anspricht. Er selbst veröffentlicht in der Osho-Zeitschrift "Connection" bis in die jüngste Vergangenheit hinein und zitiert in seinen eigenen Veröffentlichungen Bhagwan zustimmend, und wenn

Die Behauptung Bhagwans, er sei beides, Judas und Christus, ist übrigens nur eine andere Version der fürs New Age und fürs völkisch-spirituelle Denken zentralen These von der Einheit der Gegensätze. Demnach sind auch "Gut" und "Böse" eine Einheit der Gegensätze, und das Göttliche ist als Einheit der Gegensätze stets beides: gut und böse. Auch das Böse hat aus dieser Sicht seine Berechtigung als notwendiges Moment der göttlichen Weltordnung und Bedingung unaufhörlichen Werdens und Vergehens (s. hierzu P. Kratz 1994, S. 173 ff.). So denkt auch C.G. Jung, der Begründer der "analytischen Psychologie" und Vordenker des New Age. Er schreibt: "Gut und Böse sind Principia unseres ethischen Urteils." Und: "Principia (...) sind Gottesaspekte" (C.G. Jung, 1958, in: G. W. 10, S. 499). Die Konsequenz dieses Gedankens heißt: Wenn es im "Willen des Ganzen" liegt, muß eben auch das Böse getan werden. Das läuft auf die Abschaffung des "kategorischen Imperativs" hinaus, der Forderung, sein Handeln so einzurichten, daß es als Maxime einer allgemeinen Gesetzgebung sein könnte. Es ist die Zerstörung von Ethik und Moral im Namen eines "höheren Schöpfungswillens", dem angeblichen Willen des Ganzen, der als "eigentliches Gewissen" der konventionellen Moral entgegengestellt wird (C.G. Jung).

Bhagwan nicht selbst, dann auch schon mal Amrito, den jetzigen Chef der Oshokommune in Poona, mit dem zusammen er 1984 das Buch "Radikalität mit Heiligenschein" herausgab, oder Joachim-Ernst Berendt, der in der von ihm herausgegebenen Schrift Bhagwans "Die verborgene Harmonie" über Bhagwan mitzuteilen weiß, er sei der "heiligste Schurke" gewesen, den er, Berendt, je gekannt habe. Für Bahros grundsätzliche Zustimmung zu Oshos spiritueller Politik revanchiert sich "Connection" mit Lobsprüchen auf Bahro. Abgesehen von solchen direkten Beziehungen gibt es fraglos noch eine Fülle indirekter, vermittelter Verbindungen, die darauf beruhen, daß Bahro und Bhagwan sich auf annähernd dieselben (westlichen) spirituellen Vordenker und Vormeister beziehen.

Abgesehen davon bleibt die Auseinandersetzung mit der Lehre und Praxis Bhagwans wichtig wegen ihrer nach wie vor großen Bedeutung für die Psychoszene und ihrer engen Vernetzung mit ihr. Immer noch dürfte gelten, was Bhagwan schon 1979 festgestellt hat: Psychoanalytiker und Psychologen "sind meine Beute. Ich werfe meine Netze aus, um so viele wie möglich von ihnen zu fangen, (...) aus dem einfachen Grunde, weil (...) sie (...) den richtigen Boden für die Entstehung des neuen Menschen schaffen (können). Sie sind frei von allem religiösen Unsinn, sie sind frei von aller politischen Dummheit. (...) Und viele haben den Ruf vernommen. Von allen Berufsgruppen haben (sie) mich am tiefsten und grundlegendsten angenommen. Hunderte von ihnen sind Sannyasins geworden und werden es noch werden"[23]. Und schließlich und endlich soll auch nicht vergessen werden, daß das schlechte Ende von Rajneeshpuram kein Einzelfall ist. Ähnliche Abläufe hat es auch in anderen spirituellen Kommunen gegeben. Ich erinnere nur an den Massenselbstmord der Johnestownkommune in den siebziger Jahren und der Sonnentemplersekte vor einem Jahr.

Eine Erwartung aber sollte man von vornherein nicht hegen, die nämlich, die Erinnerung und Durcharbeitung des Geschehens in Rajneeshpuram oder eine kritische sozialpsychologische Analyse der Zusammenhänge dort, könnte jemanden, der seinen "sichtbaren Gott" glaubt gefunden zu haben, oder der ein "neues 1933" oder einen "besseren Faschismus" will, eines besseren belehren. Wer die Spiritualisierung

---

[23] Bhagwan 1979, zit. nach Amrito, Bhagwan, Krishnamurti, C.G. Jung und die Psychotherapie, Essen 1983, S. 164 f. Bhagwan hat mit dieser Prophezeiung recht behalten. Das spricht für seine oder Amritos These von Jung oder Assaglio oder anderen Psychosynthetikern als "Vormeistern" oder als Vorstufe auf dem Weg zu ihm.

der Politik und ein neues 1933 fordert, dazu unverhohlen an völkisch-spirituelle Religiosität und die "konservative Revolution" der Weimarer Zeit wiederanknüpft und alle Bedenken unter Inanspruchnahme der (neo-) faschistischen These vom idealen Kern des Nationalsozialismus, der von seinem Mißbrauch durch den falschen Führer zu trennen sei, beiseite schiebt; wer propagiert, man solle sich durch nichts "schrecken lassen, um noch in den fürchterlichsten Verzerrungen - "in Massenmord, Krieg und Folter"- das Schöne zu entdecken, das eigentlich intendiert ist"[24], der wird sich auch nicht durch das Ende der Oregonkommune Bhagwans und selbst nicht einmal durch den kollektiven Selbstmord der anderen erwähnten spirituellen Kommunen schrecken lassen, "das Schöne" zu entdecken. Das Rationalisierungsmuster liegt ja schon bereit. Es war selbstverständlich wieder einmal nicht das an sich ja vermeintlich "richtige Prinzip", sondern der Mißbrauch des Prinzips durch persönliche Fehler des Führers.

Genauso verfährt Bahro dann auch bei seiner rückblickenden Bewertung der Oregonkommune. Er führt ihr Scheitern auf persönliche Fehler Bhagwans zurück. Diesmal habe der Fehler darin gelegen, daß "der Erleuchtete" sich selbst über seinen eigenen Machtanspruch getäuscht habe und die Sannyasins so behandelt habe, "als gehörte der Machtaspekt nicht zu den elementaren anthropologischen Gegebenheiten, als sei er quasi überhaupt nicht existent"[25]. Bahro kommt nicht in den Sinn, daß der Anspruch des Gurus, "der wahre Weise" zu sein, "der nicht tut, sondern geschehen läßt"[26], unter den asymmetrischen Bedingungen, die in der "mystischen Demokratie" von Rajneeshpuram herrschten, selbst schon Verleugnung von ausgeübter Herrschaft ist, daß diese Verleugnung, d. h. der Zwang, "von innen heraus" zu tun, was im Sinne der herrschaftlich-heiligen Ordnung getan werden muß, das Prinzip totalitärer Herrschaft ist und daß eben das an Bhagwans Oregonkommune nur wieder einmal exemplarisch sichtbar wird. Argumentativer Kritik wirft er vor, daß sie herz- und visionslos sei und daß sie, indem sie gescheiterte spirituell-politische "Rettungsversuche" kritisiere, das falsche Ganze bekräftige, das solche Rettungsversuche notwendig mache, und das sei schlimmer als ein mißlungener Rettungsversuch. Doch der Vorwurf geht daneben. Denn die Alternative, vor die er uns stellt, ist als ganze falsch. Es gibt das Entweder-Oder nicht, sondern

---

[24] Langhans, a.a.O.
[25] Bahro 1989, S. 456
[26] Bahro 1984, S. 212

beide Seiten der Alternative sind falsch und zu bekämpfen: sowohl die Spiritualität, die als politischer Rettungsweg angeboten wird, als auch der gesellschaftliche Zustand, der des spirituellen Heiligenscheins und der bloß spirituell-phantastischen Verwirklichung des menschlichen Wesens bedarf. Der Kampf gegen die bloß illusorische Verwirklichung des menschlichen Wesens ist Bestandteil des Kampfes gegen jene gesellschaftliche Welt, deren geistiges Aroma sie ist[27].

Oregon - "Ein faschistischer Alp"
Die Vollendung des Verhältnisses des Privateigentums

Bhagwans Kommune in Oregon, das selbsternannte Zentrum der schönen neuen Welt, zerbrach 1985, nachdem Ma Anand Sheela, Organisatorin der Kommune und langjährige Vertraute Bhagwans, sich vom Meister losgesagt und das Weite gesucht hatte. Diesem Zusammenbruch verdanken wir einige unfreiwillige und höchst bemerkenswerte Einsichten Bhagwans. Um sich an der Abtrünnigen zu rächen, scheut er die lange verleugnete Wahrheit nicht mehr und nennt seine Kommune im Nachhinein freimütig ein "Konzentrationslager" und einen "faschistischen Alptraum". "Unsere Kommune war eine Art Nazi-Deutschland im Kleinen. Es war der gleiche Anfang, doch die Sache wurde früher gestoppt als bei Hitler". Freilich soll den Gläubigen trotz solcher Erkenntnis kein Zweifel kommen, denn sogleich werden Schuld und Unschuld passend verteilt. Die Verantwortung für das Unheil, das angerichtet worden sei, trage die abtrünnige Sheela, die dergleichen hinter seinem Rücken ins Werk gesetzt habe: "Die Liste ihrer Untaten ist lang und wird immer länger. Wir werden noch weitere Beweise dafür vorlegen. Auch Hitlers Verbrechen wurden nicht an einem Tag aufgedeckt"[28]. Bhagwan dagegen sei der Retter, der gerade noch rechtzeitig die faschistischen Machenschaften erkannt und damit Schluß gemacht habe.

Indem er die Wahrheit vom "faschistischen Alptraum" so präsentiert, verdeckt er zugleich dessen wesentliches Element und richtet es eins damit zugleich wieder auf: den Mythos vom Meister und Helden, dem die vielen ihr Leben verdanken und ohne den sie absolut nichts sind.

---

[27] S. dazu Karl Marx, Zur Kritik der Hegelschen Rechtsphilosophie, Marx-Engels-Werke, Bd. 1, Berlin 1981, S. 378f

[28] Bhagwan S.R., Interview mit Sheela und Bhagwan, verbunden mit einem Bericht über das Ende der Oregonkommune, in: Stern Nr. 40/1985, S. 295, 298

Noch während er die Wahrheit vom faschistischen Alp eingesteht, re-
produziert er bereits wieder, was Voraussetzung für die Entstehung der
"faschistischen Masse" ist: die Verinnerlichung der realen Ohnmacht
und deren Umwandlung in das Gefühl eigener Schwäche, Unzulänglich-
keit, naturgegebener Ohnmacht und Nichtigkeit, und bietet sich und die
Identifikation mit ihm als der Verkörperung des "Echten" und "All-
einen", als die Rettung an, auch vor der Wiederkehr faschistischer Tendenzen: "Ihr seid nichts", hämmert er seiner Gefolgschaft ein, "als Versager und Idioten." - "Ihr seid blind, daß ihr nicht bemerkt habt, wie
Sheela zur Diktatorin wurde! Ihr habt nichts von meinen Lehren verstanden, gar nichts!"[29] Und die Gefolgschaft klatscht Beifall. Abermals
ist ihnen klar gemacht worden, was die gesellschaftliche Gewalt ihnen
von Kindheitstagen an schon eingebläut hat, wie ohnmächtig und
schwach sie alle sind und wieviel sie dem einen erleuchteten Meister
verdanken; daß sie ohne ihn gar nicht sein können, und wie sehr er, der
Show-Meister, ihnen allen überlegen ist. So wünschen sie ihn. So können sie durch Identifikation mit ihm an seiner vermeintlichen Stärke
partizipieren. Die faschistische Masse und ihr Führer feiern sich als
Rettung von dem "faschistischen Alptraum", das frei gewählte Konzentrationslager feiert sich als Rettung von dem erzwungenen.

Nicht nur Bhagwan, auch die abtrünnige Sheela weiß es nachher besser und bestreitet nicht mehr, daß Bhagwans Kommune "eine Art Kon-
zentrationscamp", "ein faschistisches Lager"[30] gewesen sei, nur beruft
sie sich auf den Willen des Führers, den allein sie ausgeführt habe: "Er
war immer derjenige, der mir gesagt hat, was zu tun sei. Und wie ich es
zu tun hatte. (...) Alles, was ich weiß, hat er mir beigebracht."[31] Was
jeder, der das Denken nicht völlig aufgegeben hat, wie Bhagwan es von
den Seinen verlangt, aus seinen Reden und Schriften längst schon lesen
konnte, geht der Abtrünnigen nach der Trennung endlich selbst auf.
Zwischen Bhagwan und seinen Anhängern habe ein Verhältnis "totaler
Abhängigkeit" geherrscht, das Bhagwan, dessen "Genie" sie immer noch
bewundert, rücksichtslos ausgebeutet habe. Dieser Ausbeutung und "Er-
pressung" und dem damit verbundenen "unglaublichen Druck" habe sie,
so Sheela, entfliehen müssen, um nicht aus falscher Liebe gänzlich zur
"Sklavin"[32] zu werden.

---

[29] Ibd., S. 297f
[30] Ibd., S. 295
[31] Sheela, in: Stern Nr. 40/1985, S. 27
[32] Bhagwan, in: Stern Nr. 40/1985, S. 295, 294f

Die Gruppe, schreibt Pohrt über die zugrundeliegende psychische Disposition, ist "die bedingungslose Kapitulation des Einzelnen. (...) So spiegelt und verdoppelt der Gruppenzusammenhang das Verhältnis der Einzelnen zur Gesellschaft: totale Abhängigkeit, welche durch nichts als das bloße Dabeisein, das bloße Überleben vergolten wird. (...) Die Despotie der Gruppe ist kein gruppendynamisches Rätsel, sondern die logische Konsequenz der Voraussetzungen, unter denen sie entstand. Sie ist die Verewigung des Zwanges, der die Einzelnen abhängig von ihr machte. Die Freiheit kann nur ein freier Willensakt begründen, nicht aber der reflexartige Griff nach dem rettenden Strohhalm". Als suggerierte Rettung, außerhalb derer kein Heil möglich ist, muß die Gruppe "vordringlich ihre Existenzbedingung reproduzieren: die Invalidität der Einzelnen. Daher der Haß des sumpfigen sozialen Mit- und Füreinanderseins auf individuelle Liebe (...); die gnadenlose Ausrottung jeglicher privater Rückzugsgebiete und Vollendung eben der totalitären Kontrolle, vor der die Einzelnen in die Gruppe flohen; die wachsame Feindschaft gegen jegliches Lebenszeichen, der Argwohn gegen jeden, es könne für ihn Dinge geben, die ihm wichtiger sind als die Gruppe, und, daraus resultierend: permanente Selbstanalyse und Gewissenserforschung, Selbstbezichtigung und Psychoterror"[33].

Pohrt bezieht das auf die Jonestown-Kommune, deren Gründer Jones sich mitsamt seinen Anhängern in einem Präventivschlag gegen eine imaginäre CIA-Aktion selbst umbrachte. Seine Feststellungen gelten aber ohne Abstriche auch für die Oregonkommune. Wie in Jonestown zeigte sich auch in der Oregon-Kommune dieselbe Dynamik eines anwachsenden Verfolgungswahns, der schließlich zum beherrschenden Moment wird. Man rechnete mit einer CIA- oder FBI-Aktion gegen die Kommune und war überzeugt davon, daß bereits Leute zur Vorbereitung einer solchen Aktion in die Kommune eingeschleust worden waren. Zur Verteidigung der Kommune wurde deshalb eine schwer bewaffnete Friedenstruppe mit Sheela als Chefin installiert. Waffenlager wurden angelegt und Bücher darüber beschafft, wie man Menschen umbringt und Bomben anfertigt. Der Verfolgungswahn trieb wie in Jonestown seinem Höhepunkt entgegen[34]. Der Wunsch, es möchte mit all dem endlich ein

---

[33] Wolfgang Pohrt, Ausverkauf - von der Endlösung zu ihrer Alternative, Berlin 1981, S. 24 und S. 28f

[34] Dem Stern gegenüber äußerte Sheela: "Ich mußte aggressiv sein, weil die Kommune bedroht war (...) Wenn man gegen eine Majorität kämpft, muß man viel Lärm machen. Das war Strategie. Das hat Bhagwan von Hitler gelernt". Ihre Entschlossen-

Ende haben, wird abgewehrt, indem er auf andere projiziert wird, damit er sich in Form der Abwehr der Bedrohung erfüllen kann. Materiell und psychisch war die Kommune vorbereitet, den realen Nihilismus der vom Wertgesetz beherrschten Welt, vor dem die Sannyasins einst geflohen waren, nur um ihm in der eigenen Gruppe im Gewande von "Liebe", "Heiterkeit" und "innerem Frieden" tiefer noch zu verfallen, an sich selbst in Form des letzten großen Opfers zu vollstrecken: "Wenn Bhagwan von dir verlangt, Dich zu erschießen, dich zu töten, was wirst du dann tun?" "Da gibt es gar nichts zu überlegen: ich würde mich augenblicklich töten"[35]. Die Paranoia, der die Kommune verfiel, enthüllt die objektive Logik des Eskapismus. Im eskapistischen Rückzug setzt der Fliehende sich selbst als den Verfolgten, den man bis ans Ende seiner Tage und bis ans Ende der Welt hetzen wird, es sei denn, er mache selbst mit allem ein Ende: "Ich lehre Euch, Selbstmord zu begehen, so daß Ihr für immer gehen könnt"[36].

Das "Konzentrationslager", zu dem sich Bhagwans Kommune entwickelte, ist die Konsequenz seiner Lehre, die immanente Wahrheit seiner "Seinsweise" des totalen Ausverkaufs. Um das zu "entdecken", genügt es, Bhagwan beim Wort zu nehmen. Denn Bhagwan macht aus dem, was er will, keinen Hehl. Er kennt die Bedürfnisse seiner Anhänger und nimmt sie in Regie, indem er "Befriedigung sofort" verspricht und sich gegen "das Alte" wendet, das ihr hemmend entgegensteht. Er weiß von den Verschmelzungswünschen seiner Anhänger, mit denen diese auf den gesellschaftlichen Druck zur Liquidierung des Individuums und auf ihre Verlassenheit reagieren und nutzt sie als Material zur Errichtung totalitärer Herrschaft, die sich als Befreiung, als die endlich gelungene Aufhebung von Herrschaft und Macht tarnt. Macht als "Chance, innerhalb einer sozialen Beziehung den eigenen Willen auch gegen Widerstreben durchzusetzen," und Herrschaft als "die Chance, für einen Befehl bestimmten Inhalts bei angebbaren Personen Gehorsam zu finden,"[37] verkündet er, seien in seiner Kommune absolut überflüssig.

---

heit demonstrierte sie mit Sätzen wie: "Wenn sie uns angreifen, werde ich mit meinem Blut die Bulldozer anmalen".
Sheela, a.a.O., S. 27 und S. 24.

[35] Bhagwan S.R., Der neue Mensch, Die Gegenwart hat schon begonnen, Antworten zum Thema Globale Krise, Meinhard Schwebda 1983, S. 124

[36] Bhagwan S.R., Ich möchte gern die ganze Welt übernehmen, Spiegelgespräch mit Bhagwan, in: Der Spiegel, Nr. 32/1985, S. 95

[37] Max Weber, Wirtschaft und Gesellschaft, Studienausgabe Bd. 1, Tübingen 1956, S. 38

Und er hat recht damit. Aber nicht etwa, weil seine Kommune schon "die Assoziation der freien Produzenten" (Marx), sondern weil sie das pure Gegenteil ist. Nicht sind in ihr alle Verhältnisse umgestürzt, in denen der Mensch "ein erniedrigtes, ein geknechtetes, ein verlassenes, ein verächtliches Wesen ist"[38], sondern die Menschen sind abgerichtet, ihre absolute Erniedrigung, Knechtung und Verlassenheit, ihre absolute Nichtigkeit als ihr "wahres Glück" zu empfinden und in diesem Sinne "selbstlos" zu sein. Mit seiner absoluten Nichtigkeit eins geworden aber ist jeder Mensch "jemand, der niemand mehr ist"[39].

Mit anderen Worten: die "Erlösten" haben keinen eigenen Willen mehr, der sich dem Willen der Macht widerstrebend entgegensetzen könnte. Der objektiv ausgeübte Zwang erscheint ihnen in selbstloser Selbstverleugnung sogleich als ihr eigener Wille, den auszuführen es natürlich nicht noch eines Befehls bedarf. Des Führers Wunsch ist ja bereits, weil der Betreffende "einfach nur noch Medium ist", Auftrag von innen her. Damit entfällt die Voraussetzung für das konventionelle Macht- und Herrschaftsverhältnis im Sinne der Definition Webers. Insofern erscheint das despotische Regime Bhagwans tatsächlich "herrschaftsfrei", aber dies doch nur, weil die Herrschaft total geworden ist und die Menschen auch von innen her und damit restlos beherrscht sind[40].

Das ist die "Revolution", die Bhagwan will, die "innere Revolution", die "Revolution der Herzen" um der existierenden Verhältnisse und ihres Fortschrittes willen, nicht aber die Revolution dieser Verhältnisse um der Menschen willen. Auch das macht Bhagwan unmißverständlich klar und überschlägt sich in Lobpreisungen des kapitalistischen Gesellschaftssystems. Er erklärt es für "das einzig richtige" und "das einzige natürliche System", das "ganz von selbst" entstanden sei, als habe es nie die "ursprüngliche Akkumulation", die unmittelbar und unverhüllt gewaltsame Durchsetzung des kapitalistischen Gesellschafts-

---

[38] Karl Marx 1844, MEW 1, S. 385
[39] Bhagwan 1983, S. 90
[40] Bhagwan versucht nicht, dies zu verbergen: "Ich übernehme das Risiko, zu Euch in Begriffen der Totalität zu sprechen. (...) Ich lehre einfach Totalität". Das heißt: "Der Jünger gibt nach, der Jünger kapituliert, der Jünger löscht sich aus. Er wird ein Nichtwesen, eine Nichtsheit. Und in diesem Nichts öffnet sich sein Herz, (...) und der Meister kann sein ganzes Wesen durchdringen." Jünger zu sein "bedeutet Tod. Und es bedeutet Wiederauferstehung. Es bedeutet, im Meister sterben und durch den Meister wiedergeboren werden". Ibd., S. 29 und S. 122f

systems mit Mord und Bauernlegen, Inquisition und Hexenverfolgung, und als habe es nie das Elend in der "Dritten Welt" bis in unsere Tage gegeben: "Ich bin (...) total für den Kapitalismus". - "Er hilft Dir, Dich auszudrücken, Dich darzustellen, Dich in Deiner Totalität zu entfalten"[41]. Welch ein Unsinn die These, daß der Kapitalismus keinen Zwang brauche. Aber der Unsinn hat Methode. Es soll den Menschen eingeredet werden, daß sie, solange sie unter den gegebenen Bedingungen noch Zwang empfinden, nicht ganz in Ordnung sind und Therapie und transzendentale Meditation brauchen, um durch sie zur "einzig natürlichen" Ordnung zu finden. Therapie und Meditation sollen das Bewußtsein des real vorhandenen Zwanges nehmen und erreichen, daß man "zwanglos" das Erzwungene vollzieht. Das ist "Kommunismus auf meditativer Basis"[42] nach Bhagwans Art.

Als "Geist von gleichem Geist" weiß Bhagwan intuitiv, daß der "neue Mensch", den er predigt und den er im "Sannyasin" verwirklicht sieht, dem Geist des zur Totalität fortschreitenden kapitalistischen Systems entspricht. Er weiß sich einig mit dessen Fortschritt und wendet sich in seinem Namen gegen die Menschen statt in deren Namen gegen den Zwang des tödlichen Fortschritts. "Bis zum Ende dieses Jahrhunderts wird der Mensch sich entscheiden müssen: entweder die totale Vernichtung oder eine Revolution (...) des Herzens. Jeden Tag kommen wir dem Wendepunkt näher"[43], verkündet er. Wer die aufgezwungene Liquidation des Individuums aus "freien Stücken" nicht mitmachen will, dem droht er Vernichtung an; denn wer sich nicht fügen will, ist selbst schuld. Von vornherein wird auf diese Weise den Verhältnissen und Mächten Recht gegeben gegen die Opfer. So einfach ist das: "Wir sind an dem Punkt angekommen, wo sich der Mensch entweder total ändern oder sterben muß". - "Millionen werden vernichtet werden - wegen ihres Mangels an Intelligenz (...). Aber das liegt an ihnen, nicht an den Zeiten. Die Zeiten sind wunderbar, denn (...) (sie) sind die Zeiten der Revolution".

Ganz nebenbei gibt Bhagwan mit solchen Lobsprüchen auf die wunderbaren Zeiten im späten Kapitalismus zu erkennen, was es bedeutet, wenn seine Sannyasins sich mit Kost, Logis und einfacher Kleidung be-

---

[41] Ibd., S. 29 und 26
[42] Diesen Begriff benutzt Wolfgang Doeltz, ein Bhagwananhänger, um meine Kritik an Bhagwan als vermeintlich "substanzlose Unterstellung" entlarven zu können. (s. Computernetzwerk Comlink, Brett: CL/Antifa/Neue Rechte, 10.12.1994
[43] Bhagwan 1983, S. 139

scheiden und jeden darüber hinausgehenden Mehrwert "aus Liebe zum Meister" in Form von neuen Rolls Royces, Diamanten oder Schmuck an ihn abführen, und als völlig Losgelöste und Verfügbare im Einklang mit seinen Empfehlungen "freie Liebe" praktizieren. Wenig hat dies mit Liebe, viel aber mit dem verallgemeinerten Verhältnis des Privateigentums, dem "rohen Kommunismus" (Marx) zu tun. Die Herrschaft des sachlichen Eigentums ist so total geworden, daß es "alles vernichten will, was nicht fähig ist, als Privateigentum von allen besessen zu werden". Die Bestimmung des Arbeiters als austauschbaren Wesens ist "auf alle Menschen ausgedehnt"[44]. Weil keiner es besser haben soll, wird alles, was über das vorgestellte Minimum hinausgeht, auf den "sichtbaren Gott", der über allen steht und die "Gemeinschaft" verkörpern soll, geworfen und auf diese Weise vernichtet. Die "freie Liebe", die Bhagwan als Durchgangsstufe zum "wahren Selbst" empfiehlt, ist die allgemeine Prostitution, in der jeder, ob Männchen oder Weibchen, für jeden anderen als gemeinschaftliches und gemeines Eigentum verfügbar ist.

Bleibt noch die Frage, warum die Menschen aus dem "Gehäuse der Hörigkeit" (Max Weber), zu dem die Gesellschaft geworden ist, in Kommunen wie die von Oregon fliehen und dort ausharren, obgleich das, wovor sie fliehen, sich dort in noch extremerer Weise wiederholt. Warum fliehen sie nicht gleich in den Betrieb hinein und verlieren sich restlos in ihm, anstatt für den Selbstverlust den Umweg über Bhagwan zu gehen? Die Antwort ist in der Abstraktheit und Vermitteltheit des despotischen gesellschaftlichen Zwanges zu suchen. Fragt sich irgendein Mensch: Wer zwingt mich eigentlich, mitzumachen und das objektiv Angesonnene zu tun, so wird er feststellen: unmittelbar keiner. Alle anderen, auch die Vorgesetzten, denen er den empfundenen Zwang gerne anlasten möchte, werden ihm womöglich recht geben und "Verständnis" für seine Nöte äußern, die freilich von vornherein nur als "*sein* Problem" aufgefaßt werden. Nein, nichts liegt ihnen allen ferner als "persönlichen Zwang" auszuüben, und vielleicht werden sie dem verzweifelt Fragenden sogar anbieten, doch einmal für eine gewisse Zeit auszusteigen aus dem Geschäft. Und doch spürt der Fragende den harten, bedingungslosen, unansprechbaren Zwang hinter all der "zwanglosen Mitmenschlichkeit", fühlt in sich dieses Verlangen, endlich "loszulassen" und sich restlos "hinzugeben" und weiß doch keinen positiven Grund dafür anzugeben. Und da bietet Bhagwan Abhilfe. Er bietet sich

---

[44] Karl Marx 1844, MEW Erg. Bd. 1, S. 534

als solch einen positiven Grund bedingungsloser Unterwerfung an und fordert sie als Meister im Namen der *Liebe* zugleich unmittelbar ein. Man braucht ihn nur anzuerkennen, und kann dem, was einem gesellschaftlich angesonnen wird und wonach einem schon lange zumute war, sich wegzuwerfen und absolut nichts mehr zu sein, endlich nachgeben und den Kampf um Verhältnisse, die Sinn und die Sinne frei machen, endgültig aufgeben, ohne sich die Niederlage eingestehen zu müssen. Denn Bhagwan fungiert als Personalisierung des abstrakten Zwanges und gleichzeitig als Verkehrung des Zwanges ins Positive, in "göttliche" oder "kosmische Energie" oder "All-Liebe" und dergleichen, als deren Verkörperung er selbst sich propagiert. Willfährt man ihm in dieser Funktion, willfährt man folglich dem gesellschaftlichen Zwang, den er personalisiert, aber man willfährt ihm so, daß man dies vor sich selbst verleugnet und das Unheil, das darin liegt, in Heil verkehrt. Das ist die Funktion des Umweges über Bhagwan. Darin sind Bhagwan und alle Gurus von heutzutage Meister.

Die Intelligenz des Neuen Menschen und die Gentechnologie

Zur Intelligenz der neuen Zeit im Bhagwanschen Sinne gehört es vor allem, daß man sich blind macht gegenüber den innerhalb des Systems unaufhebbaren Widersprüchen von Kapital und Arbeit und Mensch und Natur. Blind machen muß man sich auch gegenüber dem Widerspruch der geforderten Anpassungsleistung. Dieser besteht darin, daß man sich um des Überlebens willen von jedem Eigenwillen frei machen soll, auch von dem Willen, überleben zu wollen, und doch nicht leugnen kann, daß man dieses letzte Opfer nur gibt, um zu überleben, das aber doch leugnen muß, weil man sonst ja noch etwas wollte. In solchen Widersprüchen sich einzurichten, heißt, das Denken aufzugeben, das der Widersprüche inne zu werden vermag und kraft des ihm innewohnenden Prinzips der Widerspruchsfreiheit auf deren Aufhebung drängt. Es bedeutet, im Zustand des "Nicht-Denkens", der "inhaltlosen Bewußtheit" die Erlösung zu suchen, wie es Bhagwan ja auch anrät und vormacht. Konsequent erklärt er das Prinzip der Widerspruchsfreiheit für eine falsche, zum Ego gehörige gesellschaftliche Konditionierung, von der sich der "neue Mensch" zu lösen habe: Ich bin "ein absolut freier

Mensch. Es ist mir egal, wenn ich mir widerspreche"[45]. Mit solchen Worten preist Bhagwan die Vernichtung der Vernunft als "Erlösung" an und erklärt ihr ohne alle Umschweife, im Einklang mit dem "objektiven Geist", den Krieg.

Blindheit gegenüber gesellschaftlichen Widersprüchen, Selbstverleugnung des Denkens und Zufluchtsuchen in der "inhaltlosen Bewußtheit" um der Selbstbehauptung willen nennt Bhagwan *intelligentes* Verhalten und verkündet die moderne Barbarei, in der jeder vernichtet wird, der so nicht ist, als "schöne neue Welt" (Huxley). Er malt sie sich als eine aus, in der die "intelligenten" Menschen unter wissenschaftlicher Kontrolle in genetischen Laboratorien erzeugt werden[46]. Das Lob der Gen- und Reproduktionstechnik macht abermals deutlich, was sich hinter dem Lob der "Intelligenz" bei Bhagwan verbirgt: die Anerkennung der totalen Übermacht der verselbständigten technischen Rationalität als ein von den Menschen ein- für allemal zu akzeptierendes Schicksal; die Feier der modernen Biomacht, die auf dem Wege ist, das Leben zur Gänze unter ihre Regie zu nehmen und nach ihren Effektivitäts- und Ordnungsgesichtspunkten zu selektieren und zu manipulieren.

Nicht anders ist es bei Langhans und Bahro. Langhans fragt rhetorisch "Was will die Gentechnologie?" und gibt die Antwort: "Sie will (...) auf der grobstofflichen Ebene einen 'neuen Menschen' realisieren, so schön wie irgend möglich. Das ist sehr verdienstvoll, nur bleibt die Frage: Warum so? Warum nicht anders?" Anschließend gibt er zu verstehen, daß er den anderen Weg, dasselbe zu erreichen, in der transpersonalen Therapie und der Konzentration auf den feinstofflichen Innenbereich sieht. Und Bahro? Auch er meint, daß es der transpersonalen Psychotherapie und Bhagwan in seinen Ashrams um die "Bereinigung des inneren Bauplatzes für eine andere Kultur" ginge, und gibt zu verstehen, daß "die Bereinigung" auch Maßnahmen eugenischer Selektion einschließe: "Genetische und andere pränatale Schäden wird man teils

---

[45] Beide Zitate aus: Bhagwan S.R., Adolf Hitler - immer noch Spiegel der Deutschen, Interview der deutschen Rajneesh Times mit Bhagwan Shree Rajneesh, Nr. 16/1985, S. 9

[46] "Ich vertraue nicht mehr auf die blinde Biologie. Ich vertraue mehr auf den bewußten Menschen. Es ist besser, die Geburt eines Kindes einem Reagenzglas zu überlassen, wo wir den besten Samen und das beste weibliche Ei auswählen (...) und auf eine sehr klinische Weise zusammenbringen (können) - einem Reagenzglas, das nicht die Erbschaft eurer häßlichen Vergangenheit weiterträgt. Sie werden frische Wesen sein, und wir können diese Eier und Samenzellen programmieren, daß mehr Gesundheit, mehr Leben, mehr Intelligenz möglich sein wird". Ibd., S. 8

frühzeitig genug voraussehen lernen, um entsprechende Geburten (...)
zu vermeiden, teils wird man ihre Entstehung verhindern können"[47].
Bahro ist darin eines Sinnes mit Bhagwan, aber nicht nur mit ihm, sondern auch mit Walter Darré[48], einem der führenden NS-Ideologen, der
für dieses ganz und gar moderne Projekt der neuen ganzheitlichen Ordnung und des "neuen Menschen" das Bild vom Garten und vom Züchter
verwendet. Er schreibt: "Wer die Pflanzen sich selbst überläßt, wird
bald überrascht feststellen, daß alles mit Unkraut überwuchert ist und
daß sich die Eigenschaften der Pflanzen verändert haben. Wer sich den
Garten als Zuchtstätte für Pflanzen erhalten will (...), ist auf den gestal-
terischen Willen des Gärtners angewiesen; der Gärtner schafft geeignete
Bedingungen für das Wachstum, hält schädliche Einflüsse fern, pflegt,
was pflegenswert ist, und bekämpft unnachgiebig Unkraut, das den
wertvollen Pflanzen Nahrung, Luft, Licht und Sonne raubt. (...) Wir
kommen somit zu der Erkenntnis, daß Fragen der Zucht keineswegs
unwichtig für die Politik sind (...); die richtigen Antworten müssen aus
der geistig-weltanschaulichen Haltung eines Volkes erwachsen. Wir behaupten, daß ein Volk geistig-moralische Autonomie nur erreichen
kann, wenn ein durchdachter Zuchtplan das Zentrum seiner Kultur bildet"[49]. Auch bei Bahro ist der totalitäre Zug des "richtigen Prinzips"
unverkennbar. Er ist angelegt in der vorgefertigten "Vision einer neuen
Ordnung", die Menschen nur noch als "Bauplätze" für die Errichtung
der neuen Ordnung kennt; in der Vorstellung, daß "innere Bauplätze",
die nicht die erforderliche Qualität haben, von vornherein "vermieden"
werden sollen; im Säuberungsphantasma; in der Berufung auf "göttliche" Naturgesetze, die keinen Widerspruch zulassen; in der Abdichtung
des eigenen Soseins gegen die Reflexion auf seine gesellschaftlichen Bedingungen. Bahro zetert gegen das Projekt der Moderne und hält seine
"Vision" für die Alternative dazu, in Wirklichkeit aber ist seine politische Vision eine der Moderne selbst innewohnende Tendenz.

---

[47] Bahro, Die Alternative. Zur Kritik des real existierenden Sozialismus, Köln/Frankfurt
1977, S. 344

[48] Über Zusammenhänge zwischen Deppert, Ties Christophersen, Marie Adelheid Reuß
zur Lippe und Darré siehe Heinz Gess, Vom Faschismus zum Neuen Denken, C.G.
Jungs Theorie im Wandel der Zeit, Lüneburg 1994, S. 287

[49] R. W. Darré, zit. nach Z. Baumann, Dialektik der Ordnung, Die Moderne und der
Holocaust, Hamburg 1992, S. 128. Es gibt auch personelle Querverbindungen, die es
gerechtfertigt erscheinen lassen, auf die Nähe dieser beiden Visionen zu verweisen.
Siehe dazu Gess 1994, S. 287

"Weiblichkeit" als Deckmantel für bedingungsloses Mit-Tun

Blindheit gegenüber gesellschaftlichen Widersprüchen, Selbstverleugnung des Denkens und Zufluchtsuchen in der "inhaltlosen Bewußtheit" sind für Bhagwan etwas vor allem Weibliches. Darum fordert er vom "neuen Menschen", er müsse "weiblich" sein und stellt auf einem öffentlichen Presseforum (1985) von seinen Sannyasins fest: "Sie sind weiblicher geworden, als sie sich's je hätten träumen lassen (...) Sie haben das Herz als den Herrn anerkannt und den Kopf als Diener. Als Diener ist der Kopf völlig in Ordnung. Als Herr ist er absolut verkehrt"[50]. "Weiblichkeit" wird damit zum Deckbild dafür, daß die Menschen jeden Versuch, über ihr Schicksal selbst zu bestimmen und sich selbst miteinander ins Verhältnis zu setzen, ein für allemal aufgeben und ihren Intellekt nur noch als Instrument zur Erfüllung vorgegebener gesellschaftlicher Funktionen gebrauchen sollen. Am zu überwindenden Alten, der patriarchalen Herrschaft des Privateigentums und des zum Kapital verselbständigten Tauschwertes, stört ihn nicht, daß der Anspruch des herrschaftlichen Geistes, selbst bestimmen zu können, mit gewalttätiger Herrschaft von Menschen über Menschen und rücksichtsloser Ausbeutung der Natur einhergeht, sondern ihn stört der Anspruch auf kollektive Selbstbestimmung als solcher. Ihn sollen die Menschen aufgeben und sich mit den etablierten Verhältnissen weltweiter Ausbeutung und Unterdrückung falsch versöhnen. Weil Frauen in der Geschichte des Patriarchats als nicht vollwertig geltende Menschen ohnehin immer schon darauf dressiert wurden, den Anspruch, ihr Schicksal selbst zu bestimmen, gar nicht erst zu stellen, sondern von vornherein ergeben sich zu fügen und nach dem Bild des herrschaftlichen Mannes vom Weib sich zuzurichten und diese Abhängigkeit auch noch zu genießen, wird diese masochistische Fähigkeit von Bhagwan kurzum zur Natur der Frau erklärt und nun auch den Männern geraten, unter der Übermacht der Verhältnisse weiblich zu werden und Vernunft in der sogenannten "weiblichen Schläue" aufgehen zu lassen.

Nicht anders ist es, wenn Langhans der Emanzipation der Geschlechter das Wort redet und die Männer auffordert, im Zuge der ohnehin unabänderlichen Entsorgung der Welt von jedem "machenden"

---

[50] Bhagwan, Öffentliches Presseforum mit Bhagwan Shree Rajneesh, in: Die Rajneesh Times, deutsche Ausgabe Nr. 15/1985, S. 6 und 8

Konzept "in diese Ohnmacht einzutreten, d.h. zurückzutreten, das pro-
jektive Machen aufzugeben, untätig zu werden, eine Frau zu werden und
der Frau alle Macht zu übergeben"[51]. Auch hier wird passives Mittun im
gegebenen Ganzen unter dem Deckmantel der Emanzipation des Mannes
aus seiner selbstherrlichen Rolle als Macher, Bestimmer und Verfüger
über Natur als Rettung propagiert, als sei in die Ohnmacht einzutreten
und sich ihr zu überlassen schon die Emanzipation von Herrschaft und
Gewalt. Auch ist die Frau nicht das vom "projektiven Machen" freie
Wesen, als das Langhans es sehen will; vielmehr ist die Frau, wo sie
diesem Bild nahe kommt, ein Produkt herr-schaftlicher Gewalt. Die
Selbstsetzung des Mannes als Zwecke Setzenden, Ordnung Schaffenden,
aktiv Tätigen braucht die Frau als das Gegenstück, als Natur, die willig
seinen Zwecksetzungen sich fügt und sich ihm und seinem herrschaftlichen Willen überläßt, als käme sie nur darin zum Erwachen ihrer selbst,
und umgekehrt braucht die Frau, die diesem Bilde entsprechend sich als
Natur setzt, den Mann als das entsprechende Gegenstück, damit ihre
Rechnung aufgeht und die Qual der Selbstdressur, die die Angleichung
an ihre Setzung als Natur bedeutet, belohnt wird durch die Anerkennung
des wahren Mannsbildes und durch geliehene Teilhabe an dessen Macht
und Prestige. In diesem Licht gewinnt die Aufforderung Langhans' zur
Verweiblichung der Welt ein anderes Gesicht. Sie besagt dann nämlich
nur, daß der Masochismus des Weibes, das sich mit der männlichen
Macht, von der es geschlagen wird, identifiziert, im späten Kapitalismus
zur adäquaten Überlebensform für *alle* geworden ist. Wie das Weib einst
dem männlichen Diktat sich beugte und die Brechung seines Willens von
der herrschenden Ordnung als seine Selbstwerdung aufgefaßt und legitimiert wurde, so sollen sich heute alle ohne Ausnahme dem Diktat der
abstrakten Macht beugen, es aus vermeintlich freien Stücken in ihren
eigenen Willen umwandeln und darin zugleich ihre Selbst- und Einswer-
dung erblicken. Die von Langhans gepriesene Schwäche des Mannes
feiert die abstrakte Macht. Denn diese gibt dem Widerstandslosen von
ihrer Stärke ab, macht aber den unnachgiebig klein, der auf eigener
Stärke und auf kollektiver Selbstbestimmung besteht.

Die New-Age-Vision von der Emanzipation der Frau, die auch die
Emanzipation des Weiblichen im Manne sein soll, die Heraufkunft des
neuen androgynen Menschen, ist so zwiespältig wie die "aufgeklärte"
und durchrationalisierte Ordnung selbst, in der sich diese Emanzipation

---

[51] Ibd

vollzieht. Einerseits bedeutet die Emanzipation wie jeder Fortschritt in dieser Ordnung auch Emanzipation aus überkommenen, naturwüchsigen Banden und der ihnen innewohnenden Herrschaft und Unterdrückung. Andererseits bedeutet sie aber auch vertiefte Unterwerfung unter die Funktionsimperative des "automatischen Subjekts des Produktionsprozesses" (Marx), der alle von ihm noch nicht ergriffenen und insofern naturwüchsigen Verhältnisse auflöst und nach seinen Erfordernissen neu setzt. Kern des Transformationsprozesses, der zuerst die Männer ergriff und ihnen dadurch auch in der modernen industriellen Produktionsweise zunächst den ökonomischen Vorrang vor den Frauen sicherte, ist die sukzessive und bis ins Innerste gehende Transformation der Menschen zu beliebig austausch- und ersetzbaren Exemplaren der einen "abstrakten Arbeitskraft". Alle ihre Eigenschaften sollen verwertbar und beliebig bedienbar, an- und abstellbar werden. Von den in diesem Sinne nicht verfügbaren und ablösbaren Komponenten ihres Wesens sollen sie abstrahieren lernen, als sei die Abstraktion ihr Wesen und das, wovon die Rationalität der Verwertung abstrahiert, das Unwesentliche. Ideologische Mächte bekräftigen und verstärken diesen Prozeß, indem sie denjenigen, der sich entsprechend zurichtet und von vermeintlich Überholtem "befreit", nach dem in ihrem Bereich je geltenden Dualismus als "gesund", "leistungsfähig", "integriert", "ganz", "emanzipiert" und den in diesem Prozeß nicht voll Mitziehenden als "gestört", "nicht voll leistungsfähig", "desintegriert", "dissoziiert", "zurückgeblieben" oder als "alten, in dualistischen Gegensätzen verharrenden Menschen" klassifizieren. Die stets weiter voranschreitende reale Subsumtion unter das Kapital erscheint als Emanzipation, weil Herrschaft noch weitgehend nach dem alten Muster als patriarchalisch-männliche Repression des Weiblichen (oder des Sex, des Gefühls, der Natur) gedacht wird, während sich schon längst eine neue Form der gesellschaftlichen Herrschaft über die Menschen ausgebildet hat, die als Repression und Ausbeutung allein nicht mehr adäquat begriffen ist. Sie ist dabei, sich des Lebens unmittelbar zu bemächtigen, um die Kräfte für ihre Zwecke zu stärken, zu intensivieren und leistungsfähiger zu machen und braucht dazu die Loslösung der Menschen aus widerständigen Verhältnissen, in denen sie sich einen Rest an Unmittelbarkeit bewahrt haben. Der Emanzipationsdiskurs kann hierfür ein zweckdienliches Mittel sein, sofern er Herrschaft nach dem überholten Bilde der bloßen Repressionsmacht denkt. Der Prozeß der Emanzipation der Frau ist vielleicht nicht nur, aber doch wohl auch Teil dieses Transformationsprozesses.

Die Zwiespältigkeit und gesellschaftliche Bedingtheit dieses Prozesses reflektieren Langhans oder Bhagwan nicht. Sie schlagen sich stattdessen bewußtlos auf die eine Seite, die Seite der bourgeoisen Hegemonie, und verleugnen das zugleich, indem sie sich unentwegt als den Bruch mit dem historischen Netz inszenieren, dem sie angehören und das sie mit ihrer Inszenierung noch verdichten und zugleich entstellen, indem sie es als patriarchalische Repression des Weiblichen und als Herrschaft von Männern darstellen. Tatsächlich aber hat sich die einst "männliche Herrschaftsrationalität" in Gestalt des Kapitals und der Herrschaft der Bürokratie gegen die Menschen, Männer wie Frauen, verselbständigt. Alle werden mit dem Fortschritt der modernen Ordnung "zu Angestellten und in der Angestelltenzivilisation hört die zweifelhafte Würde des Vaters auf. (...) Jeder muß zeigen, daß er sich ohne Rest mit der Macht identifiziert, von der er geschlagen wird, (...) und jeder kann sein wie die allmächtige Gesellschaft (...), wenn er sich nur mit Haut und Haaren ausliefert, den Glücksanspruch zediert. In seiner Schwäche erkennt die Gesellschaft ihre Stärke wieder und gibt ihm davon ab. Seine Widerstandslosigkeit qualifiziert ihn als zuverlässigen Kantonisten"[52]. Wenn man angesichts dieser Wirklichkeit auf das Patriarchat als Ursache des Schreckens verweist, lenkt man vom wirklichen historischen Netz ab. Was ohnehin fällt, eine überholte Form männlicher (patriarchaler) Gewalt, wird schuldig gesprochen und gestoßen. Vielleicht nicht unbeabsichtigt ist man dadurch im Einklang mit der modernen Macht, gibt ihr recht, schlägt sich, indem man sich in solchen verfälschenden Gegensatz zur "alten Herrschaft" setzt, die negativen Seiten der Emanzipation aus dem Kopf und macht den objektiven Nihilismus vergessen, der unter der Humanität des neuen Menschen lauert.

Bhagwan im Lichte von Wilhelm Reichs "Massenpsychologie des Faschismus"

Das Loblied männlicher Feminität, wie es von Bhagwan, Amrito oder Langhans gesungen wird, erinnert sehr an das, was Reich in der "Massenpsychologie des Faschismus"[53] über den Zusammenhang von fehlendem sexuellen Lebensglück und mystischen Einheits- oder Ganzheits-

---

[52] Max Horkheimer und Theodor W. Adorno, Dialektik der Aufklärung (1944) Frankfurt/M. 1969, S. 138

[53] Wilhelm Reich, Die Massenpsychologie des Faschismus (1933), Frankfurt 1974

phantasien schreibt. Wenn Amrito die männliche Feminität mit den Worten preist: "Der Jünger wird feminin, und (...) in diesen femininen Augenblicken überflutet der Meister ohne Mühe (...) den Jünger". Der Jünger sitzt "in der Stille, offen, aufnahmebereit wie ein Schoß", dann weckt er dadurch ohne Zweifel die Phantasie einer sexuellen Vereinigung, in der "der Meister" die aktive und der Jünger die passive Rolle des sich ihm Hingebenden einnimmt[54]. In der "Massenpsychologie des Faschismus" erklärt Reich solche Phantasien männlicher Feminität aus Angst vor und Hemmung der Sexuallust. Sie sind Grundlage für solchen Mystizismus. Wo die Orgasmussehnsucht, aus welchen Gründen auch immer, verdrängt werden muß, verschärft ihre Energie, Reich zufolge, Ersatzstrebungen und gestaltet sie zu einer schwer lösbaren Bindung an das mystische Erlebnis. Mystisches Erleben ist demnach unkontrolliert umgesetzte, verdrängte Sexuallust. Es versetzt in einen Zustand vegetativer Erregung, der nie die natürliche orgastische Befriedigung erfährt und der deshalb "nur so lange lustvoll sein" kann, als er "sich mit einer phantasierten Vereinigung mit Gott" oder dem Kosmos oder den allgewaltigen Archetypen und auf diesem Weg mit "Befriedigung und Entspannung vermengen" kann. Aktivität und Aggression werden durch Passivität und masochistische Haltungen ersetzt. "Das bedeutet aber gleichzeitig auch Setzung kritikloser Gefolgschaft, Autoritätsgläubigkeit" und "passiver Hörigkeit"[55].

Bahro freilich sieht das ganz anders. Er benutzt Reichs Schichtenmodell vom Aufbau der Persönlichkeit, mit dem Bhagwans Konzeption vom falschen gesellschaftlich bedingten Selbst (= Charakterpanzer, Ego) und wahrem vorgesellschaftlichen Selbst (= biologischer Kern, freier Fluß der Energie) nahezu identisch ist, im Sinne der Propaganda, die Bhagwan von sich selbst und seiner Anhängerschar macht. Bhagwan nennt er entsprechend einen Buddha, der es geschafft habe, das von der Vergangenheit bestimmte, zum körperlichen Charakterpanzer verfestigte Verteidigungssystem, das Energien bündelt, die man zum vollen Leben braucht, abzuwerfen und zu dem lebenspositiven unverfälschten biologischen Kern vorzudringen, unmittelbar aus ihm heraus zu leben und einfach nur Liebe/positive Energie auszuströmen. Diese unkritische Verwendung des Reichschen Modells der Charakteranalyse[56] halte ich in einem doppelten Sinn für falsch. Denn erstens ist Reichs Schichten-

---

[54] Amrito 1983, S. 92, 93
[55] Ibd., S. 143, 155
[56] Wilhelm Reich, Charakteranalyse, Frankfurt 1973

modell vom Aufbau der Persönlichkeit mit dem guten unverdorbenen Kern, den natürlichen unverfälschten Bedürfnissen und sexuellen Antrieben im Innern selbst so nicht haltbar. So wenig wie es ein wahres Leben inmitten des Falschen gibt, so wenig gibt es einen unverfälschten, von den "äußeren" gesellschaftlichen Zwängen und dem durch ihre gewaltsame Internalisierung entstandenen Charakterpanzer freien, natürlich-reinen Kern im Menschen. Schon der Gegensatz "gesellschaftlich" einerseits - "natürlich" andererseits ist unakzeptabel, weil Menschen natürlicherweise, d. h. von ihrer Biologie her soziale Wesen sind und deshalb von den gesellschaftlichen Verhältnissen bis ins Innerste und als ganze durchdrungen sind, wenn auch schon aufgrund ihres verschiedenen Leibes nicht mit ihnen identisch. Die Rede von der Panzerung des Menschen ist trügerisch, weil sie den Menschen als ein statisches Naturwesen im Gegensatz zum Gesellschaftlichen denkt, "das durch Beeinflussung von außen, Anpassung an ihm äußerliche Produktionsbedingungen gewissen Deformationen unterliege. Aber es gibt kein Substrat solcher 'Deformationen'", wie es Reichs Zwiebelmodell suggeriert; es gibt "kein ontisch Innerliches, auf welches gesellschaftliche Deformationen von außen bloß einwirkten: die Deformation ist keine Krankheit an den Menschen, sondern die der Gesellschaft, die ihre Kinder so zeugt, wie der Biologismus auf die Natur es projiziert: sie 'erblich belastet'"[57]. Daß Bahro aber gerade dieses problematische Schichtenmodell vom Aufbau der Persönlichkeit aufgreift und in seinem Sinne Bhagwan als einen Meister auffaßt, der zur "wahren Natur" inmitten des Falschen gefunden hat, ist freilich kein Zufall. Denn die diesem Modell innewohnende Prämisse vom ontisch innerlichen, naturreinen Substrat des Menschen machte den späten Reich für New-Age-Propagandisten wie Capra oder Ferguson interessant; und genau daran knüpft auch Bahro selbst wieder an mit seiner Idee der notwendigen "Rückbindung an den Ursprung"[58], die den Kontakt "mit dem, 'was die Welt im Innersten zusammenhält'" wiederherstellt und zu "unmittelbarem orgasmischen Wissen führt", vom inneren unabänderlichen "Genotyp" etc.

Abgesehen davon wendet er zweitens Reichs Theorie falsch an, wenn er vorgibt, Bhagwans und seiner Jünger "mystische Demokratie" beruhe auf dem Fluß unverfälschter, nicht durch den Charakterpanzer deformierter Bioenergie. Das Gegenteil ist wahr. Bahro und Bhagwan propa-

---

[57] Theodor W. Adorno, Minima Moralia, Frankfurt 1951 , S. 307f, (zit. nach 20. Aufl. 1991)
[58] Bahro 1989, S. 20, 89, 96, 260 ff, 264, 268

gieren, indem sie die "mystische Einheit" der Kommune so auslegen, eine irrationale und mystische Auffassung des biologischen Energieprozesses, und das ausgerechnet mit Hilfe der Theorie Reichs, die diese mystifizierende Auffassung für einen grundlegenden Bestandteil der faschistischen Massen- und Rassenpsychologie hielt und sie deswegen scharf bekämpfte. Reich hält die Weltanschauung von der "mystischen Demokratie" für eine Erscheinung des durch die autoritäre Gesellschaft und durch den zunehmend abstrakter und sinnenfremder werdenden gesellschaftlichen Verkehr gestörten Verhältnisses zur eigenen Leiblichkeit und insbesondere zur Sexualität. Reich will die wirkliche soziale Demokratie und nicht die "mystische". Die "mystische Vereinigung"[59] hält er "für eine phantasierte Ersatzbefriedigung für wirkliche Befriedigung", die im "autonomen Lebensapparat" die gleichen Prozesse in Gang setzt wie ein Rauschmittel[60]. Die nicht erfüllte und verdrängte orgastische Sehnsucht ist einerseits zur muskulären-sadistischen Entladung fähig. Andererseits aber verschärft sie auch die zärtliche Strebung und gestaltet sie zu einem zugleich mystischen, sentimentalen und religiösen Erlebnis[61] um, das jede Art Mystik und Aberglauben geradezu aufsaugt und Aktivität (Eigenwillen) durch Passivität und masochistische Haltungen ersetzt, also diejenigen Haltungen, die nach Reich "die massenstrukturelle Grundlage der autoritären Mystik bestimmen" und "kritiklose Gefolgschaft", "Autoritätsgläubigkeit" und "moralischen Masochismus" hervorrufen[62]. Brutstätten solch autoritärer, auf Hemmungen der Sexualität und Störungen des freien Flusses der Objektlibido beruhender Mystik und entsprechender sozialer und religiöser Rationalisierungen sieht er (1933) außer in den spirituell-völkischen, theosophischen und anthroposophischen Strömungen vor allem in "verschiedenen mystischen Sekten in Amerika" und der "buddhistischen Ideologie in Indien", also ausgerechnet dort, wo Bahro die "Befreiung" und den freien Fluß der Libido vermutet. Bahros Deutung verkehrt Reichs Analyse ins Gegenteil und benutzt sie zur Rationalisierung der mystisch-masochistisch-sadistischen Abfuhr, um die Kommune und ihren "Meister" gegen Kritik abschirmen zu können. Dagegen kann der Einwand nicht überzeugen, daß in den Sannyaskommunen eine scheinbar freie Sexualität mit jederzeit austauschbaren Partnern geherrscht habe. Denn wenig hat dies, wie ich

---

[59] Bahro 1984, S. 214
[60] Reich 1971, S. 128f
[61] Vgl. Reich 1971, S. 134
[62] Ibd., S. 155

oben gezeigt habe, mit "freier Sexualität" und "Lust" im Sinne Reichs zu tun, viel aber mit dem, was Marx das "verallgemeinerte Verhältnis des Privateigentums" nennt, in dem die Bestimmung des Arbeiters als eines austauschbaren Wesens auf alle Menschen und auf jede Komponente ihres Verhältnisses ausgedehnt ist. Auf die Möglichkeit einer solchen 'falschen Befreiung' der Sexualität weist Reich im übrigen auch selbst hin. Sie ist für ihn nur die andere Seite der sexuellen Zwangsmoral: "die sexuelle Anarchie"[63]. Er schreibt dazu: "Keine noch so laute und 'frei' scheinende sexuelle Betätigung kann den Kundigen über (...) tief sitzende Hemmungen hinwegtäuschen; mehr, viele krankhafte Äußerungen im späteren Geschlechtsleben, wie wahllose Partnerwahl, sexuelle Unrast, Neigung zu Ausschweifungen etc., leiten sich gerade aus der Hemmung der orgastischen Erlebnisfähigkeit her"[64]. Die Entwicklung der Philosophie und Praxis Bhagwans nach der Selbstzerstörung von Rajneeshpuram bestätigen diese Analyse. Mit der Propagierung sexueller Freizügigkeit war es dann auch nach der Selbstzerstörung von Rajneeshpuram vorbei. Stattdessen ließ Bhagwan/Osho in der in Osho Times umbenannten Rajneesh Times nun verkünden: "Homosexualität ist eine Perversion. Sie ist gegen die Natur. Homosexualität ist fruchtlos, sie bringt nichts in dir hervor. Weder kann sie Kinder zeugen, noch kann sie dir eine orgasmische Erfahrung geben. (...) Und Homosexualität hat AIDS gebracht". Das liest sich beinahe schon wie eine der typisch antisexuellen Flugschriften, die Reich 1933 zitiert[65]; AIDS übernimmt dabei die Rolle, die damals die Syphilis spielte. Sie wurde zur Strafe der Natur (bzw. Gottes) erklärt, die infolge der Übertretung ihrer (bzw. seiner) Gesetze über die Menschheit verhängt worden ist. So wird massiv Sexualangst geschürt und zugleich der vermeintlich "Schuldige" für die todbringende "Geißel der Menschheit" benannt. Unverkennbar die Drohung gegen den Homosexuellen, der von seinem unproduktiven Verstoß gegen die vermeintlichen Naturgesetze nicht lassen will. Ähnlich steht es sonst nur in neofaschistischen Zeitschriften. Wenn rechtsextreme Gruppen, so instruiert, mit der Drohung gegen Homosexuelle ernst machen, werden Osho-Anbeter da nicht angesichts solcher Aufklärung durch ihren Meister das rechte Verständnis aufbringen?

---

[63] Reich 1971, S. 113
[64] Reich 1971, S. 133
[65] Reich 1971, S. 149ff

Bhagwans struktureller Rassismus

Damit kein Irrtum darüber entsteht, wie die Stimme des Herzens sich vernehmen lassen wird, wenn sie erst einmal die lästige universalistische Vernunft, die mehr sein will als instrumentelle Intelligenz, los geworden ist, und wie die von ihm so häufig beschworene "Liebe" des "neuen Menschen"[66] beschaffen ist, fügt er sogleich hinzu: "Verhungern ist eine Art natürlicher Balance. (...) Ob es Äthiopien gibt oder nicht, spielt überhaupt keine Rolle. Was für einen Unterschied macht es? Wenn Indien verschwindet, wird die ganze Welt von einer Last befreit, bringt es ein bißchen mehr Reichtum"[67]. - "Der Tüchtigste überlebt, und der Tüchtigste soll die Macht haben. Und wer die Macht hat, der hat recht. Als Deutsche sollten sie das verstehen"[68].

Bhagwan hat recht, wenn auch anders als er meint. Tatsächlich sollten die Deutschen aufgrund ihrer geschichtlichen Erfahrung gegen Führer und falsche Propheten, die sozialdarwinistische Sprüche als ewige Weisheiten propagieren und sie praktisch wahr machen wollen, noch am ehesten gefeit sein, sind es aber nicht, weil die Vergangenheit nicht wirklich durchgearbeitet und von vielen die Niederlage des Nazifaschismus 1945, nicht dieser selbst, bis heute als die große Katastrophe erlebt wird. Seine Feststellungen von der "ökologischen Balance" und daß es mehr Reichtum brächte, wenn die Nicht-mit-gekommenen verschwänden, anstatt den Tüchtigen zur Last zu fallen, sprechen heute der "neuen Rechten", den Benoists, Haverbecks und Gruhls aus der Seele, die ebenfalls unter Berufung auf das "ökologische Gleichgewicht" den Schutz des erfolgreichen Volkes und seines Umraumes als eines zusammengehörigen "Ökosystems" vor der Durchmischung mit "wertlosen" Menschenmassen fordern und damit denen theoretische Rechtfertigungen liefern, die im Namen des vermeintlichen Lebensschutzes des deutschen Volkes Brandsätze in Asylbewerberheime werfen und Äthiopier und Inder niedermachen. Schuld haben sie selbst, die Äthiopier und Inder, hören wir die Bhagwan nachempfundenen Stammtischkommentare und deren pseudointellektuellen Ableger: Sie waren nicht intelligent genug, und wer nicht intelligent genug ist, der "wird vernichtet". Die "Wertlosen" oder "Minderwertigen" werden von vornherein aus dem Kreis der "Brüder", der Mitmenschen, ausgeschlossen und potentiell dehumani-

---

[66] Bhagwan, Rajneesh Times 16/1985, S. 3
[67] Bhagwan, Rajneesh Times 15/1985, S. 2
[68] Bhagwan, Der Spiegel Nr. 32/1985, S. 93

siert. Nur die "Wertvollen" sollen dazugehören, und zwar die "Wertvollen" aller Rassen und Länder. Über die Verteilung der "Höherwertigen" und "Minderwertigen" auf die verschiedenen "Rassen" und "Völker" ist damit nichts gesagt. Zwei-Drittel-Gesellschaft hier, Ein-Drittel-Gesellschaft dort und Dahinvegetieren des "Rests" als "wertlosen Materials", das nicht "intelligent" genug ist, sich der Welt der Konzerne anzupassen, und selbst schuld, wenn es liquidiert wird - ein solcher Zustand der Welt ist mit Benoists Auffassung nur zu gut vereinbar. Die Internationale der Barbarei ist im Gewande des "neuen Menschen" und einer "neuen Religion" der Tüchtigen im Vormarsch, einer Religion, die immun macht gegen Kritik, weil sie, so Bhagwan, "bis an die tiefsten Wurzeln geht, wo dich niemand verletzen kann"[69].

Unverkennbar wird bei Bhagwan unter Berufung auf die "Stimme des Herzens", die "neue Weiblichkeit" oder gar die "Liebe" faschistischem Gedankengut von der sogenannten natürlichen Auslese zum Zweck der "ökologischen Balance", vom Kampf ums Dasein und dem notwendigen Untergang der Schwachen, vom Untermenschen, auf den es nicht ankommt, das Wort geredet. Abermals wird das falsche Ganze, in dem die Menschen gefangen sind und das sie als Liebe zum Schicksal sich zu eigen machen, zur Norm erhoben und Vernunft nur noch als Instrument der "ökologischen Balance" im Dienste des eigenen Überlebens zugelassen unter gelassener Einbeziehung der Vernichtung anderer. Wer sich solcher Reduktion der Vernunft widersetzt, dem wird gedroht, er gehöre nicht zu den wertvollen "neuen Menschen", die, wie es Bhagwan im Einklang mit Dethlefsen und Langhans[70] für ausgemacht hält, die Welt übernehmen und sie im Namen der Menschlichkeit endgültig in die Barbarei überführen werden.

Haug hat kürzlich zwischen einem "strukturellen Rassismus" und einem "interaktiven" oder "Straßenrassismus" unterschieden. Diese Unterscheidung ist nützlich, wenn wir verstehen wollen, welche Art von Rassismus Bhagwan und andere Meister des neuen Menschentums heute propagieren, und verhindern wollen, daß wir angesichts der Ausschreitungen gegen Fremde, wie sie heute in Deutschland wieder zur Tagesordnung gehören, vor lauter Rauch das Feuer nicht mehr sehen. Im physisch gewalttätigen "Straßenrassismus", auf den sich zur Zeit die ganze

---

[69] Bhagwan, Rajneesh Times, Nr. 15/1985, S. 2
[70] Vgl. Thorwald Dethlefsen, Schicksal als Chance, München 1979; Hubertus Mynarek, Ökologische Religion, München 1986; Langhans, a.a.O.

Aufmerksamkeit richtet, sieht Haug den in den Haßschrei verkehrten Aufschrei der sozial getretenen Kreatur[71].

Zweifelsohne propagieren Bhagwan und andere Meister des neuen Menschentums *diesen* Rassismus nicht. Sein struktureller Neorassismus, der ein in das Weltsystem des Kapitals eingeschriebener Rassismus ist, charakterisiert sich dadurch, daß er in allen Völkern die "Minderwertigen", die ins Subproletariat abgesunkene Arbeitskraft, "fallen lassen wird". Das heißt: "Auslese (wird) schlechthin herrschen, mit der Tendenz, keine Reservate zu dulden und quer durch alle Ethnien und Lebensformen zu wirken, einen weltweiten Brain-Drain zu fördern, (...) weltweites Jogging um die Spitzenplätze" in der mit der corporate identity ausgestatteten transnationalen Elite der "neuen Menschen", "während das Nichtidentische dieser Welt der Konzerne als globales Subproletariat vegetieren" und mit der Auslese der subalternen Eliten der Weltgesellschaft von morgen eine "unerhörte Verschärfung von Unrechts- und Herrschaftsformen einhergehen mag"[72]. Das ist Rasse als "Selbstbehauptung des bürgerlichen Individuums, integriert im barbarischen Kollektiv"[73], ein Rassebegriff, der heute bei "neuen Rechten" wie Alain de Benoist und Pierre Krebs wieder propagiert wird und den Horkheimer und Adorno schon 1944 als Kern des faschistischen erkannten. Mit diesem modernen Rassismus identifiziert sich Bhagwan, wenn er dem weltweiten Subproletariat mangelnde Intelligenz vorwirft und ihm als wert- und nutzlosem Menschenmaterial Vernichtung prophezeit, wenn er sich selbst zugleich zur 'Intelligenzbestie' und zum "Guru der Reichen" erklärt, deren Reichtum nur Ausdruck ihrer natürlichen Überlegenheit sei, und vom genetisch optimierten "neuen Menschen" schwärmt. Ihn preist er seinen Jüngern an, indem er ihnen suggeriert, durch Selbstaufgabe und Identifikation mit ihm, dem Meister, verwandelten sie sich in den neuen Menschen von Rasse, dessen Überleben auch unter den neuen Bedingungen gesichert sei, und zeigt ihnen dro-

---

[71] "Brandstiftung und Mord", schreibt er, "können verwandelte Formen von Protest sein, im Modus des entfremdeten Protests gegen Entfremdung. Er zielt von Seiten der under-dogs etwa darauf, andere im Status der under-underdogs, der ihnen als Neuankommenden zunächst zufällt, (...) zu halten. Ein anderer soll der unterste sein - das ist der Schrei in der Familie der Subalternen, oft unerwünscht vom Standpunkt der Herrschenden," weil er Ruhe und Ordnung stört und "die Bewegungsformen der bürgerlichen Gesellschaft verletzt"
Wolfgang Fritz Haug, Zur Dialektik des Antirassismus, in: Das Argument, Nr. 191/1992, S. 43 und 34
[72] Ibd., S. 43
[73] Horkheimer/Adorno (1944) 1969, S. 152

hend die Rückseite der "corporate identity", die der Sannyasin ohne Rest
verkörpern soll: Ist die Firma pleite, sind alle nur Versager, Idioten,
"nichts als Scheiße"[74].

Mit Bhagwans Schriften hat es eine eigenartige Bewandtnis. Bhagwan zitiert so gut wie nie. Kaum je gibt er zu erkennen, auf wen er sich
stützt. Er schreibt und redet, als habe er sich alles hier und jetzt aus tief-
stem Innern selbst errungen. An einer der seltenen Stellen, an der er
aber doch einmal Auskunft darüber gibt, welche westlichen Lehren seiner Lehre am nächsten stehen, nennt er ausgerechnet Rudolf Steiners
Anthroposophie und Madame Blavatskys theosophische Schriften mit
ihrem Hauptwerk "Geheimlehre" (1888), das bis heute das ariosophische
Standardwerk ist. Darin sehe ich eine Bestätigung meines Nachweises
des strukturellen Rassismus bei Bhagwan. Denn Blavatskys "Geheimlehre", die zur wichtigsten Wurzel der heutigen Anthroposophie und
New-Age-Szene wurde, und Steiners Anthroposophie haben an der Entwicklung und Verbreitung des rassistischen "Instrumentariums der ver-
rückten Verarbeitung des Nord-Süd-Gefälles" (Haug) maßgeblich mitge-
arbeitet[75]. Blavatsky definiert Theosophie als eine göttliche Weisheits-
lehre, die nur von wenigen Auserwählten gelehrt und praktiziert wird.
Diese gehören einer "planetarischen Hierarchie" geheimnisvoller Meister an, an deren Spitze Krishna, Buddha, Jesus und, für die Bhagwan-
gemeinde natürlich auch, Bhagwan/Osho gehören. Aus der Theosophie
entwickelte Steiner seine Anthroposophie. Darin unterscheidet er Menschen nach "Wurzelrassen". Nach dieser "Wurzelrassen"-Ideologie gibt
es noch ein paar Reste niederer Menschenrassen, die zur "göttlichen
Weisheit" der Meister beim besten Willen gar nicht fähig sind und daher
um der Reinigung willen aussterben und auf höherer Ebene reinkarniert
werden müssen. Blavatsky in ihrer Geheimlehre, Bd. II: "Ein Decimie-
rungsvorgang findet über die ganze Erde statt unter jenen Rassen, deren
Zeit um ist. (...) Die Flutwelle der inkarnierten Egos ist über sie hin-
weggerollt (...) und ihr Verlöschen ist eine karmische Notwendigkeit"[76],
damit die "göttliche Weisheit" sich auf Erden ausbreiten kann. In derselben Logik liegt Alice Ann Bailey, eine Kampfgefährtin Steiners, die
1949 den industriell-bürokratischen Massenmord an den Juden im Na-

---

[74] Bhagwan, Stern Nr. 40/1985, S. 296 und 297

[75] Vgl. hierzu Jutta Ditfurth, Feuer in die Herzen, Plädoyer für eine Ökologische Linke
Opposition, Hamburg 1992, S. 194ff und 218f sowie den Beitrag Gerhard Kerns in
diesem Band.

[76] Zit. nach Ditfurth 1992, S. 219

tionalsozialismus als "Feuer der Reinigung" rechtfertigte[77]. Und in derselben rassistischen Logik bewegt sich auch Bhagwan, wenn er Verhungern zu "einer Art natürlicher Balance" erklärt und klarstellt, daß das Elend und die Ausbeutung ganzer Völker und Erdteile nur "beweist", daß diese Menschen für die "Intelligenz des neuen Menschen" noch nicht reif sind und deshalb nicht zu den "wertvollen Menschen" (Benoist) und ihrer 'heiligen Bruderschaft' gehören.

Freuds Massenpsychologie und die Struktur der Bhagwanschen Propaganda

Lange bevor die Gefahr des deutschen Faschismus akut erschien, hat Freud in seinem bereits erwähnten Aufsatz "Massenpsychologie und Ich-Analyse" von 1921 in psychologischen Kategorien das Heraufkommen der faschistischen Massenbewegung vorausgesehen. Er geht dort innerhalb der Grenzen der bürgerlichen Individualitätsform den Spuren der tiefgehenden Krise des Individuums nach. Liest man diesen Aufsatz, nachdem man Bhagwans Propaganda "vom neuen Menschen" kennengelernt hat, ist man überrascht, wie genau Freud mit dem Instrumentarium der Psychoanalyse den vermeintlich "neuen Menschen" und seine Lebensweise verstanden hat. Es ist geradezu, als hätte Freud Bhagwan und seine Kommune vor Augen gehabt, als er die faschistische Masse und ihren Führer beschrieb, als sei sie der Idealtyp dessen, was Freud beschreibt und in seiner Genese erklärt. Um dies zu belegen, bringe ich im folgenden die wesentlichen Überlegungen Freuds in Erinnerung und zeige an einigen Punkten auf, wie genau diese Überlegungen auf Bhagwan und seine Kommune zutreffen.

Freud hebt drei Merkmale als wesentlich für die faschistische Masse und Führerpropaganda hervor:

Erstens: Die vielen Einzelnen der Masse identifizieren sich mit dem von ihnen zum Führer Erwählten in einer Form, die der "verliebten Hörigkeit" gleichkommt, und sind *dadurch* in ihrem Ich miteinander identifiziert. Durch diese abgeleitete Identifikation erscheinen sie als eine Gruppe oder ein Kollektiv, obgleich sie in Wahrheit nur die Karikatur eines solidarischen Miteinanders sind.

---

[77] S. Ditfurth 1992, S. 219

Genau so stellt Bhagwan sich auch den Zusammenhang vor, der in seinen Kommunen herrschen soll. Deren Mitglieder sollen unmittelbar nicht miteinander verbunden sein. Keiner soll irgend auf den anderen in seiner individuellen Besonderheit bezogen sein, sondern alle nur auf den Einen, den Meister. Nur vermittelt über ihn, den sie als ihr gemeinsames, ihnen selbst unerreichbares Wesen verehren, sollen sie so etwas wie Gemeinschaft erleben. So bildet sich die "organische Gemeinschaft", das positive Gegenstück zur abstrakten negativen Gesellschaft[78]. Denn nur als "Hingabe aus Vertrauen in einen Buddha" kann eine echte Kommune entstehen; sie wird gebildet aus mit ihrem Buddha verschmolzenen Individuen[79].

Identifizierungen, die der "verliebten Hörigkeit" gleichkommen, beruhen nach Freud auf Idealisierung. Die Eigenliebe, die dem unerfüllten Ichideal galt, fließt auf das erwählte Objekt, den Führer, über, das an die Stelle des eigenen, nicht erreichten Ich-Ideals gesetzt wird. Das Ich wird in der Folge "immer anspruchsloser, bescheidener, das Objekt immer großartiger, wertvoller; es gelangt schließlich in den Besitz der gesamten Selbstliebe des Ich, so daß dessen Selbstaufopferung zur natürlichen Konsequenz wird. Das Objekt hat sozusagen das Ich aufgezehrt"[80]. Gleichzeitig mit dieser "Hingabe" des Ich an das Objekt "versagen die dem Ichideal zugeteilten Funktionen gänzlich. Es schweigt die Kritik, (...) alles, was das Objekt tut und fordert, ist recht und untadelhaft. Das Gewissen findet keine Anwendung auf alles, was zugunsten des Objektes geschieht; in der Liebesverblendung wird man reuelos zum Verbrecher"[81]. Eben diese Idealisierung seiner Person mit den entsprechenden Konsequenzen der Selbstverblendung und Selbstaufopferung bei den Geführten sucht der faschistische Führer zu fördern. Er präsentiert sich in seiner Propaganda als einer, der den Geführten "im Wesen" gleich sei, aber doch mit dem Unterschied, daß dieses Wesen in ihm vollkommen

---

[78] "Meine Sannyasins hier bilden kein Kollektiv. *Jeder einzelne meiner Sannyasins ist mit mir direkt verbunden.*"
Bhagwan 1983, S. 65
"Weil sie (die Sannyasins, H.G.) mich alle lieben, fangen sie natürlich auch an, sich gegenseitig zu lieben. Das ist die Folge. Ihre Liebe zu mir ist zuerst da, und dann ist ihre Liebe zu anderen Sannyasins die Folge; sie sind alle Weggenossen."
Bhagwan 1983, S. 91

[79] Vgl. Bhagwan 1983, S. 95 und 82

[80] Alle Zitate aus: Sigmund Freud, Massenpsychologie und Ich-Analyse (1921), in: ders., Werkausgabe Bd. 2, Frankfurt 1978, S. 459

[81] Alle Zitate aus: Sigmund Freud, Massenpsychologie und Ich-Analyse (1921), in: ders., Werkausgabe Bd. 2, Frankfurt 1978, S. 459

sei, während ihr Selbst durch Mißerfolgs- und Unzufriedenheitsmale entstellt sei. Er spricht damit vor allem diejenigen Menschen an, die sich in dem für moderne Gesellschaften charakteristischen Konflikt zwischen einer ganz auf Selbsterhaltung eingestellten Ichinstanz und dem ständigen Mißerfolg, den Ansprüchen des eigenen Ichs zu genügen, befinden. Ihnen bietet er die Identifizierung mit seiner Selbstinszenierung als Ausweg aus ihrem Konflikt an.

Damit die vielen Einzelnen ihr Ideal zugunsten des im Führer verkörperten Massenideals aufgeben, muß der Führer einerseits als weit überlegen erscheinen, andererseits muß er, um die Identifikation zu erleichtern, gleichzeitig das Wunder vollbringen, als einer wie sie selbst zu erscheinen. Auch das erahnt Bhagwan intuitiv richtig und führt sich seinen Jüngern als denjenigen vor, der grundsätzlich ist wie sie: "Es gibt keinen qualitativen Unterschied zwischen mir und meinen Sannyasins"[82]. Allein einen kleinen nicht-qualitativen Unterschied gebe es, und der sei, daß er, Bhagwan, schon "ein wenig" weiter sei und das repräsentiere, "was auch ihnen einmal geschehen wird", daß er "*das Spiegelbild ihrer eigenen höchsten Vervollkommnung*"[83] sei. Wegen der Ähnlichkeit mit seinen Anhängern vermag er die seelischen Bedürfnisse und Wünsche der für seine Propaganda Anfälligen richtig zu treffen. Um die unbewußte Psyche seiner Anhänger in Gang zu setzen, braucht er nur sein eigenes Unbewußtes nach außen zu kehren. Eben diese Fähigkeit, das, was in ihnen latent ist, ohne ihre Hemmungen auszudrükken, und nicht irgendeine echte Überlegenheit ist es, was ihn von den Geführten unterscheidet, - und die Fähigkeit, die in Gang gesetzte Irrationalität für die eigenen Zwecke zu nutzen und in ein Mittel der Beherrschung umzuwandeln. Der Protest gegen die versagenden Zumutungen der Herrschaft wird angeheizt, um ihn selbst mit autoritärer Unterwürfigkeit zu verschmelzen und in ein Herrschaftsmittel umzuwandeln.

Zweitens: Der Führer gilt als der Eine, der allen anderen weit überlegen ist. Er allein ist Gegenstand der Bewunderung. Alle anderen sollen demgegenüber in ihrer Inferiorität prinzipiell gleich sein. Der Führer gilt als der unverwechselbar Eine, alle anderen als verwechsel- und auswechselbar viele. Er darf alle angreifen, aber keiner ihn, ohne mit der Gefahr des Ausschlusses zu rechnen. Dies bedeutet freilich nicht, daß alle hierarchischen Differenzen (außer der einen) in der Gruppe abge-

---

[82] Bhagwan, a.a.O., S. 82
[83] Bhagwan 1983, S. 91 (Hervorhebung, H.G.)

schafft sind. Sie sind nur abstrakt negiert, und die abstrakte Negation wird zwingend durchgesetzt. Hierarchische Differenzen gibt es nach wie vor, aber sie haben für den, der dazugehört, so gut wie nichts zu gelten gegenüber der einen wesentlichen zwischen Führer (Meister) und Geführten (Jünger).

Diese eine wesentliche Differenz, die Bhagwan zum "nicht-qualitativen Unterschied" herunterspielt, ist in der Praxis jedoch der alles entscheidende, hebt ihn als Führer aus der Masse der Jünger heraus. Denn der Glaube daran "legitimiert", daß Bhagwan sich selbst als denjenigen setzen kann, der a priori immer recht hat und seine Jünger mit ihrem Einverständnis als "Nicht-wesen" und ihre Meinungen und Empfindungen als "Scheiße" behandeln kann, denn "solange man nicht erleuchtet ist, sind Meinungen überflüssig und falsch, (...) sind nichts als Scheiße"[84].

Mit dieser alles entscheidenden Asymmetrie verbindet sich in der Oregon-Kommune ein "hämischer Egalitarismus, die Brüderlichkeit allumfassender Erniedrigung"[85]. Diese Gleichheit in der Inferiorität, die alle menschlichen Unterschiede auslöscht, von jedem Talent und jeder besonderen Fähigkeit abstrahiert und jeden Menschen zum beliebig austauschbaren Exemplar der einen gleichen abstrakten Arbeitskraft macht, wird zur wahren kommunistischen Gemeinschaft, die absolute Verneinung jeder menschlichen Individualität in den wechselseitigen Respekt voreinander verkehrt: "Es herrscht ein ungeheurer Respekt für den einzelnen. (...) Es gibt hier Ärzte, die die Toiletten putzen, (...) einfach weil eines völlig klar ist: daß dein Job keinen Unterschied macht; deine Individualität bleibt überall intakt. Deine Arbeit gibt dir keine höhere Position, und es entsteht keine Hierarchie. Jeder arbeitet mit vollem Herzen auf die ihm eigene Weise"[86].

Je weniger faschistische Agitatoren die der Gesellschaft inhärente Struktur geändert sehen wollen, um so mehr reden sie von einer sozialen

---

[84] Bhagwan, Stern Nr. 40/1985, S. 298
   Bhagwan definiert diesen Unterschied wie folgt: "Ich bin mir meiner inneren Welt bewußt, und sie (die Sannyasins, H.G.) sind es nicht. Aber sie haben die innere Welt so gut wie ich. (...) Sie haben das ganze Königreich Gottes in sich selbst." Der Unterschied ist nur der: "Ich habe geschlafen, jetzt bin ich erwacht. Ihr schlaft und ihr könnt auch aufwachen. Ich kenne beide Zustände: den Zustand des Schlafens und den des Wachens - ihr kennt nur einen Zustand, den des Schlafens".
   Bhagwan, a.a.O., S. 65
[85] Th. W. Adorno (1951) in: ders., 1971, S. 56
[86] Bhagwan, a.a.O., S. 87f (Hervorhebungen, H.G.)

Gerechtigkeit, deren Sinn es ist, daß kein Mitglied der "Volksgemein-schaft' sich individuellem Genuß überlassen darf. Den Erfolg, den der faschistische Agitator damit hat, erklärt Freud durch Verwandlung der Individuen in Mitglieder einer "psychologischen Brüderhorde". Ihr Zu-sammenhalt sei eine vom Führer und seiner Propaganda in den Dienst organisierter Massenbildung gestellte Reaktionsbildung gegen ihre pri-märe gegenseitige Eifersucht. "Was man (...) später in der Gesellschaft als Gemeingeist, esprit de corps usw., wirksam findet, verleugnet nicht seine Abkunft vom ursprünglichen Neid. Keiner soll sich hervortun wollen, jeder das gleiche sein und haben. Soziale Gerechtigkeit will be-deuten, daß man sich selbst vieles versagt, damit auch die anderen dar-auf verzichten müssen, oder, was dasselbe ist, es nicht fordern kön-nen"[87]. Wie treffend diese Erklärung ist, verdeutlicht der Bericht des Bhagwan-Jüngers Jörg Andree Elten über sein Leben in Poona[88]. Nicht anders als Elten geht es Bahro. Die Brüderschaft allumfassender Ernied-rigung, die Rückkehr zur "unnatürlichen Einfachheit des armen und be-dürfnislosen Menschen"[89], empfindet er als Rettung vor dem 'Chaos der Freiheit'. Anders, meint er, ist Überleben nicht möglich, und verlangt Pflichterfüllung, Opfer, Hingabe und "heroischen Realismus" im Dienst einer hierarchischen Gesellschaftsordnung, die Not und Glücklosigkeit der Individuen im Namen des Allgemeininteresses "Ökologie" verewigt. "Unglück wird zur Gnade, Not zum Segen, Elend zum Schicksal; und umgekehrt wird Streben nach Glück, nach materieller Besserung zu Sünde und Unrecht"[90].

Drittens: Um die Identifikation mit dem Führer zu verstärken, wird ein scharfer Gegensatz zwischen erwählter Eigengruppe und angeblich minderer Fremdgruppe propagiert. Dieser wird mit Feindseligkeit und heftigen Angriffen begegnet, so als sei ihr Vorkommen allein schon eine Kritik und ein Angriff gegen die Eigengruppe, den diese nicht auf sich sitzen lassen könne. Gruppenintern wird auf diese Weise das Gefühl der Gleichheit gestärkt und um neue Aspekte ergänzt. Empfinden sich die Geführten im Verhältnis zum Führer im negativen Sinne als gleiche,

---

[87] Beide Zitate aus: Th.W. Adorno 1951, in: ders., 1971, S. 56
[88] J.A. Elten 1979, zit. nach J. Bruhn, Unter den Zwischenmenschen, in: Initiative So-zialistisches Forum (Hrsg.) 1984, S. 92
[89] Karl Marx, Ökonomisch-philosophische Manuskripte (1844), in MEW Ergänzungs-band 1, S. 534
[90] Herbert Marcuse, Der Kampf gegen den Liberalismus in der totalitären Staatsauffas-sung, in: ders., Kultur und Gesellschaft I, Frankfurt 1965, S. 43 (zit. nach der 6. Aufl. 1968)

weil sie allesamt im Verhältnis zu ihm als unterlegen gelten und darin als gleich, so empfinden sie sich im Verhältnis zur Fremdgruppe durch deren negative Bewertung im positiven Sinne als gleich, weil sie sich allesamt besser wähnen als diese und im Verhältnis zu deren Mitgliedern dem Führer sehr ähnlich. Die Konzentration der Feindseligkeit auf die außerhalb verstärkt die Identifikation mit den Dazugehörigen und beseitigt auf diese Weise noch bestehende Intoleranzen in der eigenen Masse. Wer allerdings gegen das Opfern und das "geheiligte" Galeerensklavendasein aufbegehrt, wird zur Bedrohung für diesen vermeintlich "positiven Besitz", durch den sich die Gruppe von den anderen abhebt.

Bhagwan nutzt diese Mechanismen zur Verstärkung der Identifikation weidlich aus. Mit einer unbändigen Feindseligkeit und rachsüchtiger, gehässiger Häme greift er jeden an, in dem er einen Widerpart seiner phantasierten Größe und Allmacht erblickt. Neben ihm, dem "sichtbaren Gott", darf es keinen anderen geben. Herablassend erklärt er deshalb Jesus zum "psychiatrischen Fall", weil er annahm, daß er der Sohn Gottes und der Retter der ganzen Menschheit sei"; ähnlich werden alle anderen Religionsstifter abserviert: "Ich bin der Gründer der einzigen Religion überhaupt. Die anderen Religionen sind lauter Hokuspokus. Jesus, Mohammed, Buddha haben doch nur die Verführbarkeit der Leute ausgenutzt". Er beschimpft den Papst , der "Äthiopien zu dem gemacht" habe, "was es ist", nennt Mahatma Gandhi einen "Heuchler" und "gerissenen Politiker"[91]. Politiker erklärt er allesamt für Schwachköpfe, die in Wahrheit nicht gebraucht werden. Und gar nicht mehr zu halten ist er, wenn er auf den "Kommunismus" einschlagen kann, den er "auch zu all den anderen verrotteten Religionen zählt".

Der alternative Selbstmord

Adorno schreibt am Schluß seines Aufsatzes über "die Freudsche Theorie und die Struktur der faschistischen Propaganda": "Theatralisch sind die Führer ebenso wie der Identifizierungsakt der Masse, ihre angebliche Raserei und ihr Fanatismus. Sowenig wie die Menschen im Innersten wirklich glauben, daß die Juden der Teufel sind, glauben sie ganz an den Führer. Sie identifizieren sich nicht mit ihm, sondern agieren diese Identifizierung, schauspielern ihre eigene Begeisterung und nehmen so

---

[91] Zu all diesen Beschimpfungen siehe Bhagwan, Rajneesh Times, Nr. 15/1985, S. 2; Bhagwan, Der Spiegel Nr. 32/1985, S. 12; Bhagwan, a.a.O., S. 92

an der 'Show' ihres Führers teil. Durch diese 'Inszenierung' erzielen sie ein Gleichgewicht zwischen ihren ständig mobilisierten Triebbedürfnissen und der geschichtlichen Stufe der Aufklärung, die sie erreicht haben und die sie nicht beliebig zurücknehmen können. Wahrscheinlich ist es die Ahnung des fiktiven Charakters ihrer eigenen 'Massenpsychologie', was faschistische Massen so erbarmungslos und unansprechbar macht; denn hielten sie nur für eine Sekunde um der Vernunft willen inne, müßte die ganze Show zusammenbrechen, und sie wären der Panik überlassen"[92]. Bhagwan weiß das, und er weiß auch, wie sehr seine Anhänger die Teilnahme an seiner Show, seiner fiktiven Inszenierung des "wahren Selbst" zur Kompensation ihrer objektiven Nichtigkeit brauchen, und macht darum gar kein Geheimnis daraus, sondern prahlt: "Ich bin der beste Showman in der Geschichte der Menschheit"[93]. Er weiß, die Show von der totalen Liebe und dem vollkommenen Selbst ist für seine Leute, wie für die Süchtigen der Stoff, unabdingbares Überlebensmittel, es in der lieblosen Welt auszuhalten, von deren Zustand sie profitieren und den sie deshalb nicht ändern wollen. Damit alles so bleiben kann, wie es ist, muß der Realitätsersatz realer werden als die Realität. Ginge die Show einmal nicht weiter und seine Leute erwachten aus der "inhaltlosen Nicht-Bewußheit", dem "Zustand des Nicht-Denkens", es wäre ihr Ende; der kollektive Selbstmord die Folge. Er weiß auch, daß seine Leute das wissen oder ahnen und darum nur um so unnachgiebiger und unansprechbarer auf ihren Showmaster und dem Weitergehen der Show bestehen werden, wenn ihnen der Showcharakter der Show "enthüllt" wird: "Die Gesellschaft ist verrückt, aber wenn du dich nicht an sie anpasst, erklärt sie dich für verrückt. Also mußt du entweder verrückt werden oder einen Ausweg aus der Gesellschaft finden: Selbstmord"[94]. - "Ich möchte Dir gerne sagen: (...) die Möglichkeit des Selbstmordes ist auch bei Dir gegeben. Aber ich glaube nicht, daß du Selbstmord begehen mußt - Sannyas wird genügen"[95].

Kaum je ist so unverblümt die Religion vom Religionsstifter selbst zum "Opium der Reichen" erklärt, kaum je so unverblümt als bloßes Lebens- und Überlebensmittel, unabhängig von der Frage nach der Wahrheit oder Falschheit der Lehre, und als "Show", als Realitätsersatz

---

[92] Th.W. Adorno 1951, in: ders., 1971, S. 64f

[93] Bhagwan, Rajneesh Times, Nr. 15/1985, S. 9 des Interviews

[94] Bhagwan, Der Höhepunkt des Lebens, Bhagwan Shree Rajneesh über den Tod, Köln 1985, S. 82 (Hervorhebungen, H.G.)

[95] Alle Zitate ibd., S. 88 und 84 (Hervorhebungen, H.G.)

angepriesen worden wie hier. Eine Religion aber, die sich selbst als
bloßes Überlebensmittel, als realitätsverleugnenden Realitätsersatz anpreist und wegen dieser Funktion Gefolgschaft findet, ist schon darum
keine mehr, sondern nur ihr schlechter Ersatz. Sie ersetzt die "alten Religionen" (Judentum und Christentum) in der *einen* Funktion, die sie historisch sicherlich auch und überwiegend hatten, der der falschen Trö-
stung durch Versöhnung mit dem Unrecht der gegebenen Verhältnisse.
In dieser Funktion läßt sie sich wahrlich von nichts und niemandem
übertreffen und macht darüber die andere mit dieser Funktion unverein-
bare Seite der Religion zunichte. Diese andere Seite der Religion besteht
darin, daß sie um der Menschen willen mit der Unversöhntheit der
realen Welt, die Bhagwan bereits schon für das Ganze, das All-Eine erklärt, über das es kein Hinaus gibt, unversöhnbar ist. Sie besteht in der
Erfahrung, daß die Menschen mit diesem Ganzen nicht identisch sind
und dieses deshalb nicht alles ist, sondern etwas noch aussteht, das die
Menschen um ihret- und der ganzen Welt willen zu vollbringen und wovon sie einen Vorschein auch Hier und Jetzt in die Welt zu bringen haben: die erlöste Welt und die befreite Menschheit. Insofern seine Lehre
und Lebensweise das kritische Potential der "alten Religionen" gänzlich
liquidiert, hat Bhagwan recht, wenn er sich von allen alten Religionen
distanziert und feststellt, was er lehre, sei keine Religion in ihrem Sinne
und seine Religion sei "die einzige überhaupt". Denn er will im Einverständnis mit den herrschenden Mächten als Religion ja nur gelten lassen,
was *nicht* gegen das Falsche der bestehenden Verhältnisse kämpft und
also ausschließlich Produktion von Ersatzrealität und Ersatzreligion ist.

Als Meister der Show weiß er um die Unwahrheit seiner Religion,
nur interessiert ihn das um der vermeintlichen Rettung willen nicht. Er
spricht die Unwahrheit und den Selbstwiderspruch seiner Lehre und Lebensweise auch ziemlich offen aus, wenn er sie als die "Alternative zur
bestehenden Gesellschaft" - "Sannyas ist eine alternative Gesellschaft" -
anpreist und doch im Satz davor feststellt: "Die Gesellschaft erlaubt
keine alternative Gesellschaft". Denn diese Feststellung ist ja gleichbedeutend mit der Erkenntnis, daß die "Alternative" zum irrwitzigen,
auf Selbstzerstörung des Ganzen hinauslaufenden Bestehenden und jeder
Vorschein davon nur im Widerspruch zum Bestehenden, in dessen bestimmter Negation, und niemals im "Einvernehmen" mit ihm entwik-
kelt werden kann, sich also inmitten des Bestehenden negativ zu ihm
verhält, ohne darum seine eigene Verstricktheit in es zu verleugnen.
Dies freilich verleugnet Bhagwan, eben ausgesprochen, sogleich wieder.

Die Gesellschaft, sagt er, sei zwar irrwitzig und die Apokalypse vorprogrammiert, das Leben in ihr für denkende und sensible Menschen unerträglich, aber dennoch wollen er und seine Anhänger wie die Hippies, die er um dieser richtigen Auffassung willen lobt, nicht negieren und kämpfen. Da gäbe "es weit Schöneres zu tun", nämlich "positiv zu sein", was ist, auf sich beruhen zu lassen und unter dieser Voraussetzung alternativ zu leben, durch Sannyas den Geist die Flügel ausbreiten zu lassen, damit er "über den Körper hinausgehe". Das ist nichts anderes als eine andere Formulierung für Eskapismus und den Versuch, sich inmitten der "eindimensionalen Gesellschaft" als Daueralternative zu ihr einzurichten. Das aber geht nach seiner eigenen Einsicht nicht. Also ist seine Alternative keine, sondern nur eine Show, die vergessen machen will, daß es kein wahres Leben im Falschen gibt, daß der einzige "Ausweg" für solche Sinnsucher der Selbstmord ist. Ist das aber richtig, dann ist Sannyas nicht die Alternative zum Selbstmord, als die Bhagwan sie ausgibt, ist nicht das dritte jenseits der falschen Alternative von irrwitziger Gesellschaft und Selbstmord, sondern nur das funktionale Äquivalent zum Selbstmord. Es ist eine andere Form der Selbstzerstörung als Prävention gegen die endgültige. Das ist die Wahrheit der Sekte: ein als Freudenfest arrangierter Opfergang, mit dem dem übermächtigen Ganzen durch bereitwillige innerliche Vorwegnahme des Befürchteten gehuldigt werden soll.

Sannyas oder "totale Liebe" ist nicht die Alternative zur globalen Vernichtung, zu der die Gesellschaft unter der Herrschaft des Kapitals tendiert, sondern nur die Zurichtung der Menschen zum Material der Vollendung dieser Herrschaft. Es ist nur ein anderes Wort für die Verkehrung von Liebe und Treue in die Verachtung und den Verrat des Menschen, wie er seinerzeit schon von den faschistischen Demagogen im Namen der "totalen Treue" angepriesen wurde, ist "Rasse" als "Selbstbehauptung des bürgerlichen Individuums, integriert im barbarischen Kollektiv"[96]. "Totale 'Treue' ist eine der wesentlichen psychologischen Grundbedingungen für das Funktionieren der Bewegung. Und sie wiederum kann nur von absolut isolierten Individuen geleistet werden, denen die Bindung weder an die Familie noch an Freunde (...) oder Bekannte einen gesicherten Platz in der Welt garantiert." "Hier ist in der Tat nur der zuverlässig, der seine Freunde zu verraten bereit ist. Was

---

[96] M. Horkheimer und Th.W. Adorno (1944) 1969, S. 152

suspekt ist, ist Freundschaft und jegliche andere menschliche Bindung überhaupt"[97].

Die Alternative dazu ist, im bewußten Widerstand über den gesellschaftlichen Zustand hinauszugehen, der, überläßt man sich gänzlich seinem Lauf, nur die fatale Scheinalternative läßt: "entweder der totale Krieg oder die totale Liebe", "entweder sterben oder sich total ändern"[98]. Nicht verzweifeln wird trotz des bestehenden Schlechten, wer die Erfahrung macht, daß die fatale Alternative, in die es uns stellt, nicht alles ist, daß es individuelle Liebe und Treue gibt, die ihn *namentlich* meint, und Vernunft, die mehr vermag, als bloßes Instrument zu sein[99]. Nur der andere Mensch aber kann dem Menschen solche nichtidentischen Erfahrungen ermöglichen, und jeder kann dies nur, wenn er sich der falschen Alternative, die Bhagwan predigt, verweigert. Bhagwan freilich predigt als Rattenfänger und Demagoge die Alternative so, als sei sie total und nur eine Antwort möglich: Wollt ihr die totale Vernichtung? - Nein! Also wollt ihr die totale Liebe - Ja!

Das Ja zum Menschen aber würde bedeuten, Nein zu sagen zu solchem Ja und jener "Positivität", die bei Jung, Bhagwan, Langhans und anderen "Weisen" von heutzutage unentwegt als "Rettung" angepriesen wird.

---

[97] Hannah Arendt, Elemente und Ursprünge totaler Herrschaft, Frankfurt 1962, S. 485, 486
[98] Bhagwan 1983, S. 143 und 139
[99] Siehe Adorno 1951, S. 226f

Kurt-Werner Pörtner

Die Sinnhuber GmbH

I

Eigentlich wollte ich diesen Aufsatz ganz anders aufziehen. Ich wollte
ursprünglich etwas zum Thema 'Jugend und Psychoszene' schreiben.
Aber ich denke inzwischen, das Thema 'Jugend' ist schon derart abge-
grast und abgenudelt, es sind schon so viele Artikel und Artikelchen
über die ach so "desorientierte" und "gewaltbereite" nachwachsende Generation verfaßt worden, daß es meiner unmaßgeblichen Meinung nach
an der Zeit ist, die sog. 'Erwachsenen' von ihrem hohen, selbstgerech-
ten Podest heruntersteigen zu lassen und sie dazu zu zwingen, sich an
die eigene Nase der selbstgeschaffenen Projektionen zu fassen.

Ist es etwa 'die Jugend', die Schlüsselpositionen in Wirtschaft und
Politik besetzt hält? Ist es etwa sie, die "Deregulierung" und "schlanken
Staat" propagiert, ohne sich um die sozialen Folgen zu kümmern? Ist es
etwa sie, die Manager in 'survival'-Kurse schickt, um den kapitalistischen Dschungel zu lichten? Die Metaphorik ist verräterisch: die Selbst-
darstellung dieses Gesellschaftssystems als Dschungel, wo es einzig und
allein darauf ankommt, in einer menschenfeindlichen Umgebung zu
überleben (koste es, was es wolle), wirkt inmitten unserer "ungeheuren
Warensammlung" (Marx) anachronistisch, ja lächerlich. Warum soll
man 'Überleben' lernen, wenn es im Supermarkt um die Ecke alles zu
kaufen gibt? Warum wird uns die Magersucht empfohlen ("schlanker
Staat", "schlanke Produktion"; nebenbei: Aids nennen die Afrikaner
"slim disease"), wenn die Herren, die uns dies mit der Stoizität tibetani-
scher Gebetsmühlen einzuhämmern trachten, selber nicht mehr wissen,
wohin mit ihrer Leibesfülle?

Den schreienden Gegensatz zwischen Physiognomie und Ideologie,
bourgeoiser Theorie und Praxis, kann man nicht mehr mit dem Hinweis

auf die 'ganz normale Heuchelei' der herrschenden Eliten abtun. Mit dem Ende des "real existierenden Sozialismus" glauben die Kohls, Rexrodts, Murmänner und Stihls offensichtlich auch, den Erhardschen Gesellschaftsvertrag, der da 'soziale Marktwirtschaft' hieß, über Bord kippen zu können. Gedacht als soziale Befriedungsstrategie, um die 'Bedrohung des Kommunismus' abzuwenden, ist mit dem Ende desselbigen auch das soziale Feigenblatt (oder der "Sozialklimbim", wie die Gewerkschafter früher sagten) anscheinend nicht mehr vonnöten. Man gibt sich offen als Sozialdarwino zu erkennen, und man ist stolz darauf. Für diejenigen allerdings, die der Tröstungen der Innerlichkeit offenbar immer noch bedürfen, hat der 'freie Markt' der Psychoszene genügend zu bieten, schätzungsweise 400 bis 600 Methoden (das weiß keiner so genau) auf dem Weg des Heils, wovon höchstens 10% als 'seriös' gelten. Die Krankenkassen halten sich strikt an Promillegrenzen, denn sie erkennen nur drei an: die Tiefenpsychologie, die Verhaltenstherapie, die Psychoanalyse; daran hat sich auch mit dem neuen Psychotherapeutengesetz nichts geändert.

II

Ein früherer Widerstandskämpfer und Gefangener im Konzentrationslager Auschwitz, ein tschechischer Jude namens Vrba, sagte in Claude Lanzmanns "Shoah" (*dem* ultimativen Film über den Holocaust) über die 'Morgenappelle' in Auschwitz-Birkenau: "Germany is a very sportive nation". Dieser an Sarkasmus nicht mehr zu überbietende Satz wirft ein gewisses Schlaglicht auf die derzeitigen Versuche der Kapitalstrategen, uns den "molekularen Bürgerkrieg" (Enzensberger) im Zeichen einer neuen ursprünglichen Akkumulation des High tech schmackhaft zu machen. Die Psychos und Pädos schicken Kinder und Frauen in Selbstverteidigungskurse, um sie vor "Mißbrauch" und "Anmache" zu schützen, Sicherheitsdienste und Bodyguards (in Deutschland nicht zuletzt ehemalige Stasis) kurbeln die Konjunktur an, Verhaltenstrainings à la 'Wie bewerbe ich mich richtig' sind von psychologischer Kriegführung kaum noch zu unterscheiden. Tja, die "internationale Wettbewerbsfähigkeit", der "Standort Deutschland" müssen halt sichergestellt werden, oder?!

Aber braucht die Seele nicht 'Futter'? Ist der schnöde Mammon alles? Aber nicht doch, hallt es uns von theologischer und psychologischer Seite entgegen, dafür sind doch wir zuständig! Die Geranien fürs Schlachthaus besorgen wir, die "Experten der Seele". Auch die Seelentapete des Snipers von Sarajevo braucht ihr Blümchenmuster, denn der lebt ja weiß Gott in einer 'Erlebnisgesellschaft', und Hecken-schütze zu sein ist das ultimate Survival-Training schlechthin (in nicht nur rechtsradikalen, paramilitärischen Kreisen auch als 'Gotcha'-Spiel bekannt).

III

Keine Propaganda kann Exkremente in Maiglöckchen verwandeln.
(Gottfried Benn)
We're looking forward for peace.
(Serbenführer Karadczic,
im bürgerlichen Leben
Kinderpsychiater,
Spezialgebiet Phobien)

In der 'Frankfurter Rundschau' vom 15.11.1994 steht auf den Seiten 8 und 9 eine doppelseitige Großanzeige à drei Spalten pro Seite, eine wahre Orgie an Bleiwüste. Wie wir auf Seite 9 unten lesen können, sorgt sich die Deutsche Bank, die noch kurz vor der Bundestagswahl im Oktober '94 potentielle Anleger dazu aufrief, Kapital- und Steuerflucht zu begehen (unter freundlicher Mitwirkung der Deutschen Bank, ver-steht sich), um unser aller Seelenheil, zumindest um das aller bildungs-beflissenen potentiellen Anleger. Auf Seite 8 oben hebt es pastoral an: "Ohne Sinn geht die Orientierung in einer komplizierter werdenden In-dustriewelt verloren". Und in ganz dicken Lettern: "Arbeit und Lebens-sinn angesichts von Wertewandel und Orientierunskrise". Dann beginnt die Bleiwüste. Es muß sich also um einen Vortrag handeln, nicht um Peanuts, sondern um ganz dicke Brocken. Professor Dr. *Hans Küng*, Theologe, dessen Unfehlbarkeit ja bekanntlich derjenigen des Papstes im Wege stand, weshalb die beiden vor einigen Jahren heftig miteinander im Clinch lagen, betreibt 'Dialog' bzw. 'Kommunikation', wie das neu-erdings im PR-Deutsch heißt. Bleiwüste als PR-Kampagne und Ima-geaufbesserung, von der Optik her nicht gerade orientierungsfördernd. Aber was kann da schon der Prof. Dr. dafür, als Unfehlbarer und Su-

pervisor des Zeitgeistes überläßt man solche Peanuts den Öffentlichkeitsarbeitern der Deutschen Bank. Mäkeln wir jedoch nicht herum, die
DB ist ja auch großzügig und läßt sich herab, in der größten linksliberalen Tageszeitung Deutschlands zum Volk, sprich: zum Kunden, zu
sprechen. Und was quillt da aus berufenem Munde? Zuerst die Diagnose, dann die Amnesie - pardon: Therapie!

Doch zunächst kommt, wie es die Höflichkeit gebietet, erst einmal
die Widmung: "Die Einladung der Herrhausen-Gesellschaft zu diesem
Kolloquium habe ich gerne angenommen, nicht nur weil ich hier selber
etwas zu lernen hoffe, sondern auch im Gedenken an Alfred Herrhausen
persönlich. Er ist der meiner Erinnerung nach einzige deutsche Bankier,
dem ich jemals spontan geschrieben habe - und zwar aufgrund seiner positiven Rolle, die er bei der Konferenz von Weltbank und Internationalem Währungsfonds in Berlin 1988 gespielt hat im Blick auf die Bewältigung der riesigen Probleme der Schuldenkrise". Und unser gewaltsam geendeter "Global Player" (Banker-Jargon), hat seinerzeit nach Angaben Küngs tatsächlich geantwortet, verbindlich wie er war: "Ich bin
froh, daß, wie Sie schreiben, viele Menschen ähnlich denken, wie ich es
tue". Viele Menschen - na ja, zumindest in Kreisen der Theologen und
der Deutschen Bank, und beide sind ja bekanntlich repräsentativ.

Was kann nun ein Theologe zu einem Tagungsthema beitragen, das
"Arbeit der Zukunft - Zukunft der Arbeit" heißt? Auch 'Experten' pflegen Arbeitsteilung, deren 'ganzheitliche' Gesamtschau dann z.B. 'Interdisziplinarität' genannt wird. "Es werden Kundige nach mir sprechen...", lautet die Küng'sche Variante gemäß der Devise, daß die
Summe aller fachidiotischen Tellerränder 'synergetisch' über dieselben
hinausblicken läßt. "Ungezählte sind in die gigantisch gewachsene
Schattenwirtschaft abgewandert, was volkswirtschaftlich riesige Verluste
mit sich bringt. Verständlich, daß Politiker wie Wolfgang Schäuble vorgeschlagen haben, diese Arbeitsplätze wieder in den Bereich des Offiziellen zurückzuholen und daß deshalb wieder mehr Leistungsbereitschaft, Eigenverantwortung, Mut zur Zukunft erforderlich seien." -
"Alle Prognosen der Arbeitsgesellschaft erwiesen sich bisher als reichlich unsicher. Doch auf all die umstrittenen Fragen werden die hier versammelten Experten aus Wirtschaft, Wissenschaft und Politik Antworten
finden, auch wenn diese bisweilen politisch oft schwierig durchzusetzen
sein werden". Sicherlich werden sie, die 'hervorragenden Experten',
'eigenverantwortlich' und 'leistungsbereit' wie Schäuble, Optimierungs-
und Verwertungsstrategien entwickeln, Dinge, die einfach zu schnöde

und profan sind, als daß ein Unfehlbarer wie Küng sich mit solchem Kinderkram abgeben würde. Theologen gehen da gleich aufs Ganze und lassen den Teufel im Detail steckenbleiben; sie beschäftigen sich lieber mit "(der) Grundlagenfrage, die mit all den anderen Fragen indirekt zu tun hat: die Frage nach dem Lebenssinn der Arbeitsgesellschaft, nach dem Sinn der Arbeit eines jeden einzelnen". Folgen wir also der Sinnhuber GmbH & Co. KG weiter auf ihren 'grundlegenden' Pfaden, in die sumpfigen Gelände von 'Wertewandel' und 'Erlebnisgesellschaft'.

IV

Die Erfolgsgeschichte der BRD nach dem 2. Weltkrieg brachte uns, wie erinnerlich, das 'Wirtschaftswunder', das auch von Küng in der Rückschau genüßlich ausgemalt wird; nach den unvermeidlichen Reminiszenzen an Stunde Null, Schuld und Mitverantwortung an der "beispiellosen politisch-moralischen Katastrophe" der Nazi-Zeit (wobei kein Wort über die "Mitverantwortung" der Deutschen Bank an dieser "Katastrophe" fällt) wird der Ton für Küng'sche Verhältnisse fast elegisch, wenn er auf die Gute Alte Adenauer-Zeit zu sprechen kommt, eine Gute Alte Zeit mit ein paar (verzeihlichen) Schönheitsflecken freilich: "Das 'Wirtschaftswunder' war bekanntlich kein 'Wunder', sondern das Ergebnis einer neuen Konzeption von sozialer Marktwirtschaft und eines welterstaunenden Arbeitsdranges, eines Arbeitseifers, beinahe einer Arbeitsbesessenheit der Deutschen, die sich mit vielfach erneuertem religiösen Interesse zur *neuen deutschen Lebensphilosophie* (Hervorhebung im Original, K.-W.P.) verband. Diese brachte nicht nur Lebenssicherung und steigenden Lebensstandard, sondern begründete auch ein neues Ethos, das der Leistung, und garantierte einen neuen Lebenssinn: ' Ich will es zu etwas bringen, für mich und meine Familie' - sozialer Aufstieg und Wohlstand". Seltsam nur, daß andere diese Ära ganz anders in Erinnerung haben - Spießermuff und Nierentisch, Bigotterie und Halbstarke. Aber auch für solche unverbesserlichen Nörgler hat Küng was zu bieten: die 'wilden' 60er.

"Doch die jugendliche Gegenkultur der 60er Jahre mit Beat- und Rockmusik, mit Expressivität, Erotik und Verausgabung und dann die politisch orientierte *Kulturrevolution der 68er-Generation* erschütterte diese wiederbelebte Arbeits-und Leistungsgesellschaft, ja, die ganze 'heile Welt' des Normalbürgers, 'Spießer' gescholten. Denn nicht mehr

Arbeit, nicht mehr Leistung, Einkommen, Sozialprestige standen im Zentrum des Interesses der gegen eine Ordnungs- und Verbotskultur aufbegehrenden jungen Generation, der Gymnasiasten und Studenten, sondern Utopie, Action, Gesellschaftskritik, Konventionsfeindlichkeit, Zwanglosigkeit, Autonomie und Selbstverwirklichung (...) Nicht mehr um das Über-leben ging es, sondern immer mehr neues Erleben: 'Was Spaß macht, muß erlaubt sein' - 'Fun morality' mit sich schon früh abzeichnender Orientierungslosigkeit". Was da durchschimmert, ist eine *um ihre politische Intentionen gekappte Studentenbewegung.* Es gab sicher eine eher unpolitische Hippie- und Drogenkultur einer-, und eine dagegen sehr stark politisierte, antiautoritäre 'Dutschke-Fraktion' andererseits, mit teilweise durchaus asketischen Zügen. Erstere, die Hippie-, 'Gammler'- und Popkultur ließ sich auch dementsprechend viel besser und unproblematischer in das neue 'Konsumparadigma' der Bewußtseinsindustrie integrieren. Dankbar nahm man von seiten der Wirtschaft alles auf, was 'Kohle' versprach - die antikapitalistischen und die Randgruppenimpulse verschwanden aber sehr bald im Orkus einer stellenweise selber sektiererischen K-Gruppen- und Alternativkultur, die in ihren Nischen erstarrte, und nach anfänglichen Erfolgen im Terrorismus einerseits, in sozialdemokratischem Sozialarbeitertechnokratismus andererseits endigte. Dutschke fand keine Anstellung in Deutschland, ging nach Aarhus/Dänemark, wo er nach der Erholung von den Folgen des Attentats eine Art Exildasein führte, bis zu seinem Tod an Weihnachten 1979, wo ihn die Spätfolgen des Attentats dann doch einholten. In der Tat,die 'fun morality' blieb übrig, das hat aber etwas mit kapitalistischen Mechanismen zu tun und weniger mit 'Orientierungskrisen'. Erst mit der Entstehung der 'Grünen' und nach dem Deutschen Herbst '77 repolitisierte sich die Szene wieder, was auch mit dem Aufkommen der Themen 'Frieden' und 'Ökologie' zusammenhängt (daß die Grünen/Bündnis 90 inzwischen zu einer besitzbürgerlichen Ersatz-FDP verkommen sind, steht auf einem anderen Blatt). Von all dem steht jedoch bei Küng kein Wort, er redet nur reichlich uninspiriert und undifferenziert von der "Übergangsphase des Kulturkonflikts in den 80er und 90er Jahren".

V

Nach Küng leben wir derzeit in einer dritten Phase der Nachkriegsent-
wicklung, "die nach der neuesten 'Kultursoziologie der Gegenwart', wie
sie 1993 Gerhard Schulze vorgelegt hat, als eine *Erlebnisgesellschaft* zu
bezeichnen ist. Was kennzeichnet sie? Antwort: Es ist eine Gesellschaft,
in der nicht mehr die Arbeit, sondern das immer neue Erleben im Zentrum steht, in der das Erlebnis vielfach Selbstzweck geworden ist und
der Erlebniswert - vom neuen Mantel bis zum neuen Auto - wichtiger ist
als der Gebrauchswert. Der Sinn des Lebens? Die Suche nach dem schönen Erlebnis und die Ästhetisierung des Alltags. Neben dem Arbeitsmarkt ist Schulze zufolge der *Erlebnismarkt* in dieser Gesellschaft zu
einem beherrschenden Bereich des täglichen Lebens geworden, wo die
Anbieter immer raffinierter, aber auch die Nachfrager immer routinier-
ter geworden sind".

Die sich jagenden Moden, Talk-Shows, Themen und Konjunkturen
erzeugen so quasi einen *Stillstand inmitten rasender Bewegung*, ein Gefühl der Langeweile und des diffusen Überdrusses breitet sich aus, das
keine noch so raffinierte Neuheit oder gestylte Produktpalette mehr zu
'stopfen' vermag. Diesen gleichsam atmosphärischen Zustand nennt man
auch 'Postmoderne', von so unterschiedlichen Autoren wie Baudrillard,
Virilio, Luhmann, Beck, Habermas, Kamper, Kittler etc. in diversen
Konstellationen und für die ausdifferenzierten Sektoren der Gesellschaft
in ihren Auswirkungen ähnlich beschrieben. Was dagegen nur unzureichend oder gar nicht analysiert wird, sind die z.T. gravierenden Rück-
wirkungen der für alle angeblich gleichen "Risken" (Beck) oder
"Erlebnisse" (Schulze) auf die 'zählebigen' Klassenstrukturen der kapitalistischen Gesellschaft. Aber wo für die Theorie alle Katzen grau sind,
entsteht auch der Humus für unzulässige Verallgemeinerungen und Ver-
einfachungen.

Dort, wo die Theorie nicht hinlangt, wuchert das Lamento und eine
hysterisch um sich schlagende Kulturkritik, die von den sich ins Absurde drehenden Marktmechanismen nichts wissen will und (à la Küng
u.a.) einen 'Orientierungsdschungel' sieht, wo in Wirklichkeit nur eine
Verwertungskrise des Kapitals ihr häßliches Haupt erhebt. Natürlich will
ich hier nicht einem platten Basis-Überbau-Schema das Wort reden, für
das die Kultur lediglich als Reflex ökonomischer Prozesse fungiert, aber
die derzeit nicht bloß unter dem Diktat leerer öffentlicher Kassen sich
abzeichnende bürgerlich-ideologische Abwertung der Hochkultur kommt

nicht von ungefähr, ebensowenig, wie die bourgeoise Schnörkel-, Image- und Designerkultur der geldgeilen Yuppie-80er eine 'zufällige' Erscheinung darstellte. Für die Sinn- und Zwecklosigkeit der kapitalistischen Tauschwertproduktion kann die Kultur nichts, und wenn Politik (die ja selber oft genug nach Marktgesetzen organisiert ist) es nicht schafft, einem wild wuchernden Kapitalismus zumindest Schranken zu setzen, kann keine Pädagogik, kein palaverndes Wert- und Normengeschwafel, keine rechtsnationalistische Schaumschlägerei daran etwas ändern. Was wir im Moment erleben, ist die Renaissance eines kruden Manchester-Kapitalismus, ein (von einschlägigen Kreisen geforderter) *Rückzug des Staates aus allen möglichen gesellschaftlichen Bereichen*, wo aus wirtschaftsliberaler und neokonservativer Sicht sich der Staat darauf beschränken sollte, auf das Niveau des 'Nachtwächterstaates' des 19. Jahrhunderts zu regredieren, wo er (zumindest der liberalistischen Ideologie nach) sich auf das Unerläßliche reduzierte, und das wäre das, was man etwas vereinfachend die *Gewährleistung der außerökonomischen Rahmenbedingungen* nennen könnte. Was ist mit dieser 'Gewährleistung' gemeint? Nun, im wesentlichen und im Sinne einer vorläufigen Arbeitshypothese all das, was 'Privatisierung' nicht leisten kann: die Rechtsförmigkeit der Wirtschafts- und Sozialbeziehungen, das Inschachhalten der vom ökonomischen Prozeß zunehmend Ausgeschlossenen (was die bürgerlichen Ideologen zu den bekannten Eiertänzen zwingt, einen 'schlanken Staat' zu fordern, der jedoch gleichzeitig 'stark' sein soll; schon mal einen Arnold Schwarzenegger gesehen, der an Anorexie leidet), die Definition des 'Bürgers' und des 'Nicht-Bürgers' (institutioneller Rassismus), die Aufrechterhaltung eines Mindestmaßes an öffentlicher Infrastruktur, denn die Räder können nicht rollen, wenn's Schlaglöcher gibt. Aber selbst zu letzterem scheint der total überschuldete kapitalistische Staat nicht mehr in der Lage zu sein; die Wagen der Reichen brauchen gute Federungen. Tja, die Akkumulation sans phrase fordert nun mal ihren Preis...

VI

Wo die Psyche des einzelnen als letzte noch anzapfbare, scheinbar noch weitgehend brachliegende Rohstoffquelle entdeckt wird, schöpft das Kapital neue Hoffnung, wittert es ein letztes, vermeintlich schrankenlos verfügbares Ausbeutungsobjekt. Wohlgemerkt: insoweit wir, als Ar-

beitskraftbesitzer, noch *gebraucht* werden, im Teamwork der kapitalin-
tensiven 'lean production' vorläufig unersätzlich bleiben. Dazu muß allerdings gesagt werden, daß 'lean production' *auch* als Reaktion auf
weitgehend *übersättigte Märkte* 'gelesen' werden kann: das hat z.B. in
der japanischen Automobilindustrie zu der grotesken Konsequenz geführt, daß die Geschäftsleitungen der Konzerne eine Zeit lang ernsthaft
erwogen, "den Mitarbeitern die Benutzung des eigenen Wagens zu un-
tersagen" (FR, 5.4.94). Dies kann man in der Tat als "Verzweiflungs-
tat" interpretieren, wie die FR urteilte! Konsumverbot als Ankurbelung
der Nachfrage, das ist genialer als alle Dada-Scherze und sonstige
Absurdismen à la Beckett und Ionesco zusammengenommen.

Aber das alles ficht unseren Gastredner der Deutschen Bank nicht an.
Er dient uns die "ewigen Werte" an. zieht gar ein "neues Weltethos"
heran, das im 'Parlament der Weltreligionen' am 4.9.93 in Chicago in
einer diesbezüglichen 'Erklärung' eingefordert wird: "Uns ist bewußt:
Religionen können die ökologischen, wirtschaftlichen, politischen und
sozialen Probleme nicht lösen (sic!). Wohl aber können sie das erreichen, was allein mit ökonomischen Plänen, politischen Programmen
oder juristischen Regelungen offensichtlich nicht erreichbar ist: die innere Einstellung, die ganze Mentalität, eben *das Herz des Menschen zu
verändern* (Hervorhebung im Original, K.-W.P.) und ihn zu einer Um-
kehr von einem falschen Weg zu einer neuen Lebenseinstellung zu bewegen. Die Menschheit bedarf der sozialen und ökologischen Reformen,
gewiß, aber nicht weniger bedarf sie der spirituellen Erneuerung. Wir
als religiös oder spirituell orientierte Menschen wolen uns besonders
dazu verpflichten - im Bewußtsein, daß es gerade die spirituellen Kräfte
der Religionen sein können, die Menschen für ihr Leben ein Grundver-
trauen, einen Sinnhorizont, letzte Maßstäbe und eine geistige Heimat
vermitteln" (zit. nach Küng, ebd.). Bei Küng klingt das dann so: "*Jeder
Mensch ist mehr als seine Arbeit, mehr auch als sein Besitz*" "Hervorhebung im Original, K.-W.P.). Wie tröstlich für den Nicht-Arbeiter mit
seinem Nicht-Besitz und/oder das Opfer rassistischer Gewalt, daß auch
für sie bei Küng allzeit ein Lichtlein brennt. Ist das die Quintessenz all
der Aufrufe, Appelle, Deklarationen, spirituellen Erneuerungen, Welt-
ethiken usw. usf., die 'allzumenschliche' Dünnbrettbohrerei privilig-
ter Besitz- und Bildungsbürger? Braucht man dafür zwei Seiten Bleiwüste unter der Schirmherrschaft von Herrhausen-Gesellschaft und
Deutscher Bank? Wozu nutzt dieser ganze erbauliche Plunder, wenn,
wie Küng beklagt, "selbst Organe wie die 'Zeit' weder einen Bericht

noch den erwünschten Abdruck (der Chicagoer Erklärung, K.-W.P.) brachten und das 'FAZ'-Feuilleton diesbezügliche Bestrebungen mit 'Spiegel'-Häme zu begleiten pflegt". Ja, was ist denn los, Herr Küng? Brauchen selbst die Kampfblätter der westdeutschen Bourgeoisie die Segnungen der 'unfehlbaren' Kuttenträger nicht mehr???

Nachtrag

Cornelius Castoriadis, graeco-französischer Psychoanalytiker und Philosoph, Theoretiker der 'imaginären Institutionen', hat in der letzten Ausgabe von *Lettre International*[1] eine in meinen Augen zwingende Unterscheidung von *religiöser* und *demokratischer* Kultur insinuiert, die freilich auf einem gemeinsamen Fundament aufruht, das im Sein der Materie wie im Dasein des Menschen unmittelbar gegeben ist und eine Art unhintergehbare Grunderfahrung zu sein scheint:

"Ebenso wie das Sein in letzter Instanz Chaos, Abgrund, Bodenlosigkeit ist - aber auch Schöpfung, nicht prädeterminierte *vis formandi*, die das Chaos immer wieder in einen Kosmos verwandelt, in eine mehr oder weniger gut organisierte und geordnete Welt -, ebenso ist der Mensch Chaos und Abgrund. Dies ist er nicht nur insofern, als er am Sein im allgemeinen partizipiert (als Materie und beseelte Materie zum Beispiel), sondern auch als Wesen der Imagination und des Imaginären - Bestimmungen, in denen sich zum einen die Schöpfung oder *vis formandi* bekundet, die zum Sein als solchem gehört, in denen sich zum anderen aber auch diejenige Schöpfung oder vis formandi ausprägt, die für den Menschen spezifisch ist. Hier können wir nur darauf hinweisen, daß diese menschliche *vis formandi* mit einer *libido formandi* verbunden ist: zu dem Schöpfungsvermögen, das das Sein im allgemeinen charakterisiert, kommt beim Menschen ein Formierungsbegehren hinzu. Dieses Vermögen und dieses Begehren nenne ich das poetische Element des Menschen, und die Vernunft als spezifisch menschliche Vernunft (im Unterschied zur Rationalität des Tieres) ist nur ein Ableger dieses Elements.

Der 'Sinn', mit dem der Mensch die Welt, seine Gesellschaft, seine Person und sein Leben unablässig besetzen will und auch muß, ist nichts

---

[1] C. Castoriadis, Kultur und Demokratie, in: Lettre International, Heft 27, IV. Vj./94, S. 14-17

anderes als diese Formierung oder *Bildung*, ist sein ständiger und ständig gefährdeter Versuch, alles, was geschieht, und alles, was er selbst hervorbringt, in eine Ordnung, eine Organisation, einen Kosmos zusammenzufassen" (S. 15).

Im Kosmos der Formgebung entsteht auch der Kosmos der *Bedeutung*, der Herrschaft des Symbolischen und des Imaginären: "Wenn er (der Mensch) aber poetisch organisiert, gibt er dem Chaos (dem des Seins und seinem eigenen) eine Form, und dieses Dem-Chaos-eine-Form-Geben, das vielleicht die beste Definition der Kultur ist, manifestiert sich besonders deutlich im Fall der Kunst. Diese Form ist der Sinn oder die Bedeutung. Eine Bedeutung indes, die nicht einfach ein Gedanke oder eine Vorstellung ist, sondern etwas, das Vorstellung, Begehren und Affekt zusammenfassen, in einer Form verbinden muß" (ebd.).

Diese Einheit, diese einheitliche Formierung von Vorstellung, Trieb und Gefühl, ist eine Leistung, die zunächst die *Religion* vollbrachte, solange dies - aus historischen Gründen - möglich war: "Genau das ist offensichtlich - solange sie Bestand hatte - auf wunderbare Weise der Religion gelungen, jeder Religion. Nebenbei gesagt, haben wir hier den vollständigen Sinn des berühmten *religere*: Nicht bloß die Mitglieder der Gemeinschaft werden verbunden, verbunden wird vielmehr alles, absolut alles, was geschieht, und dieses wiederum mit jenen.

Aber dieses verblüffende Kunststück gelingt der Religion nur, indem sie den Bedeutungen, die sie erschafft, eine transzendente Garantie gibt - eine Garantie, nach der die Menschen offensichtlich ein starkes Verlangen tragen - und ihnen eine Geschlossenheit auferlegt, die mit der Vorstellung von Sinn wesenseins zu sein scheint - aber eben nur scheint, da sie in Wahrheit bloß eine Folgeerscheinung dieser transzendenten Garantie ist. Hergestellt aber wird diese Garantie und Geschlossenheit von der Religion, indem sie der lebendigen Menschheit jede Möglichkeit einer Schöpfung des Sinns verweigert: Jeder Sinn und jeder Nicht-Sinn ist bereits ein für allemal erschaffen worden. Auf diese Weise wird die *vis formandi* arg begrenzt und kanalisiert, und die *libido formandi* darf nur noch ihre früheren Erzeugnisse genießen, ohne zu wissen, daß es die ihren sind" (S. 16).

Mit anderen Worten: Jede Religion, in welcher Gestalt auch immer (ob polytheistisch oder monotheistisch, ob sektenhaft-ausgrenzend oder eher universalistisch-vereinnahmend), ist *vergangenheitsfixiert*. Jedes künftige Ereignis, und sei es das unwahrscheinlichste und unvorhersehbarste, kann nur als *Bestätigung* des einmal geschaffenen Kodex 'gelesen' werden. Allein schon aus diesem Grund können heutige Formen neuer Religiösität nur noch als *Verfallsformen* begriffen werden, weil ihre Grundlage - die alleinheitliche Formierung auf die in sich geschlossene Bedeutung hin - längst zerstoben ist. Wenn man heute noch versucht, eine solche alleinheitliche Bedeutung zu rekonstruieren, kann als Ergebnis unterm Strich nur eine desymbolisierte, denaturierte und gewalttätige Version herauskommen, die in verschiedenen Ausprägungen Züge einer kollektiven Massenpsychose trägt (Beispiele dafür gibt es genügend: die evangelikalen Erweckungsbewegungen, der islamische Fundamentalismus/Integrismus, Spiritismus, New Age, Voodoo etc.).

Dagegen stellt Castoriadis die Vision einer *demokratischen* Kultur, die freilich auch in unseren Breitengraden erst in Ansätzen erkennbar zu sein scheint; denn nur allzu sichtbar ist die Alleinheitlichkeit der Religion lediglich durch die Alltauschbarkeit des Warenfetischs ersetzt worden. Hiermit sei Castoriadis abschließend zitiert:

"Die Bedingungen der kulturellen Schöpfung haben sich also grundlegend gewandelt - und wir kommen zum Kern der Frage. Um es kurz zu sagen:In einer demokratischen Gesellschaft schreibt sich das Werk der Kultur nicht mehr notwendig in ein Feld instituierter und kollektiv akzeptierter Bedeutungen ein; in ihr findet es keine kanonischen Formen und Inhalte mehr vor, seinem Schöpfer sind weder Gegenstand noch Arbeitsweisen vorgegeben, und auch das Publikum weiß nicht mehr, woran es sich halten soll. Die Gemeinschaft muß, auf offene Weise, ihre Normen und Bedeutungen selbst erschaffen - auch das Individuum ist, wenigstens *de jure*, dazu aufgerufen, in einem formal sehr weiten Rahmen den Sinn des Lebens zu erschaffen (...) Man darf sich diesen Übergang freilich nicht als einen absoluten vorstellen. Stets gibt es ein gesellschaftliches Feld der Bedeutung, das keineswegs nur formal ist und dem niemand, auch der originellste Künstler nicht, entkommen kann: er kann nur zur Veränderung dieses Feldes beitragen. Wir sind von Grund auf gesellschaftliche und historische Wesen; die Tradition ist immer präsent, selbst wenn sie keinen erkennbaren Zwang ausübt, und die Schöpfung und Sanktionierung der Bedeutungen ist immer eine gesellschaftliche, selbst wenn sie - wie es bei der Kultur im eigentlichen Sinne der Fall ist - nicht formell instituiert ist" (S. 16).

Rudolf Henke

Demoskopische Untersuchung zum UFO-Glauben

Problemstellung

Zwischen Februar 1990 und Mai 1991 wurden im Rahmen von öffentlichen Vorträgen zum UFO-Phänomen von zwei Referenten der privaten Untersuchungsorganisation CENAP (Centrales Erforschungsnetz außergewöhnlicher Himmelsphänomene, Mannheim) sowie von mir selbst in 23 Städten Baden-Württembergs an 647 Besuchern Fragebögen ausgegeben. Der Fragenkatalog umfaßt 36 Fragen, von denen 29 vor Beginn und sieben nach Ende der Vorträge schriftlich zu beantworten waren. 457 Bögen wurden zurückgegeben, was einer durchschnittlichen Rücklaufquote von 71 % entspricht. Von diesen Bögen konnten 448 (teilweise) einer Auswertung unterzogen werden[1].

Ursprünglich waren nur vortragsbezogene Items erstellt worden, um den Grad der Akzeptanz der Vorträge in Bezug auf Inhalte, Form usw. in Erfahrung zu bringen. Denn wer öffentliche Aufklärung betreibt, möchte schließlich wissen, ob und inwieweit diese auch beim Publikum ankommt (Feedback). Da es weltweit bis heute kaum Untersuchungen zur subjektiven Seite des UFO-Phänomens, d.h. zur Person der UFO-Anhänger und -Melder gibt, sondern das Ziel der meisten UFO-Phänomen-Untersucher fast ausschließlich auf die Natur der gemeldeten Objekte gerichtet ist, wollten wir die Chance nutzen, diese Lücke zu füllen. Nicht nur deshalb halten wir unsere Studie für besonders wichtig:

---

[1] Die Studie wurde in Zusammenarbeit mit den beiden österreichischen Psychologen Dr.Alexander Keul (Institut für Psychologie der Universität Salzburg) und Dr. Alain Schmitt (Psychologisches Institut der Universität Wien) erarbeitet; die Kosten wurden vom Autor getragen.

1. Unsere Untersuchung stützt sich im Vergleich zu ähnlichen Studien
   auf die höchste Zahl von Probanten mit hoher und niedriger Glaubensstärke und vermag daher über UFO-Gläubige wie -Skeptiker relativ genaue Aussagen zu machen[2].

2. Unsere Studie ist die erste und einzige ihrer Art in Europa, die de-
   taillierte Aussagen über UFO-Sichter erlaubt, die nicht speziell aufgrund inhaltlicher Besonderheiten der Berichte ausgewählt wurden
   ("Extrem-Sichter"), denn unter unseren Besuchern fand sich die relativ hohe Zahl von 95 UFO-Sichtern.

3. Unsere Untersuchung ist unseres Wissens weltweit die erste und einzige ihrer Art mit sichtungsorientiertem Praxisbezug, so daß erstmals
   empirisch über die Kenntnis häufiger UFO-Stimuli eine Aussage
   möglich wird; wir erhalten Antworten auf die Frage, warum manche
   Himmelserscheinungen häufig (bzw. häufiger als andere) zum UFO
   werden.

4. Wir erhalten erstmals in größerem Umfang Kenntnis über konkrete
   Quellen sowie Angaben zu "Fällen", auf die sich der UFO-Glaube zu
   stützen scheint.

Es bestanden grundsätzlich zwei Möglichkeiten, eine entsprechende
Umfrage durchzuführen: Wir hätten die Fragebögen zu Hause beantworten lassen können. In diesem Fall hätten wir nicht nur einen wesentlich umfangreicheren Fragenkatalog erstellen können, sondern wir hätten auch die prinzipielle Möglichkeit gehabt, die Überzeugungsstärke
genauer zu quantifizieren, wie es etwa Mario Perz in seiner Untersuchung (Perz, 1990) versucht hatte. Da wir jedoch eine möglichst hohe
Rücklaufquote erzielen wollten und unsere Umfrage sowieso keinen Re-
präsentativcharakter besitzt, hatten wir uns entschlossen, die Zahl der
Fragen klein zu halten und uns auf relative Vergleiche zu beschränken.
Gegen eine quantitative Skalierung der Überzeugungsstärke spricht
auch, daß keine einhelligen Vorstellungen über die Natur des UFO-Phänomens herrschen. Um alle gängigen Vorstellungen abzudecken, müßte
man zu jeder Hypothese spezifische Itemserien erstellen. Das erschien
uns jedoch ohne einen gewaltigen Aufwand kaum durchführbar. Deshalb
gaben wir uns mit relativen Vergleichen zufrieden.

---

[2] Vielleicht mag es den einen oder anderen stören, daß wir von UFO-Glauben sprechen,
doch da die Existenz eines objektiven UFO-Phänomens nach nahezu einhelliger wissenschaftlicher Meinung bislang nicht erbracht wurde, halten wir es für legitim, diesen
Begriff zu verwenden.

Gliederung der Erhebung

Fragen vor Beginn der Vorträge

1. Einstellung zum UFO-Phänomen
2. Informationsquellen
3. Kenntnisse zu UFO-Inhalten
4. Praxisbezug (sichtungsorientiert)
5. Sozialer Kontext (themenbezogen)
6. Interesse an weiteren Grenzgebieten
7. Korrelationen mit Personalien
8. Vortragsbezogene Fragen

Einer Beantwortung zugeführt werden sollten dabei folgende Fragen:

▸ Inwieweit unterscheiden sich die Gruppen unterschiedlicher UFO-Glaubensstärke voneinander? Gibt es in Bezug auf den (relativen) Grad der Glaubensstärke Korrelationen zwischen Alter, Geschlecht, Schulbildung, Tätigkeit, Konfession und religiöser Einstellung?

▸ Wird das UFO-Phänomen überwiegend im Sinne der extraterrestrischen Hypothese (ETH) gedeutet? Wird es als Beleg für die Relevanz der ETH gewertet?

▸ Wie gut sind UFO-Gläubige und -Skeptiker thematisch informiert?

▸ Wächst mit steigender Glaubensstärke das Interesse an weiteren Grenzthemen? Sind UFO-Gläubige an anderen Grenzgebieten interessiert als UFO-Skeptiker?

▸ Wie steht es mit den astronomische Kenntnissen der UFO-Sichter?[3]

▸ Da es ohne UFO-Sichter kein UFO-Phänomen gäbe, ist zu fragen, ob bzw. inwieweit UFO-Sichter eine Prädispositionshaltung besitzen. Glaubten sie bereits *vor* ihren Beobachtungen an die Existenz von UFOs oder stellte sich ein UFO-Glaube erst aufgrund von Sichtungserlebnissen ein.

▸ Ist die These vom UFO-Glauben als Form eines neuen *religiösen* Glaubens in Bezug auf unsere Studie haltbar?

▸ Inwieweit führen Vorträge zu einem Einstellungswandel bei den Vertretern der verschiedenen UFO-Glaubensstärkegruppen?

---

[3] Diese Frage ist von Interesse, weil in Deutschland ein Drittel aller als UFO gemeldeten identifizierten Objekte auf astronomische Stimuli - vor allem auf helle Planeten - zurückführbar sind (s. Rudolf Henke: Deutschlands UFO Nr.1 besteht fast nur aus heißer Luft, in: Skeptiker 2/92).

Ergebnisse

1. Einstellung zum UFO- Phänomen

▸ Relative Überzeugungsstärke bezüglich der Existenz eines UFO-Phänomens: *Glauben Sie, daß am UFO-Phänomen etwas dran ist?*
(Abb. 1)

Anhand der vier vorgegebenen Beantwortungsmöglichkeiten zu dieser
Frage ("da bin ich mir absolut sicher", "wahrscheinlich schon", "möglicherweise", "nein") bildeten wir vier Kategorien nach dem relativen
Grad der UFO-Glaubensstärke, die nachfolgend mit den Kürzeln a, w,
m und n bezeichnet werden (Abb. 1)[4].

Glaubensstärke-Gruppen	absolut	Angaben in %
nein (n)	64	14,3
möglicherweise (m)	177	39,5
wahrscheinlich schon (w)	137	30,6
da bin ich mir absolut sicher (a)	70	15,6

Abb. 1: *Glauben Sie, daß am UFO-Phänomen etwas dran ist?*

Wie Abbildung 1 zeigt, hielten sich die Nein-Sager und die sich ihrer
Sache absolut Sicheren unter den Personen, die unsere Vorträge besuchten, in etwa die Waage (14:16%). Das größte Kontingent (mit 40%)
wurde von Personen gebildet, die sich offenbar noch keine Meinung gebildet hatten.

▸ Deutung des UFO-Phänomens: *Wenn Sie eher zu einem "ja" neigen,
was dürfte sich nach Ihrer Meinung am ehesten hinter dem UFO-
Phänomen verbergen?* [Vorgaben: Außerirdische - ein noch unerforschtes Naturphänomen (z.B. Kugelblitz) - geheime Militärflug-
körper - keine Ahnung - Sonstiges] (Abb. 2)

Wie Abbildung 2 zeigt, wird das UFO-Phänomen mit steigender UFO-
Glaubensstärke immer häufiger mit der extraterrestrischen Hypothese

---

[4] Es ist uns natürlich bewußt, daß die Art der Fragestellung durchaus bemängelt werden
kann. Da es jedoch eine schier unübersehbare Zahl der verschiedensten Vorstellungen
zur Natur des UFO-Phänomens gibt, haben wir diese Frage bewußt derart unspezifisch
formuliert.
Für die Absolut-Angaben (N-Werte) gilt es zu beachten, daß nicht von jedem Befragten
alle Fragen beantwortet wurden, so daß sich die N-Werte bisweilen unterscheiden. So
haben z. B. nicht alle Probanten die Fragen nach Ende des Vortrages beantwortet, z.B.
weil sie früher gegangen waren. In einigen Fällen waren Angaben unleserlich usw.
Falls nicht ausdrücklich vermerkt, wurden alle Angaben prozentual dargestellt.

(ETH) assoziiert. Allerdings gilt es zu beachten, daß die ETH längst nicht die einzig vertretene Erklärung darstellt; selbst innerhalb der Gruppe mit höchster UFO-Glaubensstärke wird sie nicht von allen Personen vertreten. Wir halten es daher für problematisch, Fragenkataloge allein anhand der ETH auszurichten.

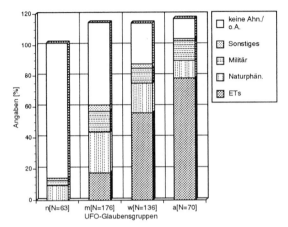

Abb. 2: *Was dürfte sich nach Ihrer Meinung am ehesten hinter dem UFO-Phänomen verbergen?* (Mehrfachnennungen)

▸ Assoziationen mit dem UFO-Begriff: *Welche Begriffe verbinden Sie mit der Bezeichnung "UFO"?* [keine Vorgaben]
Wie Abbildung 4 zeigt, ist bemerkenswert, daß sowohl bei der (eher) skeptisch wie bei der (eher) bejahend eingestellten Gruppe nur jeweils jeder Zehnte die völlig korrekte Definition des UFO-Begriffs (*unidentifiziertes Flugobjekt*) abgab. Am häufigsten wurden ähnliche Definitionen genannt[5]; am zweithäufigsten assoziierten UFO-Skeptiker wie UFO-Bejaher den UFO-Begriff mit der ETH (meist: *Fliegende Untertassen*).

Unter den (eher) UFO-Gläubigen (Mischgruppe aus den Gruppen "w" und "a") wurden etwas häufiger affektiv besetzte Begriffe mit "UFO" assoziiert[6]. Fast nur von den UFO-Skeptikern führten einige Personen natürliche Erklärungen an, wie z.B. *Unwissenheit, Sinnestäu-*

---

[5] U.a. *Unerklärtes, unerklärbares, undefiniertes, unerforschtes, unklares Flugobjekt.*
[6] Genannt wurden: *Faszinierend, spektakulär, unheimlich, unglaublich, geheimnisvoll, anormal, unbegreiflich, wunderbar, Übersinnliches, Mystisches, unwirklich.*

schung oder *Hirngespinste*[7]. Bei diesen erklärungsbezogenen Assozia-
tionen wurden überwiegend subjektiv gerichtete Deutungen abgegeben.
Das heißt, daß vorwiegend bei den UFO-Sichtern die Ursache für UFO-
Beobachtungen gesucht wurde.

▸ Glaube an ein Leben im All: *Glauben Sie, daß es im Weltall noch
anderes intelligentes Leben gibt?* [Vorgaben: ja - ich bin nicht sicher -
nein] (Abb. 3)

Wie aus Abbildung 3 zu ersehen, sind fast alle Personen (96 %) mit dem
stärksten UFO-Glauben überzeugt, daß es im Weltall außer uns noch
intelligentes Leben gibt, während von den ausgesprochenen UFO-Skeptikern nur etwa jeder zweite (45 %) an intelligentes Leben außerhalb der
Erde glaubt[8].

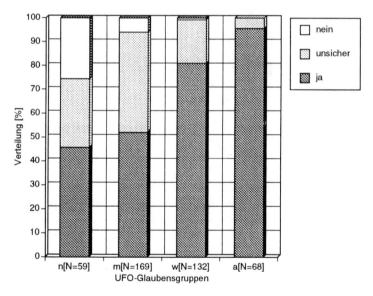

Abb. 3: *Glauben Sie, daß es im Weltall noch anderes intelligentes
Leben gibt?*

---

[7] Desweiteren wurden genannt: *Phantasie, Wahnvorstellung, Fälschung/Schwindel, irdische Flugobjekte, Lichter am Himmel, Wolken und Luftwirbel, Murx, Irrelevantes,
keine guten* [Assoziationen], *Unsinn.*

[8] Diese Zahl liegt noch über dem Ergebnis der letzten Repräsentativumfrage des Instituts
für Demoskopie in Allensbach vom Februar 1994: Damals bejahte 31 % der Bevölkerung die Frage "Glauben Sie, daß es intelligente Lebewesen auf anderen Sternen gibt,
oder glauben Sie das nicht?" (IfD-Umfrage 5082).

▶ Gründe für den Glauben an Leben im All: *Wenn Sie mit "ja" geant-wortet haben, warum sind Sie sicher?* [Vorgaben: es ist vermessen anzunehmen, wir wären einzigartig - aufgrund von wissenschaftlichen Wahrscheinlichkeitsrechnungen - wegen der UFOs (Gegenwart) - weil v. Däniken recht hat (Vergangenheit) - weil manche Menschen in gei-stigem Kontakt zu Außerirdischen stehen - Sonstiges] (Abb. 4)[9]

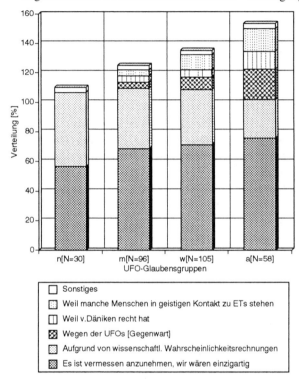

Abb. 4: Glaube an Leben im All: *Wenn Sie mit "Ja" geantwortet haben, warum sind sie sicher?* (Mehrfachnennungen)

Beachtenswert ist, daß selbst aus der Gruppe mit dem stärksten UFO-Glauben ("da bin ich mir *absolut* sicher") nur rund jeder Fünfte (21%) (auch) wegen der UFOs an außerirdisches intelligentes Leben glaubt

---

[9] Die Vorgaben beinhalten Statements, die uns immer wieder im Gespräch mit UFO-Be-jahern begegnen, zum anderen finden sie sich in der gängigen UFO-Literatur sowie in der populärwissenschaftlichen Literatur, die sich mit der Frage nach außerirdischem Leben auseinandersetzt.

(Abb. 4). Auch die Außerirdischen-"Beweise" (Buchtitel) des Erich von Däniken vermitteln selbst den UFO-Gläubigsten keine Gewißheit über die Existenz von außerirdischem intelligentem Leben! Und wenn man die Antworten nach Ausschließlich-Nennungen aufschlüsselt, findet sich in der Gruppe der UFO-"Absolutisten" gar keiner mehr, der sich ausschließlich auf UFOs als Außerirdischen-Beleg beziehen möchte. Stattdessen berufen sich einige dieser Personen hauptsächlich auf Menschen, die vorgeben, in geistigem Kontakt zu Außerirdischen zu stehen!

Wie kann dieses Ergebnis interpretiert werden? Sind für die UFO-Gläubigen *objektive* Beweise gar nicht wichtig? Wenn man mit UFO-Enthusiasten spricht, gewinnt man den gegenteiligen Eindruck, denn da wird auf die angebliche Beweiskraft von Fotos und Spuren gepocht. Somit drängt sich die Frage auf, ob der UFO-Glaube womöglich gar nicht so fest ist, wie es den Anschein hat? Warum auch sonst, so könnte man weiterfragen, suchen und sammeln die UFO-Gläubigen immer neue "Beweise" und vertreten ihre Ansichten oft mit einer nachdrücklichen Emotionalität? Macht dieses Ergebnis also deutlich, daß wir es vordringlich nur mit einem *Wunsch*-Glauben zu tun haben? Wissen also die UFO-Gläubigen im Innersten, daß es keine fundierten (objektiven) Belege für ihre Anschauungen gibt?

2. Informationsquellen

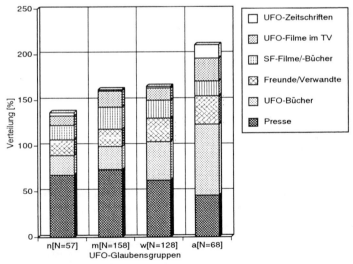

Abb. 5: UFO-Quellen (Mehrfachnennungen)

▸ Art der Quellen: *Wodurch haben Sie über UFOs Kenntnis erlangt?*
[Vorgaben: Freunde/ Verwandte - Presse - UFO-Bücher - UFO-Filme
im Fernsehen - UFO-Zeitschriften - Science fiction-Filme - Science
fiction-Bücher] (Abb. 5)

Aus Abbildung 5 ist zu ersehen, daß nur die Gruppe mit dem stärksten
UFO-Glauben ihre Informationen zur UFO-Thematik hauptsächlich aus
"Fachliteratur" bezieht, während bei allen anderen Gruppen die
Hauptinformationsquelle die Presse darstellt. Noch deutlicher wird das
Bild, wenn wir jene Personen berücksichtigen, die nur eine Nennung
abgaben. Danach erweist sich die Gruppe der Skeptiker als am unspezi-
fischsten informiert, beziehen von ihnen doch 41% ihre Informationen
ausschließlich aus der Presse, während weitere 10% ihre Informationen
nur vom Hörensagen (Freunde, Verwandte) erhalten. Mit zunehmender
UFO-Glaubensstärke werden nicht nur mehr Quellen genutzt, es ist auch
eine quantitative Abnahme der UFO-unspezifischen Quellen zu verzeichnen[10].

Interessant ist, daß aus allen Gruppen einige Personen angaben, ihr
UFO-Wissen auch aus SF-Büchern bzw. -Filmen sowie aus UFO-
Filmen im Fernsehen zu beziehen, obwohl bis zum Zeitpunkt der Erhebung gar keine Filme zur UFO-Thematik im deutschen Fernsehen aus-
gestrahlt worden waren. Inzwischen (Februar 1995) würde das Ergebnis
vermutlich anders lauten, wurden doch in den vergangenen Jahren nicht
nur im Privatfernsehen eine Reihe von Filmen zur UFO-Thematik aus-
gestrahlt.

▸ Konkrete Angaben zu UFO-Autoren, -Büchern, -Zeitschriften: *Falls
Sie Bücher/Zeitschriften über das UFO-Thema gelesen haben, können
Sie sich dann noch an die Titel bzw. Autoren erinnern?* [3 Angaben
genügen] (Abb. 6)

Die Antworten wurden ausgewertet nach Häufigkeit von Literaturnennungen, Verteilung der Nennungen nach Literaturgattungen und nach
Autoren.

Die Zahl der Literaturnenner nimmt mit steigender UFO-Glaubensstärke zu. Doch selbst von den UFO-"Absolutisten" machte nur rund jeder zweite (55%) Literaturangaben, während von den UFO-Nein-Sagern
nur rund jeder sechste (16%) UFO-Literatur nennen konnte oder wollte.

---

[10] Die durchschnittliche Anzahl der genutzten Quellentypen betrug für die "n"-Gruppe
1,4 (78 Nennungen von 57 Personen), für "m" 1,6 (255/158), für "w" 1,7 (211/128)
und für "a" 2,1 (143/68). Der Anteil an UFO-unspezifischen Quellen betrug für n"
71,9%, für "m" 73,4%, für "w" 57% und für "a" 20,6%.

Das heißt, daß generell in Bezug auf "Fachliteratur" ein Informationsdefizit zu beobachten ist, wobei die ausgesprochenen Skeptiker am schlechtesten abschneiden[11].

Bei den Literaturgattungen trafen wir folgende Einteilungen: 1. UFO-Literatur im engeren Sinn: Literatur, die sich ausschließlich oder überwiegend mit dem modernen UFO-Phänomen auseinandersetzt (z.b. Johannes von Buttlar: Das UFO-Phänomen). 2. Präastronautik-Literatur: Literatur, die sich ausschließlich oder überwiegend mit der Frage nach außerirdischen Kontakten in der ferneren Vergangenheit beschäftigt (z.B. Bücher v. Dänikens). 3. Kontaktler-Literatur: Literatur, in der Menschen von Begegnungen mit Außerirdischen berichten (z.B. George Adamski). 4. Sonstige parawissenschaftliche Literatur, in der das UFO-Thema keine oder eine untergeordnete Rolle spielt (z.B. Charles Berlitz: Das Bermuda-Dreieck). 5. (Populär-) Wissenschaftliche Sachliteratur (z.B. H. Haber: Brüder im All). 6. Science fiction-Literatur (z.B. Perry Rhodan).

Wie aus Abbildung 6 zu entnehmen ist, gingen die Befragten im statistischen Durchschnitt sehr großzügig mit dem Begriff UFO-Literatur um, denn zumeist war es gar keine UFO-Literatur im engeren Sinn, die aufgeführt wurde. Somit reduzieren sich die themenspezifischen Literaturkenntnisse weiter. Vor allem die Personen der (eher) UFO-skeptisch eingestellten Gruppen bezogen sich bei ihren Angaben in erster Linie nicht auf UFO-spezifische, sondern auf Präastronautik-Literatur. Daß UFO-Skeptiker wie -Bejaher kaum wissenschaftliche Fachliteratur zum UFO-Phänomen nannten, ist nicht weiter verwunderlich, gibt es doch in deutscher Sprache so gut wie keine (leicht zugängliche) entsprechende Literatur.

So ist es ebenfalls nicht weiter verwunderlich, daß ausgerechnet der Präastronautik-Autor v. Däniken, der sich bis vor kurzem in seinen Büchern nie mit dem modernen UFO-Phänomen auseinandergesetzt hatte, am häufigsten als *UFO*-Autor genannt wurde. Daß bei ihm nur in jedem vierten Fall ein Buchtitel genannt wurde, legt den Schluß nahe, daß zumindest einigen der Befragten eher der Name des Autors als dessen Bücher geläufig waren. Der am zweithäufigsten genannte Autor Johannes

---

[11] In der "n"-Gruppe (N=56) gab es 16,1% Literatur-Nenner, in "m" (N=156) 20,5%, in "w" (N=128) 36,7% und in "a" (N=64) 54,7%.
Am häufigsten wurde Erich von Däniken genannt (52 Nennungen, davon 13 mit Titelangabe), gefolgt von Johannes von Buttlar (42/25) und Charles Berlitz (24/10).

v. Buttlar wurde als echter UFO-Autor dementsprechend wesentlich häufiger zusammen mit Buchtitel genannt[12].

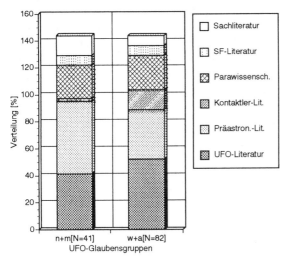

Abb. 6: Literaturnennungen (Mehrfachnennungen)

An Zeitungen/Zeitschriften wurden 13 verschiedene Blätter aufgezählt, darunter *Das neue Zeitalter* (2x) und der *CENAP-Report* (2x), der jedoch nur von UFO-Skeptikern erwähnt wurde. Der Skeptiker wurde leider nur ein einziges Mal als Literaturangabe genannt.

Bemerkenswert ist, daß nur eine einzige ausgesprochene UFO-Zeitschrift (CENAP-Report) erwähnt wurde, obwohl es deren mehrere in deutscher Sprache gibt, ganz abgesehen von den zahlreichen fremdsprachigen UFO-Journalen! Das deutet darauf hin, daß zu unseren Vorträgen kaum umfassend belesene "Insider" kamen.

▶ Kenntnisse über UFO-Organisationen: *Haben Sie vor dieser Veranstaltung schon einmal etwas von CENAP gehört? (bitte nur Informationsquellen nennen, die sich nicht auf den VHS-Beitrag beziehen!) Haben Sie schon einmal von anderen UFO-Organisationen gehört?* (Abb. 7)

---

[12] Die am häufigsten genannten Buchtitel waren: Buttlar: Das UFO-Phänomen (9x), Time Life: Die UFOs (9x), Berlitz: Das Bermuda-Dreieck (8x), Buttlar: Sie kommen von fremden Sternen (5x), Perry Rhodan (5x). In der Rubrik Kontaktlerliteratur wurde am häufigsten der Autor George Adamski (4x) aufgeführt. Auf der Liste der (populär-) wissenschaftlichen Sachliteratur ganz oben stehen: Hoimar von Ditfurth (4x, davon 2x Kinder des Weltalls), Carl Sagan: Unser Kosmos (3x).

Mittels dieser Fragen wollten meine Kollegen nicht nur den Popularitätsgrad der Untersuchergruppe CENAP erkunden, sondern auch in Erfahrung bringen, inwieweit unser Publikum aus "Insidern" bestand. Wie Abbildung 7 zeigt, hatte insgesamt rund jeder Achte bereits von CENAP gehört; allerdings stellte sich heraus, daß selbst aus "unserer" UFO-gläubigsten Gruppe nur jeder Fünfte etwas mit diesem Namen anzufangen wußte. Das etwa gleichhohe Ergebnis bei den Skeptikern darf nicht verwundern, da sich unter ihnen auch Veranstalter der Vorträge befanden - und die hatten natürlich schon vorher von CENAP erfahren.

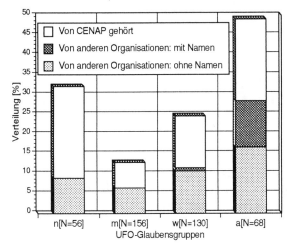

Abb. 7: Kenntnisse über UFO-Organisationen

Letzte Zweifel daran, daß sich "unsere" UFO-gläubigste Gruppe nicht überwiegend aus "Szene-Insidern" zusammensetzt, verschwinden, wenn man beachtet, daß von dieser Gruppe zwar ein Drittel angab, weitere UFO-Gruppen zu kennen, davon jedoch weniger als die Hälfte (8 von 19 Personen) den Namen einer UFO-Organisation anführte[13]. Folglich waren organisierte UFO-Interessierte unseren Vorträgen weitgehendst ferngeblieben oder hatten die Fragebögen nicht ausgefüllt.

---

[13] Viermal wurde die (bereits damals nicht mehr existierende) DUIST (Deutsche UFO/IFO Studiengesellschaft, Wiesbaden), dreimal MUFON (Mutual UFO Network, Hauptsitz USA) und einmal die NICAP (National Investigations Committee on Aerial Phenomena, USA) aufgeführt. Seltsam ist, daß Deutschlands mitgliederstärkste UFO-Gruppe, die GEP e.V. (Gesellschaft zur Erforschung des UFO-Phänomens, Lüdenscheid), nicht ein einziges Mal genannt wurde.

3. Kenntnisse zu UFO-Inhalten

▸ *Wenn Sie sich in der UFO-Thematik schon etwas auskennen: Welcher UFO-Fall bzw. welches UFO-Foto hat Sie besonders beeindruckt?*

Auf Veranstaltungen und bei Vorträgen werden wir immer wieder mit Fragen zu UFO-Fällen konfrontiert. Oft machen die Fragesteller jedoch nur recht unspezifische Angaben zu ihren Quellen. Meist heißt es: "Ich habe da mal irgendwo gelesen...". Wir wollten daher in Erfahrung bringen, ob und, wenn ja, welche konkreten UFO-Fälle am beeindruckendsten empfunden werden.

Die Zahl der aufgeführten Fälle nimmt mit steigender UFO-Glaubensstärke zu, was sicherlich nicht verwunderlich ist. Bemerkenswert aber ist, daß selbst von den UFO-"Absolutisten" noch nicht einmal die Hälfte (37%) eine Angabe zu einem sie beeindruckenden UFO-Fall machte, was ebenfalls auf einen Wissensmangel hinweist.

Insgesamt machten zu dieser Frage nur 80 Personen Angaben, die sich auf 37 verschiedene Geschehnisse bezogen. 19 Angaben erwiesen sich als relativ vage[14], zwei davon als offensichtlich falsch (falsches Datum). Mit derartigen Angaben läßt sich natürlich wenig anfangen. Bemerkenswert ist, daß keine einzige Person, obwohl sich 95 UFO-Sichter mit zum Teil mehreren Sichtungen darunter befanden, die eigene Beobachtung unter dieser Frage aufführte. Nur eine Person verwies auf "übereinstimmende Berichte aus dem Bekanntenkreis". Von den 80 Nennungen bezogen sich 13 (17%) auf Fotos bzw. Zeichnungen und (Höhlen-)Malereien.

Es war nicht einfach, die Angaben nach bestimmten Kriterien zu gliedern. Eindeutig zeigte sich, daß Vorfälle, die zu jener Zeit in den Medien starke Beachtung fanden, bevorzugt genannt wurden: 12mal wurde das Kornmusterphänomen angesprochen, 9mal die Massensichtungen fliegender Dreiecke in Belgien (zwischen November 1989 und April 1991), 9mal der angebliche Untertassenabsturz von Roswell/New Mexico, 7mal die angebliche Begegnung von Riesen-Ufonauten mit Kindern in der russischen Stadt Woronesch im September 1989. Fälle, die damals nicht in den Medien verbreitet worden waren, wurden höchstens dreimal genannt: "Pilot sieht UFO", "Bermuda-Dreieck", Explosion in der "Steinigen Tunguska"/Sibirien am 30.6.1908. Die Mehr-

---

14 Beispiele für vage Angaben: "Pilot sieht UFO", "Formationsflug von Lichtpunkten", "UFO-Landebahn gefunden", "Foto aus Tageszeitungen", "Foto aus Zeitschrift mit 'eigenen UFOs'".

zahl der (übrigen) genannten Vorfälle erweist sich als mehr oder weniger stark affektiv besetzt: 19mal werden angebliche (UFO- bzw. Flugzeug-) Abstürze bzw. Katastrophen aufgeführt, 16mal Kontakt(ler)-Fälle. Zusammenfassend ist festzuhalten, daß - abgesehen von den Medienereignissen - jeder einen eigenen "Lieblingsfall" vorzuweisen hat[15].

4. Praxisbezug

Da das UFO-Phänomen ohne "UFO"-Sichtungen bzw. -Meldungen nicht existieren würde, erschien es uns wichtig, praxis-, d.h. sichtungsbezogene Fragen zu stellen und auf rein theoretische Abfragen zu verzichten. So ist es gewiß interessant, zu wissen, wie fundiert das theoretische astronomische und astrophysikalische Wissen von UFO-Interessierten ist, doch als Praktiker, die ständig mit UFO-Meldungen konfrontiert werden, erschien es uns wichtiger, nach dem praxisbezogenen Wissen zu fragen.

▶ UFO-Sichtungen: *Haben Sie schon einmal ein Objekt am Himmel gesehen, das Sie nicht identifizieren konnten?* [Vorgaben: nein - ja, einmal - ja, mehrmals] (Abb. 8)

Wir haben nicht damit gerechnet, daß von unseren Besuchern, die d. Fragebogen ausfüllten, rund jeder Fünfte diese Frage bejahte. Damit liegt die UFO-Sichtungsquote bei unseren Besuchern etwa viermal so hoch (21%) wie im Bevölkerungsdurchschnitt (ca. 5%). Daß, wie Abbildung 8 zeigt, auch einige UFO-Skeptiker diese Frage bejahten, darf nicht verwundern, denn wenn man die korrekte Definition des UFO-Begriffs zugrunde legt, also in Zusammenhang mit "UFO" nicht automatisch gleich an Fliegende Untertassen denkt, kann man erwarten, daß auch ausgesprochene Skeptiker einmal etwa ein Licht am Himmel sahen, das sie nicht eindeutig identifizieren konnten. Viel interessanter ist, daß mit steigender UFO-Glaubensstärke die Zahl der UFO-Sichtungen deutlich zunimmt. Man beachte, daß aus der Gruppe der Personen mit dem stärksten UFO-Glauben die Mehrzahl nicht nur einmal, sondern wiederholt UFOs gesehen hatte! Konkret heißt das, daß unsere 95 Sichter zusammen mindestens 128 UFO-Erscheinungen gesehen hatten!

---

[15] Das wurde auch deutlich bei den allen Vorträgen folgenden Diskussionen. Bemerkenswert ist, daß wir in den Diskussionen so gut wie nie zu unserer Tätigkeit bzw. zu den Organisationen, der wir angehören, befragt wurden. Häufig dagegen wollten Besucher wissen, ob wir an bestimmte parawissenschaftliche Inhalte *glauben* ("Glauben Sie eigentlich an Gott?", "Was halten Sie von Marienerscheinungen?" usw.). Oft wollten uns jene, die sich zu Wort meldeten, auch nur ihre eigene Position mitteilen.

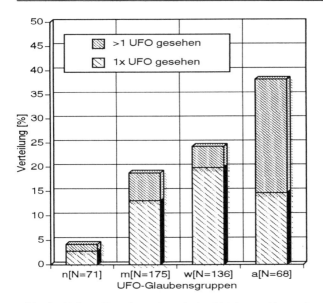

Abb. 8: *Haben Sie schon einmal ein Objekt am Himmel gesehen, das Sie nicht identifizieren konnten?*

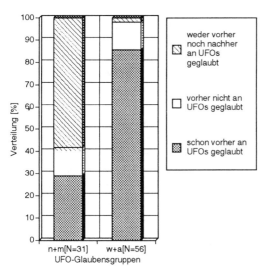

Abb. 9: *Hat dieses Erlebnis Ihre Einstellung zu UFOs* **wesentlich** *beeinflußt?*

▶ Einstellungswandel durch UFO-Sichtungen: *Wenn ja, hat dieses Erlebnis Ihre Einstellung zu UFOs wesentlich beeinflußt?* [Vorgaben: Nein, ich glaubte schon vorher an UFOs - Ja, ich glaubte vorher *nicht* an UFOs - Ich glaubte weder vorher noch nachher an UFOs] (Abb. 9)

Es stellt sich die wichtige Frage, ob UFO-Sichter erst durch ihr Sichtungserlebnis zum UFO-Gläubigen werden, oder ob eine Prädispositionshaltung vorliegt, aufgrund der vermehrt UFOs gesehen werden. Abbildung 9 macht deutlich, daß in der Tat eine Prädispositionshaltung bei jenen Gruppen mit hoher UFO-Glaubensstärke vorliegt, die viel häufiger als andere UFOs gesehen haben. Mit anderen Worten: Je stärker der UFO-Glaube, desto mehr UFOs werden gesehen. Umgekehrt heißt das: UFO-Sichtungn führen nur zu einem geringen Teil zu einem (verstärkten) UFO-Glauben.

Sichtungsbezogene astronomische Fragen

▶ Unterscheidung zwischen Planeten und Sternen: *Manche Objekte am Nachthimmel sehen so aus wie Sterne (oft sind sie heller), sind aber keine Sterne, sondern andere Himmelskörper, nämlich:* (Abb. 10)

Wie bereits gezeigt (Skeptiker 1/92, S. 5), fungieren in Deutschland als zweithäufigste UFO-Stimuli mit 21% helle Planeten (und manchmal helle Sterne). Das bedeutet, daß UFO-Melder häufig Planeten (und manchmal helle Sterne) als solche nicht (er)kennen. Deshalb interessierte es uns zunächst, ob und wie häufig insbesondere UFO-Bejaher (die, wie gesehen, ja auch die Mehrzahl der UFO-Sichter stellen) Sterne von Planeten unterscheiden können. Aus Abbildung 10 ist zu ersehen, daß mehr als die Hälfte der Personen mit (relativ) hoher UFO-Glaubensstärke unsere Frage unbeantwortet ließ[16].

Daß die UFO-Skeptiker unsere Frage etwa doppelt so häufig (teilweise) richtig beantworteten wie UFO-Bejaher, sollte nicht überbewertet werden, da sich in der Gruppe "unserer" Skeptiker überhäufig Amateurastronomen bzw. Luft- und Raumfahrt-Bedienstete befanden, da zwei der Veranstaltungen von Volkssternwarten und eine von der *Gesellschaft für Luft- und Raumfahrt* (DGLR) ausgerichtet worden waren. Dennoch können wir feststellen, daß offenbar die Mehrheit Pro-

---

16 Da wir die Frage zugegebenermaßen weiter präzisieren hätten müssen, ließen wir zusätzliche Angaben, auf die unsere Definition mehr oder weniger auch paßt (z.B. Flugzeuge, Helikopter) als "teilweise richtig" gelten. Angaben, bei denen der Begriff "Planeten" nicht genannt wurde, wurden als "falsch" bewertet. In unserer Graphik wurden die "richtigen" und "teilweise richtigen" Antworten zusammengefaßt.

bleme hat, Sterne von Planeten zu unterscheiden. Dies wird noch unterstrichen durch eine Fülle ungewöhnlicher Antworten neben der Angabe "Planeten"[17]. Es scheint, daß einige unserer Mitmenschen eher mit "exotischen" Objekten, wie z.B. "weißen Löchern", aus dem Fernsehen bzw. aus Büchern und Zeitschriften "vertraut" sind, als mit eigenen Wahrnehmungen; insgesamt finden sich unter den Falschangaben 17% "exotische" Phänomene[18].

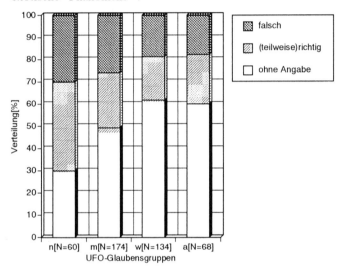

Abb. 10: *Manche Objekte am Nachthimmel sehen so aus wie Sterne (oft sind sie heller), sind aber keine Sterne, sondern andere Himmelskörper, nämlich: ...*

▸ *Wie heißen Morgen- und Abendstern noch?* (Abb. 11)

Da von den Planeten neben dem Jupiter vor allem die helle Venus als UFO-Stimulus fungiert, wollten wir in Erfahrung bringen, ob und wie

---

[17] Bei den Falschangaben wurden am häufigsten Satelliten (51mal = 36%) genannt, obwohl diese kaum "oft heller" als Sterne erscheinen. An zweiter Stelle wurden Meteore (25/18%), dann Flugzeuge/Helikopter (18/13%) und schließlich gar Kometen (11/8%) aufgeführt. Wie wenig viele mit unserer Frage anzufangen wußten, belegen einige weitere ungewöhnliche Angaben, die sich auf 16 verschiedene Objekttypen beziehen: Galaxien, Nebel, Quasare, Weiße Löcher, Sonnensystem, Materieverdichtungen, Luftspiegelung usw.

[18] Allerdings ist von den Städten aus, in denen ja die meisten von uns leben, auch häufig am Himmel nicht allzu viel zu sehen, trüben doch Smog und Fog oftmals die Sicht. Klare Nächte werden zur Ausnahme, und so darf es nicht verwundern, wenn dann bei klarem Himmel plötzlich helle Planeten und Sterne zum UFO werden.

häufig der Planet als "Morgen"- bzw. "Abendstern" identifiziert wird. Dazu ließen wir in unserer Frage mit Absicht offen, ob ein oder zwei Objekte gemeint sind. Wie aus Abbildung 11 hervorgeht, blieb auch diese Frage häufig unbeantwortet, nämlich in der Hälfte der Fälle. Immerhin beantwortete etwa ein Drittel unsere Frage richtig[19]. Trotzdem zeigen auch die Antworten zu dieser Frage, daß es mit dem praktischen astronomischen Wissen in unserer modernen Mediengesellschaft nicht allzu gut bestellt ist.

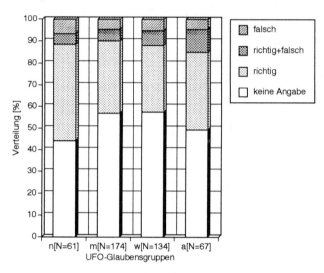

Abb. 11: *Wie heißen Morgen- und Abendstern noch?*

▸ Erkennen des Planeten Jupiter: *Haben Sie schon einmal Jupiter gesehen?* [Vorgaben: nein - ja, bei Tag - ja, bei Nacht - ja, bei Tag und Nacht]

Da neben der Venus etwa gleichhäufig der Planet Jupiter zu UFO-Meldungen führt, wollten wir wissen, ob dieser Himmelskörper von den Befragten schon einmal bewußt wahrgenommen wurde. Denn gesehen hat diesen Planeten bereits jeder von uns; es ist nur die Frage, ob man ihn

---

[19] Nur jeder Siebte nannte neben Venus ein anderes Gestirn bzw. erwähnte statt Venus ein oder zwei andere Gestirne. Von diesen Personen wurde am häufigsten (31%) der Polarstern (!) für den "Morgen"- bzw. "Abendstern" gehalten. Am zweithäufigsten (16%) wurden Venus *und* Mars aufgeführt; insgesamt acht mal wurde zusätzlich zur Venus ein zweites Gestirn genannt, darunter Jupiter, Merkur und Sirius. Insgesamt wurden 14 verschiedene Angaben gemacht.

auch als Planet bzw. als "Stern" erkannt hat. Ist das nicht der Fall, avanciert der Planet definitionsgemäß zum UFO.

Zwar ist Jupiter nicht so hell wie die Venus; dafür ist dieser Planet häufiger zu sehen und erscheint größer als Venus. Während die Bezeichnungen "Morgen-" bzw. "Abendstern" für viele Menschen ein Begriff sind und die Venus horizontnah steht, wodurch eine leichtere Identifizierung möglich wird, gibt es für Jupiter - von seiner Helligkeit und dem im Gegensatz zu Fixsternen ruhigeren Licht abgesehen - keine Identifizierungshilfen. So war zu erwarten, daß wenige Personen Jupiter kennen, was auch tatsächlich der Fall ist: Abgesehen von dem wieder besseren Ergebnis der ausgesprochenen Skeptiker, gab aus den anderen UFO-Glaubensstärke-Gruppen nur etwa jeder Vierte an, Jupiter schon einmal gesehen zu haben. Dieses Ergebnis muß wohl weiter relativiert werden, da aus allen Gruppen im Durchschnitt 8,4% Jupiter sogar bei Tag gesehen haben wollen[20]. Zwar ist es grundsätzlich möglich, Jupiter auch bei Tag wahrzunehmen, wenn man genau weiß, wo man suchen muß und entsprechende Sehhilfen (Teleskop) zur Verfügung hat; und es ist nicht auszuschließen, daß einige Personen mit "Tag" die Dämmerung meinten, doch bleiben dann immer noch jene Angaben ohne Erklärung, in denen von einer *ausschließlichen* Sichtung bei Tag die Rede ist[21]. Was, so fragt man sich, haben diese Personen gesehen? Haben Sie vielleicht die Venus für Jupiter gehalten? Wollten sie sich nur wichtig machen?[22]

▶ Erkennen von Sternbildern: *Erkennen Sie am Himmel einige Sternbilder?* (Abb. 12)

Zwar kommt es wesentlich seltener vor, daß Sterne zu UFO-Meldungen führen, doch können auch solche Meldungen bisweilen für reichlich Wirbel sorgen, wie eine Sichtung vom Januar 1980 aus der Nähe von Bremen demonstriert. Damals sorgten Sichtungen des hellsten Fixsternes Sirius sogar für "Verfolgungsaktionen" der Bundesluftwaffe (CENAP-Report Nr.50, 4/80, S.11ff)! Könnte es objektive Gründe dafür geben,

---

[20] Für die "n"-Gruppe lag der Wert bei 11,5%, für "m" bei 5,8%, für "w" bei 7,5% und für "a" bei 8,8%.

[21] Dies waren 3,3% der "n"-Gruppe, 1,7% bei "m", 3% bei "w" und 4,4% bei "a".

[22] Daß sich diese Personen einen Scherz erlaubten, halten wir für relativ unwahrscheinlich, denn wir meinen, daß schalkhafte Besucher nicht nur diese eine Frage absichtlich unkorrekt beantwortet hätten. Natürlich haben wir die Bögen nach möglichen Juxantworten durchgesehen; und in allen Fällen, in denen wir auf Spaßmacher stießen, waren gleich mehrere Fragen auf originelle Art beantwortet worden. Selbstverständlich haben wir diese wenigen Bögen - vier an der Zahl - nicht in unsere Wertung aufgenommen.

daß selbst Sterne zu UFOs werden können? Abgesehen von ihrem oft
(aber nicht immer!) zu beobachtenden "Funkeln" (Szintillation), ihrer
scheinbaren Bewegungslosigkeit und ihrer relativ geringen Leuchtkraft,
ist es ihre Anordnung in Form von Sternbildern, die uns hilft, zumindest
die hellsten Sterne als solche zu identifizieren. Umgekehrt heißt das:
Kennen wir das Sternbild nicht, in dem sich ein "verdächtiges" Objekt
befindet, besteht natürlich eher die Gefahr, daß es zum UFO wird.

Wir wollten daher wissen, welche Sternbilder den Besuchern unserer
Vorträge bekannt sind. Besonders im Auge hatten wir dabei Sternbilder,
in denen die häufigsten Sternen-UFO-Stimuli stehen, allem voran das
Sternbild Canis Major (Großer Hund) mit dem hellsten Fixstern überhaupt, dem Sirius.

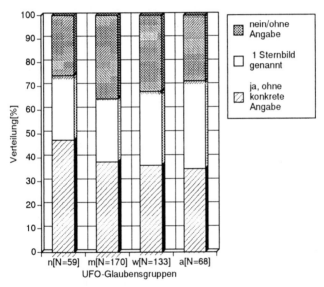

Abb. 12: *Erkennen Sie am Himmel einige Sternbilder?*

Aus Abbildung 12 entnehmen wir, daß zwar die Mehrzahl (rund zwei
Drittel) angab, am Himmel einige Sternbilder zu erkennen, doch machten nur rund ein Drittel konkrete Angaben. Von denen, die eine oder
mehrere Angaben machten, wurden 20 verschiedene Objekte als Sternbilder aufgeführt. Doch rund 85% aller Nennungen entfielen auf nur
vier Sternbilder: Ursa major (Großer Bär/Wagen) (48%), Ursa minor
(Kleiner Bär/Wagen) (18%), Orion (9%) sowie Cassiopeia (9%). Unter

allen aufgeführten Objekten wurden Sternbilder mit den hellsten stellaren UFO-Stimuli am wenigsten bzw. gar nicht genannt[23].

Aufgrund dieser Ergebnisse dürfen wir uns also nicht wundern,
wenn immer wieder auch helle Sterne zum UFO werden. Abbildung 13
faßt die richtigen Antworten der vier astronomischen Fragen zusammen:
Auffällig ist, daß aus der Gruppe der Personen, die sich ziemlich sicher
sind, daß am UFO-Phänomen etwas dran ist, ("w"-Gruppe) im Durchschnitt am wenigsten häufig richtige Antworten erfolgten.

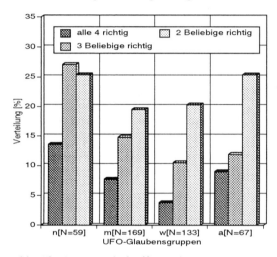

Abb. 13: Astronomische Kenntnisse

5. Sozialer (themenbezogener) Kontext

▶ Einstellung von Freunden/Bekannten zur UFO-Thematik: *Denken
Ihre engsten Freunde/Bekannten ähnlich wie Sie?* [Vorgaben: Ja, die
meisten - ja, einige - nein - keine Ahnung] (Abb. 14)

---

[23] So nannte kein einziger den Canis Major mit dem häufigsten stellaren UFO-Stimulus
Sirius; ebenfalls nicht genannt wurden die Sternbilder Bootes mit dem roten UFO-Sti-
mulus Arctur, Auriga (Fuhrmann) mit der gelben, ebenfalls hin und wieder als UFO
gemeldeten, Capella. Auch die mit hellen Sternen Erster Größenklasse bestückten
Sternbilder Leo (Löwe), Aquila (Adler), Taurus (Stier) und Canis minor (Kleiner
Hund) befanden sich nicht unter den 20 genannten Objekten. Das Sternbild Lyra
(Leier) mit dem zweithellsten Fixstern Vega, der ebenfalls immer wieder zum UFO
erklärt wird, taucht in unserer Liste nur ein einziges Mal auf. Gleiches gilt für Virgo
(Jungfrau) mit der hellen Spica. Daß einige wenige Personen nicht genau zu wissen
schienen, was ein Sternbild ist, unterstreichen folgende "Sternbild"-Namen: Polarstern
(dreimal genannt!), Beteigeuze (das ist *ein* Stern), Mars, Orion-Nebel.

Bevor wir uns der Abbildung 14 zuwenden, müssen wir beachten, daß UFO-Skeptiker in der Bevölkerung häufiger vertreten sind als UFO-Bejaher. Das heißt, daß es UFO-Skeptiker - rein statistisch betrachtet - von vornherein leichter haben, zueinander zu finden, als UFO-Gläubige. So dürfen wir nicht allzu erstaunt sein, daß "unsere" UFO-Skeptiker überwiegend von lauter weiteren Skeptikern umgeben sind, denn sie brauchen dazu gar nicht erst aktiv zu werden.

Nach einer (im Skeptiker 1/92, S. 4 bereits behandelten) Repäsentativumfrage aus dem Jahre 1987 glaubten damals hierzulande "nur" 21 % der Erwachsenen an UFOs. 1994 waren es laut der Allensbach-Umfrage 17 % [Ifd-Umfrage 5082]. Daher haben es diese Personen ohne eigenes Zutun natürlich schwerer, Gleichgesinnte in ihrem Freundes- und Bekanntenkreis zu finden, liegt doch die reine Zufallswahrscheinlichkeit dafür bei rund 1:5. Daher ist es schon beachtenswert, wenn knapp 50 % der Personen mit relativ hoher bzw. höchster UFO-Glaubensstärke zumindest *einige* Freunde, Bekannte gefunden haben, die ähnlich (positiv) über UFOs denken.

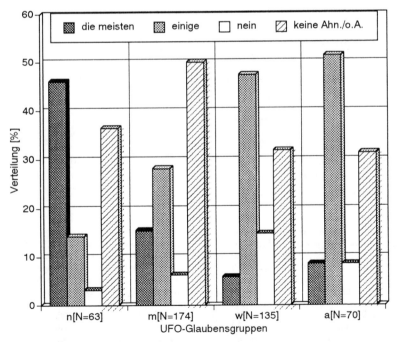

Abb. 14: Denken Bekannte ähnlich über UFOs?

▸ Kennen von UFO-Sichtern: *Kennen Sie glaubwürdige Personen, die einmal ein unbekanntes Himmelsobjekt gesehen haben?* [Vorgaben: nein - ja, eine - ja, mehrere] (Abb. 15)

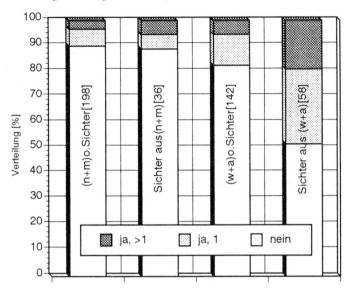

Abb. 15: *Kennen Sie glaubwürdige Personen, die einmal ein unbekanntes Himmelsobjekt gesehen haben?*

Ist die Wahrscheinlichkeit schon relativ gering, zufällig auf einen UFO-Gläubigen zu stoßen, verringert sich diese noch weiter, wenn es darum geht, auf weitere UFO-Sichter zu treffen. Die entsprechende Zufalls-Chance liegt nun bei nur noch etwa 1:20. Trotzdem kennen UFO-Sichter mit hoher UFO-Glaubensstärke (Sichter aus [w+a]) erheblich häufiger weitere UFO-Sichter als etwa UFO-Gläubige ohne eigene Sichtung ([w+a] o. Sichter)[24]. "Unsere" gläubigen UFO-Sichter scheinen also vermehrt dazu zu neigen, weitere Sichter "anzuziehen"; vielleicht wollen sie ihre Erfahrung auch nur mit anderen teilen. Berücksichtigt man die Mindestzahl von Eigensichtungen sowie Sichtungen aus dem Bekanntenkreis, gelangt man nun auf eine Zahl von minimal 233 Sichtungen. Um so verwunderlicher wird es, daß nur einer der Befragten in dem Frage-

---

[24] In Abbildung 15 wurden wegen zu weniger Daten die vier Glaubenskategorie-Gruppen zu jeweils zwei Mischgruppen vereint. Bei jeder der beiden Sammelgruppen wurde unterschieden zwischen UFO-Sichtern und Personen ohne UFO-Sichtung.

bogen (auf der Rückseite) eine eigene Sichtung aufführte [die sich, wie eine Nachprüfung ergab, als Planetentäuschung herausstellte] und ein weiterer Befragter, wie schon erwähnt, auf Übereinstimmungen mit Beobachtungen aus dem Bekanntenkreis verwies. Wir wurden wiederholt während und nach Vorträgen auf eigene Sichtungen hingewiesen, doch auch darunter befand sich kein annähernd spektakulärer Fall ("Nahe Begegnung").

6. Interesse an weiteren Grenzgebieten

▶ *An welchen ungewöhnlichen Themen sind Sie ggf. noch interessiert?* [Vorgaben: siehe Abb. 16 und 17]

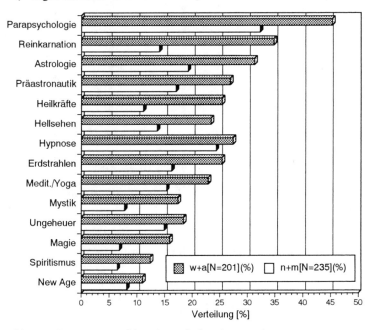

Abb. 16: Interessensgebiete (populationsbezogen)

Da wir immer wieder die Erfahrung machen, daß UFO-Gläubige auch an weiteren Grenzgebieten interessiert sind, wollten wir herausfinden, ob sich diese Erfahrung verifizieren läßt und ob UFO-Gläubige im Gegensatz zu anderen Personen bestimmte Grenzthemen bevorzugen. Aus Datenmangel faßten wir wieder jeweils zwei UFO-Glaubensstärke-Gruppen zusammen. Die gewonnenen Daten wurden auf zweierlei Weise aufbereitet: Einmal wurden die Daten populationsbezogen ausgewertet

(Abb. 16), d.h. wir fragten, wieviel Prozent der Personen aus den beiden Mischgruppen an den jeweiligen Gebieten interessiert sind; zum anderen wurden sie nach der prozentualen Verteilung der genannten Interessensgebiete zueinander aufgeschlüsselt (Abb. 17).

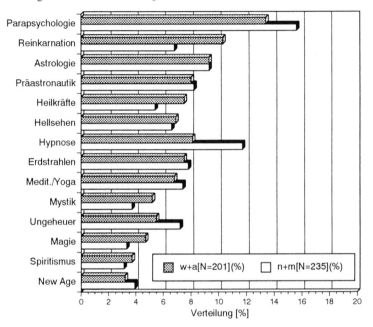

Abb. 17: Interessensgebiete (prozentuale Relation)

Zunächst wollten wir wissen, wieviele Grenzthemen im Durchschnitt auf eine Person der einzelnen UFO-Glaubensstärke-Gruppen entfallen. Mit steigender UFO-Glaubensstärke nimmt das Interesse an weiteren Grenzthemen tatsächlich deutlich zu[25]. Auch Abbildungen 16 zeigt, daß UFO-Gläubige wie UFO-Skeptiker an allen möglichen Grenzgebieten interessiert sind. Der "Renner" bei den UFO-Gläubigen und UFO-Skeptikern ist die Parapsychologie. Bei den UFO-Gläubigen an zweiter Stelle liegt das Thema Reinkarnation; bei den UFO-Skeptikern dagegen ist es die Hypnose.

---

[25] Die Nennungen pro Person lagen bei der "n"-Gruppe bei 1,3 (80 Nennungen durch 62 Personen), bei "m" bei 2,4 (406/173), bei "w" bei 2,9 (390/133) und bei "a" bei 4,3 (289/68).

Interessant ist, daß mit dem Modebegriff "New Age" die wenigsten etwas anzufangen wußten, obwohl doch so manche UFO-"Konferenz" im Zeichen des "New Age" ausgerichtet ist. Sollte also auch dieser Personenkreis unseren Vorträgen weitgehend ferngeblieben sein? Betrachtet man die prozentuale Verteilung der Grenzgebiete untereinander (Abb. 17), ist zu ersehen, daß die meisten Themen bei UFO-Gläubigen wie Skeptikern in etwa gleich verteilt sind. Die Vorlieben für bestimmte Gebiete sind, wie auch die Einzelauswertung der Bögen zeigt, sehr unterschiedlich: Einige Personen haben nahezu alle Gebiete angekreuzt, die meisten jedoch nur ein, zwei oder drei Gebiete. Warum die UFO-Gläubigen das Thema Reinkarnation, die UFO-Skeptiker dagegen die Hypnose etwas bevorzugen, darüber kann man nur spekulieren. Daß der UFO-Glaube bei manchen religiöse Formen annehmen kann (z.B. Endzeit-Erwartungen mit Hoffnung auf Errettung durch götter-gleiche Außerirdische), ist unbestritten. Und so mag dies erklären, warum das religiöse Thema Reinkarnation bei "unseren" UFO-Gläubigen etwas bevorzugt wird. Schwerer fällt es dagegen, eine Erklärung zu finden, warum "unsere" UFO-Skeptiker im Durchschnitt die Hypnose anderen Grenzgebieten etwas vorziehen. Vielleicht sind sie verstärkt der Ansicht, daß sich Menschen häufig suggestiv etwas vormachen, womit der assoziative Brückenschlag zur Hypnose hergestellt wäre.

7. Korrelation mit Personalien

► Alter (Abb. 18 und 19)

Zu unseren Vorträgen kamen überwiegend jüngere Leute. Wir prüften, ob UFO-Gläubige wie UFO-Sichter in verschiedenen Altersgruppen über- bzw. unterrepräsentiert waren. Abbildung 18 zeigt, daß UFO-Gläubige (inclusive Sichter) in den Altersgruppen ab 51 Jahren überrepräsentiert sind. Dieses Ergebnis steht allerdings im Widerspruch zur Allensbach-Umfrage von 1993. Denn nach dieser Erhebung nimmt der UFO-Glaube mit steigendem Alter kontinuierlich deutlich ab: Lag er in der Altersgruppe 16-29 Jahre noch bei 30%, fiel er bei den 45-59-jährigen auf 13%. Aus Abbildung 19 geht hervor, daß UFO-Sichter in der Altersgruppe 11-30 Jahre überwiegen. Möglicherweise ist dieser Unterschied einfach dadurch zu erklären, daß Kinder, Jugendliche und junge Erwachsene eine größere Imaginationskraft besitzen und daher eher dazu neigen, in diversen Himmelserscheinungen Außergewöhnliches wahrzunehmen. Das jedenfalls ist unsere Erfahrung mit jugendlichen UFO-Meldern, die häufig von recht ungewöhnlichen Erlebnissen berichten. Hinzu mag kommen, daß jüngeren Leuten einfach die Erfahrung in der

Interpretation von Himmelsobjekten fehlt, die mit dem Alter zunehmen sollte. Leider enthielt die Allensbach-Umfrage vom 1993 keine Frage nach UFO-Sichtungen, so daß diesbezüglich ein Vergleich mit den Ergebnissen unserer Umfrage nicht möglich ist.

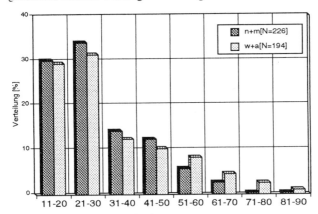

Abb. 18: Alter: UFO-Glaubensgruppen

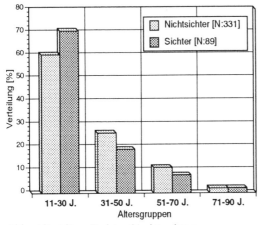

Abb. 19: Alter: Sichter/Nichtsichter

▸ Geschlecht

Rund zwei Drittel unserer Besucher waren männlichen Geschlechts. Nur zwischen den beiden Extremgruppen fanden wir einen leichten Unterschied, der darauf hinweist, daß sich unter den Skeptikern mehr männliche Personen befanden als unter den extrem UFO-Gläubigen (73 zu

65 %). Eine Über- oder Unterrepräsentanz der Geschlechter war in Bezug auf Sichter nicht festzustellen. Bei der Allensbach-Umfrage von 1993 war das Verhältnis zwischen Männern und Frauen bei den UFO-Bejahern etwa gleich (18 zu 17 %).

► Schulbildung (Abb. 20)

Mit steigender UFO-Glaubensstärke sinkt die Zahl der Personen mit Abitur, wobei in der Gruppe mit höchster UFO-Glaubensstärke Personen mit mittlerer und einfacher Schulbildung überwiegen (Abb. 20)[26].

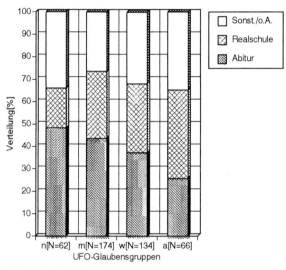

Abb. 20: Schulbildung

Das von uns gefundene Ergebnis deckt sich nicht mit der Allensbach-Umfrage von 1993. Danach glaubten Absolventen von höheren Schulen, Abiturienten, Studenten und Studierte sogar etwas häufiger an die Existenz von UFOs als etwa Volks- und Berufsschüler: In Westdeutschland lag das Verhältnis bei 19 zu 18 %, in Ostdeutschland bei 13 zu 11 %. Allerdings wurde in der Allensbach-Umfrage nicht nach der (relativen) UFO-Glaubensstärke differenziert.

---

[26] In Diskussionen und Gesprächen mit UFO-Gläubigen, aber auch anhand der gängigen UFO-Literatur, stellen wir immer wieder fest, daß unsere Gesprächspartner bzw. die meisten UFO-Autoren über eine Art naturwissenschaftliches "Halbwissen" verfügen. Das heißt, daß häufig großzügig von spezifischen astrophysikalischen Begriffen Gebrauch gemacht wird, dabei aber ein Mangel an tiefergehendem physikalischen Wissen und Verständnis zu beobachten ist. Dieses Verhalten würde man am ehesten bei Personen mit mittlerer Schulbildung erwarten.

▶ Tätigkeit

Unter "unseren" UFO-Gläubigen sind Nichtakademiker und Auszubildende überrepräsentiert sind, während umgekehrt die Zahl der Akademiker und Studenten bei den (eher) skeptisch eingestellten Personen überwiegt. Leider gaben die wenigsten ihren Beruf an, so daß wir zu wenig Daten besitzen, um nach Berufsgruppen aufschlüsseln zu können.

▶ Konfession (Abb. 21)

Mit zunehmender UFO-Glaubensstärke nimmt die Zahl der Katholiken ab und die Zahl der Protestanten etwas zu. Bei der Gruppe mit höchster UFO-Glaubensstärke findet sich die höchste Zahl an Konfessionslosen. Das heißt, daß Protestanten und Konfessionslose bei "unseren" UFO-Gläubigen überrepräsentiert waren. In der Repräsentativerhebung von Allensbach war der Anteil der UFO-Gläubigen bei Katholiken, Protestanten und anderen dagegen fast gleich hoch (16 zu 19 zu 18%).

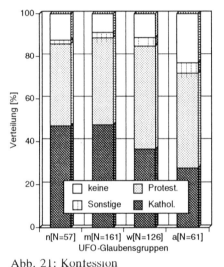

Abb. 21: Konfession

▶ Konfessionswechsel

Aufgrund der obigen Daten stellt sich die Frage, ob UFO-Gläubige häufiger die Konfession wechselten bzw. aufgaben als die UFO-Skeptiker. In der Tat ist dies der Fall: Von den 216 (eher) UFO-Skeptikern trat jeder 18te aus seiner Kirche aus bzw. wechselte die Konfession; von den 187 (eher) UFO-Gläubigen war es bereits jeder 11te. Bei der Gruppe mit dem stärksten UFO-Glauben war es sogar jeder Sechste (11 von 61 Per-

sonen); bei den ausgesprochenen UFO-Skeptikern waren es nur rund
4%.

Es wäre angesichts dieser Daten sicherlich übertrieben, gleich die
Floskel von der "Ufologie als Ersatzreligion" in den Mund zu nehmen,
doch erscheinen uns 18% Kirchenaustritte bzw. Konfessionswechsel bei
den UFO-"Absolutisten" recht beachtlich

► Religiöse Einstellung (Selbsteinschätzung) [Vorgaben: sehr gläubig -
gläubig - skeptisch - nicht gläubig] (Abb. 22)

Abbildung 22 zeigt, daß mit steigender UFO-Glaubensstärke die Zahl
derer, die sich selbst als religiös gläubig bzw. sehr gläubig halten,
wächst - und das, obwohl sich unter den UFO-Gläubigen mehr Konfessionslose finden! Auch dieses Ergebnis verweist auf einen Zusammenhang zwischen UFO-Glauben und religiösem Glauben.

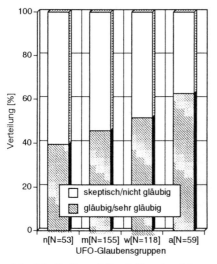

Abb. 22: Religiosität (Selbsteinschätzung)

8. Vortragsbezogene Fragen

Die Frage, ob bzw. inwieweit durch einen Vortrag von maximal andert-
halb Stunden Länge ein Einstellungswandel bewirkt werden kann, ist
besonders für all jene, die kritische Öffentlichkeitsarbeit in Bezug auf
parawissenschaftliche Themen leisten, von Interesse. Kann das Kritik-
vermögen durch entsprechende Vorträge geschärft werden kann? Be-

kommen die Besucher den Eindruck, neue Informationen zu erhalten? Kann es gelingen, gegen den ungeheuren Wust an abergläubischen Vorstellungen anzukämpfen?

▸ Gründe für den Besuch des Vortrages: *Warum sind Sie zum CENAP-Vortrag gekommen?* [Vorgaben: siehe Abb. 23]

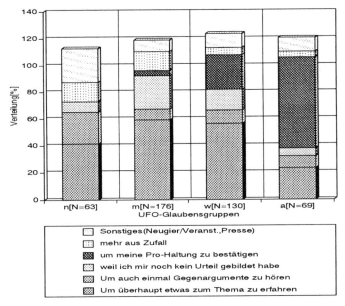

Abb. 23: *Warum sind Sie zum Vortrag gekommen?*

Wie aus Abbildung 23 zu ersehen ist, kamen die meisten Besucher der schwächeren Glaubenstärkegruppen vor allem, "um überhaupt (erst) etwas zum Thema erfahren". Nur die Personen mit stärkstem UFO-Glauben stimmten zum überwiegenden Teil der provokativen Vorgabe "um meine Pro-Haltung zu bestätigen" zu. Aber auch hier gab noch jeder Fünfte an, gekommen zu sein, "um überhaupt etwas zum Thema zu erfahren". Noch deutlicher war in der Gruppe der Nein-Sager die Tendenz zu erkennen, eine feste Meinung zum Thema zu vertreten, ohne sich vorher informiert zu haben; der Anteil lag hier fast doppelt so hoch. Erwartungsgemäß finden wir in der Gruppe der "Unentschlossenen" ("m"-Gruppe) die meisten Personen, die sich "noch kein Urteil gebildet" hatten.

▸ Informationsquelle über den Vortrag: *Wodurch erhielten Sie von dem Vortrag Kenntnis?* [Vorgaben: Bekannte - VHS-Info - Presse - Rundfunk - Fernsehen - Plakat]

Woher die Besucher von dem Vortrag Kenntnis erhielten, hängt sicherlich von den näheren Umständen der jeweiligen Veranstaltung ab. Daher kann hier nur Beachtung finden, wie häufig die einzelnen UFO-Glaubensstärke-Gruppen welche Informationsquelle nutzten. Mit steigender Skepsis nimmt die Zahl der Personen zu, die aufgrund von "Mundpropaganda" zu den Vorträgen kamen. Personen mit (relativ) hoher UFO-Glaubensstärke wurden hingegen eher von Plakaten angezogen.

▸ Bewertung des Vortrages

Hier werden nur die Daten von zwei der drei Referenten (R 1m, R 2) aufgeführt, da der dritte lediglich zwei Vorträge hielt. Aus den vier UFO-Glaubensstärke-Gruppen wurden zwei Mischgruppen gebildet. Referent 1 legte in seinen Vorträgen das Schwergewicht auf den Wahrnehmungsaspekt ("auch Piloten können sich irren"); er ging dabei eher deduktiv vor, ließ aber am Ende offen, ob ein (objektives) UFO-Phänomen existiert. Er versuchte dagegen deutlich zu machen daß es keine Beweise dafür gibt. Referent 2 legte das Schwergewicht auf den Medienaspekt; er ging dabei eher induktiv vor (Anführen von Einzelbeobachtungen) und machte keine "Zugeständnisse".

▸ Tenor des Vortrages [Vorgabe: Der Vortrag war: neutral-sachlich - überkritisch - unkritisch]

Die Mehrheit der Vertreter aller UFO-Glaubensstärke-Gruppen schätzte die Vorträge beider Referenten als "neutral-sachlich" ein (58-81%). Referent 1 wurde jedoch von den (eher) UFO-skeptisch eingestellten Personen besser beurteilt.

▸ Benotung des Vortrages: *Wie interessant war der Vortrag unterm Strich für Sie (Gesamturteil)?* [Vorgaben: Schulnoten von 1 bis 6]

Beiden Referenten wurden aus allen UFO-Glaubensstärke-Gruppen überwiegend gute Noten (1 und 2) verliehen (49 bis 62%); schlechte Noten (5 und 6) wurden generell selten vergeben (4 bis 9%). Während die beiden Referenten von den UFO-Skeptikern etwa gleich bewertet wurden, fällt auf, daß bei den UFO-Gläubigen Referent 2 etwas besser abschnitt[27].

---

[27] In den wenigen Fällen, in denen die Beantworter trotz unseres Hinweises halbe Noten verteilten, wurden die Werte nach oben auf volle Noten gerundet (z.B. 2,5 auf 3).

▸ Vermittlung neuer Informationen durch den Vortrag [Vorgaben: Der Vortrag hat mir neue Informationen vermittelt: ja - nein]

Die Mehrzahl der Besucher aller UFO-Glaubensstärke-Gruppen, hatte den Eindruck, der Vortrag habe ihnen neue Informationen vermittelt, wobei sich die Angaben der UFO-Skeptiker und UFO-Gläubigen kaum unterscheiden (64 bis 76 %).

▸ Einstellungswandel in Bezug zum UFO-Phänomen [Vorgaben: *Nach dem Vortrag denke ich wie folgt über UFOs: Ich bin jetzt etwas/ deutlich skeptischer in Bezug auf die Existenz von UFOs - Ich glaube jetzt überhaupt nicht mehr an UFOs - An meiner ursprünglichen Einstellung hat sich nichts geändert - Jetzt bin ich erst recht von der Existenz von UFOs überzeugt]* (Abb. 24)

Natürlich interessierte es uns brennend, ob und inwieweit ein- bis eineinhalbstündige Vorträge einen Einstellungswandel bewirken können; zumindest sollte man erwarten dürfen, daß nach Ende der Vorträge die Säle nicht mehr UFO-Gläubige verlassen, als sie betreten haben![28]

Da eine Reihe von Personen zwar einerseits angab, etwas bzw. deutlich skeptischer geworden zu sein, andererseits aber zudem ankreuzte, daß sich an der ursprünglichen Einstellung nichts geändert habe, können wir eine "pessimistische" und eine "optimistische" Auswertung der Daten vornehmen: Die "pessimistische" Version läßt bei diesen Personen die gestiegene Skepsis unberücksichtigt, da sie ja nicht zu einem grundsätzlichen Einstellungswandel führte. Bei der "optimistischen" Version berücksichtigten wir nur die gestiegene Skepsis, ignorierten aber, daß sie bei einigen Personen nicht zu einem (grundsätzlichen) Einstellungswandel führte.

Die "optimistische" Version unserer Datenauswertung (Abb. 24) zeigt, daß selbst aus der UFO-gläubigsten Gruppe immerhin rund jeder zweite angab, etwas bzw. deutlich skeptischer geworden zu sein! Aufgrund dieser überwiegend positiven Ergebnisse können wir in unserem Fall die Zweifel von Rainer Wolf nur bedingt teilen. Selbst in der Gruppe der ufologisch stark Zugeneigten ("w"-Gruppe) sind drei von vier Personen in irgendeiner Weise skeptischer geworden. Wir dürfen

---

[28] Entsprechende "Horrorvisionen" sprach Rainer Wolf im Skeptiker (Nr. 4/93, S. 97) unter Bezugnahme auf Erfahrungen von Walter Gubisch in Zusammenhang mit dem Glauben an echte Magie an. Wolf fragte angesichts der in der Bevölkerung hohen Bereitschaft, "den baren Unsinn zu glauben", zweifelnd: "Hat aber dann der Versuch, die Menschen aufzuklären, überhaupt einen Sinn?". Vgl. auch seinen Beitrag in diesem Band.

aber auch nicht den Fehler machen, die positiven Effekte überzubewerten, wissen wir doch nicht, ob und inwieweit sie von Dauer sind. Denn innerhalb der Parawissenschaften liegt, wie nicht näher begründet zu werden braucht, das Informationsmonopol in Händen von Sensationsmedien, Gläubigen und Scharlatanen. So ist zu befürchten, daß schon aufgrund der ständigen einseitigen Berieselung mit unkritischen Sensationsdarstellungen durch die Medien der durch einen einzelnen Vortrag bedingte Aufklärungseffekt mehr oder weniger rasch wieder zunichte gemacht wird. Dennoch sollten diese Ergebnisse optimistisch stimmen, denn sie zeigen, daß zumindest bei Personen, die sich noch keine feste Meinung gebildet haben, eine Einstellungsänderung bewirkt werden kann - und das ist immerhin ein Großteil der Bevölkerung!

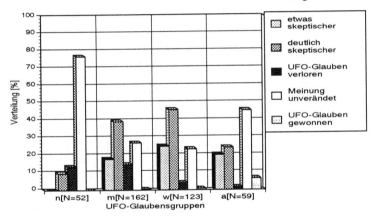

Abb. 24: Einstellungswandel- "optimistische" Version

Wir finden, daß es dagegen illusorisch wäre, zu erwarten, daß sich ein größerer Teil der relativ wenigen UFO-Enthusiasten durch einen maximal eineinhalbstündigen Vortrag von ihren Vorstellungen abbringen lassen könnte. Das ist schon deshalb nicht zu erwarten, da das Thema sehr komplex ist und daher in kurzer Zeit auch nicht annähernd umfassend abgehandelt werden kann. Alles wird noch verkompliziert durch den Umstand, daß UFO-Thema-Begeisterte nach unserer Erfahrung überwiegend induktiv argumentieren, d.h. Einzelfälle zur Untermauerung der UFO-Existenz heranziehen. Da, wie gesehen, fast jeder seinem eigenen "Lieblings-UFO-Fall" anhängt, ist es unmöglich, jedem in einem Vortrag gerecht zu werden.

▶ Vertrauen zu den Referenten (in Bezug zur eigenen Sichtungsmeldung): *Würden Sie, wenn Sie ein Ihnen unbekanntes Himmelsobjekt sähen, Ihre Beobachtung CENAP melden?* [Vorgaben: ja - ich weiß nicht - nein]

Immer wieder wird uns von "Ufologen" der Vorwurf gemacht, wir würden UFO-Fälle nur "wegerklären" wollen. Deshalb wollten wir in Erfahrung bringen, wieviele Personen, die Gelegenheit hatten, sich ein Bild von unserer Arbeit und Argumentationsweise zu machen, uns eine UFO-Beobachtung melden würden. Es stellte sich heraus, daß dies nur maximal ein Drittel unserer Besucher tun würde, während die Mehrzahl sich entweder unsicher war bzw. angab, eine Beobachtung nicht an CENAP weiterzumelden.

Diesmal erhielt Referent 1 aus der Gruppe der (eher) UFO-Gläubigen etwas mehr Zuspruch, d.h. ihm wurde mehr Vertrauen entgegengebracht, obwohl sein Vortrag von dieser Gruppe schlechter beurteilt worden war. Zu unserem Erstaunen stellten wir fest, daß ausgerechnet aus der Gruppe der UFO-Gläubigen deutlich mehr Personen eine Sichtung CENAP weitermelden würden - nämlich jeder Zweite -, als aus den anderen Gruppen.

Sind sich die UFO-Gläubigsten unter den Sichtern ihrer Sache derart sicher, daß sie ihre Beobachtung selbst einer skeptisch eingestellten Gruppe melden würden? Wollen sich unter den UFO-gläubigen Sichtern mehr Personen als aus den anderen Gruppen wichtig machen? Aufgrund von Gesprächen mit Besuchern gewannen wir den Eindruck, daß beides zutreffen könnte, denn die ohne Ausnahme unspektakulären Inhalte der geschilderten Beobachtungen standen in keinem Verhältnis zu der Überzeugtheit und Nachdrücklichkeit, mit der sie geschildert wurden. Es kann aber auch sein, daß die Bekundung, eine Sichtung an CENAP weiterzumelden, nicht unbedingt der Realität entsprechen muß. Wir erhielten in keinem einzigen Fall von all jenen Sichtern, die uns ihre Beobachtung schilderten und denen wir einen Fragebogen zugeschickt hatten, diesen zurück.

▶ Interesse an weiteren Informationen: *Würden Sie sich wünschen, an ihrer VHS noch ausführlicher über die UFO-Thematik informiert zu werden?* [Vorgabe: ja]

UFO-Thema-Interessierte mit hoher Überzeugungsstärke würden sich offensichtlich auch innerhalb kürzerer Zeitabstände weitere Vorträge anhören. Annähernd zwei Drittel aus der Mischgruppe der (eher) UFO-Gläubigen wünschte sich ausführlichere Information (63 bzw. 62%); bei den (eher) Skeptischen war es nur jeder Zweite bis Dritte (je nach Referent).

▸ Kritik, Anregungen, Vorschläge

Von der Möglichkeit, schriftlich Kritik am Vortrag oder Anregungen und Vorschläge zu äußern, machte nur etwa jeder Fünfte Gebrauch. Dabei überwog deutlich unkonkrete Kritik am Tenor des Vortrags (21mal). Deutlich seltener (12mal) wurde (eher) konkrete Kritik geäußert. Darunter fand sich am häufigsten (9mal) das Bedauern darüber, daß wir zu wenig ungeklärte bzw. spektakuläre (CE-III- und CE-IV-) Fälle angesprochen hätten.

Auffällig war, daß nur eine einzige Person nach schriftlichen Informationen verlangte. Der überwiegend geäußerte Wunsch zielte auf weitere verbale Informationen (in Form von Vorträgen). Inwieweit sich dieses Interesse auf kritische Veranstaltungen bezieht, muß noch erkundet werden. Unkritische Veranstaltungen werden jedoch wesentlich besser besucht als kritische, und Spekulativliteratur[29] verkauft sich allemal besser als skeptische Lektüre. Überzeugte Anhänger des Phantastischen kommen - so unser Eindruck - gar nicht erst auf die Idee, sich nach kritischer Literatur umzusehen.

Vergleich mit ähnlichen Studien

Man wird nicht nur in Deutschland, sondern sogar weltweit nahezu vergeblich nach Studien zum UFO-Glauben suchen. Das ist um so verwunderlicher, da wir es beim UFO-Phänomen ja fast ausschließlich mit Berichten von Menschen zu tun haben und daher das UFO-Phänomen mit der Glaubwürdigkeit der Person des Zeugen steht oder fällt. Die wenigen (ernsthaften) Untersuchungen, die uns vorliegen, beziehen sich auf UFO-Melder, die vorgaben, Außergewöhnliches - sog. Nahe Begegnungen, wie z.B. Entführungen - erlebt zu haben. Im deutschen Sprachraum stehen hierzu die Untersuchungen des österreichischen Psychologen Keul allein da (Der unidentifizierte Augenzeuge, CENAP Report, Nr. 128, 10.1986, S. 14ff).

---

[29] Der selbst gewählte Begriff "Spekulativliteratur" erscheint mir als übergreifende Bezeichnung für alle Arten von para- und pseudowissenschaftlicher Literatur sinnvoll, basiert doch alle para- und pseudowissenschaftliche Literatur auf ungenügend oder nicht begründeten Annahmen, also auf Spekulationen. Ein weiterer Grund, diesen Begriff für entsprechende Literatur zu verwenden, liegt darin, daß er das Wort "Wissenschaft" nicht enthält.

Die einzige weitere deutsche Studie zum UFO-Glauben während des Zeitraumes unserer Erhebung stammt von dem Psychologen Mario Perz. Es handelt sich um die Diplomarbeit *Guttman-Skalierung der Einstellung zur Ufologie*, die 1990 an der Justus-Liebig-Universität von Gießen vorgelegt und unter der Betreuung von Prof. Dr. Robert König erstellt wurde.

Im Gegensatz zu unserer Untersuchung ist die Arbeit von Perz in erster Linie methodenorientiert. Zielsetzung war, den Grad der Überzeugungsstärke zum UFO-Phänomen in Form einer Skala genau zu quantifizieren. Dabei wurde vorausgesetzt, daß UFO-Glaube gleichbedeutend mit dem Glauben an außerirdische Besucher ist. Das ist, wie wir gezeigt haben, aber nicht generell der Fall. Die ETH ist zwar die häufigste Deutung des UFO-Phänomens, doch daneben gibt es noch eine ganze Fülle weiterer Erklärungshypothesen. Sie reichen von dem Glauben an unerforschte Naturphänomene (z.B. Kugelblitzerscheinungen, UFOs als Erscheinungen aus anderen Dimensionen bzw. Zeiten), irdische Geheimwaffen (darunter die jüngst neu auflebende Phantasterei von UFOs als Geheimwaffen des "Dritten Reiches") bis hin zum Glauben an esoterische Vorstellungen (UFOs als parapsychisches Phänomen, UFOs als Dämonen- bzw. Teufelserscheinungen). Perz wählte die Gruppe der Befürworter denn auch aus Besuchern einer UFO-spiritistischen Veranstaltung, von denen man durchaus erwarten konnte, daß sie die ETH vertreten. Anzumerken ist auch, daß sich unter den elf von Perz ausgewählten Items zum theoretischen Kenntnisstand nur drei befanden, die wir als UFO-spezifisch betrachten würden; die übrigen Items betreffen theoretische astronomische bzw. astrophysikalische Fragestellungen.

Seit Februar 1994 liegt nun endlich auch eine Repräsentativumfrage zum UFO-Glauben in Deutschland vor. Sie wurde im Juli 1993 vom Institut für Demoskopie Allensbach erstellt (Archiv-Nr.: 5082). Da die Allensbach-Erhebung nicht zwischen unterschiedlichen UFO-Glaubensstärken differenzierte, möchte ich nachfolgend zunächst nicht auf sie eingehen, sondern als erstes die Studie von Perz zur Sprache bringen. Trotz einiger Vorbehalte[30] wollen wir jene Ergebnisse, die zumindest grundsätzlich vergleichbar sind, nebeneinanderstellen.

---

[30] Ein Vergleich ist aus drei Gründen nicht ganz unproblematisch: Erstens kann die Häufigkeit der Antworten entscheidend von der Fragestellung abhängen - und Perz formulierte seine Fragen anders als wir; deshalb sind Vergleiche zur Antworthäufigkeit vorsichtig zu werten. Zweitens erfolgte die Klassifizierung nach Skeptikern, Befürwortern etc. in den Untersuchungen von uns und Perz auf unterschiedliche Weise.

Dies ist der Fall für die Frage nach der Annahme von intelligentem Leben im All, nach der Kenntnis von UFO-Büchern, eigenen UFO-Sichtungen und der Bekanntschaft mit anderen UFO-Sichtern. Dabei zeigt sich, daß sich die Werte bei den UFO-Befürwortern nur geringfügig unterscheiden, während bei den UFO-Skeptikern deutliche Abweichungen zutage traten[31]. Zwar hat Perz in seiner Umfrage nicht nach UFO-Fällen gefragt, doch ist festzustellen, daß auch "seine" UFO-Gläubigen selbst in Bezug auf themenspezifische Inhalte ähnlich schlecht informiert waren wie unsere UFO-Gläubigen: So wußte z. B. nur jeder Vierte (24%) etwas mit dem Begriff "Project Blue Book" anzufangen. Was man unter einer [Nahen] "Begegnung der Zweiten" bzw. "Dritten Art" versteht, wußte auch nur jeder Zweite (43%).

Da Perz eine andere Alterseinteilung als wir vornahm, ist ein quantitativer Vergleich nicht möglich, doch kommen beide Studien hinsichtlich der UFO-Gläubigen tendenziell zu einem gleichartigen Ergebnis: "Bei den Ufologen engagieren sich wesentlich mehr ältere als jüngere Personen" (S.72). Diese Erfahrung läßt sich noch untermauern, wenn man skeptische mit eher nichtskeptischen UFO-Organisationen nach der Altersstruktur vergleicht. In Deutschland machten wir die Erfahrung, daß bejahend eingestellte UFO-Gruppen überaltert sind, während skeptischen Gruppierungen ausschließlich jüngere Personen angehören. Da sich unter seinen Probanten nur wenige Sichter befanden, stehen für einen aussagekräftigen Vergleich der Altersverteilungen zu wenige Daten zur Verfügung.

In Bezug auf die Konfession ist aufgrund der geringen Daten bei Perz ein Vergleich nur bei den Konfessionslosen sinnvoll. Wie in unserer Untersuchung sind die Konfessionslosen unter den UFO-Gläubigen überrepräsentiert[32].

Perz machte in Bezug zwischen Religions(nicht)zugehörigkeit und der Religiosität gleichartige Beobachtungen wie wir: "Während der größte Teil (...) der Skeptiker angibt, nicht religiös zu sein, überwiegen

---

Und drittens konnte Perz bei seiner Erhebung nur auf Angaben von 21 "Befürwortern" und 20 "Skeptikern" zurückgreifen, also auf nur wenige Daten.

[31] Intelligentes Leben im All vermuteten bei Perz 95% der UFO-Befürworter (Henke: 96%) und 75% der Skeptiker (46%); UFO-Bücher kannten 76% der Befürworter (78%) und 55% der Skeptiker (18%); UFO-Sichtungen behaupteten 33% der Befürworter (38%) und 5% der Skeptiker (4%); weitere UFO-Sichter kannten 48% der Befürworter (45%) und 15% der Skeptiker (5%).

[32] Konfessionslos waren 15% der UFO-Skeptiker (Henke: 12%), aber 33% der UFO-Gläubigen (23%).

bei den Befürwortern die religiösen Probanten. Nun gaben 7 von 21 Befürwortern an, keiner Konfession anzugehören, aber nur 4 bezeichneten sich als nicht religiös" (S. 66)[33].

Die Unterschiede bei den Daten für die Skeptiker sind jedoch notwendigerweise zu erwarten, da Perz im Gegensatz zu uns seine Skeptiker aus Organisationen auswählte, die sich kritisch mit Parawissenschaften auseinandersetzten.

Allensbach- und Gallup-Umfrage

Einzelne Ergebnisse der Allensbach-Erhebung wurden bereits aufgeführt. Diese stehen im Bezug zum Alter, Bildung und Konfession im Widerspruch zu den weitgehend übereinstimmenden Ergebnissen der Perz-Studie und unserer eigenen Umfrage.

Es stellt sich die Frage, wie diese Widersprüche zu erklären sind. Aber handelt es sich überhaupt um Widersprüche? Dürfen wir die Ergebnisse von Repräsentativumfragen in einen Topf mit den Ergebnissen von selektiven Studien wie die von Perz und uns werfen? Wir könnten es uns natürlich einfach machen und postulieren, daß es bei der Allensbach-Umfrage nicht mit rechten Dingen zugegangen sein könnte. Dagegen spricht, daß in den USA die Situation vergleichbar ist. Bereits 1978 führte eine Gallup-Umfrage zu ähnlich widersprüchlichen Ergebnissen im Vergleich zu "Szenen"-Studien wie bei uns: Es wurde etwa festgestellt, daß der allgemeine UFO-Glaube mit steigender Bildung zu- und mit steigendem Alter abnimmt, während bei organisierten UFO-Gläubigen das Gegenteil festgestellt wurde. So stellte sich David W. Swift 1980 angesichts dieser scheinbaren Widersprüche die gleichen Fragen wie wir:

"Warum unterscheiden sich nun die Gallup-Umfragen von denen der ["Szene-"] Studien? Die Antwort liegt teilweise in den unterschiedlichen Methoden, die man anwendete und teilweise in der großen Variabilität des UFO-Glaubens. Vergangene Studien konzentrierten sich auf extreme Fälle, weil diese leicht zugänglich für alle waren. Doch in Wirklichkeit haben die Leute zwar eine Meinung zu UFOs, aber sie sind nicht interessiert daran, einer Organisation beizutreten, Veranstaltungen zu besuchen usw. (...) Es ist notwendig, zwischen den Glaubens-Graden an UFOs zu differenzieren. Das Glaubensspektrum ist breit, rangierend

---

[33] 30% der UFO-Skeptiker bezeichneten sich als religiös (Henke: 40%), aber 81% der UFO-Befürworter (63%).

vom Kontaktler, der behauptet, mit Fliegenden Untertassen gereist zu sein, bis hin zum seriösen Untersucher, der ehrlich herausfinden will, was vor sich geht bis hin zur großen Anzahl von Personen, die glauben, daß UFOs real sind, aber deren Interesse und Engagement recht minimal ist (...) Wir sollten auch vorsichtig sein beim Erwähnen von 'real'. Der Glaube, daß UFOs real sind, beinhaltet nicht notwendigerweise die Ansicht, daß es sich hierbei um außerirdische Weltraumschiffe handelt". Doch auch für Swift bleibt ein Problem bestehen: "Derzeit ist der Grund, warum der Glaube an die Realität der UFOs am stärksten unter den eher privilegierten Leuten ausgeprägt ist, ein bleibendes Rätsel" (The Journal of UFO Studies, Band II, Evanston 1980; zitiert nach Walter, W. [Hrsg.]: UFOs - die öffentliche Irreführung, Mannheim 1995, CENAP-Druck, S. 111).

Es ist daher wohl angezeigt, zwischen einem unspezifischen allgemeinen und einem spezifisch-konkreten UFO-Glauben zu unterscheiden: Wer sich, wie der überwiegende Teil der Bevölkerung, nicht näher auf die Thematik einläßt, mag aufgrund der überwiegend unkritischen Medienberichterstattung zu der Meinung gelangen, daß am UFO-Thema *irgendetwas* dran sein mag. Warum dieser allgemeine Glaube in den USA mit steigender Bildung zunimmt und bei uns zumindest kaum Unterschiede bei der Schulbildung eine Rolle spielen, dazu können auch wir nur Mutmaßungen anstellen. Eine mögliche Antwort mag in den Ergebnissen zu unserer Frage nach den Gründen für den Glauben für Leben im All liegen: Erinnern wir uns, daß selbst extrem UFO-Gläubige weniger auf die "Beweise" der Ufologen bauten, sondern sich auf Statements bezogen, wie sie ausgerechnet von prominenten Wissenschaftlern immer wieder abgegeben werden. Vom Glauben an intelligentes Leben im All zum Glauben an UFOs ist es dann nur noch ein vergleichsweise kleiner Schritt. Gebildetere mögen diesen Schritt eher vollziehen als weniger Gebildete, befinden sich doch auch unter den Ufologen einige Wissenschaftler. Und haben nicht die Fortschritte in den Wissenschaften und in der Technik dazu geführt, daß selbst Wissenschaftler heute immer weniger dazu neigen, von "unmöglich" zu sprechen? Auch mögen Gebildetere eher dazu neigen, eine aufgeschlossene, progressive Haltung an den Tag zu legen.

Doch Relationen zwischen den Formen der Schulbildung sagen noch nichts über den absoluten Bildungsstand aus. Obwohl sich unter der "allgemeinen" (Vergleichs-) Gruppe in der Studie von Perz 82% mit höherer Bildung (v. a. Studenten, aber auch Akademiker und Lehrer) be-

fanden, glaubten doch selbst aus dieser Gruppe noch ein Drittel (32%),
daß sich Raumschiffe durchaus schneller als das Licht bewegen können
(bei den 21 "Ufologen", unter denen sich 20 Personen mit höherer Bildung befanden, waren es übrigens 62%). Eine wissenschaftliche "Halb-
bildung" mag eher dazu verführen, an Parawissenschaftliches zu glauben
als eine spezialisierte wissenschaftliche Ausbildung! Daher meinen wir,
daß eine abschließende Klärung dieser Frage nur möglich ist, wenn in
Repräsentativumfragen nach dem konkreten "ufologischen", astronomischen und biologischen Bildungsstand gefragt wird, aber auch etwa nach
den spezifischen Informationsquellen. Doch da es in erster Linie die
UFO-Begeisterten sind, die das Thema in konkreter Weise über die
Medien am Leben erhalten, erscheint es nach wie vor wichtiger, diese
Gruppe näher zu beleuchten.

Zusammenfassung

Den typischen UFO-Gläubigen gibt es sicherlich nicht: Es finden sich
Frauen wie Männer, Junge wie Alte, Akademiker wie Nichtakademiker
unter ihnen. Dennoch unterschieden sich zumindest jene UFO-Gläubigen, die unsere Vorträge besuchten, im statistischen Durchschnitt von
skeptisch eingestellten Personen, denn:

► "Unsere" UFO-Gläubigen sind fast alle von der Existenz außerirdischen Lebens überzeugt. Sie bevorzugen als Deutung des UFO-
  Phänomens die extraterrestrische Hypothese (ETH).

► Dennoch gelten weder UFOs noch die "Beweise" des Erich von Däniken für sie überraschenderweise als Beleg für außerirdisches Leben!

► Sie sind zwar belesener als UFO-Skeptiker, dennoch steht ihre Lite-
  raturkenntnis, die sich ausschließlich an der Popularliteratur orientiert
  und im übrigen höchst einseitig ausgerichtet ist, in keinem Verhältnis
  zu ihrer Überzeugungsstärke. An zusätzlichen schriftlichen Informationen zeigen sie sich kaum interessiert, wohl aber an mehr verbalen
  Informationen (in Form weiterer Vorträge).

► "Unsere" UFO-Gläubigen können zwar mehr UFO-Fälle nennen als
  eher skeptisch eingestellte Personen, doch richtet sich bei vielen thematisch Interessierten das Hauptaugenmerk auf aktuelle Vorfälle aus
  der Medienberichterstattung.

► "Unsere" UFO-Gläubigen neigen dazu, UFOs zu sehen - und das sogar wiederholt. Ihr UFO-Glaube stellt sich jedoch nur selten erst auf-

grund ihrer UFO-Sichtungen ein, sondern war meist schon zuvor vorhanden.

▸ Die Sichter unter "unseren" UFO-Gläubigen kennen selbst weit mehr andere UFO-Sichter als UFO-Gläubige, die selbst noch kein UFO sahen.

▸ Die UFO-Gläubigen sind weit häufiger noch an anderen parawissenschaftlichen Themen interessiert - vor allem am Thema Reinkarnation - als Angehörige der Vergleichsgruppen.

▸ "Unsere" UFO-Gläubigen finden sich häufiger unter älteren, "unsere" UFO-Sichter dagegen eher unter jüngeren Personen.

▸ Unter "unseren" UFO-Gläubigen fanden sich mehr Personen mit mittlerem Bildungsabschluß sowie mehr Nichtakademiker und Auszubildende als bei den Vergleichsgruppen.

▸ Protestanten und Konfessionslose waren bei den UFO-Gläubigen überrepräsentiert.

▸ Wir fanden unter den völlig UFO-Gläubigen erheblich mehr Personen, die aus ihrer Kirche austraten, als bei Personen der weniger bzw. nicht UFO-Gläubigen. Trotzdem halten sich unter den UFO-Gläubigen mehr Personen für religiös gläubig als Personen der Vergleichsgruppen.

▸ Die meisten UFO-Gläubigen besuchten unsere Vorträge, "um" ihre "Pro-Haltung zu bestätigen"; Kenntnis von den Vorträgen erhielten sie weniger durch Mundpropaganda und häufiger über Plakate als Besucher aus anderen Gruppen.

▸ Die meisten ihrer Sache "absolut sicheren" UFO-Gläubigen änderten ihre Meinung nicht nach den Vorträgen, wohl aber Personen, die sich noch keine Meinung gebildet hatten.

▸ UFO-gläubige Sichter würden ihre Beobachtung den Referenten eher melden als weniger UFO-gläubige Sichter.

▸ Unsere Untersuchung zeigte, daß das praktische astronomische Wissen bei allen Besuchern zu wünschen übrig ließ. Anhand der Einzelergebnisse erhielten wir eine empirische Begründung, warum Sterne und Planeten zu UFO-Stimuli werden können.

Das für uns überraschendste Ergebnis unserer Studie war die zwiespältige Haltung der UFO-Gläubigen zu den UFOs und den Thesen von Dänikens. Für besonders interessant halten wir auch die Korrelation zwischen religiösem Glauben, Kirchenaustritten und UFO-Glauben. Aber eines der wesentlichsten Ergebnisse dieser Untersuchung dürfte wohl in der Korrelation zwischen UFO-Glaubensstärke und Zahl von UFO-Sichtungen liegen. Die Ergebnisse zeigen, daß UFO-Gläubige erheblich häufiger UFOs sehen, als andere. So gesehen sind "UFO-Zeugen" oft eben nicht "Leute wie Du und ich", wie H.-W. Peiniger, der Vorsitzende der mitgliederstärksten UFO-Organisation Deutschlands im Journal für UFO-Forschung (Nr. 6.93, S.180) postulierte. Sicherlich dürfte er recht haben, wenn er damit sagen will, daß sich unter UFO-Meldern nicht mehr "psychisch abnormale Personen" befinden, als unter der übrigen Bevölkerung (S.181). Allerdings sind auch an dieser Aussage zumindest im Hinblick auf sog. Nahbegegnungs-Zeugen Zweifel angebracht, wenn man A. Keuls Untersuchungen heranzieht (Der unidentifizierte Augenzeuge, CENAP Report Nr. 128, 10.1986, S. 14ff)[34].

Kritik und Ausblick

Im Nachhinein stellen wir fest, daß wir einige der Fragen weiter hätten präzisieren müssen, um spezifischere Ergebnisse zu erhalten. Wenn wir geahnt hätten, daß sich so viele UFO-Sichter unter unseren Gästen befinden würden, hätten wir unseren Fragebogen gezielter auf diese so wichtige Gruppe abgestimmt. Wir hatten uns gefragt, inwieweit (relativ) gut informierte UFO-Interessierte anscheinend unseren Vorträgen ferngeblieben waren. Könnte das aus reinem Zufall geschehen sein? Immerhin haben die ausgesprochenen UFO-Zeitschriften nur eine geringe Auflage, was wiederum bedeutet, daß es nur wenige UFO-Interessierte zu geben scheint, die sich eingehender informieren. Da unsere Vorträge niemals in der überregionalen Presse angekündigt worden waren, war die Chance, daß ausgerechnet einer der wenigen gut informierten "Ufologen" zu unseren Vorträgen fand, in der Tat relativ gering. Beachtet werden muß, wie die Untersuchung von Perz zeigt, auch, daß selbst Personen, die sich zu einem Pro-Vortrag einfanden, sehr schlecht informiert waren.

---

34 Auch unter unseren Gästen befanden sich einige Personen, die einen erheblich psychisch gestörten Eindruck machten, darunter zwei Besucher, die sich für (reinkarnierte) Außerirdische hielten und eine Dame, die zunächst das Publikum verwirrte und unfreiwillig belustigte, als sie in einem Fleck auf der Projektionswand ein UFO zu erkennen glaubte (wie sich im späteren Gespräch mit ihr herausstellte, befand sie sich wegen einer schizophrenen Erkrankung in ärztlicher Behandlung). Doch es liegt uns fern, diese Einzelbeobachtungen überzubewerten.

Aufgrund der Rückmeldungen, die wir zu den Referaten erhielten, stellt sich die Frage, wie wir unsere Vorträge noch effektiver ausrichten können. Es wäre wohl sinnvoll, die Referate noch stärker an aktuellen Geschehnissen zu orientieren und unsere Besucher bei der Auswahl der Themen stärker mit einzubeziehen. Letztlich würde dies aber auf reine Diskussionsveranstaltungen hinauslaufen, so daß man einen Kompromiß wählen müssen wird[35].

---

[35] Mein Dank gilt Werner Walter und Hans-Jürgen Köhler von CENAP, ohne deren fleißige Mithilfe nicht genug Daten zusammengekommen wären. Danken möchte ich besonders Dr. Alexander Keul, der uns bei der Ausarbeitung des Fragenkataloges wertvolle Unterstützung zuteil werden ließ, aber auch Dr. Alain Schmitt, der uns nützliche Hinweise für die Aufbereitung des umfangreichen Datenmaterials gab. Dank gebührt auch dem GWUP-Vorstand, der es mir ermöglichte, ausgewählte Ergebnisse unserer Studie bei der Darmstädter GWUP-Tagung im Mai 1992 vorzutragen.
Eine ausführlichere Fassung dieser Auswertung kann gegen Einsendung von DM 10.- beim Verlag angefordert werden.

Die AutorInnen

Heinrich Eppe, Dr. phil., geboren 1943; Bildungsreferent beim Sozialistischen Bildungszentrum und Leiter des Archivs der Arbeiterjugendbewegung in Oer-Erkenschwick.

Thomas Geisen, geboren 1968 in Losheim (Saarland), Dipl. Sozialarbeiter und Sozialpädagoge, freier Journalist und Autor; Veröffentlichungen in Zeitschriften zu den Themen Rassismus, Kirchenkritik, kollektives Gedächtnis.

Heinz Gess, geboren 1945, Professor im Bereich Sozialwesen der Fachhochschule Bielefeld; Veröffentlichungen zu den Themen Soziologie sozialer Bewegungen und Politische Psychologie, zuletzt Vom Faschismus zum Neuen Denken. C.G. Jungs Theorie im Wandel der Zeit (1994).

Colin Goldner, Ph.D. (Los Angeles), Autor und Wissenschaftsjournalist; Leiter des Forum Kritische Psychologie, München, einer Anlaufstelle für Psychotherapiegeschädigte; Redakteur des Skeptikers.

Egon Günther, geboren 1953 in München, Maurer und Kunstmaler; zahlreiche Zeitschriftenpublikationen zu Kunst und Politik.

Rudolf Henke, geboren 1954 in Offenburg, Studium der Biologie, Chemie und Geographie; freier Wissenschaftsautor; Fachbereichsleiter der Gesellschaft zur wissenschaftlichen Untersuchung von Parawissenschaften (GWUP) und Mitglied der Gesellschaft zur Erforschung des UFO-Phänomens; zahlreiche Veröffentlichungen zum Thema UFOlogie.

Gerhard Kern, geboren 1941 in Wiesbaden, Heimleiter eines selbstverwalteten sozialpolitischen Projekts; Herausgeber der AKAZ - Zeitschrift für Religions- und Staatskritik; zahlreiche Veröffentlichungen zu den Themen New Age, Anthroposophie und Anti-Pädagogik, zuletzt Lernen in Freiheit (1993).

Waltraud Kern, geboren 1944, verh. 2 Kinder, Studium der Pädagogik in Osnabrück und der Eurythmie in Dornach, Schweiz; Lehrerin (an einer Waldorf und einer Sonderschule), später Tätigkeit als Heilpädagogin und Sozialtherapeutin, lebt seit 1983 auf der Dörrwiese, einem sozialpolitischen Projekt auf dem Hunsrück.

Paul Kurtz, Gründungsvorsitzender von CSICOP (Committee for the Scientific Investigation of Claims of the Paranormal) und Professor der Philosophie i.R. an der State University of New York in Buffalo.

Jürgen Moll, Dr., geboren 1960 in Remscheid, Studium der Sicherheitstechnik an der Bergischen Universität - Gesamthochschule Wuppertal; stellvertretender Geschäftsführer der GWUP, zahlreiche Veröffentlichungen und Medienbeiträge zu unterschiedlichen Gebieten der Parawissenschaften.

Kurt Werner Pörtner, geboren 1959 in Mainz, Studium der Soziologie, Philosophie, Ethnologie und Literaturwissenschaft in Mainz und Frankfurt/M; z.Zt. tätig als Archivar bei einer kleinen Rheingau-Gemeinde. Arbeitsschwerpunkte: Kultursoziologie, Medien, Wissenschaftstheorie und Diskursanalyse.

Amardeo Sarma, geboren 1955 in Kassel, Studium der Elektrotechnik am Indian Institut of Technology und der TH Darmstadt; Gruppenleiter beim Forschungszentrum der Deutschen Telekom; Gründungsmitglied und Geschäftsführer der GWUP; Veröffentlichungen zu den Bereichen Telekommunikation, "übersinnliche" Kommunikation und Erdstrahlen.

Lee Traynor, geboren 1959 in Melbourne; Studium der Biochemie und Psychologie in Oxford und Göttingen; heute freiberuflicher Lehrer und Wissenschaftler; Mitglied im Arbeitsausschuß der GWUP.

Mahlon W. Wagner, geboren 1935 in Chaffee/New York, Professor für Psychologie an der State University of New York in Oswego/New York seit 1972; zahlreiche Veröffentlichungen zur Wahrnehmungspsychologie und zu Grenzbereichen der Wissenschaft, zuletzt Chiropraxis in USA and worldwide - another pseudoscience from America (1995).

Rainer Wolf, geboren 1941, Dozent am Biozentrum der Universität Würzburg; Arbeitsschwerpunkte: Entwicklung mikroskopischer und experimenteller Methoden und psychophysikalische Untersuchungen über die "Wahrnehmungszensur" bei tiefenverkehrtem räumlichen Sehen.

Maria Wölflingseder, Dr. phil., geboren 1958 in Salzburg, Studium der Pädagogik und Psychologie in Wien; zahlreiche Veröffentlichungen zur New-Age-Ideologie und -Szene, zuletzt Gesellschaftliche Veränderung - von oben oder von unten? Eine Studie über gesellschaftliche Veränderung aus der Sicht Paulo Freires und Fritjof Capras unter besonderer Berücksichtigung gegenwärtiger New-Age-Strömungen, Linz 1992.

Edgar Wunder, geboren 1969 in Nürnberg, Studium der Soziologie und Geographie in Heidelberg; Fachbereichsleiter Astrologie und Gründungsmitglied der GWUP; Redakteur des Skeptikers.

Editorische Notiz

Die Beiträge von Heinrich Eppe, Jürgen Moll, Lee Traynor und Edgar Wunder beruhen auf Vorträgen, die auf der 6. Konferenz der Gesellschaft zur wissenschaftlichen Untersuchung von Parawissenschaften am 7./8. Mai 1994 in Paderborn gehalten wurde.

Der "Neue Mensch" als Ideologie der Entmenschlichung, Über Bhagwans und Bahros Archetypus von Heinz Gess ist eine überarbeitete, um neue Teile ergänzte Fassung des Kapitels Bhagwans "besserer Faschismus" und die Struktur der faschistischen Propaganda aus dem Buch Vom Faschismus zum Neuen Denken, C.G. Jungs Theorie im Wandel der Zeit, das 1994 im zu Klampen Verlag erschienen ist.

Neuer Skeptizismus von Paul Kurtz erschien ursprünglich in englischer Sprache im Skeptical Inquirer, Bd. 18, Nr. 2 (Winter 1994); Übersetzung von Lee Traynor und Sybille Traupe. Der Abdruck erfolgt mit der freundlichen Genehmigung der SI-Redaktion.

Homöopathie - "Neue Wissenschaft" oder "New Age" von Mahlon Wagner wurde übersetzt von Lee Traynor und Sybille Traupe.

Kosmischer Größenwahn, Biologistische und rassistische Tendenzen im New Age und im spirituellen Ökofeminismus von Maria Wölflingseder wurde erstmals in Der feministische "Sündenfall"? Antisemitische Vorurteile in der Frauenbewegung, herausgegeben von Charlotte Kohn-Ley und Ilse Korotin (1994) veröffentlicht. Der Abdruck erfolgt mit der freundlichen Genehmigung des Picus-Verlags, Wien.

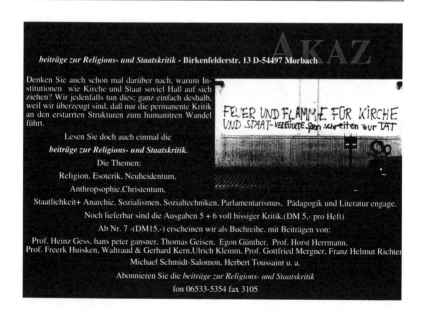

Hermann Josef Schmidt
Nietzsche absconditus oder Spurenlesen bei Nietzsche
Kindheit + Jugend, in Kassette, 2.488 Seiten, DM 275.-
ISBN 3-922601-23-5

I. Kindheit. An der Quelle: In der Pastorenfamilie, Naumburg 1854-1858
oder Wie ein Kind erschreckt entdeckt, wer es geworden ist, seine
'christliche Erziehung' unterminiert und in heimlicher poetophilo-
sophischer Autotherapie erstes 'eigenes'Land gewinnt
2 Bände, 1.120 Seiten, kartoniert, DM 128.-
ISBN 3-922601-08-1

II. Jugend. Interniert in der Gelehrtenschule: Pforta 1858-1864 oder Wie
man entwickelt, was man kann, längst war und weiterhin gilt, wie man
ausweicht und doch neue Wege erprobt
1. Teilband 1858-61. 632 S., kartoniert, ISBN 3-922601-19-7, DM 84.-
2. Teilband 1861-64. 736 S., kartoniert, ISBN 3-922601-22-7, DM 92.-

Club Voltaire
Jahrbücher für kritische Aufklärung
4 Bände, 1.616 Seiten, DM 96.-
Club Voltaire I. 424 Seiten, kartoniert, DM 28.-
Club Voltaire II. 396 Seiten, kartoniert, DM 24.-
Club Voltaire III. 400 Seiten, kartoniert, DM 28.-
Club Voltaire IV. 396 Seiten, kartoniert, DM 24.-

Reihe *Klassiker der Religionskritik*

Denis Diderot: Ausgewählte Texte
Zusammengestellt und kommentiert von Manfred Hess. Mit der deutschen
Erstübersetzung "Der Spaziergang des Skeptikers oder Die Alleen"
368 Seiten, kartoniert, DM 28.-, ISBN 3-922601-02-2

Johann Most: Die Gottespest
und andere religionskritische Schriften
Herausgegeben und mit einem Nachwort von Benno Maidhof-Christig
104 Seiten, kartoniert, DM 17,80, ISBN 3-922601-10-3
als limitierte Vorzugsausgabe, gebunden, mit Lesebändchen, von Hand
numeriert, DM 36.-, ISBN 3-922601-11-1

IBDK Verlag, Postfach 167, 63703 Aschaffenburg

Heinz Gess

Vom Faschismus
zum Neuen Denken
C.G. Jungs Theorie
im Wandel der Zeit

zu Klampen

349 Seiten, Paperback, DM 48,-/ÖS 341,-/SFr 40,70   ISBN 3-924245-33-9

Gess sieht die Lehre C.G. Jungs als Bindeglied zwischen Natio-
nalsozialismus und New Age. Er entlarvt ihre Renaissance im
Irrationalismus des Neuen Denkens von Autoren wie Rudolf
Bahro, Franz Alt, Fritjof Capra, Rainer Langhans und Bhagwan.

zu Klampen, Postfach 1963, 21309 Lüneburg, Tel: 04131/4 83 79